Informatik und Philosophie

Informatik und Philosophie

Herausgegeben von:
Peter Schefe, Heiner Hastedt,
Yvonne Dittrich, Geert Keil

Mit Beiträgen von:
Margaret A. Boden, Rafael Capurro, Simone Dietz,
Yvonne Dittrich, Michael Heidelberger, Peter Janich,
Geert Keil, Sybille Krämer, Ekkehard Martens,
Florian Rötzer, Peter Schefe, John R. Searle,
Holm Tetens, Ulrike Teubner, Godela Unseld,
Rüdiger Weingarten, Heinz Zemanek

B·I·
Wissenschaftsverlag
Mannheim · Leipzig · Wien · Zürich

Die Deutsche Bibliothek – CIP-Einheitsaufnahme

Informatik und Philosophie / hrsg. von Peter Schefe ...
Mit Beitr. von Margaret A. Boden ... – Mannheim; Leipzig;
Wien; Zürich: BI-Wiss.-Verl., 1993
ISBN 3-411-16521-9
NE: Schefe, Peter [Hrsg.]; Boden, Margaret A.

Gedruckt auf säurefreiem Papier
mit neutralem pH-Wert (bibliotheksfest)

Druck: Progressdruck GmbH, Speyer
Bindearbeit: Progressdruck GmbH, Speyer
Printed in Germany
ISBN 3-411-16521-9

Anstatt eines Vorwortes. Bemerkungen zur Interdisziplinarität

Heiner Hastedt

Interdisziplinarität ist ein schwieriges Geschäft. Jeder disziplinär geprägte Wissenschaftler merkt zwar, daß er auf sich gestellt, nur sehr Begrenztes zu Wege bringt. Doch diese Mangelerfahrung allein gewährleistet noch nicht positiv gelingende Interdisziplinarität. Die Praxis der Interdisziplinarität stößt immer wieder auf die Grenzen, die innerhalb der Disziplinen doch von manchen so gerne als zu überwinden gedacht werden. Kein Wunder, denn unsere Wissenschaftslandschaft ist eben eine disziplinär verfaßte und kann in ihrem Charakter nicht einfach, weil es wünschenswert wäre, verändert werden.[1] Die Schwierigkeiten der Interdisziplinärität sind vielleicht nur eine Erscheinungsform der "Lernschwierigkeiten" im modernen Wissenschaftsbetrieb: Sicher läßt sich beobachten, daß trotz des ganzen Tagungs- und Publikationsbetriebes wirkliches perspektivenveränderndes Lernen bei routinierten Wissenschaftlern erstaunlich selten ist. Normalwissenschaft ist dumm und nicht lernfähig, ließe sich diese Beobachtung – sehr frei – im Gefolge von Thomas Kuhns vielzitiertem *Die Struktur wissenschaftlicher Revolutionen* zusammenfassen. Und genau deshalb muß auch Interdisziplinarität schwierig sein: Hier stoßen nämlich unterschiedliche, disziplinär sozialisierte Normalwissenschaftler aufeinander und können sich auf dem interdisziplinären Terrain nicht mehr auf ihre Fachselbstverständlichkeiten verlassen. Ob vor diesem Hintergrund Interdisziplinarität innerhalb der Wissenschaften – über die wechselseitige Anregung hinaus – überhaupt in systematischer Form gelingen kann, bleibt für mich fragwürdig. Vielleicht ist es nur der außerwissenschaftlichen Öffentlichkeit (in der Teilnehmerperspektive[2]) möglich, Interdisziplinarität zu praktizieren und festzustellen, welche Ansätze der disziplinären Normalwissenschaften zu einem umgangssprachlich formulierten Problem etwas Sinnvolles beitragen können. Öffentlichkeit und Teilnehmerperspektive hätten

1 Vgl. den von Jürgen Kocka herausgegebenen Sammelband *Interdisziplinarität, Praxis – Herausforderung – Ideologie*, Frankfurt/M 1987.

2 Seit meiner Arbeit zum *Leib-Seele-Problem* (Frankfurt/M 1989), in dem ich erstmals diesen Begriff zur öffentlichen Zusammenführung partikularer Erkenntnisse und Beobachtungen heranziehe, bin ich immer wieder gedanklich auf die Teilnehmerperspektive zurückgekommen. Mit dem Nachdenken hierüber bin ich jedoch immer noch nicht fertig. Gespannt bin ich schon auf die Ergebnisse eines Hamburger DFG-Projektes unter der Leitung von Herbert Schnädelbach, das demnächst mit einer Publikation u.a. zur 'Teilnehmerperspektive' abgeschlossen wird.

dann argumentativ eine forschungsleitende Aufgabe, ohne natürlich direkt institutionell den Normalwissenschaftlern "Vorschriften" machen zu können.

Der vorliegende Sammelband will den Weg für eine interdisziplinäre Zusammenarbeit zwischen der Philosophie und der Informatik bereiten. Der Pioniercharakter des Bandes bringt es mit sich, daß die Beiträge zunächst einmal den Diskussionsstand dokumentieren, der sich aus der Informatik und der Philosophie heraus in interdisziplinärer Perspektive ergibt. Um die Zusammenarbeit nicht von vornherein zu eng anzulegen, war es uns wichtig, das Projekt nicht auf Diskussionsfelder wie die Debatte um die Künstliche Intelligenz oder die Computerethik einzugrenzen. Vielmehr haben wir den Versuch unternommen, ein möglichst breites Spektrum an Themen und Autoren in diesem Sammelband zu repräsentieren. Die Verschiedenheit der Beiträge ist demnach gewollt. Im Kreis der Herausgeber gab es durchaus kontroverse Diskussionen über die Qualität einzelner Beiträge: Was der eine zwar falsch, aber durchaus diskussionswürdig fand, ging für die anderen vielleicht schon weit über das Maß des Erträglichen hinaus.

Die Gliederung des Buches versucht, die verschiedenen Beiträge in eine Struktur zu bringen:

1. Wissenschaftstheorie und Geschichte der Informatik
   (Heidelberger, Coy, Janich, Krämer, Zemanek)
2. Ethische und technikphilosophische Reflexion der Informatik
   (Capurro, Martens, Dittrich)
3. Künstliche Intelligenz und Philosophie des Geistes
   (Tetens, Keil, Searle)
4. Kultur und Informatik
   (Boden, Unseld, Teubner, Weingarten, Rötzer, Dietz)

Der Sammelband wurde vorbereitet durch eine Tagung, die vom 21. September bis zum 25. September 1992 im "Internationalen Begegnungs- und Forschungszentrum für Informatik" auf Schloß Dagstuhl im Saarland stattfand. Der vorliegende Band ist jedoch kein Tagungsband. Vielmehr bot die Tagung für eine Reihe der Beiträge lediglich die Möglichkeit zu einem Probelauf für die anschließend auszuarbeitenden Abhandlungen. Buchautoren und Tagungsteilnehmer sind nicht identisch: Sowohl gab es Tagungsteilnehmer, die nicht mit eigenen Beiträgen in diesem Band vertreten sind, als auch Buchautoren, die nicht zu der Dagstuhl-Tagung kommen konnten.

Für die Schwierigkeiten der interdisziplinären Zusammenarbeit zwischen Philosophie und Informatik war die abgeschiedene Intensität des Dagstuhl-Tagungszentrums lehrreich und in mancher Hinsicht sogar ideal: Gerade die Dauer der Tagung und das enge Zusammenleben der Teilnehmer ermöglichten eine Konfrontation, die sonst wohl den üblichen Tagungshöflichkeiten und Unverbindlichkeiten zum Opfer gefallen wäre. Ich will in meiner parteiischen

Sicht als Philosoph einige Aspekte der Auseinandersetzung in überspitzter und in vielleicht allzu pauschaler Form hervorheben.

Unterschiede zwischen der Philosophie und der Informatik ließen sich schon im Gestus der Beiträge feststellen: Während die philosophischen Vortragenden meist wohl präparierte dicke Vortragsmanuskripte zum besten gaben, dominierte bei den Informatikern der Hang zur Vortragsimprovisation. Die Kehrseite dieser die Philosophen vielleicht ehrenden Anfangsbeobachtung liegt darin, daß die Philosophen mehr die gelingende Präsentation ihrer Vorträge als eine kooperative Diskussion im Auge hatten. Umgekehrt fielen viele Informatiker durch ein nicht müde werdendes intensives Gesprächsverlangen auf. Dies verdichtete sich gelegentlich zu dem Vorwurf eines mangelnden Sachinteresses an die Philosophen. Und vielleicht ist damit wirklich ein Punkt getroffen. Schon in einem frühen Planungsstadium der Tagung fiel auf, daß die Bereitschaft zur Teilnahme bei den Philosophen deutlich geringer ausfiel als bei den Informatikern. Zur Entschuldigung der Philosophen und der Philosophie überhaupt möchte ich sagen, daß unsere Disziplin zur Zeit von sehr vielen Einzeldisziplinen Wünsche und Angebote zur Zusammenarbeit bekommt. Die für Informatik-Verhältnisse dramatisch kleine Zahl von hauptberuflich in der Philosophie Arbeitenden ist deshalb von der Intensität der Zusammenarbeitswünsche gelegentlich doch schlicht überfordert.

War schon der Gestus zwischen Informatik und Philosophie sehr unterschiedlich, so setzte sich dies inhaltlich fort. In aller Subjektivität möchte ich sagen, daß ich selten soviel Feuereifer und philosophische Fragen in einer nicht-philosophischen Disziplin erlebt habe. Die Kehrseite dessen war jedoch etwas, was ich "wildes Denken" getauft habe. Während Philosophen in ihrer Disziplin von Anfang an gedankliche Disziplinierung beigebracht wird und vor allem nach Immanuel Kants kritischer Philosophie die auch immer selbstkritische Frage nach den Grenzen der Erkenntnis in den Mittelpunkt rückt, wirkte das Philosophieinteresse der Informatiker in einem vorkantischen Sinne metaphysisch und – für Philosophenohren – merkwürdig disziplinlos. Ich habe auf der Tagung ganz handfest gelernt, wie stark die Philosophie doch von ihren Erkenntnisskrupeln dominiert wird. Sie kam mir gelegentlich wie ein korpulenter Mensch vor, der vor Eigengewicht kaum laufen kann. So wirken wir Philosophen für andere wohl auch gelegentlich wie Leute, die vor Überreflexion und Begriffsballast der Tradition kaum zu gegenwärtigen Problemen kommen.

Im Ergebnis kann die Dagstuhl-Tagung nur als Anfang verstanden werden. Vielleicht wagen wir in absehbarer Zeit den Versuch einer zweiten Tagung, die dann aber von vornherein thematisch eingegrenzter konzipiert sein soll. Ich selbst wünsche mir vor allem, daß die Zusammenarbeit sich stärker konzentriert auf einzelne Probleme, die sich aus der Informatik heraus oder aus der Computerisierung unserer Welt heraus stellen. Der hiermit vorgelegte erste Versuch ist nämlich noch stark davon geprägt, sehr grundsätzlich anzusetzen und wissenschaftstheoretisch oder kulturkritisch zu einer prinzipiellen Sicht auf *die* Informatik zu kommen. Wahrscheinlich war diese prinzipialisierende Herangehensweise für den Beginn der Zusammenarbeit jedoch unvermeidlich. Jede Seite wollte zunächst einmal präsentieren, welche Überlegungen und Konzepte sie auf Lager hat.

Abschließend möchte ich, gerade weil ich mich selbst mehr als Mitmachender denn als Impulsgeber verstehen mußte, ausdrücklich Peter Schefe als dem Hauptherausgeber dieses Buches sehr herzlich danken. Er hat den Anstoß zu diesem Buch und zu der vorbereitenden Dagstuhl-Tagung gegeben. Wir anderen wurden dann durch seine Initiative und sein Engagement zu Mitarbeitern. Danken möchte ich auch Arne Koors, der als Studentische Hilfskraft die Druckvorlagen zu diesem Buch engagiert und sorgfältig erstellt hat.

Rostock, im Juni 1993 Heiner Hastedt

Inhalt

Künstliche Intelligenz und Philosophie des Geistes

Informatik und Kultur

Informatik und Philosophie.
Eine Einführung[1]

Peter Schefe

Herbert Schnädelbach schreibt in seiner Einführung in die Philosophie[2] – ich habe in dem folgenden Zitat eine Zeichenkette substituiert –

> Der Begriff der Philosophie ist selbst ein philosophischer Grundbegriff, und das ist keine Selbstverständlichkeit. Wer fragt, was Informatik sei, wird von Informatikern die Antwort erhalten: "Das, was wir machen, ist Informatik; sieh es dir an!" Vielleicht werden sie auch sagen, daß dies schon eine philosophische Frage ist. Wer es genauer wissen will, wird von Ihnen in der Regel an die Wissenschaftstheorie verwiesen, oder sie werden ihm nicht als Informatiker, sondern als Wissenschaftstheoretiker zu antworten versuchen. Große Informatiker sind zumindest in dem Sinne Philosophen gewesen, als sie eine wissenschaftstheoretische Vorstellung von ihrer Disziplin besaßen; denn die Theorie der Informatik ist (wie die Wissenschaftstheorie überhaupt) nicht Informatik, sondern Philosophie.

Wie gesagt, H. Schnädelbach hat nicht genau dies gesagt...

Es ist zu beobachten, daß Informatiker von McCarthy bis Winograd, von Weizenbaum bis Hofstadter – um einige prominente zu nennen – Anleihen bei Philosophen machen oder selber Philosophien entwickeln. Es gibt auch im deutschen Sprachraum seit einiger Zeit unter Informatikerinnen und Informatikern eine intensive Diskussion über eine "Theorie der Informatik", bei denen bestimmte Richtungen der Gegenwartsphilosophie bevorzugt rezipiert werden.[3]

Ich denke, daß die anstehenden Fragen nur schwer von Informatikern allein angemessen diskutiert werden können. Ihre diesbezüglichen Bemühungen würde ich allerdings auch nicht wie G. Ropohl der "philosophischen Schattenwirtschaft" zurechnen, um ihre Inhalte dann der professionellen Philosophie vorzubehalten.[4]

1 Dieser Beitrag wurde als Einleitung auf der gleichnamigen Dagstuhl-Tagung vorgetragen und nachträglich mit Anmerkungen versehen.

2 H. Schnädelbach, "Philosophie", in: E. Martens, H.Schnädelbach (Hrsg.): *Philosophie: Ein Grundkurs*, Reinbek 1985, 37.

3 Vgl. W. Coy et al., *Sichtweisen der Informatik*, Braunschweig 1992.

4 G. Ropohl, *Technologische Aufklärung. Beiträge zur Technikphilosophie*, Frankfurt 1991.

Die Philosophie hat sich der Informatik schon relativ früh zugewendet. H. Dreyfus' Angriff auf die Künstliche Intelligenz ist allerdings eher untypisch.[5] Es war und ist vor allem die angelsächsische sprachanalytische Philosophie, die in der Diskussion um die Künstliche Intelligenz ein adäquates Betätigungsfeld erblickte. Man denke an H. Putnams Arbeiten zum Geist-Körper-Problem bei Robotern.[6] Einige deutsche Philosophen haben sich dieser Diskussion angeschlossen. Mein Eindruck ist, daß diese Thematik gegenwärtig die gegenseitige Rezeption von Informatik und Philosophie, besonders im angelsächsischen Bereich, dominiert. In der Wissenschaftstheorie ist es vor allem die traditionelle Zweiteilung in Natur- und Geisteswissenschaften, einer philosophischen Arbeitsteilung entsprechend, die technisch orientierten Disziplinen zunächst keinen Platz bot. Technikphilosophie hingegen, wenn man denn von einem etablierten Arbeitsgebiet reden kann, wird meist unter ethischen oder politischen Aspekten betrieben. Und hier stehen Ökologie und Gentechnik noch im Vordergrund des Interesses.[7]

Diese grobe Lageeinschätzung wird natürlich manchem einzelnen nicht gerecht. Was ich andeuten wollte, ist gerade die Wünschbarkeit einer Veranstaltung wie dieser, die sicher nicht außerhalb der laufenden Diskurse zu sehen ist, aber vielleicht einige neue Akzente setzen kann.

Es wäre reizvoll, mit dem "Zitieren" von H. Schnädelbachs Text fortzufahren, um die Schwierigkeiten einer knappen Benennung dessen zu demonstrieren, was die Informatiker eigentlich machen, wovon ihre Wissenschaft handle. Der größten Zustimmung bei Kolleginnen und Kollegen dürfte man sich im Augenblick gewiß sein, wenn man die Informatik als "Ingenieurwissenschaft" oder "technische Disziplin" bezeichnet. Dies kommt in der US-amerikanischen Bezeichnung "Computer Science" prägnant zum Ausdruck. Die Definition eines verbreiteten Informatik-Lexikons[8] "Wissenschaft von der systematischen Verarbeitung von Informationen, besonders der automatischen Verarbeitung mit Hilfe von Digitalrechnern" läßt eine solche Deutung zu, schließt aber andere nicht aus wie Informatik als

- universelle Strukturwissenschaft (in der Nähe von Mathematik und Logik)
- Naturwissenschaft (in der Nähe von Kybernetik und Biologie)
- Humanwissenschaft (in der Nähe der Kognitionswissenschaften, z. B. Linguistik und Psychologie)
- Entwurfswissenschaft (in der Nähe von Semiotik und Ästhetik)

5 H. Dreyfus, *What Computers can't do*, New York 1972, 1979.

6 H. Putnam, "Mind, Language and Reality", *Philosophical Papers*, Bd. II, Cambridge, Mass. 1975.

7 Z.B. H. Hastedt, *Aufklärung und Technik. Grundprobleme einer Ethik der Technik*, Frankfurt/M 1991.

8 Duden Informatik, Mannheim 1988.

— Sozialwissenschaft (in der Nähe einer konstruktiven Industriesoziologie sowie der Kommunikations- und Arbeitswissenschaft)

Auch wer diese Deutungen nicht akzeptiert, kann die Beziehungen zu den genannten Wissenschaften nicht leugnen. Die Möglichkeit eines solchen Interpretationsspektrums verdeutlicht die Vielfältigkeit einer philosophischen Auseinandersetzung mit der Informatik als wissenschaftlicher Disziplin.[9] Sie ist nicht auf Erkenntnis- und Wissenschaftstheorie beschränkt, wie schon aus der vorangehenden Lageeinschätzung erkennbar wurde.

Was die allgemein im Meta-Objekt-Sinne gesehene Beziehung von Philosophie und Informatik – zumindest zwischen Teilbereichen der Philosophie und Teilbereichen der Informatik – eher zu verkomplizieren als zu vereinfachen scheint, ist ihre relativ nahe Verwandtschaft. Wenn nach Herbert Schnädelbach das herrschende Paradigma der Philosophie das linguistische ist, so haben beide Disziplinen eine gemeinsame Basis. So kann Gottlob Frege historisch wohl als hervorragender Wegbereiter beider Disziplinen betrachtet werden. Überspitzt gesagt: Frege hat der Informatik eine philosophische und der Philosophie eine ingenieursmäßige Grundlage gegeben. In seiner *Rechtfertigung für eine Begriffsschrift*[10] schrieb er vor 111 Jahren (Sein wichtiger Aufsatz "Über Sinn und Bedeutung" erschien übrigens vor 101 Jahren):

> "Die hervorgehobenen Mängel haben ihren Grund in einer gewissen Weichheit und Veränderlichkeit der Sprache, die andererseits Bedingung ihrer Entwicklungsfähigkeit und vielseitigen Tauglichkeit ist. Die Sprache kann in dieser Hinsicht mit der Hand verglichen werden, die uns trotz ihrer Fähigkeit, sich den verschiedensten Aufgaben anzupassen, nicht genügt. Wir schaffen uns künstliche Hände, Werkzeuge für besondere Zwecke, die so genau arbeiten, wie es die Hand nicht vermöchte. Und wodurch wird diese Genauigkeit möglich? Durch eben die Starrheit, die Unveränderlichkeit der Teile, deren Mangel die Hand so vielseitig geschickt macht. So genügt auch die Wortsprache nicht. Wir bedürfen eines Ganzen von Zeichen, aus dem jede Vieldeutigkeit verbannt ist, dessen strenger logischer Form der Inhalt nicht entschlüpfen kann."

Die hier ausgedrückte Haltung, erwachsen aus dem Wunsch nach klarer Begrifflichkeit und dem Bestreben, Irrtümer aus der Wissenschaft zu verbannen, kann sich allzu leicht verabsolutieren zu der Überzeugung, nur formallogisch Rekonstruierbares sei der wissenschaftlichen Mühe wert.[11] Eine Vermutung liegt jedenfalls nahe: Fragen und Fraglichkeit der sprachanalytischen Philosophie und der Informatik haben viel miteinander zu tun. Diese wird nirgendwo deutlicher bestätigt als in dem Vorhaben der Künstlichen Intelligenz,

9 P. Janich diskutiert aus der Sicht der Erlanger Schule Entstehungskontext und Status der Informatik als Wissenschaft.

10 abgedruckt in: G. Frege, *Funktion, Begriff, Bedeutung*, Göttingen 1962.

11 Vgl. W. Coy in diesem Band.

deren Kernfrage "Can Machines Think?" von einem anderen wichtigen Wegbereiter der Informatik, A. Turing,[12] schon gestellt wurde, bevor man an die technische Beantwortung gehen konnte.

Daß verschiedenen Varianten der angelsächsischen sprachanalytischen Philosophie und dem Common Sense weiter Kreise der Informatik, insbesondere der KI, ein szientistischer Naturalismus gemeinsam ist, erklärt den relativ regen Gedankenaustausch zwischen beiden Bereichen. Angriffe auf die KI wie der von J. Searle[13] sind immer zugleich Angriff auf bestimmte Philosophien und werden nicht nur von der KI, sondern auch von Philosophen abgewehrt.[14] Der auf die Hardware/Software-Analogie bezugnehmende Funktionalismus bildet dabei einen Brennpunkkt der Debatte.[15] Selbst intradisziplinäre Auseinandersetzungen wie die über den Konnektionismus finden unter starker Beteiligung der Philosophie statt. Wie gesagt, auch im deutschsprachigen Raum beobachtet man dies in den letzten Jahren, z. B. jüngst in der Zeitschrift Kognitionswissenschaft.

Naturalistische Tendenzen werden außerhalb der KI eher zum Ausdruck gebracht in der Deutung des Informationsbegriffs: "Energie, Materie und Information stellen die drei wichtigsten Grundbegriffe der Natur- und Ingenieurwissenschaften dar". So heißt es in dem schon zitierten Informatik-Lexikon. Gestützt wird diese durch N. Wiener popularisierte Auffassung durch eine entsprechende Verwendung des Begriffs Information in der Molekularbiologie.[16]

Wird die Informatik so von vielen implizit zu den Naturwissenschaften gezählt, so besteht doch der wesentliche Unterschied zu diesen darin, daß jene ihren Gegenstand nicht bloß analysiert, sondern zunächst synthetisiert. Oder haben wir im Zeichen des Konnektionismus, des künstlichen Insekts, des künstlichen Lebens eine neue Form der Naturwissenschaft vor uns, die Ernst macht mit der Vorstellung, daß nur dasjenige wissenschaftlich verstanden sei, was man selber konstruieren kann?

Man ist versucht, ein Wort Wittgensteins abzuwandeln in: "Die Grenzen der Informatik sind die Grenzen unserer Welt".[17] Diese erkenntnistheoretische Ironisierung darf jedoch nicht vergessen lassen, daß die Informatik mit ihrer konstruktiven Kompetenz Artefakte schafft, die nicht nur einer abstrakten Erkenntnis dienen, sondern Gesellschaft, Wirtschaft, Umwelt und Kultur vielfältig überformen.

12 A. Turing, "Computing machinery and intelligence", ursprünglich 1950; wiederabgedruckt in: E. Feigenbaum, J. Feldman (Hrsg.), *Computers and Thought*, New York 1963, 1-35.

13 wie der erstmals deutsch erscheinende Beitrag von J. Searle in diesem Band.

14 M. Boden verteidigt ein an der KI orientiertes Menschenbild.

15 Die Aufsätze von H. Tetens und G. Keil nehmen auf diese Debatte Bezug.

16 Eine kritische Position zu dieser Deutung bezieht H. Zemanek in seinem Beitrag.

17 Vgl. hierzu insbesondere H. Zemaneks Beitrag.

Zunächst: Wie steht es mit dieser Kompetenz? Was genau gehört dazu? Das Schreiben korrekter Software, etwa das Umsetzen einer formalen Spezifikation in ein lauffähiges Programm und den formalen Nachweis von dessen Korrektheit? Zitieren wir noch einmal Frege zur Begriffsschrift:

> "Man macht sich leicht unnötige Sorgen über die Ausführbarkeit der Sache. Unmöglich, sagt man, kann durch eine Begriffsschrift die Wissenschaft gefördert werden; denn die Erfindung der ersteren setzt die Vollendung der letzteren ja schon voraus [...] Ein Fortschritt in der Physik hat einen solchen in der Technik zur Folge, und dieser macht es möglich, neue Apparate zu bauen, mittels deren wieder die Physik gefördert wird. Die Anwendung in unserem Fall ergibt sich von selbst."[18]

Was viele in der Informatik gerne übersehen oder eliminieren möchten: daß die Entwicklung eines neuen Werkzeugs eben nicht den Fortschritt in der Softwareherstellung garantiert, daß ein Fregesches "Ganzes von Zeichen, [...] dessen logischer Form der Inhalt nicht entschlüpfen kann", zu konstruieren eben eine menschliche Tätigkeit ist, daß die Gewinnung des Inhalts etwas – in anderer Weise als in der Naturwissenschaft – von den Werkzeugen wesentlich Unabhängiges ist.

Es braucht also eine Theorie des Entwurfs. Hier scheinen sich die Vorgehensweisen an zwei philosophischen Polen zu orientieren. Wer den modernen Fregeschen Optimismus des Machens nicht teilt, sucht Zuflucht bei der archaischen Philosophie des Sei(y)ns von Martin Heidegger vor der "Verwirrung des Meinens und Rechnens", wie es dort[19] heißt. Wenn Softwarekonstruktion Welterfahrung ist oder voraussetzt, so scheint eine sich selbst als Hermeneutik verstehende Philosophie ein naheliegender Anhaltspunkt. Wieweit ist der Zugriff der Informatik auf eine am antiken ontologischen Paradigma (H. Schnädelbach) orientierte Philosophie zu interpretieren? Sind es Heideggers Aussagen oder ist es seine Sprache, die sie für Anti-Formalisten oder Nicht-Nur-Formalisten so anziehend macht? Doch lassen wir Heidegger selbst zur Sprache kommen:

> "Das Ge-Stell, das überallhin waltende Wesen der modernen Technik, bestellt sich die formalisierte Sprache, jene Art der Benachrichtigung, kraft derer der Mensch in das technisch-rechnende Wesen eingeformt, d. h. eingerichtet wird und schrittweise die "natürliche Sprache" preisgibt. Auch dort, wo die Informationstheorie (wir können dies getrost durch Informatik ersetzen – P. S.) zugestehen muß, daß die formalisierte Sprache immer wieder auf die "natürliche Sprache" zurückverwiesen werde, um durch die formalisierte Sprache die Sage des

18 G. Frege, "Rechtfertigung für eine Begriffsschrift", abgedruckt in: G. Frege, *Funktion, Begriff, Bedeutung*, Göttingen 1962.

19 M. Heidegger, "Der Weg zur Sprache", in: Bayer. Akad. d. Künste (Hrsg.): *Die Sprache*, Darmstadt 1959, 93-114.

> technischen Bestandes zur Sprache zu bringen, bezeichnet dieser Umstand für die gängige Selbstauslegung der Informationstheorie nur ein vorläufiges Stadium. Denn die "natürliche Sprache", von der hierbei die Rede sein muß, wird im voraus als die noch nicht formalisierte, aber in die Formalisierung bestellte Sprache angesetzt. Die Formalisierung, die rechnerische Bestellbarkeit des Sagens, ist das Ziel und die Maßgabe. Das im Willen zur Formalisierung gleichsam notgedrungen und vorerst noch zugestandene "Natürliche" der Sprache wird nicht im Hinblick auf die anfängliche Natur der Sprache erfahren. Diese Natur ist die *physis*, die ihrerseits im Ereignis beruht, aus dem die Sage in ihr Regsames aufgeht. Die Informationstheorie begreift das Natürliche als den Mangel an Formalisierung."[20]

Ist es nicht vor allem das Aufdecken des durchgängig metaphorischen Charakters unserer Sprache, die ihm zu seiner besonderen Wirkung verhilft? Metaphern jedenfalls haben Konjunktur in der Informatik wie auch in der Philosophie. Es geht nicht darum, daß die Informatik der "natürlichen Sprache" selbst viele Metaphern liefert – hervorragend ist hier die Computermetapher des Geistes –, es geht auch nicht darum, daß sie ihre eigenen Gegenstände seit eh und je metaphorisch beschreibt, sondern daß sie sich selbst bzw. ihre Tätigkeit metaphorisch zu beschreiben versucht.[21]

Metaphern drücken bestimmte Perspektiven der Wahrnehmung oder des Handelns aus. In der Informatik wird wohl keine Metapher so häufig bemüht wie die des Werkzeugs. Wir trafen sie schon bei Frege. Die überwiegende Zahl der Informatikerinnen und Informatiker scheint sich darin wiederzuerkennen. Welche Perspektive aber ist gemeint? Die

— des Heideggerschen "Ge-Stells nach der Weise des Ereignisses und zwar so, daß es dieses zugleich verstellt, weil alles Bestellen sich in das rechnende Denken eingewiesen sieht..."
— des Mittels zu einem beliebigen Zweck im Sinne der instrumentellen Vernunft, wie M. Horkheimer diese Haltung genannt hat
— des autonomen Subjekts, das darüber beliebig verfügt, es handhabt und beherrscht im Gegensatz zu einem soziotechnischen System, das das Subjekt zum Objekt seiner Verfügung, seiner Manipulation, seiner Herrschaft macht
— oder des sein Metier beherrschenden Werkers, der Aufträge professionell ausführt?

20 M. Heidegger, "Der Weg zur Sprache", in: Bayer. Akad. d. Künste (Hrsg.): *Die Sprache*, Darmstadt 1959, 93-114.

21 R. Weingarten und W. Coy untersuchen die Rolle der Metapher in der Informatik unter verschiedenen Aspekten.

Es zeigt sich, daß Metaphern erst vor dem Hintergrund einer Weltdeutung und eines Menschenbildes überhaupt verstehbar werden und daß diese eng mit Wertvorstellungen verflochten sind.

Wer sich selbst als professioneller Auftragnehmer versteht – diese Sichtweise ist vorherrschend in der Informatik – will seine Verantwortung auf sein professionelles Tun beschränkt wissen. Nur das Herstellen des Artefakts wird Werturteilen unterworfen, z. B. dem Stande der Kunst. Wer hingegen sein Artefakt als Werkzeug für einen Benutzer sieht, ist eher geneigt, die Wirkungen auf das Handeln des Benutzers zu bedenken. Er denkt nicht technik-, sondern human-orientiert.[22] Auch in die Arbeit der Philosophen dringt die Technik ein. Wie wird sie sich verändern, wenn Computer nicht nur als Textmaschine, sondern auch als Werkzeug zur logischen Ordnung und Überprüfung von Theorien und ihrer Entstehung verwendet werden? Kann man Paul Thagard[23] ermutigen, wenn man bei ihm liest:

> "I do hope to show that a computational approach offers ideas and techniques for representing and using knowledge that surpass ones usually employed by philosophers."

Doch scheint die Werkzeugmetapher unangemessen, wenn große soziotechnische Systeme entworfen werden, die soziale und kommunikative Strukturen verändern. Es scheint im wesentlichen zwei Arten der philosophischen Annäherung an das Problem zu geben.

Zunächst eine ethische. Hier hat man sich der m.W. zuerst von K.-O. Apel[24] als paradox erkannten Situation zu stellen. Er betont, daß wir eine neue, universale Ethik "noch nie so dringend brauchten" wie heute, weil die herkömmliche, auf das Leben in kleinen Gruppen zugeschnittene versagt, und daß es "noch nie so schwierig" war, eine solche zu gewinnen. Obwohl wir mehr zu verantworten haben, als wir selber tun, neigen wir dazu, weniger tragen zu wollen, als uns selber zugerechnet werden kann. Es fragt sich, ob ein philosophischer Diskurs ohne weiteres eine Änderung von Handlungsweisen bewirken kann oder ob es soziopolitischer Mittel bedarf, z. B. der Aktivitäten von professionellen Ethikkommissionen, um diesen Zustand zu ändern.[25]

Zum andern induziert die Frage nach den Folgen der Informationstechnik[26] und ihrer ethischen Bewältigung die Frage nach den Bedingungen für ihre

22 Zum Wandel der Computernutzung vgl. den Beitrag von W. Coy.

23 P. Thagard, *Computational Philosophy of Science*, Cambridge, Mass. 1988.

24 K.-O. Apel, "Das Apriori der Kommunikationsgemeinschaft und die Grundlagen der Ethik", in: K.-O. Apel, *Transformation der Philosophie*, Bd. II, Frankfurt/M 1973.

25 Hierzu die Beiträge von R. Capurro und E. Martens.

26 S. Dietz erörtert die Technisierung der Lebenswelt. Eine radikal ablehnende Position zur Technisierung bezieht G. Unseld in ihrem Beitrag. Y. Dittrich zeigt einige historische Perspektiven auf.

Entstehung[27], allgemein nach der Rolle, die sie in der Kultur spielt. Deren Beantwortung kann nicht allein im Rahmen einer Geschichte der Erfindungen von geistigen und materiellen Verfahren geschehen, wie man sie in Fachzeitschriften findet. In welcher Wechselwirkung steht die informationstechnische mit der sozioökonomischen und kulturellen Entwicklung? Diese Frage ist nicht ohne Bezugnahme auf eine möglichst allgemeingültige Modellierung bzw. ein umfassendes Verstehen gesellschaftlicher Vorgänge zu beantworten.

Daß die Wechselwirkung mit der übrigen Kultur enger ist als bei anderen Technikbereichen, mag man schon deshalb vermuten, weil Informationstechnik geistige Verfahren automatisiert. Die Beziehung zur Ästhetik, zur Kunst, zumindest zu bestimmten Ausprägungen, wurde in Hofstadters "Gödel, Escher, Bach"[28] einem breitem Publikum suggeriert. Hat aber die Selbstreferentialität des Kunstwerks etwas mit logischer Selbstbezüglichkeit zu tun? Kunstwerke evozieren eine andere Wirklichkeit, fordern und fördern dabei unsere Wahrnehmungsfähigkeit. Mit Computern lassen sich abstrakte, aber sinnlich erfahrbare virtuelle Realitäten konstruieren. Wie sind diese Zeichen zu deuten? Als ein neues Medium für die menschliche Kreativität oder als Vorzeichen des endgültigen Verlustes der Wahrnehmung des Natürlichen?[29]

Um die "seltsamen Schleifen" der Selbstbezüglichkeit, Selbstanwendung, Selbsterstellung – Begriffe, denen man in der Informatik einen präzisen Sinn geben kann – scheinen sich paradoxe Philosophien zu ranken, z.B. Dupuys' und Varelas konstruktivistische Umdeutung des Dekonstruktivismus von J. Derrida,[30] die in der Entstehung von Leben, Geist und Kultur dasselbe Prinzip wirksam sehen.[31] Auf die "Gedankenströmung" der metamathematischen Behandlung von Paradoxien beruft sich auch J.-F. Lyotard,[32] der in diesem Zusammenhang Erwähnung verdient. Ihm geht es dabei vor allem um die Unmöglichkeit einer konsistenten Metasprache der Wissenschaft, der eine Vielfalt von nur lokal konsistenten Sprachentwürfen auf logischer und Sprachspielen auf gesellschaftlicher Ebene entspricht. Lyotard knüpft hier beim späten Wittgenstein an. Er weist der Informatik dem Sprachspiel der Effizienz oder Performativität zu. Nach dem Zusammenbruch der großen umfassenden "Legitimierungserzählungen" der Bildung von Wilhelm von Humboldt oder der

27 Eine Einordnung der Informatik in die Geschichte der Symbolisierung und Formalisierung gibt S. Krämer in ihrem Beitrag. U. Teubner behandelt die Rolle des Männlichen in der Technikentwicklung.

28 D. R. Hofstadter, *Gödel, Escher, Bach: An Eternal Golden Braid*, Hassocks (U.K.) 1979.

29 Siehe hierzu den Beitrag von F. Rötzer.

30 J. P. Dupuy, F. Varela: "Kreative Zirkelschlüsse: Zum Verständnis der Ursprünge", in: P. Watzlawick, P. Krieg (Hrsg.), *Das Auge des Betrachters*, München 1991.

31 Besonders in den Arbeiten H. von Foersters und F. Varelas. Siehe u.a. S. J. Schmidt (Hrsg.), *Der Diskurs des Radikalen Konstruktivismus*, Frankfurt/M 1987.

32 J.-F. Lyotard, *Das postmoderne Wissen. Ein Bericht*, Graz 1986.

Emanzipation, wie sie noch von Jürgen Habermas vertreten wird, erhält die Informatik ihre Legitimierung durch die Macht. Ist Lyotards Vorstellung von einer Politik, "in der der Wunsch nach Gerechtigkeit und der nach Unbekanntem gleichermaßen respektiert werden", in der informatisch geprägten Postmoderne realistisch?

Wissenschaftstheorie und Geschichte der Informatik

Was erklärt uns die Informatik? Versuch einer wissenschaftstheoretischen Standortbestimmung

Michael Heidelberger

1 Einleitung

Von welcher Art ist die Wissenschaft der Informatik (engl. *computer science*)? Ist sie eine eigenständige Wissenschaft mit eigenen Prinzipien und Methoden oder ist sie nur ein spezialisierter Ableger einer anderen Wissenschaft? Vielleicht besteht sie auch nur aus Elementen, die aus unterschiedlichen Ansätzen und Disziplinen zusammengemischt werden? Was unterscheidet sie von anderen Wissenschaften und was verbindet sie mit ihnen?

Wenn man nach Definitionen sucht, die einem eine Antwort auf die genannten Fragen geben könnten, stößt man auf eine verwirrende Fülle von Vorschlägen. Manche Autoren halten die Informatik für einen Zweig der Mathematik[1] (denn sie untersucht Algorithmen und abstrakte Strukturen); andere für eine Technik- oder Ingenieurswissenschaft[2] (denn sie hat mit der Leistungsfähigkeit und Zuverlässigkeit zu tun, mit der der Computer die Ziele menschlichen Handelns verwirklicht). Wieder andere sehen die Informatik als eine Sozial- oder Gestaltungswissenschaft.[3] Auch die sprachliche Dimension der Informatik wird als entscheidend in den Vordergrund gerückt.[4] Aus den genannten Definitionen werden manchmal (holprig klingende) Mischformen gebildet: Informatik ist eine Ingenieur-Geisteswissenschaft.[5] Schließlich erhalten wir auch die Auskunft, Informatik sei eine Erfahrungswissenschaft, die einfach alle Phänomene empirisch untersucht, die mit Computern zusammen-

1 C. F. von Weizsäcker, *Die Einheit der Natur*, München 1971, 22f; vgl. die Diskussion bei W. Coy, "Für eine Theorie der Informatik", in: W. Coy et al. (Hrsg.), *Sichtweisen der Informatik*, Braunschweig 1992, 21.

2 F. L. Bauer, "Informatik und Informationstechnik – Ein Gegensatz?", *Informatik-Spektrum* , 11, 1988, 231, stellvertretend für viele.

3 A. Rolf, "Sichtwechsel – Informatik als (gezähmte) Gestaltungswissenschaft", in: W. Coy et al. (Hrsg.), *Sichtweisen der Informatik*, Braunschweig 1992, 33-47.

4 R. Capurro, "Die Herausforderung der Informatik für die Praktische Philosophie", in: W. Coy et al. (Hrsg.), *Sichtweisen der Informatik*, Braunschweig 1992, 348f.

5 F. L. Bauer, "Was heißt und was ist Informatik?", in: M. Otte (Hrsg.), *Mathematiker über die Mathematik*, Berlin 1974, 357.

hängen.[6] Manche Autoren gehen sogar so weit, daß sie der Informatik ihren wissenschaftlichen Charakter schlicht absprechen: Sie sei ein Handwerk, das sich in seinen entscheidenden Aspekten einer Verwissenschaftlichung entziehe.[7] Im Lichte der verschiedenen Diskussionsvorschläge findet sich auch das Eingeständnis, "daß die Informatik bis heute damit gescheitert ist, ihre Grundannahmen explizit zu machen".[8]

Die angeführten Definitionsvorschläge widersprechen sich zum Teil (Informatik kann nicht zugleich eine empirische und mathematische Wissenschaft sein) oder gehen wenigstens in ganz unterschiedliche Richtungen. Man kann sich natürlich einfach dadurch aus der Affäre ziehen, daß man die Frage nach der Definition eines Fachs als kleingeistig, überflüssig und einem Schubladendenken verhaftet ablehnt.[9] Damit verweigert man sich aber einer Selbstverständnis-Diskussion, die für die Reflexion wissenschaftlichen Denkens und Handelns unumgänglich ist. Es wäre ebenfalls eine Vermeidungsstrategie, die Informatik einfach als eine Ansammlung verschiedener Disziplinen zu definieren, die sich aus kontingenten und externen ökonomischen Gründen zusammengefunden haben. Eine solche Lösung scheint auch unter den Beteiligten wenig Anhänger zu haben. Andererseits ist unter Informatikern das Bewußtsein, in einem eigenständigen Fach zu arbeiten, sehr ausgeprägt. "Es geht," schreibt Heinz Zemanek, in der Informatik "nicht um ein Sammelsurium, sondern um ein Fach mit scharfem Profil".[10]

Wenn Eigenständigkeit gelebt wird, aber grundlegende Schwierigkeiten bestehen, diese Eigenständigkeit in Begriffe zu fassen, muß man versuchen, die Gründe für dieses Auseinanderklaffen zu finden. Ich will im folgenden das Bild nicht noch mehr verwirren und eine neue Definition der Informatik vorschlagen. Vielmehr möchte ich versuchen, eine Erklärung für die unübersichtliche und unzureichend aufgeklärte Situation zu geben. Aus dieser Erklärung wird, so hoffe ich, sich dann die Eigenständigkeit der Informatik besser begreifen lassen.

Wenn ein Fach sich als eigenständige Einheit betrachtet, aber diese Eigenständigkeit nicht verbindlich und ohne Spannungen definieren kann, dann

6 A. Newell, H. Simon, "Computer Science as Empirical Inquiry: Symbols and Search", *ACM Turing Award Lectures*, New York 1987 (zuerst 1975), 287-313. (Auch in M. A. Boden (Hrsg.), *The Philosophy of Artificial Intelligence*, Oxford 1990, 105-132.)

7 D. E. Knuth, "Computer Programming as an Art", *ACM Turing Award Lectures*, New York 1987 (zuerst 1974), 33-46.

8 Ch. Floyd, "Human Questions in Computer Science", in: Ch. Floyd et al. (Hrsg.), *Software Development and Reality Construction*, Berlin 1992, 19. (Von mir aus dem Englischen übersetzt, wie alle folgenden fremdsprachlichen Zitate.)

9 "Viele [...] haben das Gefühl, wir sollten von der Diskussion [der Frage, was Informatik ist] keine Notiz nehmen und mit der Informatik selbst weitermachen." R. W. Hamming, "One Man's View of Computer Science", *ACM Turing Award Lectures*, New York 1987 (zuerst 1968), 208.

10 H. Zemanek, *Weltmacht Computer – Weltreich der Information*, Esslingen 1991, 15.

liegt die Vermutung nahe, daß dies mit seinem Reifezustand zusammenhängt. Solange verschiedene theoretische Ansätze miteinander um die Grundlagen konkurrieren, kann sich auch kein verbindliches gemeinsames Selbstverständnis herausbilden. Eine Wissenschaftlergemeinschaft muß sich erst einmal darauf verständigt haben, welche ihrer bisher erreichten Errungenschaften schwergewichtig genug sind, um als Musterbeispiele genügend Probleme und Lösungen für die Zukunft generieren zu können, bevor man überhaupt die Frage nach der Eigenständigkeit eines Faches stellen kann. Ist also die Informatik noch in einer "präparadigmatischen Phase" (Th. S. Kuhn) und deshalb noch nicht auf ein allseits verbindliches Paradigma eingeschworen?

Eine solche Erklärung für die festgestellte Definitionsvielfalt scheidet jedoch aus. Es scheint festzustehen, daß sich die Informatik in ihren Zweigen auf bindende Paradigmen geeinigt hat und die Kriterien erfüllt, die an eine "Normalwissenschaft" (Kuhn) zu stellen sind. Ein Zeichen dafür ist auch das Bewußtsein der Informatiker, an einer autonomen Disziplin beteiligt zu sein. Auch in der Geschichtsschreibung der Informatik geht man davon aus, daß die Konsolidierungsphase der Informatik vorüber ist.[11]

Es steckt aber doch insoweit ein wahrer Kern in dieser Erklärung, als die Informatik (als Wissenschaft) das Bewußtsein davon verloren hat, was sie eigentlich *erklärt*. Die unübersehbare grundlagentheoretische Spannung in der Informatik beruht einerseits darauf, daß zwei verschiedene Erklärungsweisen in der Informatik miteinander konkurrieren, andererseits im Vordringen einer Wissenschaftspraxis, die als Verlust von Erklärungspotential zu charakterisieren ist. Das Selbstverständnis und die Identität einer Wissenschaft ergeben sich nicht nur aus der Einigung auf verbindliche und vorbildliche Problemlösungen, sondern auch aus der Art und Weise, wie sie die Welt erklärt. Solange die Informatik keine einheitliche Erklärungsweise (oder wenigstens die einträchtige Verknüpfbarkeit unterschiedlicher Erklärungsweisen) herausgebildet hat, so lange wird sie mit den Fragen nach ihrer Eigenständigkeit und ihrem Selbstverständnis zu kämpfen haben. Es scheint aber Anzeichen dafür zu geben, daß diese Einheitlichkeit grundsätzlich nicht erreichbar ist, da die Informatik auf dem besten Wege ist, sich von einer erklärenden zu einer Herstellungs-Wissenschaft zu verändern.

2 Wissenschaftliche Erklärungen

Das Ziel der Wissenschaft ist es, unser Verständnis der Welt durch die Angabe von Erklärungen zu vergrößern. In dieser Bestimmung wird "Wissenschaft" verstanden als Erkenntnis (Wissen), das in Behauptungen über die Welt, in

11 M. S. Mahoney, "Computers and Mathematics: The Search for a Discipline of Computer Science", in: J. Echeverria et al. (Hrsg.), *The Space of Mathematics. Philosophical, Epistemological, and Historical Explorations*, Berlin 1992, 349.

Theorien, niedergelegt ist. Theorien sind die Werkzeuge, mit denen wir Erklärungen liefern. Man kann im Unterschied hierzu die Wissenschaft auch als Menge von Handlungsanweisungen bestimmen, mit denen man praktische Probleme löst, womit dann das Ziel der Wissenschaft in der Lösung praktischer Probleme besteht. Dies hat sicher auch seine Berechtigung. Wissenschaft ist jedoch mehr als nur das praktisch Begründbare, auch wenn sie, als Erkenntnis betrachtet, ursprünglich praktische Wurzeln hat und wir in unserer technisch-industriellen Gesellschaft die Legitimation der Wissenschaft als sozialer Institution letztlich nur in ihrem praktischen Erfolg sehen. Zwar liefert uns Wissenschaft Verfügungswissen, aber dieses Wissen fällt nicht mit dem Erklärungswissen zusammen, wie sich gerade an der Informatik sehr schön zeigen läßt.

Im folgenden möchte ich einige Typen von Erklärungen diskutieren und versuchen, die für die Informatik typischen auszusondern.[12] Die uns vertrautesten wissenschaftlichen Erklärungen stammen wohl aus der Physik. Die dabei verwendete Erklärungsweise führt das Auftreten eines Ereignisses sowohl auf die Ursache zurück, die das Ereignis hervorbrachte, als auch (implizit oder explizit) auf das Bestehen einer Regelmäßigkeit, eines Gesetzes. (Ursachenerklärung) Das zu erklärende Ereignis wird also in eine allgemeine Struktur eingebettet, die uns etwas über seine Ursache verrät. Warum ging die Lampe an? (zu erklärendes Ereignis) Weil der Stromkreis geschlossen wurde. (Ursache; impliziter Bezug auf das Gesetz, daß Lampen leuchten, wenn man sie an einen geeigneten Stromkreis anschließt.)

Eine zweite Erklärungsweise, die sich ebenfalls in der Physik, besonders aber in der Chemie findet, betrifft nicht Ereignisse, sondern (dispositionelle) Eigenschaften von Gegenständen oder Systemen. Man geht dabei sowohl auf die materiellen und geometrischen Eigenschaften zurück, die ihre Teile besitzen, als auch die Art und Weise ihrer Anordnung. (Morphologische Erklärung) Makroeigenschaften werden also durch Bezug auf Mikrobestandteile erklärt. (Man spricht deshalb auch von Mikroreduktion.) Oft wird zusätzlich noch gefordert, daß die Bestandteile selbst keine der Eigenschaften besitzen dürfen, die sie auf der Makroebene erklären sollen. Atome sind selbst nicht elastisch, aber ihre Eigenschaften und ihre Anordnung erklären, warum ein Körper, aus dem sie bestehen, elastisch ist.

Diese Erklärungsweise ist das Erbe des Korpuskularismus des 17. Jahrhunderts. Damals versuchte man (durch Rückgriff auf die Ansichten des anti-

12 Zur gegenwärtigen Diskussion wissenschaftlicher Erklärungen in der Wissenschaftstheorie vgl. G. Schurz (Hrsg.), *Erklären und Verstehen in der Wissenschaft*, München 1990; J. Haugeland, "The nature and plausibility of cognitivism", *Behavioral and Brain Sciences 2*, 1978, 215-260; Ph. Kitcher, W. C. Salmon (Hrsg.), *Scientific Explanation*, Minneapolis 1989; N. Cartwright, *How the Laws of Physics Lie*, Oxford 1983, repr. 1990, bes. Kapitel 8; R. Cummins, *The Nature of Psychological Explanation*, Cambridge, Mass. 1983.

ken Atomismus) z.B. die Festigkeit von Körpern auf gewisse mechanische Verbindungen der Korpuskel zurückzuführen, aus denen sie bestehen; oder ihre Eigenschaft, flüssig zu sein, auf die Kugelform ihrer Bestandteile. Auch heute werden in der Chemie Eigenschaften von Molekülen z.B. durch die Eigenschaften und Anordnungen ihrer Konstituenten erklärt.

Häufig wird auch die Ursachenerklärung mit der morphologischen Erklärung kombiniert, etwa bei der Erklärung eines Regenbogens: Das Sonnenlicht bricht sich beim Eintritt und Austritt aus den Wassertröpfchen (Ursachenerklärung). Die Anordnung der Tröpfchen und der Sonnenstrahlen fächert das weiße Licht in farbige Lichter auf (morphologische Erklärung).

Obwohl sich die bisher genannten Erklärungen auch in der Technik finden, so ist doch ein weiterer Erklärungstyp für sie spezifisch. Es handelt sich dabei um eine Erklärung durch Analyse der Funktionen, die die Teile eines Systems oder eines Vorgangs besitzen und die dabei mithelfen, eine Gesamtwirkung zu erreichen (Funktionalerklärung). Der Effekt eines Systems oder Vorgangs wird erklärt als das Zusammenwirken der Funktion der einzelnen Teile miteinander und/oder der einzelnen Vorgänge. So wird die Eigenschaft der Dampfmaschine, Arbeit zu verrichten, auf die Funktionen zurückgeführt, die ihre einzelnen Komponenten besitzen.

Diese Erklärungsweise hat Ähnlichkeit mit der morphologischen: Eine (Makro-)Eigenschaft wird erklärt durch die (Mikro-)Eigenschaften der Teile. In der Funktionalerklärung kommt aber noch der Aspekt der organisierten *Interaktion* der Teile mit hinzu, der bei der morphologischen Erklärung keine Rolle spielt. Funktionalerklärungen sind nicht nur für die Technik typisch, sondern kommen z.B. auch in der Physiologie vor, wenn es darum geht, das Funktionieren eines Organismus durch das geordnete Ineinandergreifen der Funktionen der einzelnen Organe zu erklären, aus denen er besteht.

Wissenschaftliche Funktionalerklärungen erschöpfen sich aber nicht in der Erklärung einzelner Systeme, sondern sie streben danach, Prinzipien aufzufinden, mit denen man Aussagen über Klassen von Systemen machen kann. Technikwissenschaft ist an der generalisierenden und systematischen Verbindung der funktionalen Einzelerklärungen in umfassende Theorien interessiert, die von speziellen Gegebenheiten abstrahieren. Um im Beispiel zu bleiben: Es interessiert nicht so sehr die Theorie der Dampfmaschine, sondern ihr Platz in der Theorie der Antriebsmaschinen überhaupt. Die in der Technik interessierenden Funktionalerklärungen sind also gewissermaßen solche zweiter Stufe.

Wichtig ist festzuhalten, daß weder morphologische noch kausale Erklärungen mit Funktionalerklärungen gleichgesetzt werden können. Damit wird nicht in Abrede gestellt, daß es in anderer Hinsicht enge Zusammenhänge zwischen Wissenschaft (als einer Menge von Erkenntnissen) und Technik gibt. Die neuzeitliche Wissenschaft ist gerade so beschaffen, daß sich ihr kausales und morphologisches Erklärungspotential meist heuristisch für die Herstellung von funktional erklärbaren Systemen verwenden läßt. Trotzdem sind die Erklärungsweisen unterschiedlich. Die physikalischen Eigenschaften der Teile einer Dampfmaschine verwirklichen zwar deren funktionale Eigenschaften; es wird aber auf sie in der funktionalen Erklärung einer funktionierenden Dampfmaschine selbst kein Bezug genommen.

Es gibt aber nicht nur Erklärungen in den empirischen Realwissenschaften, sondern auch in den Formalwissenschaften, wie der Logik und Mathematik. Sie ähneln dort noch am ehesten den Ursachenerklärungen. Ein mathematischer Bereich wird dadurch erklärt, daß man zeigt, wie er sich in eine allgemeinere Struktur einbetten läßt. Diese Art der Erklärung kann auf zweierlei Weise zustandekommen, durch Axiomatisierung oder durch Begriffsbildung.[13] Ein Standardbeispiel für Erklärung durch Axiomatisierung ist die Einführung des Gruppenbegriffs durch Arthur Cayley und seine Anwendung in der Geometrie durch Felix Klein und Sophus Lie. Indem jede Geometrie als Invariantentheorie bezüglich einer Gruppe aufgefaßt wird, bettet man sie in einen allgemeineren, umfassenderen Zusammenhang ein. Diese Einbettung führt zum Verständnis von Zusammenhängen, das vorher nicht verfügbar war. Ein Beispiel für Erklärung durch Begriffsbildung ist die Einführung des Begriffs der Menge in die Mathematik: Richard Dedekind und Georg Cantor zeigten, daß die Gegenstände der Arithmetik und Analysis auf den allgemeineren Begriff der Menge zurückgeführt werden können und öffneten uns damit wieder den Blick für zuvor nicht offenbare Zusammenhänge.[14]

3 Erklärungsweisen in der Informatik

Was ist nun eine Erklärung in der Informatik? Was tut der Informatiker, wenn er, als Informatiker, sein spezifisches theoretisches Werkzeug zu Erklärungen benutzt? Läßt sich für die Informatik eine spezifische Erklärungsart finden, die sich von derjenigen anderer Wissenschaften unterscheidet? Um uns einer Antwort zu nähern, können wir versuchen, die bisher behandelten Erklärungsweisen (die leicht um weitere ergänzt werden könnten) mit denen in der Informatik zu vergleichen, um Unterschiede und Ähnlichkeiten der Erklärungen in der Informatik herauszuarbeiten.

Eine wichtige Erklärungsweise in der Informatik scheint die funktionale zu sein. Sowohl *Prozesse*, denen ein Computer unterworfen ist, als auch technische *Systeme* wie der Computer selbst werden dadurch erklärt, daß man den Anteil aufzeigt, mit dem die einzelnen Komponenten (des Prozesses/des Systems) dem Informationsfluß dienen. Eine solche Erklärung kann von unter-

13 Ph. Kitcher, *The Nature of Mathematical Knowledge*, New York/Oxford 1983, Kap. 9.

14 Kitcher sieht noch zwei weitere Erklärungen in der Mathematik: Erklärung durch "Erhöhung der Strenge" (*rigorization*) und durch "Generalisierung", auf die ich nicht weiter eingehen möchte.

schiedlichem Allgemeinheitsgrad sein: Entweder steht die Funktion für die spezielle Anwendung im Vordergrund, die gerade realisiert wird, oder die Funktion der Informationsverarbeitung allgemein.

Die Informatik gibt jedoch auch mathematische Erklärungen, durch Begriffsbildung oder durch Axiomatisierung. Programme, die ja mathematische Ausdrücke sind, werden als berechenbare Funktionen dargestellt, indem man sie in einen umfassenderen Zusammenhang einbettet; ein Programmschritt wird aus mathematischer Perspektive verständlich, wenn klar ist, welche Rolle er in der Berechnung der Funktion spielt.

Wie steht es mit den kausalen und morphologischen Erklärungen? Solche kommen in der Informatik normalerweise nicht vor. Ursachen werden bei einem informationsverarbeitenden System erst relevant, wenn es materiell so geschädigt ist, daß der vorgesehene Informationsfluß nicht zustandekommt. Informatik beschäftigt sich jedoch normalerweise nur mit *funktionierenden* informationsverarbeitenden Systemen und thematisiert nicht ihre materiellen Eigenschaften. Es ist eine grundlegende Annahme, daß Programmabläufe nicht (oder wenigstens: nicht a priori) an besondere Materialeigenschaften gebunden, sondern (wenigstens prinzipiell) auf unterschiedliche Art und Weise realisierbar sind. Man könnte natürlich durch Übereinkunft die Informatik so definieren, daß auch die Physik des Computers mit dazugehört; dies ist sicher mancherorts auch der Fall. Jedenfalls scheint aber die physikalische Erklärung des Computers für die Informatik nicht wesentlich zu sein. Aus ähnlichen Gründen scheidet auch die morphologische Erklärungsweise aus der Informatik aus.

Es erhebt sich nun die Frage, wie die beiden bisher aufgefundenen Erklärungsweisen der Informatik, die funktionale und die mathematische, miteinander zusammenhängen. Es wird sehr schnell klar, daß hier ein ganz enger Bezug bestehen muß. Dank der These von Church (nach der jede berechenbare Funktion Turing-berechenbar ist, also prinzipiell durch eine Turing-Maschine ausgeführt werden kann) entspricht jeder erfolgreichen funktionalen Erklärung von Informationsabläufen, die von Maschinen realisiert werden, eine mathematische Erklärung. Und umgekehrt gilt auch, daß jeder mathematischen Erklärung, die eine Funktion als Algorithmus darstellt, einer funktionalen Erklärung eines Maschinenablaufs korrespondiert, der einen Informationsfluß realisiert. Noch einmal, mit etwas anderen Worten formuliert: Wenn ein in einer Maschine technisch realisierter Prozeß als Informationsfluß funktional erklärbar ist, dann ist dieser Prozeß auch mathematisch erklärbar durch den Nachweis seiner Turing-Berechenbarkeit. Und wenn eine Funktion mathematisch erklärbar ist durch Nachweis ihrer Turing-Berechenbarkeit, dann ist sie auch als ein in einem Rechner realisiertes Programm funktional erklärbar. Das heißt, daß ein Rechner dann und nur dann in einem bestimmten funktionalen Zustand ist, wenn die mathematische Repräsentation dieses Zustands eine ganz bestimmte mathematische Eigenschaft besitzt.

Da also Algorithmen und Turing-Maschinen gleichwertig sind, müssen sie es insbesondere auch in bezug auf die wissenschaftlichen Erklärungen sein, die sich aus ihren Theorien ergeben. Wir können sogar sagen, daß (zumindest nach der bisher hier durchgeführten Analyse) die Besonderheit der Informatik gerade in dieser eigentümlichen Aufeinanderbezogenheit der technisch-funktionalen und der mathematischen Erklärungsweise begründet liegt. Jedenfalls scheinen irgendwelche anderen Erklärungsweisen, die sonst noch in der Informatik eine Rolle spielen mögen, wie z.B. die physikalische, keine solch enge Beziehung zu anderen Erklärungen zu besitzen.

Es ist wichtig zu sehen, daß damit die Rolle, die die Mathematik in der Informatik spielt, von ganz anderer Art ist als in anderen Wissenschaften. Einer physikalischen Erklärung eines Ereignisses entspricht keine mathematische Erklärung des Ereignisses, auch wenn die physikalische Erklärung mit noch so viel mathematischem Aufwand formuliert sein mag. Einer funktionalen Erklärung eines informationsverarbeitenden Systems entspricht aber prinzipiell immer eine mathematische Erklärung, da jeder Computer ein mathematisches Objekt darstellt, dessen Verhalten mit mathematischer Präzision charakterisiert und mit den Gesetzen der Logik abgeleitet werden kann.

Die bisherige Diagnose, daß die Informatik zwei Gesichter hat, die sozusagen in einem Januskopf aufeinander bezogen sind, wird auch durch die Geschichte der Informatik gestützt. Die zwei Erklärungsweisen entsprechen zwei völlig getrennten Traditionslinien, die erst in den späten dreißiger und in den vierziger Jahren unseres Jahrhunderts mit der Entwicklung des Computers zusammenfanden. Zur Identifizierung dieser beiden Traditionen mögen die Namen Charles Babbage und George Boole dienen. Babbage mit seiner "analytical engine" steht für die Tradition der mechanischen Kalkulation, Boole mit seiner "algebra of thought" für Logik und die Prinzipien der Symbolmanipulation. Das Zusammenkommen dieser beiden Traditionslinien resultierte zuerst in der Booleschen Algebra der Schaltkreise (Claude E. Shannon), der mathematischen Logik der Turing-Maschinen (Alan Turing) und in der Entwicklung der Architektur des modernen Computers (John von Neumann und die ENIAC-Entwickler). Die spezifische Eigenart dieser beiden Traditionen ist aber in keiner endgültigen Synthese verschmolzen, sondern bis heute deutlich erkennbar. Die eine Richtung orientiert sich eng an der Elektronik und Hardware, favorisiert also die Definition der Informatik als technische oder Ingenieurswissenschaft. Die andere Seite richtet sich an abstrakten Überlegungen zur Berechenbarkeit u.ä. aus, die von konkret in Raum und Zeit existierenden Computern in höchstem Maße unabhängig sind. Sie neigt daher mehr der Definition zu, die die Informatik als Zweig der Mathematik und Logik begreift.[15]

15 Vgl. hierzu W. Coy, "Informatik – Eine Disziplin im Umbruch?", in: W. Coy et al. (Hrsg.), *Sichtweisen der Informatik*, Braunschweig 1992, 1-9. Die dort behandelten

4 Zwischenbetrachtung: Wie kommt Erklärung überhaupt zustande?

Am Anfang haben wir gesagt, es sei das Ziel der Wissenschaft (im Sinne von Erkenntnis) unser Verständnis der Welt durch Erklärungen zu verbessern. Wie erreicht eine Erklärung dies? Was heißt es, daß ein Phänomen wissenschaftlich verstanden ist? Ist dies nur ein bestimmter subjektiver Zustand der Befriedigung, den wir bei manchen Theorien verspüren und bei anderen nicht, oder doch auch eine objektiv charakterisierbare Eigenschaft?

Eine Erklärung erfüllt ihren Zweck desto besser, je mehr sie den in Frage stehenden Phänomenbereich *vereinheitlicht*. Tatsachen, die vor der Erklärung nichts miteinander zu tun zu haben schienen, scheinen nach der Erklärung vom selben Typ zu sein. Die Tatsache, daß die Planeten die Keplerschen Gesetze befolgen und die Tatsache, daß fallende Körper die Galileischen Fallgesetze erfüllen, wird mit der Newtonschen Mechanik zu der einzigen Tatsache, daß Körper den Newtonschen Gesetzen gehorchen. Mit der Einführung des Gruppenbegriffs in die Geometrie wird eine Menge von heterogenen Gebieten systematisiert. Wo immer wissenschaftliche Erklärungen vorliegen, scheint ein höheres Verständnis dadurch zustandezukommen, daß wir es in einen Theoriezusammenhang einbetten, der eine Vereinheitlichung bewirkt.[16] Daß er eine Vereinheitlichung bewirkt im Vergleich zu anderen Gesetzen, ist eine objektive Tatsache. Die Vereinheitlichung in Erklärungen ist übrigens auch der Grund, warum wir nach *einfachen* Gesetzen suchen: je einfacher ein Gesetz, desto größer die Chancen, daß wir mit ihm in Erklärungen große Vereinheitlichung erzielen können.

Ich glaube, daß sich die Eigenschaft der Vereinheitlichung bei allen Erklärungsweisen aufzeigen läßt, insbesondere auch bei den bisher behandelten Erklärungsweisen der Informatik. Je mehr wir einen Phänomenbereich mithilfe der speziellen Mathematik der Informatik durch Erklärungen vereinheitlichen können, desto stärker wächst unser Verständnis. Unser Verständnis wächst aber auch, je mehr wir denselben Phänomenbereich mit funktionalen Erklärungen vereinheitlichen können. Im Prinzip wenigstens läßt sich jede Vereinheitlichung auf der mathematischen Seite auch durch eine Vereinheitlichung auf der technischen Seite darstellen, und umgekehrt.

Auseinandersetzungen zwischen Knuth und Gries sowie Parnas und Dijkstra dokumentieren die Fortdauer der Trennung beider Traditionen.

16 Vgl. M. Friedman, "Erklärung und wissenschaftliches Verstehen", in: G. Schurz (Hrsg.), *Erklären und Verstehen in der Wissenschaft*, München 1990 (zuerst engl. 1974), 171-191, wo die Rolle der Vereinheitlichung stark betont wird.

5 Das Eigenleben der Programmierung

So weit, so gut. Die bisherigen Ausführungen haben zwei grundlegende Erklärungsweisen in der Informatik zu Tage gefördert und haben damit deutlich gemacht, warum die Informatik sowohl als Mathematik als auch als Ingenieurswissenschaft definiert wird und warum dies keinen Widerspruch beinhaltet. Wie wir aber eingangs gesehen haben, finden sich noch eine ganze Reihe weiterer Definitionen, die mit den beiden bisher behandelten (wenigstens vorderhand) nichts gemeinsam haben. Gibt es noch weitere Erklärungsweisen in der Informatik, aus denen sich diese Definitionen ergeben könnten?

Hier kann uns eine Wiederaufnahme unseres Blicks in die Geschichte der Informatik weiterhelfen. Seit der Mitte der 50er Jahre trat in den USA unerwarteterweise und in steigendem Maße die Programmierung als ein eigenständiges Gebiet in den Vordergrund. Sie gewann sowohl gegenüber dem mathematischen als auch dem technischen Zweig der Informatik ein Eigenleben. In Europa setzte diese Entwicklung ca. 10 Jahre später ein. Als eigenständiges Hochschulfach wurde die Informatik überhaupt erst durch die Probleme der Programmierung von Rechenanlagen in Gang gebracht.[17] Dabei waren nicht nur theoretische Gründe maßgebend, sondern in hohem Maße auch praktische Erfordernisse.[18] Wie Mahoney es treffend ausdrückt:

> "Zwischen der Mathematik, die den Computer theoretisch ermöglicht und der Elektronik, die seine praktische Durchführbarkeit garantiert, liegt die Programmierung, die seinen intellektuellen, ökonomischen und sozialen Nutzen gewährleistet."[19]

Im Gegensatz zu den beiden zuerst behandelten Wurzeln der Informatik (die sich in der mathematischen und funktionalen Erklärungsweise ausdrücken) ist die Programmierung und das daraus entstandene "software engineering" keiner wissenschaftlichen Tradition außerhalb der Informatik selbst entwachsen, sondern den konkreten Bedürfnissen, die der praktische Umgang des Menschen mit dem Computer mit sich bringt. Die Entwicklung der Programmierung ist einerseits ein Differenzierungsprozeß innerhalb der Wissenschaft der Informatik (Arbeiten, die der Mathematiker oder Elektronikingenieur bisher mitgemacht haben, verselbständigen sich), zum Großteil aber ein Prozeß,

17 F. L. Bauer, "Was heißt und was ist Informatik?", in: M. Otte (Hrsg.), *Mathematiker über die Mathematik*, Berlin 1974, 349.

18 M. S. Mahoney, "Computers and Mathematics: The Search for a Discipline of Computer Science", in: J. Echeverria et al. (Hrsg.), *The Space of Mathematics. Philosophical, Epistemological, and Historical Explorations*, Berlin 1992, 352; M. S. Mahoney, "Cybernetics and Information Technology", in: R. C. Olby et al. (Hrsg.), *Companion to the History of Science*, London 1990, 547-550.

19 M. S. Mahoney, "The History of Computing in the History of Technology", *Annals of the History of Computing* , 10, 1988, 117.

der von externen Faktoren beeinflußt wird, sie aber auch selbst aktiv beeinflußt und herbeiführt: von der Notwendigkeit zur Minimierung von Programmgröße, Speicherplatz und Laufzeit, von Hardware-Zwängen durch bestimmte Rechnerarchitekturen, von der Erhöhung der Zuverlässigkeit der Programme, von spezifischen Bedürfnissen der Programmierung in Militär, Wirtschaft und Staat, von Software-Vorgaben durch fest eingebürgerte, praktisch nicht revidierbare Programmiersprachen oder Programme usw.

Aus der spezifischen Rolle, die die Programmierung spielt, ergibt sich, daß sie auf weite Strecken keine Wissenschaft, sondern ein Handwerk, eine Fertigkeit darstellt. Man muß diese Einschätzung auch nicht revidieren, wenn man der Tatsache Rechnung trägt, daß die Kunst des Programmierens im Laufe der Zeit ein ansehnliches Wissenskorpus über die verschiedensten Praktiken angesammelt hat, das in wissenschaftlichen Ausbildungsstätten in mehr oder weniger standardisierter Form vermittelt wird. Es fehlt nämlich weithin an übergreifenden theoretischen Prinzipien, die der täglichen Praxis des Programmierens zugrundelägen. Programmierung ist kein systematischer Bau von Theorien, sondern eine Sammlung von Rezepten, die eigens zu speziellen Zwecken erfunden werden; eine "ad hoc-ery", wie es einmal ausgedrückt wurde.[20] Es gibt sicher auch Versuche, das verlorene Kind "Programmierung" in die Arme seiner Eltern heimzuholen. Dies scheint aber bis heute nicht gelungen zu sein, und es gibt viele Anzeichen dafür, daß dies nie gelingen wird.

In der Theorie, wie sie sich besonders aus der Perspektive der mathematischen Tradition darstellt, ist und bleibt das anwendungsgeleitete Programmieren eine mathematische Aktivität wie das Beweisen, und Computer-Programme bleiben mathematische Ausdrücke, die mathematisch völlig beherrschbar sind. Die Kluft zwischen dem konkreten, praktischen Programm und seiner expliziten und vollständigen mathematischen Darstellung im Sinne grundlagentheoretischer Idealisierungen (wie z. B. der Turingmaschine) ist aber so hoffnungslos tief, daß die genannte Bekundung der prinzipiellen mathematischen Beherrschbarkeit zum leeren Ritual verkommt und in Metaphysikverdacht gerät. Auf der prinzipiellen mathematischen Erklärbarkeit (auf traditionelle Weise) eines Programms zu beharren, kommt mir vor wie die Einstellung der Physiker in der Mitte des 19. Jahrhunderts: Sie sahen die Gesetze der Mechanik nicht nur für gut bestätigt an, wogegen nichts einzuwenden ist, sondern setzten die *Erklärbarkeit* und *Begreiflichkeit* der Welt überhaupt mit der Rückführbarkeit ihrer Phänomene auf die Mechanik gleich. So einsichtig diese Ansicht damals auch war, so hat sie doch nicht davor schützen können, daß sich z. B. die Phänomene des Elektromagnetismus einer Rückführung auf die Mechanik sträubten.

20 R. W. Hamming, "One Man's View of Computer Science", *ACM Turing Award Lectures*, New York 1987 (zuerst 1968), 214.

Die Verselbständigung der Programmierung gegenüber der klassischen Mathematik und Technik des Computers macht nun auch die übrigen Definitionen der Informatik verständlich, die wir bisher noch nicht erklären konnten. Wenn die "Kunst der Computerprogrammierung" den "zentralen Kern" der Informatik ausmacht[21] (worauf die Entwicklung immer mehr hinausläuft), dann wird verständlich, warum man dazu tendiert, die Informatik als eine "Kunst" zu definieren (im Gegensatz zu einer Wissenschaft), als "empirische Wissenschaft" (und nicht als Mathematik), als Sozialwissenschaft, als Teil der Sprachwissenschaft oder als Wissenschaft von der Komplexität (da die Reduktion von Aufwand und Zeit eine Anforderung an jede praktische Verwendung des Computers darstellt).

6 Informatik als "komplexe" Wissenschaft

Welche Konsequenzen müssen wir aus der Diagnose ziehen, daß die Informatik eine Verbindung von Mathematik und Technik ist, aus der die Programmierung als drittes Gebiet herauswächst? Gibt es für dieses dritte Gebiet noch eine dritte Art der Erklärung in der Informatik, analog zu den beiden Erklärungsweisen, die der Mathematik und Technik entsprechen? Wenn wir der oben ausgeführten Diagnose folgen, dann kann die Antwort auf die letzte Frage nur "Nein" lauten. Die Fähigkeit der Programmierung zur Vereinheitlichung von Phänomenen ist sehr stark beschränkt (oder zumindest wesentlich beschränkter als die der Mathematik und der Elektronik). Je weiter sich die Informatik mit der Programmierung von ihren beiden ursprünglichen wissenschaftlichen Quellen wegbewegt, desto mehr nimmt ihre Fähigkeit ab, den ihr zugeteilten Welt-Teil zu erklären, oder: auf diejenige Weise zu erklären, wie sie es ursprünglich beabsichtigte. Je mehr die Informatik zur Programmierung wird, desto mehr läßt sie sich ein auf den spezifischen intellektuellen, ökonomischen und sozialen Nutzen, den eine bestimmte historische Situation erfordert.

Man könnte sagen, daß die Informatik durch diese Entwicklung zu einer komplexen Wissenschaft neuen Typs wird; "komplex" jetzt nicht im Sinne der Informatik als Maß der verwendeten Ressourcen (Rechenkomplexität), sondern im Sinne der Resistenz gegen Vereinheitlichung. Je stärker die Informatik durch die Programmierung mit kontingenten, außerwissenschaftlichen Vorgaben und sozialen Zielsetzungen in Wechselwirkung steht, in desto weitere Ferne rückt das ursprüngliche Ziel, Informationsverarbeitung durch (künstliche oder natürliche) Systeme mit Hilfe von wissenschaftlichen Theorien zu *erklären* und zu *verstehen*. Was an die Stelle des Verstehens tritt, ist das *Handeln* und das *Herstellen*.

21 C. A. R. Hoare, "Computer science", in: C. A. R. Hoare, *Essays in Computing Science*, New York 1989 (zuerst 1971), 91.

Dies wird sehr schön klar an einem Vergleich, den der Oxforder Informatiker Hoare benutzte.[22] So wie der Flug eines Tennisballs einfachen Gesetzen unterliegt, aber eine exakte Vorausberechnung wegen zu vieler Variablen unausführbar ist, so ist die Lösung eines Computerproblems zwar von einfachen mathematischen Prinzipien bestimmt, aber die verwickelten Umstände machen die Aufdeckung dieser Prinzipien unmöglich.

> "Die Bewegung eines Tennisballs durch die Luft wird ohne Zweifel durch mathematische Gleichungen bestimmt; aber der Tennisspieler berechnet die Parameter seines Rückschlags nicht dadurch, daß er diese Gleichungen löst. Schon der bloße Gedanke an so etwas würde ihm das Spiel vermasseln."[23]

Statt dessen verfügt er über ein instinktives Gefühl für die Handlungen, die für seine Ziele notwendig sind.

Auf dieselbe Weise agiert nun nach Meinung von Hoare auch der Programmierer:

> "Erfahrene Programmierer entwickeln ein ähnlich intuitives Verständnis für Computer-Programme und viele von ihnen führen heute ihren Beruf mit großer Raffinesse und Zuverlässigkeit aus."[24]

Mit anderen Worten: Die Informatik strebt nicht danach, ein vereinheitlichendes Verständnis zu erreichen, das in expliziten Theorien niedergelegt ist, sondern, wie der Tennisspieler, nach der Entwicklung von Techniken, um Probleme zu lösen, ohne sie explizit theoretisch verstehen zu müssen.

Gegen diese Auffassung wird sich sicher Widerspruch regen. Warum soll man nicht die besagten Techniken, die sich ja nicht nur in antrainiertem Fingerspitzengefühl, sondern auch in sprachlichen Dokumenten niederschlagen, als Theorien begreifen, die uns etwas *erklären*? Patrick Hayes, ein Vertreter der Künstlichen Intelligenz-Forschung, hat das einmal so ausgedrückt:

> "Als eine akzeptierbare Erklärung einer Verhaltenssequenz kann letztlich nur ein Programm dienen, das man tatsächlich implementieren und laufen lassen

22 C. A. R. Hoare, "The mathematics of programming", in: C. A. R. Hoare, *Essays in Computing Science*, New York 1989 (zuerst 1986), 351-370. Hoare vertritt im Anschluß an diese Diagnose die Ansicht, daß die Fähigkeiten der Programmierer durch Kenntnis der relevanten mathematischen Prinzipien noch gesteigert werden könnten. Dies klingt im Kontext seines Aufsatzes halbherzig und wenig überzeugend. Vgl. auch S. 352.

23 C. A. R. Hoare, "The mathematics of programming", in: C. A. R. Hoare, *Essays in Computing Science*, New York 1989 (zuerst 1986), 366.

24 C. A. R. Hoare, "The mathematics of programming", in: C. A. R. Hoare, *Essays in Computing Science*, New York 1989 (zuerst 1986).

kann. Eine solche Erklärung ist eine gute Erklärung, insoweit das Programm, wenn man es laufen läßt, das Verhalten zeigt, das man erklären wollte."[25]

Diese Auskunft hat etwas Erfrischendes an sich wie der Ausspruch: The proof of the pudding is in the eating. Man muß sich aber im klaren darüber sein, daß man damit den in den anderen Wissenschaften bisher fest verankerten Gebrauch der Begriffe "Theorie", "erklären" und "verstehen" verläßt. Man ist natürlich frei, erfolgreiches Programmieren fürderhin als Erklärung zu bezeichnen. Wenn man damit nicht einfach unser bisheriges Sprechen verändern will, dann ist man jedoch in der Pflicht, nachzuweisen, inwiefern dieser Erklärungstyp die Funktion erfüllt, die wir bisher Erklärungen zugewiesen haben; jedenfalls scheint er nicht die Funktion der Vereinheitlichung zu erfüllen, für die ich hier argumentiere.

Manche drehen an dieser Stelle den Spieß einfach um und interpretieren das, was wir als wissenschaftliche Erklärung ansehen, im Lichte der Technik. Jedes Erklären durch Vereinheitlichung soll nach dieser Auffassung in Wirklichkeit schon immer ein Erklären durch Herstellen sein. Nur das Herstellbare sei für uns Menschen wirklich verstehbar. Dies ist jedoch eine historisch wie sachlich verfehlte Ansicht. Die neuzeitliche Naturwissenschaft ist eben nicht aus der Technik erwachsen, sondern aus dem *Zusammenwirken* der Technik mit unterschiedlichen theoretischen Traditionen.[26] Hieraus entstanden Methoden der Erklärung der Welt, die die praktische Umsetzbarkeit zwar als Kriterium der *Angemessenheit* einer Theorie nehmen, aber sie nicht mit dem Theorie*inhalt* selbst verwechseln. Handlungswissen darüber, wie Gegenstände und Prozesse zu erzeugen und zu beherrschen sind, ist notwendig für, aber nicht identisch mit theoretischem Erklärungswissen.[27] Demgemäß kann ein erfolgreiches, lauffähiges Programm zwar durchaus eine gute Bestätigung für eine Theorie sein, so daß wir sie in Zukunft eher zu Erklärungen heranziehen als eine andere. Aber ein Programm ist selbst weder eine Theorie noch eine Erklärung seines Ablaufs.[28]

25 P. J. Hayes, "On the difference between psychology and AI", in: *AISB Quaterly*, 34, 1979; zitiert nach Th. W. Simon, "Artificial methodology meets philosophy", in: D. Partridge, Y. Wilks (Hrsg.), *The Foundations of Artificial Intelligence*, Cambridge 1990, 158.

26 E. Zilsel, "Die sozialen Ursprünge der neuzeitlichen Wissenschaft", in: E. Zilsel, *Die sozialen Ursprünge der neuzeitlichen Wissenschaft*, Hrsg. W. Krohn, Frankfurt/M 1976 (zuerst 1942), 49-65, besonders 59-63.

27 H. Lenk, "Methodologisches zum Verhältnis von Wissenschaft und Technik", in: H. Lenk, *Pragmatische Vernunft*, Stuttgart 1979, 143.

28 Diese Auffassung steht nicht in Widerspruch mit der von P. Naur, daß Programmieren Theoriekonstruktion ("theory building") sei, die er in einem einflußreichen Aufsatz äußerte. Naur versteht unter einer Theorie etwas, das nicht sprachlich ausgedrückt werden kann, während ich eine Theorie als eine Sammlung von wahrheitsfähigen Behauptungen nehme. Naur will einen Unterschied machen zwischen zwei-

Es gibt auch noch andere, wesentlich subtilere Möglichkeiten, Programme mit Theorien zu identifizieren als die von Hayes. Günter Hotz z.B. hat vorgeschlagen, fundamentale Naturgesetze als Programme anzusehen und die Einfachheit von Naturgesetzen mit der Programmkomplexität in Verbindung zu bringen:

> "Jedes Naturgesetz läßt sich durch ein Programm für eine elektronische Rechenmaschine beschreiben. Dies heißt: Teilen wir dem Programm einen hinreichend von der Restwelt isolierten Weltausschnitt mit, dann kann uns das Programm die zeitliche Entwicklung dieses Weltausschnitts berechnen."[29]

Aus dieser Identifizierung von Gesetz und Programm zieht Hotz dann die Folgerung, daß wir die Natur durch Angabe von Programmen erklären:

> "Man könnte also auch sagen, daß wir in der Naturerklärung nach einem Programm suchen, durch das der Naturablauf gesteuert sein könnte."[30]

Nach dem oben Gesagten besteht die Naturerklärung gerade *nicht* in der Angabe eines Programms, sondern in der Angabe eines davon unterschiedenen Gesetzes, dem sich Aspekte der Natur unter ganz bestimmten ausgezeichneten Bedingungen unterordnen lassen. Ein Programm, durch das ein konkreter, wirklicher Naturablauf simuliert wird, ist bestimmt kein Naturgesetz und sein Nachweis keine Naturerklärung. (Nochmals mit dem Tennisball-Vergleich: Das Programm, das die Bahn des Tennisballs *nachzeichnet*, ist weit entfernt von den einfachen Newtonschen Gesetzen, mit denen das Verhalten des Balls *erklärt* wird.) Das Streben der Naturwissenschaft nach Einfachheit hat meines Erachtens nichts mit der Programmkomplexität eines Gesetzes zu tun, sondern mit seiner Tauglichkeit, Phänomenbereiche zu vereinheitlichen und damit zu erklären. Auch wenn ein Gesetz noch so einfach ist, ist mit seiner Umsetzung in ein Programm, das einen realistischen Weltausschnitt berechnet, keine niedrige Rechenkomplexität garantiert. Umgekehrt sagt die Rechenkomplexität eines Programms nichts über die Vereinheitlichungskapazität der Gesetze aus, die dem im Programm simulierten Geschehen zugrundeliegen, sondern etwas über verfahrensoptimierende Aspekte.

erlei Arten von Know-how: einem reflektierten, das über sich selbst Auskunft geben kann (und in diesem Sinne theoretisch ist) und einem unreflektierten. Vgl. P. Naur, "Programming as theory building", in: *Microprocessing and Microprogramming*, 15, 1985, 253-261.

29 G. Hotz, *Komplexität als Kriterium in der Theorienbildung*, Abhandlungen der Mathematisch-Naturwissenschaftlichen Klasse/Akademie der Wissenschaften und der Literatur; Jahrgang 1988, Nr.1, Mainz/Stuttgart 1988, 1.

30 G. Hotz, *Komplexität als Kriterium in der Theorienbildung*, Abhandlungen der Mathematisch-Naturwissenschaftlichen Klasse/Akademie der Wissenschaften und der Literatur; Jahrgang 1988, Nr.1, Mainz/Stuttgart 1988, 29.

In Hotz' Auffassung mag ein Kern von Wahrheit stecken in bezug auf phänomenologische Gesetze, etwa einer Menge von Differentialgleichungen, mit denen wir konkrete Vorgänge beschreiben. Sie ist aber unzutreffend in bezug auf die grundlegenden Naturgesetze, mit denen wir die Welt erklären. Selbst wenn jedes phänomenologische Gesetz in gewissem Grade als ein Programm beschreibbar sein sollte, ist die Komplexität (im Sinne von: mangelnder Einheitlichkeit) in beiden Fällen verschieden. Während die Komplexität phänomenologischer Gesetze sich nach und nach durch "Anreicherung" aus Grundgesetzen gewinnen läßt, ist die Komplexität von angemessenen Programmen nicht in ähnlicher Weise durch Zusammensetzung einfacher Fälle zu erreichen. "Es könnte gut sein," schreibt Mahoney, "daß die Suche nach einer mathematischen Struktur der elektronischen Datenverarbeitung zu einer Struktur der Mathematisierung führen wird, die, historisch und philosophisch gesehen, völlig neuartig ist."[31]

7 Schluß

Blicken wir auf unsere Ausgangsfrage zurück: Was macht die Eigenständigkeit der Informatik als Wissenschaft im Vergleich zu den anderen Wissenschaften aus? Es haben sich zwei Antworten herauskristallisiert: Ihre Eigenständigkeit besteht einerseits in der eigentümlichen Wechselbezogenheit der beiden Erklärungsweisen aufeinander, die der Informatik eigen sind, andererseits in einer speziellen Art des Umgangs mit Komplexität (im doppelten Sinne), die Anwendungen liefert, ohne zu erklären.

Diese Einschätzung hat auch Konsequenzen für die Beurteilung der Verwendung von Informatik-Wissen in anderen Wissenschaften, außerhalb der Informatik selbst. Wie so oft in der Wissenschaftsgeschichte wird auch hier eine technische Errungenschaft als *Modell* hergenommen, mit dem ein bisher nicht (oder nicht gut) erklärtes Gebiet erklärt werden soll. Die spektakulärste Verwendung des Computers als Modell eines bisher unverstandenen Bereichs liegt natürlich in der KI-Forschung vor. Die korrekte Modellierung geistiger Prozesse auf dem Computer, z.B. eines Problemlösungsprozesses, wird als *Erklärung* für das Lösungsverhalten genommen, das bei Menschen beobachtet wird.[32] Die Rechtfertigung dafür wird darin gesehen, daß wir in der *Erklärung mit Modellen* das Bekannte und Vertraute zur Grundlage unseres Verstehens

31 M. S. Mahoney, "Computers and Mathematics: The Search for a Discipline of Computer Science", in: J. Echeverria et al. (Hrsg.), *The Space of Mathematics. Philosophical, Epistemological, and Historical Explorations*, Berlin 1992, 363.

32 K. Opwis, H. Spada, "Modellierung mit Hilfe wissensbasierter Systeme", *Enzyklopädie der Psychologie*, Themenbereich B: Methodologie und Methoden, Serie I: Forschungsmethoden der Psychologie, Band 1: Methodologische Probleme der Psychologie, 5. Kapitel, 1993 (im Druck).

des Unbekannten machen. Abgesehen davon, daß das Erklärungspotential der Informatik begrenzt ist, wie oben ausgeführt (wir also den Computer nur begrenzt erklären können), und abgesehen davon, daß es zweifelhaft ist, ob uns der Computer wirklich so bekannt und vertraut ist, wie es diese Ansicht voraussetzt (wir können eine Vertrautheit mit dem laufenden Computer auf der Benutzerebene, dem "knowledge level", entwickeln, aber auf der Programm- oder gar physikalischen Ebene?), so ist aber nicht die *Bekanntheit* eines technischen Modells ausschlaggebend dafür, daß es einen Bereich erklärt, sondern letztlich, wie kann es anders sein, seine Fähigkeit zur *Vereinheitlichung!*

Betrachten wir die kinetische Gastheorie, die für die Phänomene des Gasverhaltens ein Modell liefert. Aus diesem Modell läßt sich z. B. approximativ das Boyle-Mariottesche Gesetz für ein Gas ableiten. Diese Tatsache allein würde aber noch nicht genügen, von einer Erklärung des Gasverhaltens durch das Modell zu sprechen. Tatsächlich kommt auch noch mehr hinzu. Es läßt sich aus dem Modell z.B. auch noch ableiten, daß das Gas dem Grahamschen Diffusionsgesetz gehorcht. Ohne das Modell bestünde kein Zusammenhang des einen Gesetzes mit dem anderen.[33] Es ergibt sich also, daß ein Modell einen Bereich *erklärt*, 1. wenn die Beziehungen, die im Modell zwischen seinen Eigenschaften realisiert sind, mit den Beziehungen, die zwischen den Eigenschaften des zu erklärenden Bereichs bestehen, übereinstimmen und besonders 2., wenn durch das Modell eine Vereinheitlichung von Phänomenen möglich wird, die vorher nicht bestand.

Es ist sicher unbestritten, daß die KI große Fortschritte in bezug auf die erste Bedingung gemacht habt: Viele geistige Prozesse lassen sich auf dem Computer tatsächlich so modellieren, daß Prognosen unter Manipulationsbedingungen möglich sind. Aber wie steht es in bezug auf die zweite Bedingung? Von Vereinheitlichung ist hier wenig zu sehen; im Gegenteil, anstatt systematischer zu werden schwillt die Menge der ans Licht gebrachten unzusammenhängenden Fakten immer mehr an. Ich möchte nun nicht schlechtweg behaupten, daß deshalb die KI keinen Erklärungswert besäße. Ich möchte aber jeden auffordern, der Modellierung auf dem Computer als *Erklärung* versteht, darzulegen, was dies heißt und mit welchem Recht er/sie hier von Erklärung spricht. In der Vereinheitlichung kann es nicht begründet liegen; die der Informatik eigene Komplexität überträgt sich mit der Modellierung durch den Computer auf den modellierten Bereich. (Putnam wurde deshalb zu dem Spruch animiert: "Artificial intelligence is one damned thing after another."[34]) Die Herausforderung an das Selbstverständnis der Informatik und damit auch

33 Vgl. M. Friedman, "Erklärung und wissenschaftliches Verstehen", in: G. Schurz (Hrsg.), *Erklären und Verstehen in der Wissenschaft*, München 1990 (zuerst engl. 1974), 184.

34 H. Putnam, "Much Ado About Not Very Much", in: St. R. Graubard (Hrsg.), *The Artificial Intelligence Debate*, Cambridge, Mass. 1988, 272.

an die Philosophie besteht also darin, zu klären, ob und in welchem Sinne die neuartige Mathematisierung des Komplexen in der Informatik (und der KI) eine Erklärung darstellt, die unser *Verständnis* der Welt und damit unsere *Urteilsfähigkeit* erhöht. Mit Kant gesprochen stellt sich uns die Frage, ob und in welchem Sinne die Informatik eine Synthesis des in der Anschauung gegebenen (und in der Handlung hergestellten!) Mannigfaltigen zur Einheit bringen kann.

Reduziertes Denken.
Informatik in der Tradition des formalistischen Forschungsprogramms

Wolfgang Coy

Kurzfassung

Informatik ist Folge mehrerer Reduktionsprozesse der modernen Wissenschaft, beginnend mit der mechanistischen Reduktion der Physik auf Newtons mathematisches Modell der Planetenbewegungen und dem formalistischen Programms der Axiomatisierung von Mathematik und Logik. Entstanden im Zeitpunkt des Scheiterns dieses mechanistischen und formalistischen Programms, bot die Informatik den scheinbaren Ausweg einer weitgehenden Automatisierung von Denkprozessen und einer umfassenden Reduktion von Wissenschaft und Technik auf Rechenprozesse. Dies scheitert jedoch an der enormen Komplexität und der Vielschichtigkeit des Einsatzes programmierter Arbeitsmittel. Mit der massenhaften Verbreitung der Geräte verlieren sich derartige Universalansprüche. Statt dessen wird von nützlichen Programmen mehr und mehr ein Werkzeugcharakter gefordert. Computer erweisen sich als technische Medien im Arbeitsprozeß, aber auch im sonstigen Alltag. Das der Mechanik und Logik verpflichtete Automatenleitbild verstellt den Blick auf diese Entwicklungen.

1 Mechanisierung des Denkens

Formales Denken bedarf geeigneter Notation: Schrift, Symbole. Die Einführung der Schrift bewirkt einen doppelten Bruch: Einmal wird mit der Schrift die Sprache (re-)konstruiert, mit der Lautschrift wird eine subsyllabische, "phonemische" Lautstruktur entworfen,[1] über die Literatur werden Nationalsprachen und an Hand dieser Nationen fixiert.[2] Zum anderen wird die Erinnerung vom Kopf in eine externe Form, in das schriftlich fixierte Gedächtnis des Manuskripts, des Textes,[3] des Buches verlagert (oder verloren – je nach ideologischer Wertung[4]).

1 Vgl. aber R. Posner, "Sprache – Schriftsprache – Plansprache", *Zeitschrift für Semiotik,* 1983/4.
2 H. Marshall MacLuhan, *Die Gutenberg Galaxie,* Düsseldorf 1968 (Original Toronto 1962)
3 Vgl. Ivan Illich, *Im Weinberg des Textes,* Frankfurt/M 1991 (Original: *L'Ere du Livre,* Paris 1990).
4 Platon, "Phaidros", in: *Sämtliche Dialoge,* (hrsg. von O. Apelt), Bd. II, Hamburg 1988. Vgl. auch Frances Yates, *The Art of Memory,* Chicago/London 1966 (dt.

Eine eigene Gewalt gewinnt die Schrift durch die mathematische Symbolik, durch die Arithmetik in indisch-arabischer Form, wie sie im 13. Jahrhundert von den italienischen "Maestri d'Abbaco" beginnend mit Fibonacci eingeführt wurden,[5] und vor allem durch die Notation der Algebra im 17. Jahrhundert, von der Notation von Variablen[6] durch François Viète 1591 und der Gleichungsnotation[7] zur Beschreibung der Kegelschnitte in Descartes' Geometrie im Jahre 1637 bis zur *Begriffsschrift* Freges, die nach Dieudonné "die erste vollständig formalisierte Sprache" definiert.[8]

Kopernikus und Kepler beschreiben ihre mathematischen Modelle vor allem in geometrischer Form. Galilei, der das *Buch der Natur* in mathematischer Schrift geschrieben sah, nutzt bereits die algebraische Symbolik, die dann von Newton und Leibniz um analytische Notationen des infinitesimalen Differentials erweitert wird. Descartes liefert die methodischen Anweisungen künftiger Wissenschaft, die Polya folgendermaßen charakterisiert:

> "*Erstens*: Man reduziere jede Art von Problem auf ein mathematisches Problem.
>
> *Zweitens*: Man reduziere jede Art von mathematischem Problem auf ein algebraisches Problem.
>
> *Drittens*: Man reduziere jedes algebraische Problem auf die Lösung einer einzigen Gleichung."[9]

Ziel dieser Reduktion ist es, eine höhere Gewißheit der Erkenntnis zu erreichen. Descartes reduziert die sinnliche Erfahrung auf die Algebra. Die Newtonsche Physik ist dagegen eine Reduktion auf Physik in mathematischer Form, wobei Physik mit (Punkt-)Mechanik gleichgesetzt wird. Diese mechanische Reduktion, die bei Newton noch durch komplexe religiöse und theologische Argumentationen überlagert wird, entwickelt sich gegen Ende des 18. Jahrhunderts zur dominierenden wissenschaftlichen Ideologie, als deren ent-

Gedächtnis und Erinnern, Weinheim 1990) und Reinhard Keil-Slawik, *Artefakte als Gedächtnis*, (Manuskript) 1992.

5 Die Abbaci propagierten keineswegs den Abakus, sie wollten ihn im Gegenteil durch die Einführung der indisch-arabischen Zahlen und Arithmetik ersetzen

6 "Durch sie gilt F. Viète (1540-1603) mit dem Jahr 1591 als Begründer der modernen Algebra", schreibt J. Dieudonné in seiner *Geschichte der Mathematik 1700-1900*, Braunschweig/Wiesbaden 1985, 779. Vgl. auch F. L. Bauer, "400 Jahre moderne Algebra", *Informatik Spektrum*, Dez. 1991.

7 Descartes schreibt allerdings ∞ statt des modernen Gleicheitszeichens =, eine Verballhornung der Buchstaben ae. Vgl. M. Cantor, *Geschichte der Mathematik*, Bd.II, Braunschweig 1900, 794.

8 J. Dieudonné, *Geschichte der Mathematik 1700-1900*, Braunschweig/Wiesbaden 1985, 786.

9 Descartes' Regeln zur Anleitung des Geistes werden derart von G. Polya in *Vom Lösen mathematischer Aufgaben* beschrieben (Basel/Stuttgart 1966).

schiedenster Sprecher Laplace gelten kann. Laplace schreibt 1812 in seinem *Essai philosophique sur les probabilités*:

> "Wir müssen also den gegenwärtigen Zustand des Weltalls als die Wirkung seines früheren und als die Ursache des folgenden Zustands betrachten. Eine Intelligenz, die in einem gegebenen Zeitpunkt alle in der Natur wirkenden Kräfte sowie die gegenseitige Lage aller Dinge, aus denen die Welt besteht kennte und überdies umfassend genug wäre, alle diese Daten der Analysis zu unterwerfen, könnte in einer und derselben Formel die Bewegungen der größten Körper des Weltalls und die der leichtesten Atome zusammenfassen; nichts wäre ihr ungewiß, und Zukunft wie Vergangenheit wäre ihren Augen gegenwärtig.
> Der menschliche Geist liefert in der Vollkommenheit, die er der Astronomie zu geben wußte, eine schwache Skizze dieser Intelligenz."[10]

Für diesen allwissenden *Laplaceschen Dämon* sind die Vorstellungen eindeutig definierter Zustände und eindeutig definierter wirkender Kräfte von wesentlicher Bedeutung. Beides wird in den folgenden Jahrzehnten die physikalisch-mathematische Denkwelt beherrschen. Unter "allen in der Natur wirkenden Kräften" versteht Laplace der Zeit entsprechend alle in der Natur wirkenden *mechanischen* Kräfte. Dies ist der seiner Zeit, der siegreichen Aufklärung, entsprechende ideologische Standpunkt eines Wissenschaftlers, der bekanntlich Napoléon auf dessen ironische Frage nach dem Platz von Gott in seiner *Mécanique céleste* antwortete: "Sire, je n'avais pas besoin de cette hypothèse".[11] Die Mechanik bot ausreichende Gewißheit der Erkenntnis.

Im mechanistischen Weltbild wird die prinzipielle Reduzierbarkeit auf eine mechanische Erklärung aller physikalischen Phänomene unterstellt – auch die Reduktion aller Wissenschaft auf die Leitwissenschaft Physik wird gelegentlich angestrebt. Mit dem Determinismus scheint eine Berechnung aller Zukunft und Vergangenheit im Prinzip möglich. Der Physiker Philipp Franck[12] zerlegt die Arbeitsweise des Laplaceschen Dämons in vier Schritte:

1. Alle Gesetze für die zwischen Massen geltenden Gesetze zu kennen.
2. Die Lagen und Geschwindigkeiten aller Massen im gegenwärtigen Weltzustand numerisch genau festzustellen.

10 Pierre Simon de Laplace, *Philosophischer Versuch über die Wahrscheinlichkeit*, 1812 (zitiert nach K. v. Mayenn, *Triumph und Krise der Mechanik*, München 1990).

11 Napoléon macht diesen treuen Freund der neuen Ordnung dann zum Innenminister. Allerdings nur für sechs Wochen, wonach er ihn mit der Bemerkung absetzte, der Herr Minister habe "den Geist des Infinitesimalen bis in die Verwaltung hineingetragen". In der folgenden bourbonischen Restaurationsphase entfernt der Bürger Laplace die Widmungen an Napoléon aus seinen Büchern und wird zum Herrn Marquis und zum Pair de France ernannt.

12 Philipp Franck, *Das Kausalgesetz und seine Grenzen*, Frankfurt/M 1988 (Erstausgabe 1932).

3. Die komplizierten Differentialgleichungen bis zu numerisch angebbaren Lösungen für jeden Zeitpunkt aufzulösen.
4. Aus der Kenntnis der Lage und Geschwindigkeit der Massenpunkte die Erlebnisse anzugeben, die damit für die Menschen verbunden sind.

Natürlich ist es auch Laplace trotz der Triumphe seiner Himmelsmechanik bewußt, wie weit die tatsächliche Kenntnis mechanischer Gesetze von der Vorhersagbarkeit irdischer Phänomene entfernt ist, doch das Leitmotiv umfassender Mechanisierung und methodisch damit eng verbunden der Mathematisierung aller Wissenschaften bestimmt die Naturwissenschaft bis ins 20. Jahrhundert.

Ihren eigentlichen Triumph erringt die Mechanisierung freilich weniger in der Physik als in der Technik, eben in der praktischen Mechanik und ihrer Anwendung in der industriellen Revolution. Die *Mechanisierung* zeigt sich als *Maschinisierung* in den textilverarbeitenden Web- und Spinnmaschinen – und in der Dampfmaschine, dem stationären *prime mover* der Industrie und ihren beweglichen Varianten im Dampfschiff und der Lokomotive.

Die Theorie der Dampfmaschine zeigt allerdings auch schon die Schwächen des mechanischen Reduktionismus, bedingt durch Rückführung der thermodynamischen Hauptsätze auf punktmechanische Vielkörpersysteme. Wären nur punktmechanische Anziehungskräfte wirksam, so folgte eine prinzipielle Reversibilität aller Wärmevorgänge – im Widerspruch zur Zunahme der Entropie in geschlossenen Systemen, die im zweiten Hauptsatz postuliert wird und technisch allseits beobachtet werden kann. Benötigt werden also weitere Annahmen, etwa eine stochastische Erweiterung der Theorie. Laplace hofft auf eine Integration der Stochastik in das deterministische Weltbild, doch spätestens mit Poincarés Erkenntnis, daß es keine gleichmäßig konvergenten Lösungen für die dem Dreikörperproblem zugrundeliegenden neun Differentialgleichungen zweiter Ordnung gibt, endet diese Laplacesche Hoffnung auf eine deterministische Vorhersage punktmechanischer Phänomene im Weltall[13] wie auf Erden.

13 Dieudonné bemerkt dazu in seiner *Geschichte der Mathematik 1700-1900*: "Die Lösung des größten Problems der Himmelsmechanik, die Stabilität des Sonnensystems, wurde also plausibel gemacht, aber nicht bewiesen." (J. Dieudonné, *Geschichte der Mathematik 1700-1900*, Braunschweig/Wiesbaden 1985, 44)

2 Die Geburt des Calculus: Automatisierung des Denkens

Die axiomatische Methode ist durch Euklids "Elemente" aus dem Altertum überkommen. Die Idee mathematisch-logischer Kalküle gewinnt durch den Infinitesimalkalkül (den *Calculus,* wie er im Englischen heute noch heißt) eine neue Dimension. Leibniz versucht auch eine erste Axiomatisierung der Arithmetik und arbeitet immer wieder an einem universalsprachlichen logischen Kalkül der Wahrheit (*lingua characteristica universalis*), der die Gewißheit der Erkenntnis auf die Logik und das Rechnen reduzieren soll. "Das einzige Mittel, unsere Schlußfolgerungen zu verbessern, ist, sie ebenso anschaulich zu machen, wie es die der Mathematiker sind, derart, daß man seinen Irrtum mit den Augen findet und, wenn es Streitigkeiten unter Leuten gibt, man nur zu sagen braucht: 'Rechnen wir!' ohne eine weitere Förmlichkeit, um zu sehen, wer recht hat." An anderer Stelle schreibt er: "Denn dann werden Sophismen und Trugschlüsse [...] nichts anderes sein als Rechenfehler in der Arithmetik [...]".[14] Die Vorstellung einer solchen universellen logischen Sprache ist ein Teil der *mathesis universalis,* einer universellen, formalen Erkenntnislehre. Sie bildet die Basis des mathematisch-logischen Reduktionismus, der den mechanistischen Reduktionismus begleitet und ablöst. Leibniz, baute eine Vierspecies-Rechenmaschine und entwarf mehrfach binäre (dyadische) Kalküle; konsequenterweise dachte er auch an komplexere Maschinen "die den Verstand imitieren sollten."[15]

Axiomatische Gestalt können inhaltliche Modellierungen ebenso wie rein formale Modellierungen annehmen. Euklids Geometrie ist sowohl eine formale Theorie wie eine Beschreibung des physikalischen Raumes. Der Stachel des fünften Postulats,[16] des "Parallelenaxioms", die Frage also, ob die Existenz paralleler Geraden in alle Unendlichkeit zwingendermaßen Eigenschaft des Raumes ist oder ob dies ein unabhängiger formaler Wunsch ist, irritiert die Geometer durch die Jahrtausende. Mit der Einsicht in die Unabhängigkeit dieses Euklidischen Parallelenaxioms durch Nikolai Iwanowitsch Lobatschewski, Janos Bolyai und Carl Friedrich Gauß in den zwanziger Jahren des neunzehnten Jahrhunderts gewinnt die Frage der formalen Axiomatik eine neue Dimension. Euklids System ist also keineswegs eine über jeden Zweifel

14 J. Dieudonné, *Geschichte der Mathematik 1700-1900,* Braunschweig/Wiesbaden 1985, 795.

15 G. W. F. Leibniz, *Philosophische Schriften* (hrsg. von C.I. Gerhardt), Bd. 3, Nachdruck Hildesheim 1962, 374.

16 Euklid unterscheidet Axiome als allgemeine evidente Annahmen des Denkens von Postulaten, die sich auf ein spezielles Gebiet beziehen. Diese Unterscheidung verschwindet bei den späteren Kommentatoren – in der heutigen formalen Logik spielt sie keine wesentliche Rolle mehr (Vgl. J. Dieudonné, Geschichte der Mathematik 1700-1900, Braunschweig/Wiesbaden 1985, 750.)

erhabene, aus der Erfahrung gewonnene Beschreibung des physikalischen Raumes – es ist ein formales Axiomensystem, das gleichwertig neben anderen Beschreibungen steht. Gauß untersucht im Rahmen seiner geodätischen Vermessungen des Königreichs Hannover die Winkelsumme in großen Dreiecken nördlich Göttingens bis nach Jever und Neuwerk – vergebens, da er im Rahmen der Meßgenauigkeit die Frage nach der "richtigen" physikalischen Geometrie nicht klären kann.[17] Einstein und andere setzen später an diesen Überlegungen an und kommen zu dem Schluß, daß Euklids Geometrie wohl nicht im Großen des Universums gilt.

Hilbert führt schließlich eine strenge Formalisierung der Geometrie[18] durch, die er zu einem allgemeinen Forschungsprogramm für die Klärung der Grundlagen der Mathematik ausbauen will.

> "Der Stand der Forschungen im Gebiete der Grundlagen der Mathematik, an den unsere Ausführungen anknüpfen, wird durch die Ergebnisse von dreierlei Untersuchungen gekennzeichnet:
>
> 1. der Ausbildung der axiomatischen Methode, insbesondere an Hand der Grundlagen der Geometrie,
> 2. der Begründung der Analysis nach der heutigen strengen Methode durch die Zurückführung der Größenlehre auf die Lehre der Zahlen und Zahlenmengen,
> 3. der Untersuchungen zur Grundlegung der Zahlen- und Mengenlehre.
>
> [...] In der weitesten Bedeutung des Wortes nennen wir eine Theorie axiomatisch, wenn die Grundbegriffe und Grundvoraussetzungen als solche an die Spitze gestellt werden und aus ihnen der weitere Inhalt der Theorie mit Hilfe von Definitionen und Beweisen logisch abgeleitet wird. In diesem Sinne ist die Geometrie von Euklid, die Mechanik von Newton, die Thermodynamik von Clausius axiomatisch begründet."[19]

Kalkülisierte Theorien kommen dem mechanistischen Denkstil entgegen. Auch sie definieren eindeutige dynamische *Zustände* einer logischen Ableitung mit Axiomen als Ausgangszuständen, die durch klar definierte Ableitungsschritte in neue, dadurch ebenfalls klar definierte Zustände überführt werden.

Hilbert und Bernays hätten selbstverständlich auch Booles und Freges axiomatische Ansätze zur Formalen Logik aus der zweiten Hälfte des 19. Jahrhunderts nennen können. Freges Programm beabsichtigt eine Reduktion der Mathematik auf eine axiomatische logische Form. Russell erneuerte 1903 in seinen "Principles of Mathematics" dieses Fregesche Programm und setzt es mit seinem Lehrer Whitehead in den 2000 Seiten der *Principia Mathematica*

17 Seine triangulären Vermessungen sind auf jedem Zehnmarkschein verzeichnet.
18 D. Hilbert, *Grundlagen der Geometrie*, Stuttgart 1968, (Ersterscheinungsjahr 1899)
19 D. Hilbert und P. Bernays, *Grundlagen der Mathematik I*, Berlin/Heidelberg/New York 1968.

nach Kräften um. Ohne diesen radikalen Wunsch nach Reduktion auf die Logik, aber in verwandtem Geist formalisieren Peano und andere[20] die elementare Arithmetik, die natürlichen Zahlen mit der Basisoperation "Nachfolger" und dem Axiom der vollständigen Induktion. Der Verzicht auf die Logizierung der Mathematik steht neben der Hoffnung, damit ein Beispiel für eine umfassende Axiomatisierung der Mathematik zu geben. In diesem Sinne ist das erst einmal bescheidener wirkende Peanosche Programm umfassender als das logizistische Programm Freges und Russells.

Hilbert versucht, wie unter den Punkten 2 und 3 zitiert, über die gelungene Axiomatisierung der Geometrie hinaus ein Programm zur vollständigen axiomatischen Begründung der Mathematik zu initiieren, um die Gewißheit der Erkenntnis auf axiomatisch-mathematischem Weg zu erreichen.

> "Das Verfahren der axiomatischen Methode [...] kommt also einer Tieferlegung der Fundamente der einzelnen Wissensgebiete gleich, wie eine solche ja bei jedem Gebäude nötig wird in dem Maße, als man dasselbe ausbaut, höher führt und dennoch für seine Sicherheit bürgen will.
> Soll die Theorie eines Wissensgebietes, d.h. das sie darstellende Fachwerk der Begriffe, ihrem Zwecke, nämlich ihrer Orientierung und Ordnung dienen, so muß es vornehmlich gewissen zwei Anforderungen genügen: erstens soll es einen Überblick über die Abhängigkeit bzw. Unabhängigkeit der Sätze der Theorie und zweitens eine Gewähr der Widerspruchslosigkeit aller Sätze der Theorie bieten. Insbesondere sind die Axiome einer jeden Theorie nach diesen beiden Gesichtspunkten zu prüfen."[21]

Gesucht wird eine strenge Formalisierung aller mathematischen Theorien einschließlich ihrer Beweise, so daß diese wie in der Logik selber Gegenstand der Mathematik werden, also eine umfassende Beweistheorie. Diese ist *metamathematisch* als (formal) widerspruchsfrei zu beweisen, denn das ist die Voraussetzung aller Mathematik. "Wenn man einem Begriff Merkmale erteilt, die einander widersprechen, so sage ich: der Begriff existiert mathematisch nicht."[22] Hilbert und seinen Schülern scheint es dabei sinnvoll, diese Axiomatik von vornherein als rein formales Kalkül, unter Absehung der spezifischen Inhalte der Axiome, zu betrachten. Ein formales Kalkül erlaubt die Abstraktion von den Inhalten und ermöglicht eine rein formale, quasi automatische Produktion der Folgerungen aus dem Kalkül. Definiert werden Strukturen, nicht die Elemente des Kalküls. Hilbert bemerkt einmal: "Man muß jederzeit an Stelle von 'Punkten, Geraden, Ebenen', 'Tische, Stühle, Bierseidel' sagen

20 Peano bezieht sich explizit auf Dedekind. Details dieser etwas komplizierten Abhängigkeiten findet man bei J. Dieudonné, *Geschichte der Mathematik 1700-1900*, Braunschweig/Wiesbaden 1985, 767 ff..

21 Zitiert nach H. Meschkowski, *Problemgeschichte der Mathematik III*, Mannheim/Wien/Zürich 1986, 284.

22 Zitiert nach H. Mehrtens, *Moderne Sprache Mathematik*, Frankfurt/M 1990, 123.

können"[23], und gegenüber Frege, der diese formale Reduktion nicht nachvollziehen wollte, besteht er in einem kontroversen Briefwechsel auf dieser radikalen formalen Reduktion: "Wenn ich unter meinen Punkten irgendwelche Systeme von Dingen, z.B. das System Liebe, Gesetz, Schornsteinfeger [...], denke und dann meine sämmtlichen Axiome als Beziehungen zwischen diesen Dingen annehme, so gelten meine Sätze, z.B. der Pythagoras, auch von diesen Dingen."[24]

1917 verschärft Hilbert dieses Arbeitsprogramm um das konstruktive *Entscheidungsproblem* eines Kalküls: Gesucht wird ein Verfahren, daß es gestattet, konstruktiv, d.h. in endlich vielen Schritten durch Umformen endlich vieler Ausdrücke zu prüfen, ob sich ein formaler Ausdruck aus einem gegebenen Axiomensystem ableiten läßt oder nicht. Mit einem solchen Entscheidungsverfahren ließe sich die Widerspruchsfreiheit ohne Induktion direkt beweisen: In jedem widerspruchsvollen Kalkül wäre der Ausdruck "$\alpha \wedge \neg\alpha$" oder "falsch" beweisbar – und dies wäre in endlich vielen Schritten entscheidbar. Hilbert vertritt diese Perspektive voller Optimismus in einem Grundsatzartikel 1930: "Diese Überzeugung von der Lösbarkeit eines jeden mathematischen Problems ist uns ein kräftiger Ansporn während der Arbeit; wir hören in uns den steten Zuruf: Das ist das Problem, suche die Lösung. Du kannst sie durch reines Denken finden; denn in der Mathematik gibt es kein *Ignorabimus*!"[25]

Insgesamt sind also drei große Grundlagenfragen der Meta-Mathematik zu beantworten. Ist die elementare Arithmetik (in Form der Peano-Axiome, als Kalkül der *Principia Mathematica* oder als Prädikatenkalkül zweiter Ordnung)

- *vollständig*, d.h. kann man also alle im Kalkül formulierbaren wahren Sätze auch beweisen?
- *widerspruchsfrei*, d.h. kann man einzig die wahren Sätze beweisen?
- *entscheidbar*, d.h. kann man von jedem im Kalkül formulierbaren Satz entweder einen Beweis finden oder seine Ungültigkeit beweisen?

Dieses große formalistische Programm zeigt zuerst beachtliche Erfolge. Hilberts erfolgreicher Axiomatisierung der Geometrie folgen die Beweise der Vollständigkeit und der Widerspruchsfreiheit von Aussagenlogik und des Prädikatenkalküls erster Stufe. Die starke Forderung nach Entscheidbarkeit läßt sich

23 Hilbert soll dies laut H. Weyl nach einem Vortrag von H. Wiener auf der 2. DMV-Tagung 1919 in Halle gesagt haben (vgl. Constance Reid, *Hilbert*, Berlin/Heidelberg/New York 1970).

24 Zitiert nach H. Mehrtens, *Moderne Sprache Mathematik*, Frankfurt/M 1990, 121.

25 D. Hilbert, "Probleme der Grundlegung der Mathematik", *Mathem. Annalen* 102 (1930), 1-9.

für die Aussagenlogik als erfüllt zeigen, bleibt für die Prädikatenlogik erster Stufe jedoch zunächst ungeklärt.

Doch den zügigen Fortschritten folgt der Zusammenbruch: Kurt Gödel gelingt es Ende 1930, die Unvollständigkeit jedes Kalküls der elementaren Arithmetik und des Prädikatenkalküls zweiter Stufe zu beweisen. Dem folgt der Nachweis, daß es keinen Beweis der Widerspruchsfreiheit solcher Kalküle mit Mitteln des Kalküls, sogar nicht einmal mit "finiten Methoden" geben kann.[26] Einige Jahre später zeigt Alan M. Turing, daß die Ableitbarkeit gewisser Formeln im Funktionenkalkül nicht entscheidbar ist, das Hilbertsche Entscheidungsproblem demnach bereits für ein Prädikatenkalkül erster Stufe unlösbar ist.[27]

Turing gibt darüberhinaus eine präzise Fassung des Berechenbarkeits- oder Algorithmenbegriffs, der zwar eine universelle (mathematisch) maschinelle Fassung des Algorithmenbegriffs erlaubt, aber notwendigerweise nichtberechenbare Funktionen zuläßt und Funktionen, von denen nicht gesagt werden kann, ob ihre Berechnung in endlicher Zeit zu einem Ende kommt oder nicht (*Unlösbarkeit des Halteproblems*). Dieser Turingsche Berechenbarkeitsbegriff läßt sich als äquivalent zu verschiedenen anderen voll entfalteten Berechenbarkeitsbegriffen zeigen: zur allgemeinen Rekursion, zur μ-Rekursion, zur λ-Notation, zu den Markov-Algorithmen und anderen. Turing bewies in einem Anhang zu seinem grundlegenden Aufsatz die Äquivalenz seiner Maschinenfunktionen mit der zur gleichen Zeit von Alonzo Church vorgestellten λ-Notation. Church hat angesichts dieser Äquivalenzen die *Churchsche These* ausgesprochen: Die bisher entwickelten Begriffe der Berechenbarkeit sind äquivalent untereinander und entsprechen dem intuitiven Begriff der Berechenbarkeit. Diese These wird gelegentlich auch *Church-Turing-These* genannt, um Turings wesentlichen Anteil an der Entfaltung des Begriffs Berechenbarkeit zu unterstreichen.

Turings Nichtentscheidbarkeitsresultat zieht vielleicht noch nachdrücklicher als die zuvor publizierten Gödelschen Sätze einen Schlußstrich unter das Hilbertsche Programm umfassender Axiomatisierung. Gödel zerstört alle Hoffnung auf eine vollständige oder auch nur widerspruchsfreie Axiomatisierung der elementaren Arithmetik und damit aller Mathematik. Damit ist die Hoffnung auf eine axiomatische Letztbegründung, auf die Gewißheit der Arithmetik, erloschen. Rudolf Carnap hofft noch 1934 auf eine Auflösung durch eine

26 Die nicht-finiten Methoden, wie sie etwa von Gentzen für seinen Widerspruchsfreiheitsbeweis verwendet wurden, gehen weit über die elementare Arithmetik hinaus, so daß die erwünschte beweistechnische Reduktion auf evidente Beweismethoden fehlt.

27 A. M. Turing, "On computable numbers with an application to the Entscheidungsproblem", *Proc. of the London Math. Society* , 1937/2 (mit einer Korrektur im Folgeband). Deutsch in: B. Dotzler und F. Kittler (Hrsg.), *Alan Turing – Intelligence Service*, Berlin 1989.

unendliche Folge von Formalismen: "Alles Mathematische ist formalisierbar; aber die Mathematik ist nicht durch *ein* System erschöpfbar, sondern erfordert eine unendliche Reihe immer reicherer Sprachen."[28]

Turings Resultat scheint endgültiger. Gemäß der Church-Turing-These gibt es keine unendliche Reihe immer reicherer Berechenbarkeitsbegriffe; die Turing-Maschine ist bereits eine maximale Formalisierung der Berechenbarkeit. Ihre Nicht-Entscheidbarkeit ist in diesem Sinne endgültig. Dies macht den Weg frei zur Einsicht, daß es sehr viel konkretere unlösbare Fragen gibt: Funktionen oder Prädikate, die mit keiner Methode berechenbar sind – sofern man die Funktionalität der Turingmaschine als endgültige Obergrenze des Begriffs Berechenbarkeit akzeptiert. Unter Verwendung von Turings Resultat gab Julia Robinson 1952 Bedingungen an, die die Unlösbarkeit des 10. Hilbertschen Problems beschreiben, also der Frage, ob es ein allgemeines Rechenverfahren zur ganzzahligen Lösung von Polynomgleichungen $P(x_1,...,x_n) = 0$ gibt. Matijasewitsch hat diesen Beweis der generellen Unlösbarkeit diophantischer Gleichungen 1970 vollendet. Hilberts Programm ist damit nicht nur in seinen ideologischen Grundlagen, sondern höchst konkret am letzten noch offenen seiner berühmten Probleme gescheitert.[29] Die Hoffnung auf eine evidente widerspruchsfreie oder gar vollständige Axiomatisierung der Elementarmathematik (die Hilbert mit der Geometrie ja gelungen war), ist damit ebenso zerbrochen wie diejenige auf ein generelles algorithmisches Lösungsverfahren formal gestellter Fragen.

Die Idee einer wohlfundierten Theorie der formalen Axiomatisierung (auf arithmetischer Basis) und der Überführung aller konkreten axiomatischen Modellierung in diesen formalen, symbolisch-logischen Raum ist damit gescheitert. Sie erlebte dessen ungeachtet im folgenden zwei kräftige Blüten. Die Bourbaki-Gruppe begann 1939 ihren langen Marsch durch die mathematischen Theorien[30] und versuchte mit beachtlicher Resonanz, diese diesmal auf die Mengenlehre zu reduzieren – mit heftigen Auswirkungen bis in den Grundschulunterricht. Dabei wurde die Tatsache, daß die Fundierung der Mengenlehre vielleicht noch unsicherer ist als das Fundament der elementaren Arithmetik, formal elegant ignoriert. Das gravierende Grundlagenproblem der Mathematik wird zum historischen "Grundlagenstreit" verharmlost.

Turings entscheidendes Hilfsmittel für sein Nichtentscheidbarkeitsresultat, die mathematische Turingmaschine, wurde zum Modell des modernen Rechenautomaten von Neumannscher Prägung, und daraus erblühte als ein

28 R. Carnap, "Die Antinomien und die Unvollständigkeit der Mathematik", *Monatshefte für Mathematik und Physik*, (1934), 263-284.

29 Hilbert hat diese Problemliste 1900 auf dem Internationalen Mathematiker Kongreß in Paris vorgestellt. Vgl. Hilbert, "Mathematische Probleme", in: ders., *Gesammelte Abhandlungen*, Berlin/Heidelberg/New York 1970.

30 N. Bourbaki, *Éléments de Mathématique*, Paris 1939.

weiterer formalistischer Ansatz die Informatik mit ihren formalen Methoden und der Suche nach der Künstlichen Intelligenz.

3 Rechenautomaten: Maschinisierung von Kopfarbeit

Turings Berechenbarkeitsbegriff, den er zur Überprüfung des Entscheidbarkeitsproblems entwickeln mußte, greift nicht mehr auf die Logik oder die Arithmetik zurück. Er reduziert das Rechnen auf einen maschinellen Vorgang, auf eine Maschine abstrakter Art, eine *Paper Machine*. Doch diese Maschine ist zugleich ein Modell des menschlichen Kopfarbeiters: "Es ist möglich, den Effekt einer Rechenmaschine zu erreichen, indem man eine Liste von Handlungsanweisungen niederschreibt und einen Menschen bittet, sie auszuführen. Eine derartige Kombination eines Menschen mit geschriebenen Instruktionen wird Papiermaschine genannt. Ein Mensch ausgestattet mit Papier, Bleistift und Radiergummi sowie strikter Disziplin unterworfen, ist in der Tat eine Universalmaschine."[31]

Turings Vorstellungen sind vom mechanistischen Weltbild geprägt. Freilich ist sein Automat nicht mehr das Newtonsche oder Leibnizsche Uhrwerk, sondern eine Maschine mit internem oder externem Gedächtnis, die mechanisch so gut wie elektrisch oder als biologisches Wesen realisiert sein könnte, da ihr axiomatischer Bauplan stets eine reine "Papiermaschine" ist. Im Geiste der Mechanisierung entsteht der Plan einer universellen Maschine mit eindeutig definierten Zuständen und Zustandsübergangsfunktionen, die keine Mechanik mehr benötigt. Die Zustandsübergangsfunktionen sind freilich nicht notwendigerweise streng determiniert. Es mag überraschend erscheinen, daß eine nicht-deterministische Definition der streng deterministischen Definition der Zustandsübergänge funktional äquivalent ist.

Mechanistische Reduktion ist selbst in seinem grundlegenden Artikel "On computable numbers with an Application to the Entscheidungsproblem" zu finden: Diskrete Zustände werden nicht nur den Maschinen unterstellt, sondern auch dem menschlichen Gehirn. Auch dieses wird als notwendigerweise endliche Menge möglicher Geisteszustände beschrieben: "Jedem Geisteszustand des Rechnenden entspricht ein m-Zustand der Maschine."[32] Dieses ideologisch-mechanistische Bekenntnis ist freiwillig – die Endlichkeit der Programme (und damit der verwendeten Zeichen und internen m-Zustände) ließe sich genauso aus der notwendigen Endlichkeit ausführbarer Beschreibungen herleiten. Turing verwendet jedoch bewußt beide Argumente zur Definition

31 A. M. Turing, "Intelligente Maschinen", zitiert nach: B. Dotzler und F. Kittler (Hrsg.), *Alan Turing – Intelligence Service*, Berlin 1989, 91

32 A. M. Turing, "On computable numbers with an application to the Entscheidungsproblem", deutsch zitiert nach: B. Dotzler und F. Kittler (Hrsg.), *Alan Turing – Intelligence Service*, Berlin 1989, 43

seiner Maschine. Sein Biograph Andrew Hodges nennt dies die *Turingsche These:*

> "Die Turingsche These ist es, daß das Modell einer Maschine mit diskreten Zuständen die angemessene Beschreibung eines Aspektes der materiellen Welt ist – nämlich der Funktionsweise des Gehirns."[33]

Die Turingsche These ist eine diskrete *hommage* an den Laplaceschen Dämon:

> "Es will scheinen, als ob es bei gegebenem Anfangszustand der Maschine und gegebenen Eingabesignalen immer möglich sei, alle zukünftigen Zustände vorherzusagen. Das erinnert an die Laplacesche Ansicht, daß es möglich sein müßte, aus dem vollständigen Zustand des Universums zu einem bestimmten Zeitpunkt, beschrieben durch Lage und Geschwindigkeiten sämtlicher Partikel, alle zukünftigen Zustände vorherzusagen. Die von uns hier betrachte Vorhersage ist jedoch praktikabler als die von Laplace erwogene. Das System des 'Universums als ganzem' ist so beschaffen, daß minimale Fehler in den Anfangsbedingungen zu einem späteren Zeitpunbkt einen überwältigenden Einfluß haben können. Die Verschiebung eines einzigen Elektrons um einen billionstel Zentimeter in einem Augenblick könnte ein Jahr später darüber entscheiden, ob ein Mensch von einer Lawine getötet wird oder ihr entkommt. Es ist eine wesentliche Eigenschaft der mechanischen Systeme, die wir 'diskrete Maschinen' genannt haben, daß dieses Phänomen nicht auftritt. Selbst wenn wir die tatsächlichen physikalischen Maschinen anstelle der idealisierten Maschinen betrachten, ergibt sich aus einer verhältnismäßig genauen Kenntnis des jeweiligen Zustandes eine verhältnismäßig genaue Kenntnis aller späteren Schritte."[34]

Doch auch dieses diskrete Revival des Laplaceschen Dämons war nur von kurzer Dauer. Ironischerweise bricht diese Reduktion gerade auf der Basis der Turingschen Rekursionstheorie in den Ergebnissen von Untersuchungen zum deterministischen Chaos zusammen, denn auch deterministische Berechnungen zeigen unter bestimmten Bedingungen ein unvorhersehbares 'chaotisches Grenzwertverhalten'.[35]

33 A. Hodges, "Alan Turing and the Turing Machine", in: R. Herken, *The Universal Turing Machine – A Half Century Survey*, Berlin 1988, 9

34 A. M. Turing, "Computing Machinery and Intelligence", deutsch zitiert nach: B. Dotzler und F. Kittler (Hrsg.), *Alan Turing – Intelligence Service*, Berlin 1989, 156

35 Dies ist z.B. eine Eigenschaft der logistischen Rekursionsgleichung $z \leftarrow r * z * (1-z)$. Vgl. etwa B. Mandelbrot, *The Fractal Geometry of Nature*, San Francisco 1983, oder H.-O. Peitgen und P. H. Richter, *The Beauty of Fractals*, Berlin/Heidelberg/New York/Tokio 1986. Eine ausführliche mathematische Würdigung der logistischen Rekursionsgleichung findet man in G. Jeschke, *Mathematik der Selbstorganisation*, Berlin 1989.

Turings Automat ist nicht primär als Konstruktionsplan eines Rechenautomaten gedacht, sondern zur Auslotung der Grenzen der formalen Berechenbarkeit: "On computable numbers ...". Diese strikten Grenzen programmierbarer Maschinen werden durch das Halteproblem und eine Fülle darauf basierender weiterer Nichtentscheidbarkeitsresultate markiert. Praktisch bedeutet dies zuerst einmal, daß von einem hinreichend anspruchsvollen Rechnerprogramm weder erwartet werden kann, daß seine Terminierung umfassend sichergestellt, noch daß die Äquivalenz gleichwertiger Programme oder die Äquivalenz zwischen einer formalen Spezifikation und einem davon unabhängig erstellten Programm allgemein nachweisbar ist.

Turings Maschine bleibt nicht lange eine bloße Axiomatisierung der Berechenbarkeit. Im zweiten Weltkrieg entstehen in Bletchley Park die "bombs" der britischen Abwehr: Rechenmaschinen der Dechiffrierabteilung zur Entzifferung der Wehrmachts- und Marine-Enigma. Turing fährt vor und während des Krieges in die USA nach Princeton, wo er John v. Neumann trifft, die mathematische Schlüsselfigur im Manhattan-Projekt, späterer Berater des Präsidenten und des Pentagons in der Atomic Energy Commission. Die Turingmaschine wird zum Vorbild der v. Neumann-Rechnerarchitektur, die noch heute die Prinzipien des Rechnerbaus bestimmt.

Nicht nur im militärischen, auch im zivilen Bereich führt die logische Mechanisierung des Rechnens zur Maschinisierung von Kopfarbeit. Großrechner, "mainframes", werden zum *prime mover* der "Detroit Automation", der Fabrikautomation wie der automatisierten Buchhaltung, der Banken, der Versicherungen, der Logistik, der Produktion, der Verwaltung. Die Ideologie der Automatisierung beschwört ihre wohltätigen wie katastrophalen Wirkungen auf die Gesellschaft. Der Computer wird zum Sinnbild der Modernisierung wie zum Schreckensbild sozialer und politischer Entmündigung und Enteignung. Norbert Wiener, Vater der Kybernetik, erschrickt über die derart freigesetzten Produktivkräfte und warnt in seinem Buch *Human Use of Human Beings*:

> "Bedenken wir, daß der Automat, was immer wir davon halten, ob er Gefühle hat oder nicht, das präzise ökonomische Äquivalent der Sklavenarbeit ist. Jede Arbeit, die mit Sklavenarbeit konkurriert, muß die wirtschaftlichen Bedingungen der Sklavenarbeit akzeptieren. Es ist völlig klar, daß dies eine Arbeitslosigkeit produzieren wird, mit der verglichen die derzeitige Rezession und die dreißiger Jahre als harmloser Scherz erscheinen. Diese Depression wird viele Industriezweige ruinieren – vielleicht sogar die Industrien, die von den neuen Möglichkeiten profitiert haben. Es gibt in der industriellen Tradition freilich nichts, was es einem Industriellen verböte, einen schnellen und sicheren Gewinn einzustreichen und damit zu verschwinden, bevor ihn selber der Konkurs ereilt."[36]

36 N. Wiener, *Human Use of Human Beings*, New York 1954 (meine Übersetzung). Im Deutschen mit dem reißerisch zeitgemäßen, doch gleichzeitig seinem Anliegen völlig unangemessenen Titel *Mensch und Menschmaschine* erschienen.

Computer erweisen sich als flexible, universelle Projektionsfläche. Turing selbst hat sich immer wieder mit dem Bild des denkenden, intelligenten Automaten oder Programms beschäftigt. Es ist fraglos, daß Turing die Intelligenz seiner Mitmenschen als gleichwertig zu seinen Papiermaschinen einschätzte. Intelligenz ist für Turing keine Eigenschaft, die Maschinen (d.h. Programmen, also formalen Strukturen) verschlossen bliebe: "Ich verfechte die Behauptung, daß Maschinen konstruiert werden können, die das Verhalten des menschlichen Geistes weitestgehend simulieren",[37] und an W. Ross Ashby schreibt er unverblümt: "Daß ich am ACE-Computer arbeite, liegt daran, daß ich mehr an der Möglichkeit interessiert bin, Modelle der Handlungen des Gehirns zu verstehen als an praktischen Anwendungen des Rechnens."[38] Dabei argumentiert er rein behavioristisch: "Intelligent ist, was sich (zumindest eine Weile) intelligent verhält." Was sich intelligent im symbolischen Raum verhält, um genau zu sein. Ein einfacher behavioristischer Test wäre ein Imitationsspiel, dessen kürzeste Fassung (ohne Rechenmaschine, nur als Programm, genannt "Papiermaschine") bei Turing durch Faustregeln des Schachspiels beschrieben wird. "Es ist nicht schwer, sich eine Papiermaschine auszudenken, die kein allzu schlechtes Schach spielt. Nun nehme man drei Personen A, B, C als Versuchsobjekte. A und C müssen ziemlich dürftige Schachspieler sein, B ist der Operator, der die Papiermaschine bedient. [...] Zwei Räume mit einer Einrichtung, die Züge mitzuteilen, werden gebraucht, und das Spiel findet statt zwischen C und entweder A oder der Papiermaschine. C könnte es durchaus schwierig finden, anzugeben, mit wem er spielt."[39] Und er bemerkt weiterhin: "Das ist die einigermaßen idealisierte Form eines Experiments, das ich tatsächlich durchgeführt habe."

Turings Imitationsspiel ist ein *Gesellschaftsspiel*; er beschreibt die erstarrte bürgerliche Nachkriegsgesellschaft wie er sie sieht: als Automaten. Die Möglichkeiten der Computer-Simulation führen im wissenschaftlichen Alltag zu einer neuerlichen Variante der mathematischen Reduktion, zur Reduktion auf Rechenprozesse. Dies wird erst mit der massenhaften Verfügbarkeit von Workstations und PCs in den Achtzigern richtig sichtbar. Man muß nur einmal die letzten drei Jahrzehnte des *Scientific American* überfliegen, um zu sehen, daß die Computertechnik nahezu alle Wissenschaftsbereiche als Hilfsmittel, aber auch als neuer Modellierungs- und Denkstil erreicht hat. Die Maschinenmetapher in Form der abstrakten logischen "Maschine", des "Algorithmus" oder allgemein der "Berechenbarkeit" wird zum Bestandteil der wissenschaftlichen Alltagssprache. Die Reduktion beliebiger dynamischer Vorgänge auf Rechenprozesse ist ein später Reflex des mechanischen Denkstils.

37 A. M. Turing, "Intelligent Machinery - A Heretical Theory", deutsch in: B. Dotzler und F. Kittler (Hrsg.), *Alan Turing – Intelligence Service*, Berlin 1989, 10

38 Zitiert nach A. Hodges, *Alan Turing – The Enigma*, New York 1983, 363

39 A. M. Turing, "Intelligent Machinery", deutsch in: B. Dotzler und F. Kittler (Hrsg.) *Alan Turing – Intelligence Service*, Berlin 1989, 112

Im Alltag des Rechnens rücken solche Träume eher in die Ferne. Als tägliche Herausforderung der Informatik erweist sich das Problem der Komplexität, das praktische Grenzen des möglichen Einsatzes der Informationstechnik markiert. Komplexität wird häufig als Speicher- oder Rechenzeitbedarf gemessen, aber tatsächlich sind beliebige Maße der praktischen Programmierung von den *Lines of Code* bis zu den erzielbaren Markterlösen als Komplexitätsmaße denkbar.

Komplexitätsschranken sind parametrisierte Schranken, so daß sie stets einen trade-off zwischen nötigem Aufwand und erzielbarem Ergebnis beschreiben. Die Bestimmung des Komplexitätsverhaltens eines Verfahrens und gar die Bestimmung der unteren Schranke der Komplexität eines Problems erweisen sich als schwierig. Als akzeptierte gewichtige Schranke gilt der Umschlag polynomialer Komplexität in Komplexitäten, die sich nicht mehr polynomial beschreiben lassen (obwohl eine Komplexität oberhalb n^2 selbst mit kleinen Konstanten meist eine erhebliche Hürde darstellt). Als spannende theoretische Herausforderung gelten die NP-vollständigen Probleme, die sich in nichtdeterministischer oder paralleler Weise polynomial, in deterministischer Weise aber bisher nur mit exponentieller Komplexität lösen lassen. Praktisch sind derartige Probleme nicht allgemein lösbar. Mißlicherweise umfassen sie eine Vielfalt relevanter Probleme wie Packungsfragen und Belegungsstrategien. P-NP-Probleme sind darüber hinaus in nahezu allen Anwendungsgebieten der Informatik zu finden.

Wo die Komplexität algorithmischer Lösungen die praktikablen Grenzen überschreitet oder wo korrekte vollautomatische Verfahren gar nicht bekannt sind, sind unter Umständen Näherungsverfahren ohne umfassenden Korrektheitsanspruch einsetzbar. Die Bewertung heuristischer Verfahren, die Abschätzung ihrer Leistungsfähigkeit und ihrer Grenzen ist noch schwieriger als die Bewertung algorithmischer Verfahren. Heuristiken und andere Näherungsverfahren erlauben programmierte, formalisierte Lösungen, wo die theoretische Durchdringung oder die praktische Umsetzbarkeit keine algorithmischen Verfahren anbietet. Sie greifen im günstigen Fall auf den Erfahrungsschatz der Arbeitswelt zurück, wo die algorithmisch formalisierten Verfahren nur einen kleinen Anteil ausmachen. Hier zeigt sich eine erfahrbare, nutzbare, aber auch problematische Grenze der Maschinisierung in Form der Vollautomatisierung.

Die Formalisierung der Berechenbarkeit durch Turings Modell und seine Realisierung im Computer haben die eigentümliche Lage geschaffen, daß auch dann syntaktisch korrekte, d.h. lauffähige Computerprogramme geschrieben werden können, wenn die algorithmierten Prozesse unverstanden oder unzureichend verstanden bleiben. Dies kann zu zweifelhaften programmierten ad hoc-Lösungen führen. Informatik besteht also aus beidem, dem Analysieren und Verstehen einer Lösung wie aus ihrer syntaktisch korrekten Programmierung. Programmieren ist eine formale Tätigkeit, Modellieren und der praktische Einsatz von Programmen sind dies nicht.

> "Wenn ein menschlicher Rechner ein Problem bearbeitet, kann er gewöhnlich seinen gesunden Menschenverstand einsetzen, der ihm eine Vorstellung davon gibt, wie zutreffend seine Antworten sind. Mit einem Digitalrechner können wir nicht länger auf den gesunden Menschenverstand vertrauen, und Fehlergrenzen müssen mittels bewiesener Ungleichungen begründet werden. Wir brauchen Analytiker, die die entsprechenden Ungleichungen für uns ermitteln [...] Die Fehlerberechnung kann einen erheblichen Teil der Aufgaben der ACE ausmachen."[40]

Turings Mahnung verhallt im Alltagsgeschäft der Informatik. Zu verstehen, was programmiert werden soll, und mit dem Ergebnis solcher Analyse verantwortbar umgehen zu lernen, geht über rein formale Fähigkeiten hinaus.

Die Automation greift nicht im vorgestellten Maße. Je mehr Rechnerprogramme entwickelt und eingesetzt werden, desto deutlicher werden die Grenzen solcher Automation. Fehler in der Modellierung, Programmierung, gelegentlich auch in der Hardware, stete Kosten- und Zeitüberschreitungen charakterisieren den Alltag der Datenverarbeitung.

Doch das eigentliche Problem ist die Komplexität der programmierten Aufgaben und der sich daraus ergebenden Systeme. Es war Laplace nicht möglich, den Zustand der Welt zu beschreiben; es ist im DV-Alltag nicht möglich, die Anforderungen an ein Buchhaltungsprogramm umfassend, dauerhaft und widerspruchsfrei anzugeben. Jedes größere Programm wird zur Baustelle, die in dem Moment zur Ruine wird, wenn niemand mehr an ihrem Erhalt arbeitet. Programme wachsen – bis sie sterben. Große Programmpakete zeigen konstante Fehlerraten. Zwischen zwei fehlerkorrigierten Versionen (die meist in einem festen Zeitraum erstellt werden) treten in etwa gleich viel neue Fehler auf. Manche Fehler zeigen derart komplizierte Abhängigkeiten, daß sie nicht korrigiert werden, sondern der Benutzer nur vor ihrem Auftreten gewarnt wird ("known bugs").

Die gewaltigsten nicht-militärischen Automatisierungsvorhaben, die Projekte zur integrierten rechnergestützten Fabrikation (CIM) produzieren reihenweise "Computer-Havarien".[41] Zentrale Leitvorstellung ist die Hierarchie abhängiger Module – Descartes' allgemeine Methode eines algebraischen "Divide et impera" lebt in den Strukturierungen der Großrechnersysteme, Programmiersprachen und den Modellen der Datenverarbeitung noch einmal auf: Hierachie, Modul, Zentrale, Hauptprogramm, Unterprogramm. Doch die militärisch erfolgreiche Organisationsform des "Divide et impera" läßt sich

40 A. M. Turing, "Lecture to the London Mathematical Society on 20th February 1947" (meine Übersetzung). Nachgedruckt und übersetzt in: B. Dotzler und F. Kittler (Hrsg.), *Alan Turing – Intelligence Service*, Berlin 1989, 203.

41 Ein Ausdruck von Gerhard Wohland, der von solchen Computer-Havarien lebt.

nicht bruchlos in die zivile Welt übertragen, die auf Kooperation angewiesen ist. Die Metapher der zentralen Maschine, in der alle nur ein Zahnrädchen (oder ein Unterprogramm) sind, kann als gescheitert angesehen werden. Die Theoretiker sind jedenfalls auf neuen Spuren: Warnecke beschreibt die Fraktale Fabrik, die sich durch finale Selbstähnlichkeit ihrer Abteilungen und durch gelenkte Selbstorganisation auszeichnen soll. Doch auch dies sind beides Begriffe, die der Kybernetik entnommen sind – und damit eine Computertheorie durch eine andere ersetzen.

Kristen Nygaard erfand nicht nur die objektorientierten Programmiersprachen,[42] die eben nicht dem Cartesianischen Paradigma des "Divide et impera" folgen, er propagiert auch das Programmieren als notwendigerweise sozialen Prozeß: "To program is to understand!" Kein Automat kann etwas verstehen, kein Automat kann etwas automatisch programmieren.[43]

4 Computer als 'Werkzeug' und als 'Medium'

Kalkülisierung und Algorithmierung führen zu Vorstellungen vollständiger Automatisierung, die als Projektionen wie der menschenleeren Fabrik, vollautomatisierter Fertigungssysteme oder autonomer Roboter zu praktischen Leitlinien der Forschung und Forschungspolitik wurden. Der aktuelle Einsatz von Computern ist allerdings weniger diesem Leitbild gefolgt, sondern durch die ökonomische Öffnung zum industriellen Massenprodukt PC und Workstation bestimmt. Damit sind dem Einsatz von Computern zahlreiche neue Anwendungsfelder eröffnet. Der Idee umfassender Algorithmierung steht dabei der Durchdringung nahezu aller Arbeitsbereiche entgegen, denn die Formalisierung eines Arbeitsbereiches ist eine eher seltene Gegebenheit. Umgekehrt gilt es, die Möglichkeiten des Computers, der Anwendungsprogramme für die jeweiligen Arbeitssituationen zu nutzen. Die Leitvorstellung 'Automat', die der Welt der Fabrik und der Maschinensysteme entstammt, stößt hier an ihre Grenzen. Was sich statt dessen mit der ökonomischen Dezentralisierung des Computers durch die PCs zeigt, ist die Möglichkeit, Computer und Programme als *unterstützendes Arbeitsmittel* einzusetzen.

Der Fortschritt, Computer und Programme zur Unterstützung von Arbeitsprozesse zu nutzen, bedeutet begrifflich einen historischen Rückgriff: vom Maschinensystem der Fabrik zu den handwerklichen Werkzeugen der Manufaktur. In der Fabrik dominieren als Arbeitsmittel die Werkzeugmaschinen, die die daran Arbeitenden zu Maschinenbedienern machen – bis Teile oder der ganze Arbeitsprozeß als Maschinenprozeß automatisiert werden. Im handwerklichen Betrieb bis hin zur Manufaktur dominieren als Arbeitsmittel die

42 Simula, zusammen mit Dahl. Bekannt ist die 1967 vorgestellte Fassung Simula-67.
43 K. Nygaard, "Program Development as a sozial activity", in: H. J. Kugler (Hrsg.), *Information Processing 86*, Amsterdam 1986, 189-198.

Werkzeuge, die natürlich ebenfalls äußerst komplex sein können, deren Einsatz aber von den damit Arbeitenden zu jedem konkreten Zeitpunkt bestimmt wird. Computer und Programme können beide Funktionen eines Arbeitsmittels übernehmen, sowohl 'Automat' wie 'Werkzeug'. Der jeweilige Charakter eines Programms hängt von seiner Gestaltung wie von seinem Einsatz ab – aber auch von der Gerätebasis. Diese Wahlmöglichkeit, das Arbeitsmittel Computer ebenso aus einer Automaten- wie aus einer Werkzeugsicht gestalten zu können, eröffnet zusammen mit entsprechenden arbeitsorganisatorischen Maßnahmen die Möglichkeit einer Umkehr tayloristischer und fordistischer Tendenzen, die die fabrikmäßige Arbeitsorganisation und Maschinisierung in diesem Jahrhundert bestimmt haben.

Technischer Kern des dezentralen Rechnereinsatzes sind Mikroprozessoren, Magnetplattenspeicher und Halbleiterspeicher. Aus der Nutzungssicht ist dagegen die Qualität des Bildschirms, der Tastatur und evtl. der Eingabehilfe wie Maus, Griffel oder Rollkugel entscheidend. Eine Maschine, einen Automaten definiert man über einen oder mehrere Schalter, die typische Arbeitsweise des Rechenautomaten ist der Batch-Betrieb der Frühzeit. PCs sind durch den schnellen Wechsel Tastatureingabe und Bildschirmdarstellung charakterisiert Diese wechselhafte Nutzung einer Maschine ist mit dem Leitbild des "Automaten" nicht mehr bruchlos vereinbar. Der Rechner wird aus der Perspektive der Künstlichen Intelligenz-Forscher zum Partner einer Mensch-Maschine-Kommunikation, die einer etwas neutraleren, aber dennoch anthropomorphen "Mensch-Computer-Interaktion" weicht, im Deutschen seit einiger Zeit mit "Software-Ergonomie" übersetzt. Die Nutzungsschnittstelle (*interface*) des Rechnerterminals oder PCs erlaubt 'direkte Manipulation', wobei die Tätigkeit der Hand freilich auf Tippen und Klicken reduziert ist, kurz: Für die neue Arbeit mit dem PC fehlen die Begriffe trotz millionenfacher Ausübung. Diese Sprachlosigkeit wird besonders im amerikanisch-englischen Sprachraum durch eine Vielzahl vollmundiger Worte verdeckt; ein Ärgernis, das durch Übernahmen und Übertragungen ins Deutsche selten gemildert wird.

Von der Softwareseite rücken "Dialogsprachen" und die grafische Aufbereitung des Bildschirmbildes in den Vordergrund. Während die Algorithmik des Rechners die Simulation nahezu aller Arbeitsvorgänge als Zeichenmanipulation erlaubt, kann mit Hilfe der Grafik auf dem Bildschirm eine aufgabenangemessene visuelle Illusion erzeugt werden, die mit großer Geste als *Bildschirmmetapher* bezeichnet wird. Unter diesen visuellen Gestaltungen spielt die bei XEROX PARC entwickelte *Schreibtischmetapher,* die heute die PCs und Workstations charakterisiert, eine herausragende Rolle.

Die Schreibtischmetapher ist freilich so wenig metaphorisch wie ein Bildschirm als Schreibtisch benutzt werden kann. Karikaturen von Ordnern, Papierkörben, Druckern oder Papierstapeln zeigen aber eines: Der PC muß der Anwendung (im Büro) untergeordnet werden, er kann nicht mehr die dominierende Rolle im Arbeitseinsatz spielen, die Lochkarten-Mainframes und

Transaktionsterminals noch beanspruchten. Mit Hilfe des grafischen Bildschirms, aber auch durch die angemessene Gestaltung der Programme selber, eröffnet sich die Möglichkeit, Computern und Programmen einen Werkzeugcharakter zu geben. Wie weit ein Rechner oder ein Programm damit zum *Werkzeug* wird, sei dahingestellt. Allemal handelt es sich nur um die semiotische Verdoppelung eines Werkzeugs, wie Frieder Nake betont.

Die Schreibtischmetapher ist nicht die einzige Mimikry des Rechners. Im Umfeld der Fabrik kann der Bildschirm andere CNC-Werkzeugmaschinen abbildend verdoppeln, im Labor kann er Oszilloskop oder Instrumentenkasten darstellen, in der Lehre schließlich jede Diagrammdarstellung bunt und dynamisch zum Ergebnis eines Simulationslaufs werden lassen. Charakterisieren Bildschirm und Tastatur den derzeitigen Stand des industriellen Massenprodukts PC, so sind die semiotischen Transformationen der Maschinensignale nicht mehr auf Buchstaben, Ziffern und Grafik beschränkt. Alle üblichen medialen Aufzeichnungs- und Wiedergabetechniken lassen sich in digitale Signale übertragen und damit vom Computer speichern und bearbeiten. Die Transformation von Zeichen in Signale und umgekehrt Ton, Bild, Animation und Video, erweitern den Rechner damit zur medienintegrierenden Maschine. Tastatur und Maus bleiben so nicht die einzige Möglichkeit der Signaleingabe. Alle medialen Signale, Ton, Foto und Video können direkt als Eingabesignale dienen und die Idee der Manipulation läßt sich werkzeuggerecht erweitern. Spracheingabe, Kamera, Griffel, Rollkugel und Datenhandschuh sind technische Voraussetzungen, um den anwendungsgerechten Werkzeugcharakter des Rechners ergonomisch zu unterstützen.

Mit der medialen Öffnung des Rechners zeigen sich jedoch auch Grenzen des Leitbildes 'Werkzeug Computer'. Nicht alle Arbeitszusammenhänge lassen sich angemessen als Anwendung eines Werkzeugs beschreiben. Dies gilt für Arbeitsaufgaben, die viele verschiedene Werkzeuge benötigen: Man sieht das schon bei der elektronischen Abfassung komplexer Druckvorlagen. Auch die Kooperation mehrerer Arbeitender folgt kaum einer Werkzeugperspektive, sondern eher einem Medienmodell, das bereits mit Telegraf und Telefon entwickelt wurde und ebenso auf Rechnernetze übertragbar scheint.

Die Anwendungsfelder eines verallgemeinerten Werkzeugs Computer sind fast beliebig und nicht nur auf den Einsatz in der Arbeitswelt beschränkt. Unter dem Einfluß der neuen computergestützten Techniken verlieren Produktions- und Reproduktionsbereich ihre scharfe Trennung, die sie im Fabrik- und Bürosystem erworben haben. Die rechnergestützte digitale Medientechnik zeigt sich dabei nicht primär als Technik der Arbeitsorganisation, sie tritt nicht einmal mehr alleine als Informatik auf. Der Computer als formbares Arbeitsmittel läßt nicht nur eine Ausprägung als Automat und Werkzeug zu, er kann zu einem allgemeineren Mittel, zu einem *Medium* werden. Als technisches Medium werden Computer so neben Telefon, Telex und Briefpost plaziert: Ein Netz funktional erweiterter Schreibmaschinen mit

Bildschirmen. Die Textproduktion wird dabei radikal erweitert. Die funktionale Dynamik des Mediums Computer erlaubt andere Textformen. Der lineare Text, dessen *Skript* in Form von Büchern, Akten, Artikeln, Zeitungen und Zeitschriften kulturell über Jahrhunderte kodifiziert wurde, verliert seine Form im Hypertext und im digitalen Medienmix des Hypermediums.[44] Wie sein Inhalt sich ändert, bleibt vorerst offen.

Computer haben zwei charakteristische Merkmale, die sie zu einer *medialen Wissenstechnik* machen: Sie können als sehr große Wissensspeicher mit hervorragender Unterstützung bei der Suche nach dem gespeicherten Wissen dienen und sie erlauben den dynamischen Umgang mit gespeichertem Wissen in dialogischer Form am Terminal. Wissen, das in prozeduraler Form als Simulationsprogramm gespeichert ist, erlaubt eine radikal erweiterte Aneignung durch die Nutzer. Expertensysteme sind plastische Beispiele solcher modellgestützter Diagnose oder modellgestützter Planung. Neben dem Ableiten von Tatsachen wird die Möglichkeit zur programmierten Simulation unterstützt. In diesem Sinne ist die Expertensystemtechnik eine dynamische Wissenstechnik; dieses Potential ist jedoch nicht auf die Expertensysteme beschränkt.

Die Organisation von Wissen nach formalen semantischen Kriterien erlaubt es, große semantische Netze als *Hypersysteme* aufzubauen, als Hypertexte und durch die Integration von Grafik, Bild, Ton oder Film als Hypermedia. Vannevar Bushs vor Kriegsende entwickeltes MEMEX-Konzept, ein integrierter Bibliotheksarbeitsplatz mit tausenden indizierter Mikrofilmen in einem Schreibtisch, übt hier einen leitmotivischen Einfluß aus, wenngleich es die rechnergestützte Hypertext-Maschine nur vage andeutet.[45] Doug Engelbarts zwanzig Jahre später konstruiertes System "for Augmenting Human Intellect" hat viele technische Elemente zur Nutzung eines computerunterstützten Mediums wie Maus, grafische Editoren, Bildschirmfenster, Outline-Editoren u.ä. entwickelt.[46] Ted Nelson prägte den Ausdruck *Hypertext* für die in Engelbarts System erstellten Texte. Unter Hypertexten versteht man palimpsestartig geschriebene Texte, bei den einzelne Worte, Sätze oder Zeichen auf weitere Texte verweisen, die am Bildschirm dynamisch aufgerufen werden können, ähnlich wie der Hinweispfeil beim →Lexikoneintrag (der freilich durch Blättern und Suchen zu aktivieren ist; beim Hypertext macht dies das Programm). Frühe Computerspiele wie die unter Unix beliebten Textdschungel der *Adventure Games* waren Prototypen von Hypertexten; viele der neueren Computerspiele sind auf Grafik, Musik, Geräusch und Animation beruhende Beispiele von Hypermedia. Am Horizont wird gar der simulative Ersatz der kognitiven Umwelt durch eine *Virtual Reality* denkbar, der freilich

44 J. D. Bolter, *Writing Space*, Hillsdale 1991.
45 V. Bush, "As we may think", *Atlantic Monthly*, May 1945.
46 D. C. Engelbart und W. K. English, "A Research Center for for Augmenting Human Intellect", *Proc. AFIPS Fall Joint Computer Conf.*, 1968, 395-410.

seinen Einsatz über das spielerisch Machbare und das stets virulente militärische Simulationsspiel hinaus erst noch beweisen muß.[47]

Die technischen Bauelemente solcher programmierbaren Medien sind bereits vorhanden: Auf der Computerseite Workstations und PCs mit Mikroprozessoren als Kern der medialen Endgeräte. Im Hintergrund das digitale Netz – mit dem Träger Telefonnetz bis zum Breitband-ISDN. Auch auf der Geräteseite nehmen Digitalisierung und Programmierbarkeit zu. Die MIDI-Schnittstelle definiert die Musikproduktion, Compact Disc (CD) die Distribution, ihre Variante CD-ROM den direkten Anschluß an die Computer. Mit der *CD interactive* (CD-I) von Philips werden Film und Bild digital auf einer CD gespeichert am PC für Spiel- und Lernprogramme nutzbar, mit Kodaks *Photo CD* werden 100 Dias pro CD am Rechner digital abruf- und bearbeitbar. Das hochauflösende Fernsehen HDTV ist produktionsseitig digital – digitale Übertragung und digitaler Empfang werden folgen. Beim *Digital Audio Broadcast* (DAB) und beim *digitalen Satellitenrundfunk* (DSR) ist die Kette bereits bis zum Endverstärker digitalisiert. Dieser digitale Rundfunk bietet nicht nur die Empfangsqualität der CD, er eröffnet auch die Möglichkeit eines kodierten und adressierten Richtfunks in Form eines Rundfunks. Jede Übertragung trägt ihre Kennung mit sich – auf Wunsch so verschlüsselt, daß sie nur noch von einem oder wenigen legitimierten Empfängern entschlüsselt werden kann. Die bislang relativ aufwendige Verschlüsselung kostenpflichtigen Pay-TVs läßt sich so mit einfachsten Mitteln realisieren – es bestehen neue Möglichkeiten zum Gebühreneinzug, aber auch zum Ausschluß unerwünschter Empfänger: Dies ist eine Form des *Narrowcasting*, der technisch gesteuerten Beschränkung des Programms aus einem breiten Sendeangebot (*Broadcast*). Filmproduktion, Präsentation, Video und Computergrafik werden von der Digitalisierung der Produktion und digitaler Übertragung technisch radikal in Frage gestellt.

Zu den technischen Grundbegriffen der Maschine und ihrer sozialen Erweiterung am Terminalarbeitsplatz kommen durch die mediale Vernetzung über die Rechnernetze weitere, anfänglich reichlich unklare Begriffe hinzu, die sich auf den 'Faktor Mensch' beziehen: Erklärung, Navigation, Medium, Wissenstechnik und Wissensspeicher.

Bisherige Informatik ging weitgehend von der Maschine und ihrer automatischen Nutzung aus. "Die menschliche Gedankenarbeit ist beendet, sobald die gelochten Karten hergestellt sind. Dann greift die Arbeit der Maschinen ein."[48] Die Ökonomie und die Einbettung der Maschine in alltägliche Arbeitsgänge haben sich mit den PCs und Arbeitsplatzrechnern so verändert, daß nun erkennbar wird, daß menschliche Arbeit zum bestimmenden Faktor wird: Die Rechner und die rechnergestützten Geräte werden Mittel, mit denen gespielt, gearbeitet oder gelernt wird. Der Einsatz von Computern verlangt damit die

47 H. Rheingold, *Virtuelle Realitäten*, Reinbek bei Hamburg 1991.
48 *Hollerith Mitteilungen,* Jhrg.1, No.1 1., Mai 1912, 5

Identifizierung der komplementären Aufgabenbereiche von Mensch und Maschine,[49] eine Grenze, die historisch nicht fest, wohl aber im konkreten Fall bestimmbar ist: Es geht um den "maschinisierbaren Anteil der Kopfarbeit",[50] aber auch um die Nützlichkeit programmierter Maschinen als Arbeitsmittel – als Werkzeuge und Medien.

5 De-Reduktion

Das *mechanistische Weltbild* ist trotz bedeutender Erfolge in seinen umfassenden Ansprüchen an der Struktur der Materie gescheitert. Die Versuche, alle Mathematik und alle mathematischen Gehalte der Naturwissenschaft *logisch-axiomatisch* zu reduzieren, scheiterten trotz bedeutender Fortschritte letztlich an ihren nicht einlösbaren Versuchen eines widerspruchsfreien Aufbaus. Das in der Tradition der Mechanik wie der Logik entwickelte algorithmische *Maschinenmodell*, das als formale Basis der Informatik dient, erweist sich als nicht ausreichend, um mit der inneren Komplexität und Dynamik der modellierten Phänomene umzugehen. Die mit dem Vordringen der Rechner als wissenschaftliche Hilfsmittel zunehmend angelegte Reduktion des wissenschaftlichen Denkstils auf das *Automatisierbare* und *Berechenbare* beruft sich deshalb auf fragwürdige Grundlagen.

Die Reduktionsversuche haben eine Fülle von Einsichten ermöglicht; eine Gewißheit der Erkenntnis haben sie nicht begründen können. Diese bleibt das Wagnis der Praxis, die bestenfalls durch einen fortwährenden theoretischen Reflexionsprozeß gestützt werden kann. Damit ist die hohe Zeit der Reduktion des Denkens vorüber. Angemessen scheint eine *De-Reduktion*: Computer und Programme mögen als vielseitige Werkzeuge und Medien in der Arbeitswelt und im Alltag dienen.

49 W. Volpert, "Kontrastive Analyse des Verhältnisses von Mensch und Rechner als Grundlage des System-Designs", *Zeitschrift für Arbeitswissenschaft*, 1987, 147-152.

50 F. Nake, "Informatik und die Maschinisierung von Kopfarbeit", in: Coy et al. (Hrsg.), *Sichtweisen der Informatik*, Braunschweig/Wiesbaden 1992, 181-201.

Zur Konstitution der Informatik als Wissenschaft

Peter Janich

Einleitung

Die Frage, was die Informatik als Wissenschaft konstituiere, eröffnet eine Alternative: Entweder man unterstellt einfach, die Informatik sei eine Wissenschaft, um dann analysierend und beschreibend zu fragen, was sie als solche konstituiert hat. Oder man fragt anhand sogenannter alter, gut etablierter Fachdisziplinen, was überlicherweise eine Wissenschaft konstituiere, um dann kritisch bei der Informatik nachzusehen, ob sie dieselben oder ähnliche Konstituenten aufzuweisen habe.

Bevor diese Alternative zu entscheiden ist, eine zweite Vorbemerkung: Aus dem weiten Bedeutungsfeld des Wortes "Wissenschaft" ragen zwei Bedeutungen besonders hervor: Einmal meint man mit "Wissenschaft", vor allem in der adjektivischen Form "wissenschaftlich" und dem daraus abgeleiteten Substantiv "Wissenschaftlichkeit", eine besondere Form von Wissen, einen besonderen Geltungsanspruch, kurz, das, was der Wissenschaftstheoretiker analysierend, rekonstruierend oder normierend an besonderen Rationalitätsnormen bei den Wissenschaften herauszuarbeiten versucht. Die andere Wortbedeutung von Wissenschaft meint diese als Institution, als Praxis von Forschung, Lehre und Anwendung, als Beruf.

Ohne Frage ist die Informatik im letzteren Sinne eine Wissenschaft. Es gibt Institute und Fachbereiche, Studiengänge und Lehrbücher für Informatik, und es gibt mehrere Berufe vom Programmierer bis zum Theoretischen Informatiker. Hier bliebe nur eine für den Philosophen wenig attraktive Aufgabe, nachzuzeichnen, wie es der Informatik gelungen ist, innerhalb ganz weniger Jahrzehnte in den Kanon der Universitätsfächer aufgenommen und als Fach etabliert worden zu sein.

Von ganz anderer Art und keineswegs trivial ist die Frage, was denn die Wissenschaftlichkeit der Informatik ausmache – und damit ist die Entscheidung für die eingangs genannte Alternative getroffen: Im folgenden soll es darum gehen, welche besonderen Ansprüche auf Geltung im Hinblick auf welche besonderen Wissensbestände die Informatik, wie sie heute vorfindlich ist, erheben kann, was ihre spezifischen Gegenstände und Methoden sind, und welchen Zwecken sie mit welchen Mitteln nachgeht.

Damit ist zugleich die Gliederung des Folgenden vorgegeben: In einem ersten Teil wird es darum gehen, zu erörtern, was üblicherweise eine Wissenschaft konstituiert. Im zweiten Teil muß es darum gehen, nachzusehen, inwieweit die Informatik diesem Vergleich mit üblichen Fächern standhält; dies wird zu einigen philosophischen Vorbehalten führen, so daß noch ein dritter Teil erforderlich wird; in ihm soll eine Skizze darstellen, wie die im zweiten Teil diagnostizierten Defizite zu beheben sind.

1 Was konstituiert eine Wissenschaft?

Wissenschaften kommen nicht dadurch in die Welt, daß sich ein Genie dazu entschließt, eine solche zu erfinden und zu etablieren. Wissenschaften entwickeln sich vielmehr allmählich aus Praxisbereichen des täglichen Lebens heraus durch einen Prozeß, der hier "Hochstilisierung" heißen soll. Es ist offensichtlich, daß sich bestimmte lebensweltliche Praxen historisch zu einem Reifegrad entwickeln, der Verwissenschaftlichung ermöglicht und erfordert. Erläutern möchte ich hierzu, was ich unter "lebensweltlichen Praxen" verstehe, und worin des näheren die "Hochstilisierung" dieser Praxen zu einer Wissenschaft besteht.

Mit "Praxis" ist zunächst der Hinweis auf menschliche Handlungen gegeben. Das Wort Praxis soll hier aber zusätzlich bedeuten, daß es sich um tatsächlich praktizierte, also gut etablierte Praxen handelt, mit anderen Worten, um Handlungsbereiche, an denen sich viele Menschen über eine längere Zeit beteiligen. Besonders einschlägige Beispiele hierfür wären etwa Handwerke oder Künste. In ihnen bilden sich bestimmte Handlungsweisen aus, sowie Traditionen, diese Handlungsweisen zu lehren und zu lernen. Spezifische Wörter oder Sprachstücke gehören dazu ebenso wie spezifische sprachfreie Handlungen. Es versteht sich außerdem von selbst, daß diese Form von Etabliertheit einer Praxis als Indiz für ihre gesellschaftliche Anerkennung genommen werden darf.

Mit dem Wort "lebensweltlich", auf dessen Anspielungen auf W. Dilthey und E. Husserl ich hier nicht näher eingehen möchte, soll ein zweiter wichtiger Punkt angedeutet werden: Die lebensweltlichen Praxen sind etabliert, weil sie etablierte Weisen sind, Bedürfnissen zu genügen. Das heißt, die als Praxis etablierten Handlungsweisen sind Teile der Lebensbewältigung, d.h. unter anderem der Erfüllung von Primärbedürfnissen, und allgemeiner, sie sind Praxen der Befriedigung faktisch anerkannter Bedürfnisse.

Sofern es, wie im folgenden dargelegt wird, zutrifft, daß sich Wissenschaften aus lebensweltlichen Praxen in diesem Sinne heraus entwickeln, haben sie ihren "Sitz im Leben", wenn hier dieser aus der Theologie stammende Ausdruck gestattet ist. Das heißt, alles, was sich als Wissenschaft aus bestimmten lebensweltlichen Praxen heraus entwickelt hat, hat seinen Anfang in menschlichen Bedürfnissen und in etablierten Fähigkeiten von Menschen, diesen Bedürfnissen durch ihre Handlungen gerecht zu werden. Es wird also immer die Frage zu beantworten sein, wer was zu welchem Zwecke tut – mit dem Zusatz, daß es nicht um Einzelhandlungen von herausragenden Individuen geht, sondern um etablierte Handlungsweisen, die von vielen Menschen übernommen sind.

Was aber ist dann, und zu welchem Zweck wird eine "Hochstilisierung" dieser Praxen vollzogen? Betrachten wir ein Beispiel!

Bekanntlich hängt der historische wie systematische Anfang einiger Wissenschaften eng zusammen mit dem Übergang von qualitativen zu quantitativen Betrachtungsweisen und mit der Einführung der Meßkunst. So beginnt etwa die klassische Physik, sich aus der theoretisch-dogmatischen Tradition des Aristotelismus zu befreien und neu als Wissenschaft zu etablieren, indem die Messung in naturwissenschaftliche Beobachtungen eingeführt wird. Nicht zuletzt durch Messungen beginnt das Experiment, sich vom bloßen Herumprobieren zu unterscheiden.

Es hat jedoch lange, bevor Meßkunst zu wissenschaftlichen Zwecken praktiziert wurde, lebensweltliche Meßkünste gegeben, und zwar gerade derjenigen Parameter, die dann in den Naturwissenschaften eine tragende Rolle spielen sollten. Messungen der Länge, der Zeitdauer, des Gewichts, der Dichte, der Temperatur und anderer Größen waren zu technisch praktischen Zwecken längst feste Tradition geworden, bevor das spezifisch physikalische Interesse der Klassischen Mechanik im 17. Jahrhundert erwachte. Was ist dann der spezifische Unterschied zwischen lebensweltlicher Meßpraxis und wissenschaftlicher Meßkunst?

Die lebensweltliche Meßkunst ist stets regional, während die wissenschaftliche auf globale Ansprüche eingeht. Das heißt, der Schreiner, der Schneider, der Feinmechaniker und der Navigator als vier Vertreter jeweils eines Handwerks verfügen über eine für ihren Anwendungsbereich und ihre Zwecke entwickelte Meßkunst und die dazugehörigen Verfahren und fachsprachlichen Bezeichnungen. Besonderen, philosophisch zu explizierenden Geltungsansprüchen brauchen die Meßresultate dieser Handwerker nicht zu genügen; ihre praktische und regionale Zweckmäßigkeit ist hinreichend.

Die wissenschaftlichen Meßkünste dagegen erheben einen weiteren, einen globalen Anspruch: Zum einen sollen sie Meßdaten liefern, die sich mit universellen Begriffen fassen lassen. Wenn etwa ein Astronom Entfernungsangaben von Himmelskörpern macht und, gleichfalls im Rahmen seiner Kompetenz, Aussagen über die Abmessungen von Linsen und Spiegeln in seinen Fernrohren, verwendet er denselben Längenbegriff. Es ist also keineswegs der Fall, daß etwa in den modernen Naturwissenschaften die Vielfalt der für bestimmte technische Zwecke entwickelten Meßkünste aufgegeben würde – auch heute mißt man noch im Mikrobereich, im Laborbereich und im Makrobereich, und dann wieder in verschiedenen naturwissenschaftlichen Teildisziplinen, z.B.

die Länge in höchst verschiedenen Verfahren. Aber diese Messungen sind durchgängig mit dem Anspruch belegt, geeignete Verfahren zur Lieferung von Meßdaten eines und desselben über den gesamten Größen- und Anwendungsbereich laufenden Längenbegriffs zu sein.

Doch nicht nur die Universalisierung zu einem global anwendbaren Begriff, also die terminologisch-sprachliche Seite ist für die Hochstilisierung der Meßpraxis zur wissenschaftlichen erheblich. Es kommt hinzu, daß in den lebensweltlichen Praxen bewährte Regeln für sprachfreie Handlungen etabliert sind und tradiert werden, wie dies z.B. in der Ausbildung zum Fachhandwerker geschieht. In den Wissenschaften dagegen tritt an die Stelle bewährter Regeln die Ausbildung von Methoden (als dem griechischen Wort für Handlungweisen), die ebenfalls (d.h. wie die Terminologie) universellen Anforderungen genügen müssen. Das heißt, sie müssen z.B. personenunabhängig und situationsunabhängig wiederholbar sein. Während in Handwerken und Künsten die Personenabhängigkeit nicht schadet, ja gerade für hervorragende Leistungen typisch bleibt, würde die Anbindung wissenschaftlicher Methoden etwa an charismatische Einzelpersonen gegen das etablierte Verständnis von Wissenschaftlichkeit verstoßen.

Die Universalisierung der Handwerkerregeln zu wissenschaftlichen Methoden muß, dies läßt sich bis in Lehrbücher der Einzelwissenschaften hinein belegen, in dem Sinne diskursfähig sein, als in Diskursen die Zweckmäßigkeit dieser Methoden im Hinblick auf die Zwecke ihrer Anwendung explizit begründbar sein muß.

Mit anderen Worten, in sprachlicher wie nicht-sprachlicher Hinsicht besteht die Hochstilisierung lebensweltlicher Praxen zu Wissenschaften in einer Universalisierung von Begriffsbildung und Methodenbildung. Wissenschaften sind, im Unterschied zu lebensweltlichen Praxen, "theoriefähig" und "philosophiefähig".

Mit "Theoriefähigkeit" ist gemeint, daß eine Begriffsbildung einsetzt, die – zumindest dem Anspruch nach – auf konsistente Terminologien in einem durch logisch explizite Beziehungen gestifteten Begriffssystem führt. Es ist also nicht schon der Umstand einer allgemeinen Lehr- und Lernbarkeit einer Fachsprache, die durchaus auch für die Spezialistensprache in Künsten und Handwerken gegeben ist, sondern es ist der Anspruch auf ausweisbare logische Konsistenz und Explizitheit einer Fachsprache, die für die Wissenschaften beansprucht wird.

Analog wird das Kriterium der "Philosophiefähigkeit" der Methoden im Unterschied zu den Handwerkerregeln nicht einfach schon durch die praktische Bewährung von Handlungsweisen erfüllt, sondern erst durch ihre in einem metasprachlichen Diskurs ausweisbare Zweckmäßigkeit. Man sieht, daß es dazu sowohl der ausdrücklichen Formulierung von Zwecken als auch der terminologisch hinreichend scharfen Beschreibung der entsprechenden Handlungsweisen bedarf. Und ersichtlich werden so Geltungskriterien für

Theorien formuliert, während der Handwerker solcher Geltungskriterien schlichtweg nicht bedarf. Auch dies kann ein einfaches Beispiel zeigen:

Der Maurerpolier braucht keinen Diskurs über die Befolgung seiner Regeln zu bestehen, nach denen er mit Hilfe eines Schnurgerüstes den Plan des Architekten in das Fundament des neuen Hauses umsetzt. Der messende Physiker dagegen muß für seine Meßverfahren im Zweifelsfalle begründen können, inwiefern diese Methoden, z.B. über die normative Festlegung von Meßgeräteeigenschaften, genau die logischen Strukturen der Meßresultate zur Folge haben, die gegeben sein müssen, damit dann Berechnungen innerhalb der Theorie aufgrund von Meßresultaten legitim sind. Jeder Wissenschaftler ist deshalb ja notgedrungen zugleich immer ein Wissenschaftstheoretiker seines Faches, was nicht zuletzt daran ersichtlich wird, daß kein Lehrbuch eines wissenschaftlichen Faches allein objektsprachliche Aussagen oder Definitionen enthält, sondern immer auch metasprachliche, z.B. methodologische. Die Hochstilisierung lebensweltlicher Praxen zu Wissenschaften läßt sich also dadurch fassen, daß zu den inhaltlichen Zwecken dieser Praxen ein neues Reich von Zwecken hinzutritt, die wissenschaftskonstitutiv sind und die transsubjektive Nachvollziehbarkeit wissenschaftlicher Resultate (im Unterschied zu den situationsgebunden brauchbaren Produkten eines Handwerks) sicherstellen.

Diese Überlegungen gelten keineswegs, wie die gewählten Beispiele vielleicht suggerieren mögen, nur für Naturwissenschaften. Selbstverständlich ist dort besonders greifbar, daß z.B. die Wissenschaft Chemie durch Verwissenschaftlichung, also Hochstilisierung einer lebensweltlichen Praxis entsteht, in der Handlungsvermögen und Wissensbestände des Gerbens und Färbens, der Nahrungs- und Heilmittelzubereitung und Konservierung, des Metallscheidens und Legierungenmischens lange etabliert war. Analog geht einer Wissenschaft Biologie das reiche lebensweltliche Wissen der Jäger und Sammler, der Pflanzen- und Tierzüchter, der Metzger, Bader und Heilkundigen, der bäuerlichen ökologischen Praxis und der Berichterstattung über Naturereignisse voraus. Aber auch eine prominente Geisteswissenschaft wie die Geschichte wäre weder systematisch noch historisch denkbar, hätte es nicht die Praxis des Geschichtenerzählens, dann die Form der historischen Berichte wie bei Herodot und Plinius gegeben, an die sich Normen zur Hochstilisierung geschichtswissenschaftlichen Berichtens hätten richten können. Schließlich geht auch in einer Idealwissenschaft wie der Mathematik die Praxis des Zählens und des Rechnens, in der Geometrie die Praxis des Zeichnens und Konstruierens (z.B. von Ornamenten), ja sogar die Herstellung von Zeichenebene und Zeichengeräten, einer Wissenschaft Mathematik voraus.

Abschließend sei darauf verwiesen, daß Verfahren der Begriffsbildung sowie sprachfreie Methoden von Wissenschaften, die dem erwähnten zusätzlichen Reich der "methodologischen" Zwecke als Mittel dienen, ihrerseits Weisen des Handelns sind, hier selbstverständlich Weisen des Wissenschaftlerhandelns. Die hier vorgetragene Betrachtungsweise stellt also darauf ab, daß Wissenschaft Handeln nach Zwecken ist und dadurch in die Welt kommt, daß ihrerseits zweckrational bewährte, auf menschliche Bedürfnisse abgestellte lebensweltliche Praxen wiederum durch zweckmäßige Handlungen, hier nun von Wissenschaftlern, fortgesetzt werden, die zur Stützung, Effektivierung oder Verbesserung lebensweltlicher Errungenschaften dienen. Wissenschaft ist kein Selbstzweck, sondern nur zweckmäßig relativ zur Verbesserung lebensweltlicher Fertigkeiten und Fähigkeiten. Diese bilden, auf der jeweiligen Höhe von Zivilisation und Kultur, auf der ein Mensch in sie hineinwächst, für jeden Menschen in seiner lebensweltlichen Praxis den ganz normalen Standpunkt des täglichen Lebens. Den Wissenschaften zu attestieren, sie hätten immer einen "Sitz im Leben", heißt deshalb, nicht nur auf ihre historischen Entstehungsbedingungen zu verweisen, sondern sich klarzumachen, daß auch hoch entwickelte Wissenschaften immer von Menschen getrieben werden, die die Fähigkeit dazu als eine Ausbildung von Fertigkeiten und Fähigkeiten erwerben, die sie zunächst einmal als lebenspraktische schon mitbringen müssen, ohne daß dafür noch einmal metatheoretische Begründungen oder Rechtfertigungen gegeben werden.

In der Rolle des Wissenschaftlers treibt dann der lebensweltlich einschlägig und hinreichend kompetente Mensch diese Fertigkeiten und Fähigkeiten zu spezifisch wissenschaftlichen Handlungsweisen voran, die im Blick auf methodologische Zwecke diskursfähig, also zu begründen und zu rechtfertigen sind.

2 Was konstituiert die Informatik?

2.0 Terminologische Vorbemerkung

Wenn im folgenden von "Informatik" die Rede ist, soll alles darunter verstanden sein, was von denen als ihre berufliche Tätigkeit bezeichnet wird, die sich selbst Informatiker nennen. Mit anderen Worten, es bleibt ganz den Informatikern überlassen, eine Abgrenzung vorzuschlagen, da es mir darum geht, über die "Informatik der Informatiker" zu sprechen und nicht über eine philosophische Fiktion dieses Faches. Andererseits zögert man, die "Definitionshoheit" den Informatikern so einfach zu überlassen, weil sie bisher wenig gelungene Beiträge zur Ausfüllung dieses Rechts vorweisen können. Zwar gibt es Erläuterungen dessen, was die Informatik sei, in Hülle und Fülle. Aber diese erfüllen nicht einmal elementare Bedingungen des Definierens. (Wir werden unten noch einmal darauf zurückkommen, wo es um das Wort "Information" als Wurzel der Fachbezeichnung Informatik geht.)

Gerade die Frage nach der Konstitution von Informatik als Wissenschaft kann so verstanden und soll hier so beantwortet werden, daß daraus ein Beitrag zur Klärung dieser Fachbezeichnung erwächst.

2.1 Drei lebensweltliche Praxen

Ausgehend von Lehrbuchwissen der heutigen Informatik der Informatiker sind drei Bereiche lebensweltlicher Praxis auszumachen, die – über einen noch zu besprechenden Zwischenschritt – in ihr verwissenschaftlicht worden sind: (1) Kommunizieren, (2) Führen und (3) Rechnen. Exemplare des Kommunizierens sind jede Form des Gesprächs zwischen Menschen, im prototypischen Fall zwischen zwei Gesprächspartnern, die in wechselnder Rede und Gegenrede sich austauschen. Sodann gehören alle Formen gesprochener Sprache dazu, die von einer Person an die Adresse vieler Menschen gerichtet wird (wie z.B. im Theater oder im Unterricht), sodann die Sprache der Gesten und der Mimik, und vieles mehr. Zu denken ist auch exemplarisch an den Erwerb der Kommunikationsfähigkeit im Kindesalter, in dem, eingebettet in tägliche Lebenspraxis, Reden in allen Formen etwa des Fragens, Behauptens, Aufforderns, der performativen Sprechakte und anderer sprachlicher Betätigungen erworben wird.

Exemplare des Führens sind das Führen eines Tieres oder einer Tierherde, das Lenken eines Wagens oder eines Bootes, oder auch das Aufrechterhalten eines Vorganges wie z.B. das Hüten eines Feuers unter der Maßgabe, daß es weder erlöschen noch zu viel Brennmaterial verbrauchen darf. Sogar die Aufrechterhaltung des Ganges einer Wasseruhr durch einen mittelalterlichen Uhrenmönch würde hierher gehören.

Exemplare des Rechnens sind die bekannten im Schulkindalter erworbenen Fähigkeiten des Zusammenzählens und Abziehens sowie aller Rechenarten, die sich im Aufbau der Mathematik daraus konstruieren lassen.

Die drei bisher nur exemplarisch bestimmten Bereiche alltäglicher Praxis sind so ausgewählt, daß sie zunächst ohne jedes technische Hilfsmittel bewältigt werden können. Es ist aber wichtig zu sehen, daß auch ohne jedes technische Hilfsmittel für jeden dieser Praxisbereiche bereits Kriterien etabliert sind, nach denen die Handlungen des Kommunizierens, Führens und Rechnens als gelungen bzw. mißlungen beurteilt werden können. Man braucht z.B. im Bereich des Kommunizierens noch nicht einmal die Verschriftlichung von gesprochener Sprache, damit unterschiedliche Gelingensbedingungen wie Verständlichkeit, Wahrhaftigkeit des Sprechers, Gutwilligkeit des Hörers und schließlich Geltung des Gesagten bei den Behauptungen, das Befolgen oder Mißachten bei Geboten, die Beantwortung oder Verweigerung bei Fragen und die Anerkennung oder Ablehnung bei Performationen beurteilt werden können. Auch bei den Handlungen des Führens versteht es sich von selbst, daß das Lenken eines Vorgangs in ein Ziel oder aber die Aufrechterhaltung eines Vorgangs nach Zwecken erfolgt, die der Führende setzt und mit seinen Handlungen verfolgt, so daß Erfolg oder Mißerfolg seiner Handlungen eben am Erreichen oder Verfehlen dieses jeweiligen Zwecks erkannt werden können. Schließlich ist auch für die Handlungen des Rechnens die Unterscheidung von

Gelingen und Mißlingen durch Kriterien etabliert, die von der rechten Verwendung der Zahlwörter bis zur regelgerechten Anwendung von Rechenvorschriften die Unterscheidung richtiger von falschen Rechenergebnissen ermöglichen.

Schon Jahrtausende vor dem Beginn neuzeitlicher Wissenschaft haben sich für diese drei Praxisbereiche technische Hilfsmittel herausgebildet. Für das Kommunzieren ist bereits eines genannt worden, nämlich die Erfindung der Schrift, wobei hier von "technischen Hilfsmitteln" in dem Sinne gesprochen wird, als durch sprachfreies, poietisches Handeln Artefakte geschaffen werden, hier also die geschriebenen Texte, die in der Praxis des Kommunizierens bestimmte Aufgaben zu übernehmen haben. Schriftstücke dienen bekanntlich dazu, Kommunikate durch Raum und Zeit zu transportieren. Das heißt, wo technische Hilfsmittel durch die ihnen zugrunde liegenden Aufgaben definiert werden, handelt es sich genauer um Substitute menschlicher Handlungen. Wo der Bote, der die Botschaft aus dem Kopf weitergibt, oder der Geschichtenerzähler Kommunikate durch Raum und Zeit transportieren, wird beim geschriebenen Text an die Stelle dieser menschlichen Handlungsfähigkeit ein künstliches Produkt gesetzt. Dieses ist genau dadurch definiert, daß es leistungsgleich mit bestimmten menschlichen Handlungen, hier des Boten oder Geschichtenerzählers, funktioniert.

Da in der vortechnischen Kommunikation die Bedingungen des Gelingens und Mißlingens unterschiedlicher Kommunikationsformen bereits eingeübt sind, ist Leistungsgleichheit menschlicher Handlungen und technischer Substitute von seinen Kriterien her bereits entscheidbar.

Die elementaren Beispiele meiner Rekonstruktion finden, wie allgemein bekannt, in der Kulturgeschichte vielfältige Fortsetzung und Höherentwicklung, z.B. in der Erfindung von Geheim- und Abkürzungssprachen oder Symbolsprachen, von der Kommunikation mit Tam-Tam-Trommeln bis zur Erfindung des Morse-Alphabets. Man darf deshalb behaupten, daß lange vor Entstehung einschlägiger Wissenschaften eine Nachrichtentechnik in Gang gekommen ist, die dadurch definiert ist, daß partielle technische Substitutionen menschlicher Kommunikationsleistungen etabliert wurden, die leistungsgleich mit menschlichen Handlungsfähigkeiten sind.

Auch für die Kunst des Führens haben sich Techniken etabliert, die den Menschen lästige Mühen abnehmen – in Analogie zum Ersatz körperlicher Arbeit durch Maschinen. Dabei ist es nicht erst der berühmte Fliehkraftregler der Wattschen Dampfmaschine, der eine Homöostase technisch ermöglicht. Schon an den Wasseruhren der griechischen Antike finden sich Regelmechanismen, schon der Bau von Segelbooten oder die Klimatisierung von Räumen durch eine ortsgebundene Architektur sind Beispiele gelingender Führungstechnik. (Die übliche Terminologie von Steuerung und Regelung ist hier absichtsvoll weitgehend vermieden, um sich nicht durch gedankenlose Übernahme einer heute eingefahrenen Terminologie schon auf ein reduziertes Verständnis von Regelung und Kybernetik einzulassen.)

Schließlich ist auch für die Praxis des Rechnens die Erfindung technischer Hilfsmittel bis in den Anfang der Entstehung der Hochkulturen zurückzuverfolgen. Schon die Erfindung von Zählzeichen als Substitution der Zuhilfenahme der eigenen Finger für das Rechnen markieren den Anfang technischer Hilfsmittel. In japanischen und chinesischen Verwendungsweisen des Abakus, in denen die Eingabe einer Rechnung durch Verschieben von Perlen und die Ausgabe des Resultats durch das Ablesen ihrer Stellung erfolgen, ist die Handlung des Addierens oder Subtrahierens, die der Rechnende im Kopf vollzieht, durch die Bewegung der Abakus-Perlen technisch substituiert. Wieder gilt, daß die Leistungsgleichheit des mechanisch-technischen Substituts menschlicher Handlungsvermögen allein dadurch beurteilt wird, daß vortechnisch schon die Kriterien von Erfolg und Mißerfolg des Rechnens, kurz die arithmetischen Wahrheitskriterien, festliegen. Dies gilt von den elementarsten Beispielen der Rechensteinchen bis zum modernsten, als Rechenmaschine benutzten Computer.

Zusammenfassend läßt sich für die drei genannten Praxisbereiche also behaupten: In ihnen hat sich eine Ingenieurskunst etabliert, bestimmte menschliche Handlungsfähigkeiten technisch zu substituieren. Daß von einem technischen Substitut von menschlichen Handlungsfähigkeiten überhaupt gesprochen werden darf, liegt daran, daß die technischen Hilfsmittel am Kriterium der Leistungsgleichheit zumindest intuitiv beurteilt werden – sofern man nur die nachträgliche Analyse im Auge hat. Selbstverständlich aber mußten ja die Erfinder eines jeglichen technischen Hilfsmittels immer im vorhinein wissen, wonach sie suchten bzw. was sie entwickelten. Das heißt, ein zumindest intuitives Begreifen lebensweltlicher Praxis nach einer Zweck-Mittel-Rationalität und den durch die Mittel erfüllten Bedürfnissen ist konstitutive Bedingung für die Entstehung entsprechender Techniken.

2.2 Hochstilisierung zur Informatik

Im nächsten Schritt ist zu fragen, worin dann die Hochstilisierung dieser technisierten Praxisbereiche zu einer Wissenschaft Informatik besteht. Bevor dies aber geschieht, ist die naheliegende Frage zu beantworten: Was haben die drei Praxisbereiche überhaupt miteinander zu tun, und was ist die sie zur konstitutiven Grundlage der Informatik verbindende Klammer? Reichen die drei genannten Bereiche hin, oder müssen weitere lebensweltliche Praxen ins Auge gefaßt werden? Ist die Darstellung der Konstituenten der Informatik, wie sie bisher gegeben wurde, begründet, oder besteht sie aus einer unbegründeten, letztlich beliebigen Aufzählung?

Hier ist zunächst einmal festzustellen, daß schon die vortechnischen Praxen des Kommunizierens, des Führens und des Rechnens im hier erläuterten Sinne so gut wie nichts miteinander zu tun haben. Jede dieser drei lebensweltlichen Praxen ist unabhängig von den beiden anderen sinnvoll, erlernbar und etabliert. Wie kommt es dann, daß gerade diese sich als Nachrichten- und Informationstechnik, als Steuer- und Regelungstechnik sowie als Technik der Rechenmaschinen wiederfinden als Gegenstände einer Wissenschaft Informatik?

Was keine logische oder systematische Erklärung hat, kann nur historisch erklärt werden. Man vergegenwärtige sich z.B. die Entstehung der sogenannten Kybernetik anhand des gleichnamigen Buches von Norbert Wiener,[1] um zu sehen, daß es eine Fülle historischer, persönlicher und institutioneller Zufälligkeiten war, wenn im Bereich ganz bestimmter technischer Entwicklungsaufgaben wie z.B. der Steuerung von Flugabwehrgeschützen oder Raketen oder der nachrichtentechnischen Aufgabe der Optimierung von Nachrichtenkanälen (wie bei C. Shannon und W. Weaver[2]) verschiedene Kompetenzen, Fächer und Techniken ins Spiel kamen. So läßt sich noch mit einer gewissen Plausibilität ersehen, daß bei der Vorausberechnung der Flugbahn eines abzuschießenden Flugzeugs in der Tat gerechnet, und zwar schnell gerechnet werden muß, und daß damit die Technik des Führens und die Technik des maschinellen Rechnens zusammengefaßt werden – ein anderes einschlägiges Beispiel wäre die Steuer- und Regelungstechnik bei modernen Autos, wo z.B. die Härte von Federung und Servolenkung in Abhängigkeit von Parametern wie Motor- und Raddrehzahl errechnet wird. Aber es muß eine große methodologische Sorglosigkeit, ja manchmal (wie im Falle N. Wieners) sogar ein hemmungsloser Dogmatismus hinzukommen, um menschliche Kommunikationsleistungen gleich unter dem Blickwinkel technischer Substitution durch Rechenmaschinen zu sehen. Die Probleme, die sich auftun, wenn die drei Techniken der genannten lebensweltlichen Praxen unter eine Theorie gefaßt werden sollen, sind jedenfalls immens und ungelöst und werden heute de facto dadurch verdeckt, daß sich als scheinbare Klammer ein Modewort etabliert hat, das der Informatik auch ihren Namen gibt: "Information".

Es gehört heute zum Standardrepertoire ingenieurswissenschaftlicher, technikphilosophischer, leider auch wissenschafts- und erkenntnistheoretischer Äußerungen, der Technik generell die Aufgabe zuzuweisen, Transformation von Stoff, Energie und Information zu leisten. Gerne wird hier auch N. Wiener zitiert, wonach Information Information sei, nicht Stoff oder Energie.[3]

1 N. Wiener, *Kybernetik, Regelung und Nachrichtenübertragung im Lebewesen und in der Maschine*, 2. Aufl.Düsseldorf/Wien 1963.

2 C. Shannon, W. Weaver, *The mathematical theory of communication*, Urbane/Chicago/London 1972.

3 N. Wiener, *Cybernetics, or Control and Communication in the Animal and the Machine*, New York 1948, 155.

Informatik wird von zahllosen Lehrbüchern der Informatik, von populären bis wissenschaftlichen Darstellungen der Computertechnik und schließlich allgemein, von Enzyklopädien bis zu Fachlexika der Informatik als Wissenschaft von der systematischen Verarbeitung von Information bezeichnet. Information ist längst ein Schlüsselbegriff in der Psychologie, der Physiologie, der Neurobiologie, allgemein, der Erforschung organismischer Verhaltens- und Erkenntnisleistungen sowie aller technischer Substitute geworden. Und doch läßt sich, sogar ohne erhebliches Risiko, für die gesamte wissenschaftliche und philosophische Debatte behaupten, daß es keine logisch und definitionstheoretisch geschweige denn erkenntnistheoretisch befriedigende Definition von "Information" gibt. (Eine These dieser Universalität läßt sich deshalb riskieren, weil es – historisch kontingent – zur Mode geworden ist, in den Wissenschaften auf die Definition von Grundbegriffen zu verzichten.) So können sich auch, freilich konsequenzenlos, Minderheitenmeinungen äußern wie die von F. J. Varela, der "Information" das Phlogiston des 20. Jahrhunderts nennt.

In unserem Kontext ist freilich das Fehlen eines tragfähigen Informationsbegriffs ein Dilemma: Es sollte Wissenschaftlichkeit ja gerade durch Hochstilisierung im Sinne der Universalisierung regionaler Fachsprachen zu einer wissenschaftlichen Terminologie gewonnen werden. Also taugt der Informationsbegriff wenig, eine Klammer für die drei genannten Techniken zur Substitution lebensweltlicher Praxen zu leisten.[4]

Es bleibt also zu diagnostizieren, daß sich zwar Bereiche der technischen Substitution menschlicher Leistungen in drei lebensweltlichen Praxen nennen lassen, mit denen der Informatiker in vielfacher Weise als Fachmann umgeht, aber die Hochstilisierung zu einer Wissenschaft mit angebbaren methodologischen Zwecken und Mitteln darf einstweilen bezweifelt werden. Dabei geht es nicht um die wissenschaftstheoretische Kontroverse zwischen "Analytikern"

4 Bei der Diskussion dieser Thesen während des Dagstuhl-Seminars haben, soweit ich sehe, vor allem die Informatiker so reagiert, daß sie mir eine starke Überbewertung der Rolle des Informationsbegriffs, und in diesem Sinne sogar mangelnde Kompetenz in Sachen Informatik vorhielten, da die Informatik heute zutreffender als "Computer Science" oder "Computational Science" bezeichnet würde und gleichsam nur eine theoretische Folgedisziplin des historischen Faktums sei, daß Computer existieren. Mir erscheint diese Reaktion erstens als Eskapismus, wie er auch zu beobachten ist, wenn Chemikern Definitionsmängel bezüglich des Stoff- oder Elementenbegriffs, Biologen Definitionsmängel bezüglich ihres Organismusbegriffes oder Physikern Definitionsmängel bezüglich ihres Zeitbegriffes, ihres Naturbegriffs oder ihres Erfahrungsbegriffs vorgehalten werden. Es ist nicht zu übersehen, daß große Teile der Fachsprache dieser Disziplinen wegbrechen würden, müßten ihre Vertreter auf diese zentralen "Begriffe" verzichten – von der Rolle des Informationsbegriffs und der in der Öffentlichkeit damit einhergehenden Unterstellung, der Informatiker sei kompetent für alles, was mit Informationsverarbeitung zu tun habe, ganz zu schweigen! Zweitens übersieht diese Reaktion, daß auch für eine 'Computer Science' nach ihrer Konstitution als Wissenschaft zu fragen ist.

und "Konstruktivisten", wo die einen in "holistischen" Verständnissen von Theorien undefinierte Terme zulassen und die anderen eine explizite definitorische Rückführung auf operational bestimmte Grundbegriffe postulieren. Die Informatik hat keine Theorie oder Theorien, relativ zu denen "Information" ein theoretischer Term wäre.

Eine zweite, in der Diskussion dieses Vortrags aufgeworfene Frage soll hier ebenfalls beantwortet werden: Müssen nicht weitere lebensweltliche Praxen in die Aufzählung der Konstituenten von Informatik aufgenommen werden, insbesondere die dem Informatiker so vertraute Praxis des Programmierens? Die Frage ist deshalb zu verneinen, weil jede auch noch so elementare Form von Programmieren, die diese Bezeichnung verdient, eine Praxis ist, die sich an die hier genannten methodisch anschließt, d.h., die überhaupt nicht entstehen könnte, wären nicht die drei hier genannten bereits etabliert und durch technische Hilfsmittel partiell substituiert. Die Klärung der Konstitution einer Wissenschaft darf keine methodischen Zirkel enthalten, die durchläuft, wer zur Grundlage einer Praxis erklärt, was erst als Folge dieser Praxis möglich ist.

2.3 Konstruktion als Konstitution: Was ist der Gegenstand der Informatik?

Die Uferlosigkeit des Sprachgebrauchs bezüglich "Information" und aller Bezeichnungen, die sich in angeblichen definitorischen Abgrenzungen dieses Wortes bedienen, ließe aus erkenntnistheoretischer Sicht den Rat befürworten, auf den Informationsbegriff gänzlich zu verzichten. Soweit ich es überblikken kann, müßte man auf keine anerkannten Wissensbereiche moderner Wissenschaft verzichten, falls dies geschähe. Allerdings dürfte eine solche Strategie völlig aussichtslos sein, bedenkt man die weite Verbreitung des Wortes Information auch in unserer wissenschaftsgeprägten Alltagssprache.

Es bleibt deshalb, soweit ich sehe, nur der eine rationale Ausweg, sich um eine Verwissenschaftlichung des Informationsbegriffs, also um eine Klärung seiner Definition unter Berücksichtigung der Bedingungen zu bemühen, die eine Wissenschaft konstituieren – also bis zum "Sitz im Leben" der Informatik zurückzugehen. Dies soll hier als Skizze versucht werden.

Es wird ja von niemandem geleugnet, daß die Techniken zur Substitution menschlicher Handlungsvermögen, die von der Informatik verwaltet und entwickelt werden, in vielfältiger Weise nützlich, effizient und bewahrenswert sind. Ließe sich nicht dann Informatik verstehen als die Ingenieurswissenschaft der drei Technikbereiche? Dies sei so verstanden: Unter Ingenieurs-"wissenschaft" ist die Kunst verstanden, theoretisch zu lehren, was der Ingenieur können muß, der in Ausübung seiner Kunst Maschinen konstruiert. Wo also der kompetente Mechaniker z.B. einen Automotor reparieren kann, kann ihn der Ingenieur konstruieren und der Ingenieurswissenschaftler kann allgemein, also zur Wissenschaftlichkeit hochstilisiert lehren, wie Verbrennungsmotoren konstruiert werden. Dann ließe sich Informatik verstehen als die Ingenieurswissenschaft, die Entwicklung von Techniken zur Substitution von Kommunikations-, Führungs- und Rechenleistungen zu entwickeln.

Ersichtlich tritt hier ein Problem auf, das diese Ingenieurswissenschaft unterscheidet von allen anderen, die etwa derzeit an technischen Hochschulen gelehrt werden. Es ist die Besonderheit der Funktionskriterien dieser Maschinen, die hier als "leistungsgleich" mit menschlichen Leistungen bezeichnet wurden. Der Informatiker muß, im Unterschied zu anderen Ingenieurswissenschaften, zusätzlich ein Reflexionswissenschaftler für die Beurteilung dieser Leistungsgleichheiten sein, die im Bereich der Kommunikationstechniken das Verständnis der Kommunikate, im Bereich der Führungsleistungen ein Verständnis der Zielerreichung und im Bereich der Rechenleistungen ein Verständnis mathematischer Richtigkeit umfaßt.

Die Reflexion letzterer, also der mathematischen Richtigkeit, mag weiterhin den Philosophen und Wissenschaftstheoretikern der Mathematik überlassen bleiben, da die Leistungen der Rechentechniken, also der Computer als Rechenmaschinen, im folgenden nur als technische Hilfsmittel für das Erbringen leistungsgleicher Substitute in den Bereichen des Kommunizierens und des Führens angesehen werden. Mit anderen Worten, es wird hier nicht weiter überlegt, welche Rolle der Informationsbegriff für eine Theorie der Rechenmaschinen spielen kann, da diese ohne ihn konstruiert, gebaut und betrieben werden können. Erst wo den zu Rechenzwecken vorhandenen Computern andere, dann gern "symbolisch" genannte Aufgaben zugewiesen werden, wird der Informationsbegriff einschlägig.

Ähnlich verhält es sich mit den Steuer- und Regelungstechniken: Um einen Regelmechanismus wie den Fliehkraftregler der Wattschen Dampfmaschine zu beschreiben, bedarf es keines Informationsbegriffs. Erst wo Regelvorgänge nicht mehr direkt, d.h. z.B. durch bestimmte Kraftkoppelungen an Komponenten einer Maschine bewerkstelligt werden, sondern durch "Erheben" von Meßdaten, die dann nach Verrechnung in einer Rechenmaschine zu steuernden Eingriffen in den Lauf der Maschine führen, kommt der Informationsbegriff ins Spiel. Dann wird nämlich der Rechner, der z.B. eine Produktionsstraße in der chemischen Industrie steuert, leistungsgleich mit einem Menschen eingesetzt, der bestimmte kognitive Fähigkeiten nützt, in den Lauf der Maschine einzugreifen.

Damit ist für die drei genannten lebensweltlichen Praxen noch einmal eine methodische Ordnung gestiftet: Bestimmte Rechenleistungen und bestimmte Leistungen des Führens lassen sich nach Analogie von Kommunikationsleistungen beschreiben, die ihrerseits bereits technisch substituiert sind. Damit fehlt nur noch die Lösung der Aufgabe, zu klären, wie im Bereich menschlicher Kommunikation von "Information" zu sprechen sei.

Selbstverständlich liegt der Anfang bei menschlichen Handlungen. Deshalb soll ein Handlungsprädikat "informieren" terminologisch eingeführt werden durch Beispiele, wonach "A informiert B, daß s" heißt, ein menschlicher Sprecher A äußert zu einem menschlichen Zuhörer B den sprachlichen Ausdruck s, der im Falle einer Behauptung eine Aussage ist, die einen Sachverhalt darstellt, im Falle einer Aufforderung ein Aufforderungssatz usw. Der Handlungsprädikator "informieren" bringt also nichts anderes zum Ausdruck, als daß zwei Menschen miteinander sprachlich kommunizieren, wobei es eine klare Rollenverteilung von Sprecher und Hörer gibt.

Wo technische Hilfsmittel ins Spiel kommen, man denke elementar z.B. an eine Korrespondenz, haben wir es dann mit einem Sender und einem Empfänger eines Briefes zu tun.

In der Fülle der Beispielfälle, die auf diese Weise als Informationshandlungen beschrieben werden können, sind wiederum viele vertraut, in denen spezielle Invarianzen lebenspraktisch eine große Rolle spielen: So verlangen wir z.B. lebenspraktisch bei Auskünften über gesetzliche Bestimmungen eine Sprecherinvarianz, d.h., es soll nicht davon abhängen, wer auf eine bestimmte Frage eine Auskunft gibt; die allgemeine Geltung gesetzlicher Bestimmungen und die Institutionen, solche den Betroffenen mitzuteilen, sollen gerade sicherstellen, daß es nicht die zufällige Wahl der auskunftgebenden Person ist, die einen Unterschied macht. Desgleichen verlangen wir im Sinne einer Gleichheit vor dem Gesetz, daß es nicht auf den Hörer ankommen soll, der als Adressat einer Informationshandlung auftritt – jeder soll dieselbe Auskunft erhalten. Schließlich kennen wir Fälle, in denen Darstellungsinvarianz gefordert ist – so soll es z.B. bei der Wahrheitsfindung vor Gericht anhand von Zeugenaussagen für die Rekonstruktion eines Unfalls oder eines Tathergangs nicht auf die Zufälligkeiten des sprachlichen Ausdrucks beim Zeugen ankommen.

Selbstverständlich kennt jeder erwachsene Sprecher einer natürlichen Sprache zahlreiche Fälle von Informationshandlungen, bei denen keine der drei Invarianzen gegeben ist. Wenn eine Person einer anderen sein Leid klagt oder seine Liebe eingesteht, ist weder Sprecher- noch Hörer- noch Darstellungsinvarianz gegeben. Es ist aber auch nicht zu sehen, daß für solche Fälle ein wissenschaftlicher Informationsbegriff oder eine informationstheoretische Bearbeitung menschlicher Kommunikation von irgendeinem Nutzen wäre.

In den Bereichen jedoch, in denen eine oder mehrere der genannten Invarianzen erwünscht, von Vorteil oder zweckmäßig sind, möge von "Information" die Rede sein. Das genaue definitorische Verfahren der Abstraktion des Terminus "Information" über "informationsgleich" (im Sinne einer oder mehrerer der drei Invarianzen) soll hier nicht vorgeführt werden. Es reicht anzumerken, daß das Definitionsverfahren dasselbe ist, das bei der Abstraktion von Zahlen aus Ziffern, von Sachverhalten aus Aussagen und von Begriffen aus Termini vorgesehen wird, wie es z.B. in der *Logischen Propädeutik* von W. Kamlah und P. Lorenzen erörtert ist.[5]

5 W. Kamlah, P. Lorenzen, *Logische Propädeutik*, 2. Aufl. Mannheim/Wien/Zürich 1973.

Zwei weitere Termini sollen noch rekonstruiert werden:

Von "Informationsverarbeitung" soll dann die Rede sein, wenn ein Rollentausch von Hörer und Sprecher stattfindet. Wenn z.B. eine Person A die Person B nach dem Weg zum Bahnhof fragt, und B dann Auskunft gibt, hat bei B ein Rollenwechsel vom Hörer zum Sprecher stattgefunden, zwischen dem eine menschliche Tätigkeit liegt, auf Veranlassung der Nachfrage eine Antwort, eben die Beschreibung des Wegs zum Bahnhof zu geben. Wo immer nun eine Maschine gebaut wird, die diese Leistung leistungsgleich mit einem Menschen erbringt – man denke z.B. an automatische Fahrplanauskünfte bei der Bahn –, haben wir es per definitionen mit Informationsverarbeitung zu tun.

Ersichtlich läßt sich dieser Rollenwechsel in einem metaphorischen Sinne auch an einer Maschine erkennen, die bei der "Eingabe" als Hörer, bei der "Ausgabe" als Sprecher anzusehen ist; und zwar nicht erst der Computer, sondern schon der Abakus und der Rechenschieber.

In diesem Bereich läßt sich dann auch sagen, was "Daten" sind und worin "Datenverarbeitung" besteht. "Daten" (von lateinisch dare, geben) sind primär Eingaben in Geräte, also alle durch unmittelbaren menschlichen Eingriff (zunächst vor allem manueller Art) gegebenen Systemzustände einer Maschine, also etwa die Anordnung der Perlen im Abakus, oder die in zeitlicher Reihenfolge geordneten Tastendrucke bei der Schreibmaschine oder beim Taschenrechner usw.; sekundär dann, in Anwendung der bisherigen operationalen Definitionen, auch die Ausgabedaten dieser Maschinen, also die abgelesenen Stellungen der Abakusperlen, die Anordnung der gedruckten Buchstaben auf dem Schreibmaschinenpapier, die Anzeige am Display beim Taschenrechner usw. "Datenverarbeitung" ist dann der technische oder maschinentheoretische Aspekt der Informationsverarbeitung. Informationen zu verarbeiten hatten wir als menschliche Handlung und Leistung beschrieben, die durch Datenverarbeitung technisch substituiert wird.

Ersichtlich ist, das zeigen schon die Beispiele, nicht nur schon die einfachste Rechenmaschine, sondern auch der einfachste Regler von der Art, daß sich der Rollentausch von Hörer und Sprecher in den technischen Substituten menschlicher Rechen- und Führungsleistungen wiederfinden lassen. Damit ist die methodische Ordnung von Kommunizieren und, methodisch später, Rechnen und Führen, auch terminologisch eingeholt. Zugleich zeigt diese terminologische Rekonstruktion, in welchem systematischen Sinne der Informationsbegriff die zunächst disparaten Bereiche lebensweltlicher Praxis zur Konstitutionsgrundlage *einer* Wissenschaft zusammenfaßt.

Selbstverständlich konnte dies nur eine Skizze sein, wie der Informatik dazu verholfen werden kann, sich zur Wissenschaft zu konstituieren: Es geht darum, heute bereits technisch verfügbare Leistungen von Maschinen dadurch zu begreifen, daß sie in einen Konstitutionszusammenhang von vor- und außerwissenschaftlichen lebensweltlichen Praxen nach Zweck und Mittel begriffen werden.

3 Schluß

Was soll der Gewinn davon sein, Informatik dadurch als Wissenschaft begreifen zu können, daß ihre Konstitution als Wissenschaft und damit ihr Sitz im Leben nachgezeichnet wird? Ist ein Wissenschaftler darauf angewiesen, seine Wissenschaft zu begreifen?

Es scheint, und dies gilt nicht nur für die Informatik, daß wissenschaftlicher Erfolg nicht davon abhängig ist, zu begreifen, was man tut, wenn man seine Wissenschaft betreibt – zumindest als Forscher und als Anwender. De facto kommt man sogar als Lehrer einer Wissenschaft ohne Reflexion über die Runden, wenn Schüler und Studenten keine intelligenten Fragen stellen oder solche Fragen als nicht einschlägig zurückgewiesen werden.

Ein Angebot kann deshalb der Versuch, die Konstitution der Informatik als Wissenschaft zu ermöglichen, nur für den sein, der das Handeln des Informatikers als Mittel für erkennbare, erkannte und anerkennenswerte, d.h. legitimierbare Zwecke begreifen möchte. Wer dagegen seine Verantwortung als Wissenschaftler, z.B. dogmatisch, zu einer nicht wissenschaftsfähigen Privatsache erklärt, kann auch ohne das Prädikat “wissenschaftlich” im Wissenschaftsbetrieb sein Auskommen finden.

Operative Schriften als Geistestechnik. Zur Vorgeschichte der Informatik

Sybille Krämer

1 Symboltechnische versus informationstechnische Sichtweise der Informatik

Wovon handelt die Informatik? Darauf scheint es eine so plausible wie nahezu unumstößliche Antwort zu geben. Deren Grundlinien lassen sich so akzentuieren: Menschliches Denken beruht auf Informationsverarbeitung. Informationsverarbeitung geschieht mit Hilfe von Daten, den physischen Trägern von Informationen. Gegenstand der Informatik ist die Entwicklung von Techniken der Datenverarbeitung. Nun gilt als der Ort der menschlichen Datenverarbeitung das Gehirn. Also zielt die Informatik ab auf die Gestaltung von Systemen, die Leistungen des Gehirns, geistige Tätigkeiten also, technisch unterstützen. Mit den Worten von Wolfgang Coy und Lena Bonsiepen: "Die Maschinisierung der Kopfarbeit" wird angezielt.[1]

Mit diesem Diktum scheint der Informatik der Anschluß an eine prominente Theorie der Technik gelungen: Arnold Gehlen interpretierte Technik in einer anthropologischen Perspektive als Organverstärkung und Organentlastung.[2] So, wie das Werkzeug körperliche Verrichtungen insbesondere der Hand verstärkt und die Arbeits- und Kraftmaschine die physischen Leistungen der Muskeln ersetzt, können die Datenverarbeitungssysteme dann als Entlastung des Gehirns interpretiert werden: Sie ersetzen geistige Arbeit. Unter diesem Blickwinkel ist die Genese der Informatik verknüpft mit der Genese des Computers als eben jener Maschine, mit der es gelingt, Funktionen des Zentralnervensystems zu realisieren.

Die hier skizzierten Annahmen bilden ein Netz, das ich den 'informationstechnischen Ansatz' nennen möchte. In seinen 'Knoten' haben sich Überzeugungen verfestigt oder auch nur unhinterfragt tradiert wie die, daß der Ort des Denkens der Kopf ist, daß 'Information' eine Basiskategorie der Analyse menschlicher kognitiver Tätigkeiten sei und daß die Geschichte der Informatik zusammenfalle mit der Geschichte des Computers, dem Simulator von Hirnfunktionen.

1 W. Coy, L. Bonsiepen, *Erfahrung und Berechnung. Kritik der Expertensystemtechnik*, Berlin etc. 1989, 12.

2 A. Gehlen, *Die Seele im technischen Zeitalter*, Hamburg 1967, 8.

Diese Überzeugungen sind Spielarten der Annahme, daß menschlicher Geist lokalisierbar sei in Gestalt mentaler Ereignisse im Kopfe von Individuen. Dieser Annahme kann mit Skepsis begegnet werden, einer Skepsis, die sich nährt aus der Überlegung, daß überindividuelle symbolische Leistungen eine nicht zu vernachlässigende Grundlage menschlicher Intellektualität bilden.

Wittgenstein hat auf die Frage nach dem 'Ort' des Denkens lakonisch geantwortet: Wenn wir annehmen, daß wir mit dem Kopf denken, dann müßten wir auch sagen, wir denken "mit dem Mund, der spricht" oder wir "denken mit dem Bleistift auf einem Stück Papier". Sprechen und schreiben sind Vorgänge, bei denen wir Symbole gebrauchen.[3] 'Symbole' hier gerade nicht verstanden als intrinsische mentale Repräsentationen, sondern als externe, sinnlich wahrnehmbare Zeichen, die ein intersubjektiv gültiges System bilden, dessen Regeln wir beherrschen müssen, um diese Zeichen verstehen und gebrauchen zu können. Mit der Akzentuierung eines unauflöslichen Zusammenhanges zwischen Denken und externem Zeichengebrauch steht Wittgenstein in der Tradition eines symbolorientierten Begriffes vom Geist, zu dessen überzeugten Verfechtern Gottfried Wilhelm Leibniz, Charles Sanders Peirce und Ernst Cassirer gehören. Leibniz (1646-1716) gelangte zu der Einsicht, daß wir der Zeichen nicht nur bedürfen, um Resultate des Denkens zu kommunizieren oder sie in einem externen Gedächtnis aufzubewahren, sondern daß wir gar nicht anders denken können, denn im Medium von Zeichen.[4] Charles Sanders Peirce (1839-1914) läßt nicht nur das menschliche Denken, sondern auch das, was für uns 'real' werden kann, konstituiert sein durch den Zeichengebrauch.[5] Ernst Cassirer (1874-1945) schließlich führt seinen Begriff vom Geist zurück auf symbolische Hervorbringungen, die er konsequent als kulturspezifische Leistungen faßt, die eine je eigene symbolisch verfaßte Wirklichkeit schaffen.[6]

Es ist hier nicht der Ort, die konstitutive Rolle der Symbole für das menschliche Denken zu erörtern. Vielmehr soll diese Annahme eine Prämisse der nun folgenden Überlegungen sein.

3 L. Wittgenstein, *Das blaue Buch*, Werkausgabe Bd. 5, Frankfurt/M 1984, 23.

4 G. W. Leibniz, *Die philosophischen Schriften*, Hildesheim 1965, Bd. VII, 205: "Das schlußfolgernde Denken besteht in nichts anderem als in der Verknüpfung und Substitution von Zeichen." Dazu: S. Krämer, "Symbolische Erkenntnis bei Leibniz", *Zeitschrift für philosophische Forschung*, 46, H. 2, 1992, 224-237.

5 "[D]er Realist [ist] einfach jemand, der nicht mehr verborgene Realität kennt, als die, welche in einer wahren Zeichenrepräsentation repräsentiert wird." (Ch. S. Peirce, *Schriften zum Pragmatismus und Pragmatizismus*, Hrsg. K.-O. Apel, Frankfurt/M 1976, 77).

6 E. Cassirer, *Wesen und Wirkung des Symbolbegriffs*, Darmstadt 1983, 7. Aufl., 175: "Unter einer 'symbolischen Form' soll jede Energie des Geistes verstanden werden, durch welche ein geistiger Bedeutungsgehalt an ein konkretes sinnliches Zeichen geknüpft [...] wird. In diesem Sinne tritt uns die Sprache, tritt uns die mythisch-religiöse Welt und die Kunst als je besondere symbolische Form entgegen."

Wenn geistige Leistungen in einem notwendigen Zusammenhang stehen mit dem handgreiflichen Umgehen mit externen Symbolen, dann fiele ein neues Licht auf die Frage, worin die technische Unterstützung geistiger Tätigkeiten bestehen kann: Die Mechanisierung des Geistigen kann dann nämlich vollzogen werden in Gestalt der Operationalisierung des externen Symbolgebrauches.

Ein wirkungsmächtiges Instrument dieser Operationalisierung ist die Konstruktion symbolischer Maschinen. Unter 'symbolischen Maschinen' seien Kalküle verstanden, die als kognitive Instrumente des Problemelösens zum Einsatz kommen.

In dieser Perspektive nun ist der Gegenstand der Informatik nicht einfach die Verlagerung einer ursprünglich im Kopfe stattfindenden Tätigkeit auf Maschinen, sondern die Mechanisierung eines immer schon außerhalb des Kopfes sich vollziehenden handgreiflichen Umgehens mit Symbolen. Die Informatik wird zur Wissenschaft von der Operationalisierung des Symbolgebrauches durch symbolische Maschinen und deren gerätetechnischen Realisierungen. Ich möchte dies im Unterschied zur informationstechnischen, die 'symboltechnische' Sichtweise der Informatik nennen.

Zumindest an zwei Punkten verspricht dieser symboltechnische Ansatz neue Einblicke: Zum einen rückt die Informatik in einen geschichtlichen Zusammenhang, der nicht länger zusammenfällt mit der Technikgeschichte des Computers. Der Computer als universeller Automat zur Simulierung aller möglichen symbolischen Maschinen ist eine junge Erfindung. Doch die Konstruktion symbolischer Maschinen ist so alt wie die Versuche, geistige Tätigkeiten, bei denen wir Symbole gebrauchen, durch den Einsatz einer formalen Sprache zu algorithmisieren. Sprachen, auch da wo sie in technischer Absicht erfunden und eingesetzt werden, sind Medien, mit denen wir Gegenstände und Vorgänge in unserer Welt auf eine kulturell gebundene Weise ausdrücken und projizieren. Die Vorgeschichte der Informatik wird so zum Bestandteil unserer Kulturgeschichte des operationalen Symbolgebrauches.

Zum anderen wird die Einschränkung der Informatik auf den Bereich von Techniken geistiger Arbeit überwunden. Der Computer ist ja nicht nur ein Werkzeug zur Entlastung und Unterstützung geistiger Arbeit, sondern er ist auch ein Medium, durch welches die traditionell separaten symbolischen Modi von Sprache, Schrift und Bild auf eine für uns ungewohnte Weise ineinander überführbar werden. Die Erfindung der Analytischen Geometrie durch Descartes im 17. Jahrhundert markierte den Beginn einer Ära, in welcher die propositionale und zugleich diskrete Wissensrepräsentation zum vorherrschenden Modus in der Kommunikation und in der Erzeugung von Wissen avancierte: Die Formel verdrängte das Bild. Die neuen, durch die Rechenkraft des Computers ermöglichten Visualisierungsstrategien könnten diese Tendenz umkehren. Zumindest zeichnet sich ab – und eben hier stößt Arnold Gehlens Theorie der Technik als Organverstärkung an eine Grenze – daß es zu kurzschlüssig ist, den Computer bloß als Werkzeug zur Einsparung geistiger Arbeit zu begreifen. Vielleicht liegen dessen zukunftsweisende Leistungen viel eher auf dem Gebiet seines medientechnischen Einsatzes, bei dem nicht einfach Arbeit erspart, vielmehr Erfahrung auf neue Weise ermöglicht wird. Während die Ersparnis und die Umschichtung von Arbeit jene Domäne bildet, die wir mit 'Zivilisation' assoziieren, ist Erfahrung mitzuteilen und zu erweitern die originäre Domäne der Kultur.

Wir sehen also: Der 'symboltechnische Ansatz' wird zu einer Sonde, die besonders geeignet ist, um die kulturelle Einbettung der Informatik auszuloten.

Die nun folgenden Überlegungen beschränken sich auf den ersten dieser beiden Aspekte, auf die geschichtlichen Dimensionen der Informatik. Meine Erörterungen gliedern sich in drei Schritte: (1) Was heißt "Operationalisierung des Symbolgebrauches durch symbolische Maschinen"? (2) Kultur- und wissenschaftsgeschichtliche Betrachtungen zu den Kalkülisierungsbestrebungen am Beginn der Neuzeit. (3) Die Aufspaltung der kognitiven und der moralischen Kompetenz: Ethische Implikationen des Einsatzes symbolischer Maschinen.

2 Was heißt "Operationalisierung des Symbolgebrauches durch symbolische Maschinen"?

Menschliches Handeln unterscheidet sich von beliebigen Vorgängen durch seine Komplexität. Denn bei Handlungen kommen Eigenschaften ins Spiel, die wir mit den Stichworten Intentionalität, Zweckrationalität, Selbstdarstellung, Sinnkonstitution, Rechtfertigungspflicht hier nur unzureichend andeuten können. Nun manifestiert sich Leben darin, daß, wo Komplexität gegeben ist, immer auch Strategien zur Hand sind, von der Komplexität zu entlasten. Eine der wichtigsten Entlastungsstrategien ist das Ritualisieren. Und d.h.: Stereotype werden ausgebildet, die im Tun nur noch zur Anwendung kommen und so zur Routine führen. Wo das Verhältnis zwischen einer Tätigkeit und ihrem Schema so beschaffen ist, daß das Schema vorab gegeben, es also in der Tätigkeit nur noch umzusetzen ist, sei von 'Operationalisierung' gesprochen.

Nun macht der Drang zur Operationalisierung sich bemerkbar gerade auch in unserem geistigen Tun. Und findet seinen 'natürlichen' Anknüpfungspunkt in jenem Gebrauch externer Symbole, in denen kulturelle Praktiken des Denkens sich verkörpern. Um die Algorithmisierung des intellektuellen Einsatzes von Symbolen ist es hier zu tun. Diese Strategie wird da zu höchstmöglicher Effizienz gelangen, wo die Algorithmen in Kalkülregeln transformierbar sind.

Warum können wir 7777 multipliziert mit 8888 nicht in römischen Ziffern notieren und dann schriftlich errechnen? Offensichtlich doch, weil das römische Zahlzeichensystem gerade nicht als ein Kalkül zu qualifizieren ist.

Erst mit der Erfindung des dezimalen Positionssystems kann das Rechnen als eine rein schriftliche Prozedur bewerkstelligt werden. Das dezimale Positionssystem unterscheidet sich vom additiven römischen Zahlzeichensystem dadurch, daß es in ein und demselben Medium zwei Funktionen zu realisieren erlaubt: In ihm können Zahlen sowohl dargestellt, wie auch mit Zahlen gerechnet werden. Ein künstliches Zeichensystem, welches solche Doppelfunktion ermöglicht, also sowohl darstellendes Medium wie operatives Instrument ist, sei 'symbolische Maschine' genannt.[7]

Damit eine symbolische Maschine beim Denken zum Einsatz kommen kann, ist zweierlei vorausgesetzt: (1) Ein Kalkül ist konstruierbar, der aus einer finiten Menge von Zeichen sowie Regeln besteht, nach denen unendlich viele Zeichenmuster gebildet und umgeformt werden können. (2) Eine Interpretation für diesen Kalkül muß zu finden sein, bei der ein Bereich von Gegenständen so eindeutig auf den Bereich der Zeichen abzubilden ist, daß jeder zulässige Ausdruck des Kalküls zugleich einen wahren Satz über den entsprechenden Gegenstandsbereich ergibt. Wo (1) und (2) erfüllbar sind, können Probleme, die diesen Gegenstandsbereich betreffen, mit den Mitteln des Kalküls auf eine Weise notiert werden, daß durch eine Umformung, die ausschließlich Bezug nimmt auf die kalkülinternen Transformationsregeln, die Lösung rein mechanisch ableitbar wird. Das Medium der Beschreibung einer Aufgabe wird zugleich zum Medium der Generierung ihrer Lösung. Algorithmen geistiger Tätigkeit haben die Gestalt von Kalkülregeln angenommen.

So kann eine komplexe geistige Tätigkeit zurückgeführt werden auf das handgreifliche Operieren mit externen Symbolen. Wir können dazu auch sagen: Eine formale Sprache komme zum Einsatz. Wo immer ein intellektueller Vorgang formal beschreibbar ist, da kann dieser Vorgang im Prinzip auch von einer Maschine exekutiert werden. Der Kunstgriff symbolischer Maschinen beruht also darauf, Sprachen als eine Technik einzusetzen.

Und doch muß diese Redeweise relativiert werden. Denn Sprachen sind als eine Geistestechnologie nur einsetzbar mittels der Kulturtechnik der Schrift.

Der für die abendländische Geistesgeschichte dominante Typus des Wissens, das explizierbare, überprüfbare und also intersubjektiv gültige Wissen, ist aufs engste liiert mit der Schrift. Im Text löst das Wissen sich ab vom Wissenden: Nicht mehr persönliches Charisma, vielmehr überpersönliche Prozeduren wie Argumentation und Beweis können nun die Bürgschaft übernehmen für den Wahrheitsgehalt. Die Idee eines wahrheitsdefiniten Wissens kann überhaupt erst entstehen im Zusammenhang mit der Schrift.[8] Überdies wird das Wissen über die Distanzen der Zeit und des Raumes kommunizierbar.

7 S. Krämer, *Symbolische Maschinen. Die Idee der Formalisierung in geschichtlichem Abriß*, Darmstadt 1988.

8 J. Goody, I. Watt, "Konsequenzen der Literalität", in: J. Goody et al., *Entstehung und Folgen der Schriftkultur*, Frankfurt/M 1986, 63-122, 86ff.

Infolge der Unabhängigkeit von der lebendigen Präsenz des Wissenden avanciert die Schrift zum Medium kollektiver Gedächtnisbildung.

Es wundert nicht, daß solche Erweiterung des Kommunikationsradius umso mehr gelingt, je mehr die Schrift sich jener Symbolisierungsleistung adaptiert, die wie keine andere unsere kommunikative Kompetenz erst ermöglicht: Der mündlichen Sprache. Die Karriere des phonographischen Alphabets verdankt sich gerade dem Umstand, daß diese Schrift der mündlichen Sprache sich unterordnet: Die phonetische Schrift ist gegenüber der Lautsprache eine sekundäre Symbolisierungsleistung. Sie beruht darauf, den zeitlichen Fluß der Phoneme in die räumliche Aufeinanderfolge von Buchstaben zu transskribieren. Die phonographische Schrift imitiert die Strukturen der mündlichen Sprache.

Doch Sprachen – und eben dies war Leibnizens Einsicht – dienen nicht nur der Kommunikation. Sie sind auch ein wirkmächtiges Instrument der Kognition. Doch jene Eigenschaften mündlicher Sprachen, welche diese so geeignet machen zur Kommunikation – ihre Unschärfe, ihre Kontextabhängigkeit und die metaphorische Dehnbarkeit ihrer Semantik – wird ihren kognitiven Aufgaben eher zur Schranke. Und diese Schranke gilt gerade auch für jene Schrift, die durch ihre intime Beziehung zur Lautsprache gekennzeichnet ist.

Von solch defizitärem Erbe frei ist nur eine Schrift, die ihre Aufbauprinzipien nicht mehr der mündlichen Sprache entlehnt; die ein Artefakt ist, geboren aus menschlicher Erfindungskunst und geschaffen ausschließlich zu dem Zweck, kognitiven Belangen zu dienen. Eine Schrift, die als Kalkül konstruiert ist und eben jene Doppelaufgabe zu bewältigen vermag, durch welche sie zu einer symbolischen Maschine wird: nämlich abgegrenzte Domänen kognitiver Gegenstände darstellen und zugleich Probleme, die innerhalb dieser Domänen entstehen, auch lösen zu können. Das Vorbild solcher – operativer – Schrift liefert die Formel*sprache* der Artihmetik und der Algebra. Operative Schriften sind also schriftliche Hervorbringungen sui generis; sie können zwar versprachlicht werden, doch verständigen können wir uns in ihnen nicht.

Unsere zuvor getroffene Aussagen muß also revidiert werden: Mit symbolischen Maschinen werden nicht einfach Sprachen, vielmehr operative Schriften als eine Technik eingesetzt. In dieser Perspektive wird der Informatiker zum Konstrukteur von Beschreibungssprachen. Er versucht Vorgänge mit Hilfe einer operativen Schrift so darzustellen, daß diese Vorgänge im Medium dieser Schrift eben nicht nur beschrieben, vielmehr auch symbolisch generiert werden können.

3 Kultur- und wissenschaftsgeschichtliche Betrachtungen zu den Kalkülisierungsbestrebungen zu Beginn der Neuzeit

Die Grundlagen sind nun gelegt, durch die der geschichtliche Ort der Informatik Profil gewinnen kann: Die Vorgeschichte der Informatik fällt zusammen mit der Kultur- und Wissenschaftsgeschichte der Mechanisierung von Problemlösungsverfahren im Medium operativer Schriften, also mit der Evolution symbolischer Maschinen. Die Geschichte der Informatik im engeren Sinne einer (technik)wissenschaftlichen Disziplin setzt ein mit der Automatisierung symbolischer Maschinen mit Hilfe des Computers.

Im folgenden geht es um diese Vorgeschichte, für welche drei 'Schwellenereignisse' von Bedeutung sind: a.) Die Einführung des schriftlichen Rechnens im dezimalen Positionssystem im Europa des 15. Jahrhunderts. b.) Die Erfindung der Buchstabenalgebra im 16. Jahrhundert. c.) Die Entdeckung der 'Turingmaschine' und verwandter Formalismen in den 30er Jahren dieses Jahrhunderts.

a.) Die Verschriftlichung des Rechnens.

Neben dem Experiment ist es der Gebrauch von formalen Sprachen als Techniken des Problemelösens, in welchem das Neue an der neuzeitlichen Wissenschaft am deutlichsten zutage tritt: Die Kalkülisierung wird zu einem hervorstechenden Zug in der Physiognomie des neuzeitlichen Denkens.[9] Doch die kognitive Nutzung symbolischer Maschinen in der frühen Neuzeit entstand nicht aus dem Nichts. Vielmehr ist diese verknüpft mit der europäischen Adaption und Umbildung eines Stiles beim Problemelösen, den wir als 'altorientalisches Rezeptewissen' kennzeichnen können.

Beim altorientalischen Rezeptewissen werden algorithmische Problemlösungsverfahren durch Probieren gefunden und praktiziert, ohne daß die Gültigkeit der Verfahren durch theoretische Überlegungen hätte begründet werden können. Dazu zwei Beispiele:

Von den Ägyptern ist uns ein schriftliches Multiplikationsverfahren überliefert, bei dem die Multiplikation auf ein fortgesetztes Verdoppeln und auf das Addieren zurückgeführt wird. Dieses Verfahren wurde erfolgreich eingesetzt, ohne daß die Ägypter gewußt hätten, warum es überhaupt funktioniert. Denn seine Allgemeingültikeit wurzelt darin, daß jede Zahl als Summe von Zweierpotenzen darstellbar ist. Das aber ist ein Wissen, das die Ägypter nicht besaßen.[10]

Mathematische Dokumente aus Mesopotamien legen Zeugnis davon ab, daß die Babylonier über eine hochentwickelte algebraische Technik verfügten. Sie konnten lineare und rein quadratische Gleichungen sowie Gleichungssysteme

9 S. Krämer, *Berechenbare Vernunft. Kalkül und Rationalismus im 17. Jahrhundert*, Berlin etc. 1991.

10 H. Meschkowski, *Problemgeschichte der Mathematik I*, Mannheim etc. 1979, 33.

mit zwei Unbekannten und gemischt-quadratische Gleichungen lösen. In ihren algebraischen Operationen machten sich die Babylonier Einsichten in Zahlenverhältnisse zu Nutze, die wir heute mit Formeln wie

$$(a + b)^2 = a^2 + 2ab + b^2 \quad \text{oder} \quad (a + b)(a - b) = a^2 - b^2$$

ausdrücken würden.[11]

Nur: Diese Erkenntnisse werden bei den Babyloniern nirgendwo expliziert. Sie liegen den Lösungen ihrer Wortgleichungen implizit zu Grunde, so daß, wer die Aufgabensammlungen durcharbeitet, exemplarisch von ihnen Kenntnis erhält.

Daß die altorientalischen Problemlösungsverfahren zwar angewendet, nicht jedoch expliziert werden, liegt am Fehlen einer formalen Sprache, mit der die Verfahrensschemata auf eine allgemeingültige Weise notiert werden könnten. Das Problemlösungswissen bleibt auf der Stufe eines Könnens; es wird als eine Kunst, als eine techne praktiziert. Das altorientalische Rezeptewissen hat den Status eines impliziten Wissens, es ist ein knowing how. Gleichwohl weist das mathematische Wissen im gesamten altorientalischen Raum, in Ägypten, Mesopotamien, Iran, Indien und China eine beeindruckende Fertigkeit auf, arithmetische und algebraische Probleme zu lösen. Diese Fertigkeiten stagnierten, als im klassischen Griechenland das mathematische Können in eine Wissenschaft, das Rezeptewissen in ein Begründungswissen umgewandelt wird und damit nur noch solche Lösungsverfahren zugelassen werden, die den Status eines Theorems haben, also einer axiomatisch-deduktiven Herleitung fähig sind. Doch als 'Bodensatz' des mathematischen Wissens leben im klassischen und im hellenistischen Griechenland theoremunabhängige Techniken des Problemelösens unter dem Terminus 'Analysis' fort.[12]

Doch nicht die Differenz zwischen dem griechischen Begründungswissen und dem altorientalischen Rezeptewissen sind hier das Thema. Für uns ist alleine von Bedeutung, daß die Karriere des Kalküls im neuzeitlichen Europa einhergeht mit der Rezeption und der Revision eben jener Techniken mathematischen knowing hows, die wir unter dem Stichwort 'altorientalisches Rezeptewissen' rubrizierten. Was 'Rezeption' dabei bedeutet, kann exemplarisch studiert werden an der Einführung des dezimalen Positionssystem. Was 'Revision' aber heißt führt uns die Umwandlung der Technik algebraischen Problemelösens in die wissenschaftliche Buchstabenalgebra im 16. Jahrhundert vor Augen.

Die Inder erfanden das dezimale Positionssystem im 6. Jahrhundert. Die Araber machen Europa mit der indischen Zahlenschreibweise bekannt. Es entstehen im lateinischen Mittelalter Übersetzungen von Lehrbüchern über das

11 B. L. van der Waerden, *Erwachende Wissenschaft*, Basel/Stuttgart 1956, 118f.

12 M. S. Mahoney, "Another Look at Geometrical Analysis", *Arch. History of Exact Sciences*, 1968/5, 318-348.

neue Zahlenrechnen, die der arabische Gelehrte al-Hwarizmi verfaßt hatte.[13] Der latinisierten Version seines Eigennamens 'Algorismus' gibt diesen Rechenregeln fortan ihren Namen. Doch erst im Zuge des Aufstiegs frühkapitalistischer Handelszentren verläßt die neue Rechentechnik die engen Gelehrtenzirkel. Der jahrhundertewährende Streit zwischen den 'Abacisten', den Verfechtern der römischen Zahlenschreibweise und den 'Algoristen', den Proponenten rein schriftlichen Rechnens, wird in den Handelskontoren entschieden: Ab 1494 verwenden die Medici nur noch indische Ziffern in ihren Kontobüchern. Und im 15. Jahrhundert avancieren die 'Rechenbüchlein' neben Bibel und Kalender zu den frühesten Druckerzeugnissen.

Mit der Durchsetzung des schriftlichen Rechnens im dezimalen Positionssystem ist erstmals sowohl die Zahlendarstellung wie auch das Zahlenoperieren im Medium eines Kalküls organisiert. Der Gebrauch einer symbolischen Maschine ist zu einer Kulturtechnik geworden. Nicht mehr wird – wie noch beim Rechenbrett – mit gegenständlichen Anzahlen von etwas operiert. Vielmehr gilt als Zahl, wofür ein Ziffernausdruck gebildet werden kann, mit dem korrekt zu rechnen ist. Nicht mehr das Zählen-Können, vielmehr das sich in den Ziffern-Auskennen wird zu jener grundlegenden Fertigkeit, die gefordert ist, um elementare Operationen mit Zahlen zu beherrschen. Das Rechnen ist zu einer rein symbolischen Prozedur geworden und seine Regeln nehmen ausschließlich Bezug auf die syntaktische Gestalt der Zeichen, nicht aber mehr auf das, was die Zeichen bedeuten. Die Klärung der Frage, wofür die Null stehe, ob sie überhaupt eine Zahl sei, muß eben nicht beantwortet sein, um mit der Ziffer '0' richtig zu rechnen. Ein Zahlenwissen ist für die effiziente Handhabung der Ziffern und der Rechenalgorithmen gar nicht vonnöten. Durch den Einsatz symbolischer Maschinen werden geistige Tätigkeiten so aufbereitet, daß sie ohne Anteil eines reflektierenden Bewußtseins realisierbar werden.

Diese Umformung des Rechnens zur mechanischen, handgreiflichen Verarbeitung externer Symbole wird zum Vorbild der Kalkülisierung auch in der höheren Mathematik. Mit seiner Entdeckung der Analytischen Geometrie gebraucht René Descartes die Arithmetik als eine operative Sprache, in der geometrische Probleme rechnerisch lösbar werden.[14] Mehr noch: Die Transkribierbarkeit einer geometrischen Figur in die Formelsprache der Arithmetik wird für Descartes zum Existenzkritierium, welches darüber zu entscheiden erlaubt, welche Figuren überhaupt als Gegenstände der wissenschaftlichen Mathematik zugelassen sind.[15] G.W. Leibniz ist der Erfinder des Infinitesi-

13 Al-Hwarizmi, *Mohammed ibn Musa Alchwarizmi's Algorismus*, Nach der einzigen (lateinischen) Handschrift in Faks. mit Transkription und Kommentar, ed. K. Vogel, Aalen 1963.

14 R. Descartes, *Geometrie*, Darmstadt 1972; (Oeuvres, Paris 1897-1913, Bd. VII).

15 S. Krämer, "Über das Verhältnis von Algebra und Geometrie in Descartes' 'Geometrie' ", *Philosophia naturalis*, 21, H.1, 1990, 19-40.

malkalküls.[16] Er gestaltet seine Differential- und Integralrechnung – im Unterschied zu der von Newton vorgeschlagenen Fluxionsrechnung – als einen den symbolischen Verfahren der elementaren Arithmetik analogen Rechenvorgang. Und er gründet auf der Idee des Kalküls nicht nur die Technik seiner Infinitesimalrechnung, vielmehr auch seine Bemühungen zur Rechtfertigung infinitesimaler Verfahren: Das 'Kontinuitätgesetz', auf welches er in seinen Begründungsbemühungen zurückgreift, ist von ihm selbst als ein kalkülisiertes Verfahren eingeführt.[17]

Daß sowohl in Descartes' Analytischer Geometrie wie auch in Leibnizens infinitesimalmathematischen Überlegungen symbolische Maschinen nicht nur als eine Problemlösungstechnik zum Einsatz kommen, vielmehr zum Fundament von Begründungsüberlegungen werden, zeigt, daß die Kalkülisierung algorithmischer Verfahren in der Neuzeit deren Status verändert: Was ehemals als eine techne, als ein praktisches Können gehandhabt wurde, steigt nun auf in den Rang einer episteme, wird zum theoretischen Wissen.

b.) Die Erfindung der Buchstabenalgebra

Exemplarisch kann diese Transformation an unserem zweiten 'Schwellenereignis' abgelesen werden: Der Erfindung der Buchstabenalgebra durch Francois Viète (1540-1603). Viète entwickelte eine Buchstabennotation nicht nur – wie zuvor bereits geschehen – zur Bezeichnung der variablen, sondern der konstanten Größen einer Gleichung.[18] Er wählt dazu die Anfangs- und Endbuchstaben der alphabetischen Schrift. Aus der 'logistica numerosa', dem Zahlenrechnen, wird mit dieser Neuerung eine 'logistica speciosa', ein Rechnen mit Zeichen: Die symbolische Algebra ist geboren. Nun werden die Regeln der Gleichungsauflösung erstmals auf allgemeingültige Weise notierbar. Aus einer 'ars magna und occulta', aus einer okkulten Kunst, als welche die Algebra zuvor praktiziert wurde – so daß einem staunenden Publikum auf Jahrmärkten die Früchte dieser Geheimkunst nur gar zu gerne zur Schau gestellt wurden – entwickelt sich die Algebra zum lehr- und lernbaren Wissen. Durch den Gebrauch einer formalen Sprache wird das implizite algebraische Wissen explizierbar. Die Folge ist, daß die Algebra im 17. Jahrhundert Eingang findet in den Kanon der Wissenschaften.[19]

Mit der Erfindung der Buchstabenalgebra gewinnt der algebraische Kalkül einen Allgemeinheitsgrad, der ihn ablösbar macht von der Beschränkung auf

16 G. W. Leibniz, *Historia et Origino calculi differentialis a. G.G. Leibnitio conscripta*, Hannover 1846.

17 S. Krämer, "Zur Begründung des Infinitesimalkalküls durch Leibniz", *Philosophia naturalis*, 28, H.2, 1992, 117-146.

18 F. Viète, *Opera mathematica*, Leiden 1646, (Nachdruck Hildesheim 1970), Bd. I, 1-12.

19 M. S. Mahoney, "Die Anfänge der algebraischen Denkweise im 17. Jahrhundert", *Rete*, H.1, 1971, 15-31.

numerische Operationen. Jene Zäsur, die in der gegenwärtigen Entwicklung der Informatik mit der Einsicht verbunden war, daß der Computer kein 'Zahlenfresser' sei, vielmehr eine universale Maschine zur automatischen Verarbeitung von Symbolen, findet ihr wissenschaftsgeschichtliches Pendant in der durch die alphabetische Notationsweise ermöglichten Erkenntnis, daß der algebraische Formalismus durch verschiedene Modelle erfüllbar ist; die Intelligenzverstärkung durch symbolische Maschinen also gerade nicht auf das Zahlenrechnen begrenzt bleiben muß. Leibniz bringt diese Aufassung auf unmißverständliche Weise zum Ausdruck: Er entwirft eine 'ars combinatoria', eine kombinatorische Zeichenkunst, deren Regeln rein syntaktisch konzipiert sind, also unabhängig sind von dem, was die Zeichen jeweils bedeuten. Eine Vielfalt von Gegenstandsbereichen möglicher Referenten seiner Kombinatorik werde damit eröffnet: Gelten die Elemente der ars combinatoria als Punkte, resultiere ein geometrischer Kalkül; stehen sie für Zahlen, ergebe sich Algebra; werden die Buchstaben als Terme intepretiert, so entstehe formale Logik.[20]

So wundert es nicht, daß die mechanisierte Symbolprozedur von jenen rationalistischen Philosophen, die sich zugleich als Pioniere der mathematischen Kalkülisierung verstanden, zum Ariadnefaden auch des außermathematischen Erkenntniserwerbs stilisiert wird: Descartes entwirft in seiner Frühschrift "Regulae ad directionem ingenii" eine universale Wissenschaft aller quantifizierbaren Gegenstände.[21] Das Novum dieser Universalwissenschaft besteht darin, daß ihre Existenz gebunden ist an den operativen Einsatz einer von Descartes eigens konstruierten Sprache: Als Gegenstand seiner mathesis universalis wird nur zugelassen, was mit den Mitteln dieser Kunstsprache so darstellbar ist, daß diese zugleich als ein Medium des Erkenntniserwerbs gelten kann. Dabei bezieht Descartes sich als Vorläufer seines operativen Verfahrens gerade auf Exponenten jenes Stiles algorithmischer Problemlösungstechniken, den wir als 'altorientalisches Rezeptewissen' kennzeichneten und der unter den Bedingungen der klassischen griechischen Mathematik in eine Außenseiterposition gedrängt wurde.[22]

Leibniz schließlich konzipiert neben vielen bereichsspezifischen Kalkülen und neben logischen Kalkülen, die auf verschiedene Weise interpretierbar sind, nämlich intensional, extensional und modal, auch einen Universalkalkül

20 G. W. Leibniz, *Opuscules et fragments inédits de Leibniz*, Paris 1903 (repr. Hildesheim 1961), 531.

21 R. Descartes, *Regeln zur Ausrichtung der Erkenntniskraft*, Hamburg 1979.

22 R. Descartes, *Regeln zur Ausrichtung der Erkenntniskraft*, Hamburg 1979, 87. Es geht hier um die hellenistischen Mathematiker Pappus von Alexandria und Diophantos von Alexandria, die das analytische Verfahren als eine *techne* geometrischen und algebraischen Problemlösens praktizierten. An dieses analytische Verfahren wiederum knüpfte Viète mit seiner Buchstabenalgebra an, die er auch 'ars analytice' nannte. Descartes bezieht sich auf alle drei Autoren.

des Denkens, einen 'calculus ratiocinator'.[23] Seine Vision ist, den Kunstgriff der Kalkülisierung, welcher darin bestehe, daß das Umgehen mit den Gegenständen auf das mechanische Operieren mit den Zeichen für die Gegenstände zurückführbar sei, als eine universale Technik des Erkennens zu etablieren. In diesem Universalkalkül wäre von jedem vorliegenden Satz zu entscheiden, ob er wahr oder falsch, d.h. syntaktisch korrekt gebildet ist oder nicht. Die syntaktische Wohlgeformtheit eines Ausdrucks würde zur notwendigen und zugleich hinreichenden Bedingung dafür, daß der Gegenstand, den dieser Ausdruck repräsentiert, auch tatsächlich existiert.

Dieses Projekt ist – das wissen wir seit Gödels Unvollständigkeitssatz – logisch unmöglich. Doch nicht dies ist hier das Thema. Für uns ist entscheidend, daß Leibniz vier Einsichten gewonnen hat, die für die Evolution der Geistestechnologie symbolischer Maschinen von grundlegender Bedeutung sind:

1. Gewisse Gedanken sind mit Hilfe symbolischer Repräsentationen so materialisierbar, daß Denkoperationen durchführbar sind in Gestalt mechanischer Prozeduren der Symbolmanipulation. Für diese kognitiven Domänen gilt, daß Wahrheit zurückführbar ist auf Richtigkeit. 2. Als Medium mechanischer Intelligenzverstärkung taugt nicht die natürliche Sprache, sondern allein die künstliche Schrift. Die Erfindung geeigneter operativer Repräsentationssysteme wird zu einer Ingenieurskunst. 3. Ein und derselbe Kalkül kann auf verschiedene Weise interpretiert werden. Eine Tätigkeit mit Hilfe eines Kalküls zu beschreiben heißt also ein Programm zu finden, welches auf verschiedene Datenmengen anwendbar ist. 4. Jede vollständig kalkülisierbare intellektuelle Operation ist im Prinzip auch durch eine Maschine exekutierbar. Es gibt also Bereiche geistiger Tätigkeit, deren Realisierung an das Vorhandensein eines menschlichen Bewußtseins nicht mehr gebunden sind.

c.) Die Entdeckung der Turingmaschine

Unbeantwortet blieb bei Leibniz die Frage, für genau welche Domänen intellektuellen Tuns die Kalkülisierung ein taugliches Instrument der Intelligenzverstärkung darstellt. Auf diese Frage hat eine theoretische Antwort erst Alan Turing in den 30er Jahren unseres Jahrhunderts gegeben: Kalkülisiert werden können genau jene Operationen, die wir mit Hilfe berechenbarer Funktionen beschreiben können.[24] Im Modell der Turingmaschine wird der intuitive Begriff 'symbolische Maschine' zu einem mathematischen Formalismus präzisiert, mit dem zugleich demonstriert wird, wie eine berechenbare Funktion so gestaltet werden kann, daß sie durch eine Maschine tatsächlich realisierbar ist. Während also bei Leibniz immer noch der menschliche Akteur die Symbolmanipulation handgreiflich zu bewerkstelligen hatte, sind mit der Turingma-

23 G. W. Leibniz, *Die philosophischen Schriften*, Hildesheim 1965, Bd. II, 605; Bd. VII, 205.

24 A. Turing, "On Computable Numbers, with an Application to the Entscheidungsproblem", *Proceedings of the London Mathematical Society*, 1937/2, 42.

schine die Voraussetzungen dafür gelegt, daß an die Stelle des Menschen die Maschine treten kann: Die theoretischen Grundlagen für die Automatisierung symbolischer Maschinen sind gelegt. Mit ihr kommt die Vorgeschichte der Informatik, verstanden als eine Disziplin, die künstliche Sprachen erfindet, um sie als Geistestechnik einzusetzen, zu einem Abschluß.

4 Die Aufspaltung der kognitiven und der moralischen Kompetenz: Ethische Implikationen des Einsatzes symbolischer Maschinen

Die Vorgeschichte der Informatik legt eine ethische Dimension im Tun des Informatikers frei. Die kulturgeschichtlichen Wurzeln der Informatik nähren sich aus den Versuchen, ein ehemals implizites intellektuelles knowing how in eine explizierbare Methode zu verwandeln. Kriterium dafür, daß eine solche Transformation gelungen ist, ist die Formalisierung des knowing how, deren Prototyp wiederum die Turingmaschinenberechenbarkeit liefert: Die formalen Verfahren müssen maschinell realisierbar sein.

Damit aber steht das Tun der Informatikerin in einem Spannungsfeld ethischer Ambivalenz: Einerseits ist das Explizitmachen eines zuvor impliziten Könnens ein Weg, intellektuelle Fertigkeiten als Kulturtechniken zu etablieren, den Zugang zum Wissen also zu ‘demokratisieren’. Andererseits kann die mit der maschinellen Modellierung verbundene Entpersonalisierung des Wissens als Entmächtigung eingesetzt und auch erfahren werden. Es ist hier nicht der Ort, diese Ambivalenz systematisch auszuloten. Doch sollen einige kulturgeschichtlich inspirierte Überlegungen die Bedeutung der hier thematisierten ethischen Dimension ins Bewußtsein rücken.

Mit symbolischen Maschinen kann, was zuvor dem Ingenium hoher Begabung, also intellektuellen Eliten vorbehalten blieb, nun zum Gemeingut werden, die Bereitschaft vorausgesetzt, sich in die Beherrschung einer operativen künstlichen Sprache und der damit verbundenen Schreib- und Lesefähigkeiten einzuüben. Ob mit der Einführung des schriftlichen Rechnens im dezimalen Positionssystem die elementare Arithmetik nicht länger klösterlichen und universitären Zirkeln vorbehalten blieb, sondern zur Kulturtechnik avancierte, ob die Algebra mit Erfindung des Buchstabenkalküls den Status einer okkulten Kunst verlor und zur lehr- und lernbaren Wissenschaft sich wandelte oder ob die Infinitesimalmathematik mit dem Leibnizschen Differentialkalkül sich zum Schülerwissen vereinfachte: Die Popularisierung mathematischer Fertigkeiten wird zur signifikanten Begleiterscheinung der Kalkülisierung.

So auch ist es erklärbar, warum gerade die Aufklärungsphilosophen Descartes und Leibniz fasziniert waren von der Geistestechnik symbolischer Maschinen und diese in den Stand einer universalen Erkenntnistechnik zu erheben suchten: Das aufklärerische Programm ging ja gerade aus von der

Annahme, daß jeder in gleicher Weise ausgestattet sei mit dem "natürlichen Licht der Vernunft", und es nun nur noch darauf ankäme, von dieser Vernunft den richtigen Gebrauch zu machen. Die Zurückführung von Wahrheit auf Richtigkeit entsprang diesem aufklärerischen Impuls, dem Wahrheitserwerb eine Sicherheit zu verleihen, wie sie sonst nur den Garantieprodukten algorithmischer Prozeduren eigen ist; sie also abzulösen vom Gnadenakt der Offenbarung ebenso wie von den Einfällen genialischer Inspiration.

Doch machen wir uns noch einmal klar, worauf die Popularisierung intellektueller Fähigkeiten im Medium symbolischer Maschinen beruht. Offensichtlich doch darauf, daß die Effizienz, mit der ein Problemlösungsverfahren angewendet wird, ablösbar ist von der Kompetenz, dieses Verfahren auch rechtfertigen zu können. Nun ist die Trennung des Verfügungswissens vom Begründungswissen ein Grundphänomen jedweder Technisierung. Um eine Maschine bedienen zu können, brauchen wir gerade nicht zu wissen, wie sie funktioniert. Daß wir verfügen können, ohne verstehen zu müssen, darauf beruht ja die Entlastungsfunktion der Maschinerie. Doch geht es bei der Entlastungsfunktion durch symbolische Maschinen um mehr denn um die bloße Aufspaltung von Wissenstypen. Es geht um die Dissoziierung der intellektuellen und der moralischen Kompetenz beim geistigen Tun. Wie ist das zu verstehen?

Das Denken ist immer schon mehr denn die Betätigung einer bloß kognitiven Kompetenz. Darin bestand gerade das Anliegen von Descartes' Metaphysik des Geistes, einen nicht-intellektualistischen Begriff des Geistes zu etablieren: Über zwei geistige Vermögen verfüge der Menschen, über Verstand und Willen. Erkenntnis nun könne erst entstehen, wo beide Vermögen zusammenspielen: Der Intellekt liefere die Ideen, der Wille aber bestätige oder verwerfe diese, stelle also fest, ob sie wahr oder falsch sind. Die Verwandlung von Ideen in Urteile wird zur originären Domäne des Willens, der damit zu einem konstitutiven Element des Geistigen avanciert. 'Geist' wird von Descartes gebunden an die Einheit einer kognitiven und einer moralischen Kompetenz.

Es ist nicht schwer, von hier eine Verbindung herzustellen zu der Überzeugung von Leibniz, Peirce und Cassirer, daß alles Denken angewiesen sei auf den intersubjektiven Gebrauch von Symbolen. Denn dieser Gebrauch setzt die Fähigkeit, einer Regel zu folgen, voraus. Nun beruht aber das Regelfolgen auf Urteilskraft: Geltungsbedingungen sind anzuerkennen und gegebenfalls abzuerkennen. Regeln können gebrochen und vor allem im Handeln modifiziert werden. Streng genommen: Regeln bilden sich im Handeln erst heraus. Das Regelfolgen ist geknüpft an eine moralische Kompetenz. Solche Kompetenz entsteht, wo Personen teilnehmen an einer öffentlichen Lebensform und in ihrer Teilnahme diese Lebensform überhaupt erst hervorbringen. Hier allein ist der Ort, wo die Fähigkeit, auf Geltung von etwas zu reagieren, also das Faktische vom bloß Normativen, das Sein vom Sollen zu unterscheiden, überhaupt erst entsteht.

Wie dieses Wechselverhältnis von Realisierung und Hervorbringung eines Regelsystems, von Faktizität und Geltung sich beim symbolisch mediatisierten Handeln vollzieht, ist nirgends deutlicher zu erfahren als in unserem Umgehen mit einer natürlichen Sprache. Jeder gelungene Sprechakt wendet das sprachliche Regelwerk nicht nur an, sondern modifiziert dieses auch. Grammatik und Lexikon sind aposteriorische Konstrukte einer Sprachwissenschaft. Denn die Sprecher müssen die Sprachregeln keineswegs explizit kennen, um sinnvoll sprechen zu können. Zugleich aber wirkt das Verhalten jedes Sprechers zurück auf den 'Zustand' der Sprache und begründet so deren Historizität. Da eine normale Sprache nicht nur ein Medium zum Austausch von Botschaften ist, sondern dazu dient, Erfahrungen überhaupt erst zu ermöglichen und zur verarbeiten, ist die Verantwortung eines Sprechers für den "Zustand seines unhintergehbaren Gehäuses der Sprache" evident: Eine Ökologie des Geistes wird so überhaupt erst denkbar.

Nun beruht die durch symbolische Maschinen bewirkte Operationalisierung des Symbolgebrauches darauf, daß zwischen der Aufstellung einer Regel und deren Abarbeitung definitiv zu unterscheiden ist, so daß jene Dimension von Verantwortung, die sich auf das Regelsystem selbst erstreckt, obsolet wird. Eben dies ist die Funktion von Algorithmen. Doch Algorithmen – und darauf kommt es hier an – bilden nicht einfach eine Unterklasse von Regeln, sondern haben den Status, eine Regel zu sein, gerade verloren. Die Abarbeitung eines Algorithmus ist an eine moralische Kompetenz gerade nicht mehr gebunden: Eben deshalb kann der Agent einer algorithmisierten Tätigkeit im Prinzip durch einen Mechanismus ersetzt werden. Sein Person-Sein ist nicht mehr vonnöten.

Damit wird durch die Nutzung symbolischer Maschinen ein geistiges Tun so umstrukturiert, daß seine Ausführung an Urteilskraft nicht länger gebunden ist. Zur Aufgabe der Informatik wird es, geistige Tätigkeiten so zu objektivieren, daß ihre Ausführung ablösbar wird von der Urteilskraft.

Mit dieser Reduktion von Geist auf Kognition leistet die Informatik einen Beitrag zum kulturellen Selbstverständnis der Moderne. Im Unterschied zur Epoche der Aufklärung ist dieses Selbstverständnis geprägt von der Skepsis gegenüber der Idee des Subjekts. In den Theorien vom Geist schlug solche Skepsis sich darin nieder, daß Subjektivität nicht länger eine konstitutive Bedingung blieb für den Besitz von Geist. Das Informationsverarbeitungsmodell des Geistes ist ja nur eine Version solch subjektunabhängiger Erklärung von Geist. Mit der Dissoziierung von kognitiver und moralischer Kompetenz leistet die Informatik einen Beitrag dazu, den Computer als ein Leitbild für das, was Geist sei, salonfähig zu machen.

Wenn viele Probleme, vor denen wir gegenwärtig stehen, nicht durch ein Mehr an effizienter Information, sondern durch ein Mehr an Urteilskraft zu lösen wären, dann allerdings gibt uns ein kognitivistisch verkürztes Konzept vom Denken nur mangelhafte Orientierung.

Philosophische Wurzeln der Informatik im Wiener Kreis

Heinz Zemanek

Vorwort

Philosophische Interessen sind bei Ingenieuren häufig eine Alterserscheinung. Und das ist gar nicht so schlecht: man läßt technische Einzelheiten, die man doch nicht mehr so verfolgen kann wie früher und die daher allmählich veralten, hinter sich und verallgemeinert das – hoffentlich – Bleibende von Wissen und Erfahrung. Das trifft auch auf mich zu.

Aber die Auseinandersetzung mit jener Philosophie, die primär auf die Sprache blickt, wurde schon vor 30 Jahren für mich eine *technische* Notwendigkeit: als nämlich mein Laboratorium auf die formale Definition der Semantik von Programmiersprachen überging. Die Definition der Syntax durch Aufbauregeln, die John Backus bei der ICIP im Jahre 1959 vorgetragen hatte, konnte als ein rein logisches Werkzeug angesehen werden. Die Semantik jedoch kann nicht auf algebraische Relationen beschränkt werden – auch wenn ein Ausdruck wie Mathematische Semantik dies vermuten ließe – und außerdem hatte der Computer die natürliche Sprache ergriffen. Mindestens die Semiotik war zu studieren, um die Basis zu begreifen, von der aus die Zeichenverarbeitung operiert. Auch die kybernetischen Modelle und die darüber hinausgehenden Ansprüche der Kybernetik forderten Überlegungen weit über das hinaus, was bis dahin für den Ingenieur grundlegend war. Über den Computer wurde die Philosophie zu einer Hilfswissenschaft des Ingenieurs und der Informatik. Und das hat selbstverständlich radikale Folgen. Philosophie bleibt niemals Hilfswissenschaft. Sie ergreift den ganzen Menschen und führt ihn in die Transzendenz, selbst dann, wenn er die Transzendenz leugnet. Eine Tagung wie diese[1] ist daher kein Nebenschauplatz. Sie gehört zum Kern der Informatik.

Meine Bemühungen führten mich sehr bald zum amerikanischen Pragmatismus, zum Wiener Kreis und ganz besonders zu Wittgenstein. Die Dezimal-Klassifikation des Tractatus spiegelt nicht nur die Klarheitsforderungen an das Inhaltsverzeichnis einer Diplomarbeit oder Dissertation wieder; die gesamte Methodik ließ eine Nähe der Arbeitsweise der Informatik spüren, und der Inhalt setzte die philosophischen Ansprüche und Simplifikationen der Kybernetik und ihrer Erbin, der *Artificial Intelligence*, in klares Licht.

1 Dagstuhl-Seminar 'Informatik und Philosophie' (Anmerkung der Herausgeber).

Was ich hier vorlege – insbesondere die Skizze eines *Tractatus Informatico-Philosophicus* – ist also nur die neueste Form von Überlegungen, die ich seit vielen Jahren fortspinne. Sie sind keine Materialien für die endgültige Ablage ins philosophische Archiv, sondern lediglich Anregungen, Wegweiser und Warnungen, die jeder für seinen eigenen Weg in Betracht ziehen kann oder nicht. Aber zumindest eine Wahrheit halten meine Gedanken mit hartem Anspruch fest: das Formale vermag das Informale nicht auszuschöpfen.

Und weil der Computer ein formales Werkzeug ist, bedeutet diese Wahrheit eine Verallgemeinerung der Kanalkapazität: die Codierungskraft des Computers ist begrenzt, man kann nicht nur syntaktisch, sondern auch semantisch nicht beliebig viel durch ihn durchlaufen lassen, sondern nur, was er verkraftet. Das läßt sich freilich auch vom Menschen sagen – aber die verallgemeinerte Kanalkapazität des Menschen ist schon deswegen erheblich höher als die des Computers, weil der Mensch von Kindheit an zwischen Ebene und Meta-Ebene wechseln kann, ohne auf Formalismen angewiesen zu sein.

An dieser Stelle möchte ich mich für die Einladung zur Teilnahme am Dagstuhl-Seminar "Informatik und Philosophie" bedanken, bei den Veranstaltern und bei den Herausgebern das Bandes. Es war anregend in jeder Hinsicht. Aber auch der Regierung des Saarlandes gebührt Dank: es braucht eine Stätte wie das Schloß Dagstuhl, um Gedanken anzuregen, zu kultivieren, auszutauschen, vorzutragen und in endgültiger Form niederzuschreiben, die über den handwerklichen Betrieb der Informationstechnik hinausgehen. Den Gewinn haben nicht nur die Teilnehmer, sondern auch die deutsche Informatik und die deutsche Nachrichtentechnik. Beide brauchen die Auseinandersetzung mit der Philosophie, weil Information mehr ist als Material und Energie – sie reicht in die höchsten Sphären des Geistes.

Die merkwürdige Entsprechung zwischen Tractatus und Computer

Ganz gewiß ist die Informatik weder aus dem Wiener Kreis noch aus der Gedankenwelt Ludwig Wittgensteins heraus entstanden. Daß sie darin wichtige Wurzeln hat, wie im folgenden zu zeigen versucht wird, ist nur retrospektiv festzustellen. Zwischen 1946 und 1949 entwickelte Maurice Wilkes in Cambridge die EDVAC, den ersten Computer der Welt mit dem Programm im Hauptspeicher, ein Gedanke, den er von Philadelphia nach Cambridge geholt hat und den er früher verwirklichte als die Amerikaner – aber es gab keine sichtbare und wohl auch keine bisher unbekannte Verbindung zwischen dieser Entwicklung und Wittgenstein, der damals öfter in Cambridge war. Wittgenstein sagt nirgends, daß das Computerbit die Elementarsätze des Tractatus realisiert, und im Namensverzeichnis der Memoiren von Maurice Wilkes kommt Wittgenstein nicht vor.

Dennoch haben sowohl der "Tractatus logico-philosophicus" aus dem Jahre 1920, hier meist kurz Tractatus genannt, wie auch die Wendung Wittgensteins vom Tractatus zu den “Philosophischen Untersuchungen” tiefe Bedeutung für das Verhältnis abstrakter logischer Strukturen zur wirklichen Welt in Natur, Technik und Geist, für das Verhältnis zwischen der Formalwelt der Informatik und ihrer Anwendung im Nichtformalen. Die Bedeutung eines Programms hängt von dem “Programmierspiel” (im Sinn von Wittgensteins “Sprachspiel” der Philosophischen Untersuchungen) ab, in welchem es verwendet wird. Ist auch beim Programm die Syntax nicht mehr als eine Tautologie (Tract. 6.1)? Die Logik “versteht sich von selbst” – die Arbeit der elektronischen Schaltkreise aber leistet etwas für die Praxis; es ist die Auswahl aus dem, was die Tautologie bietet, die dem Schaltkreis und dem Programm die pragmatische Bedeutung verleiht.

Der Wiener Kreis, dem Wittgenstein eher durch Verwandtschaft angehört als durch Mitgliedschaft, und der logische Positivismus vertreten die Welt der logischen Operationen, die nun im Computer zu Milliarden ausgeführt werden. Die Denkweise des Wiener Kreises beschäftigt sich nicht viel mit dem, was Wittgenstein das Mystische nennt; sie schweigt darüber nicht, wie er empfiehlt, sondern sie leugnet es. Für den logischen Positivisten könnte die Welt zu dem werden, was sich im Computer simulieren läßt. Kein Fachphilosoph würde dergleichen vertreten. Aber der Informatiker neigt in diese Richtung und seine denkbequemen Zeitgenossen lassen sich ebenfalls in solche Ansichten hineinleiten; sie lesen nicht viel über den Wiener Kreis, aber sie sehen die logische Kraft des Computers und seine positivistische Funktion.

Das wird nicht zum Lehrgebäude, unterschwellig jedoch prägt es Ansichten und Verhaltensweisen. Dieser Beitrag will nicht nur den Wurzeln nachspüren, er will auch zum Nachdenken über die Situation und über die formende Kraft der Informatik anregen.

Eigentlich sprechen wir nicht von den Wurzeln, denn der Computer war eine Ingenieur-Schöpfung (auch dort, wo Mathematiker am Werk waren), sondern von klärenden Denkstrukturen, die auf merkwürdige Weise dem Computer vorausliefen, ohne auf seine Anfänge zu wirken. Computer-Ingenieure wie Aiken oder Shannon erfanden sogar die logische Algebra für Relaisschaltkreise neu – die Schaltalgebra;[2] Konrad Zuse allerdings ging vom Lehrbuch der Logik von Hilbert und Ackermann aus. Daß der Computer auf diesem Weg die volle Universalität der Mathematik erhielt und zu dem Werkzeug wurde, das die Denkwege des Wiener Kreises zur praktischen Vorgangsweise machte, war erst in der Retrospektive feststellbar. Die ACM-Tagung von San Dimas 1965[3] war eine der frühesten Veranstaltungen, wo man den Wurzeln systematisch nachging.

2 H. Zemanek, “Geschichte der Schaltalgebra”, in: M. Broy (Hrsg.), *Informatik und Mathematik*, Berlin 1991, 420-470.

3 H. Zemanek, “Semiotics and Programming Languages”, *Comm. ACM*, 9, 1966/3, 139-143.

In der vorliegenden Arbeit wird eine gewisse Kenntnis der Philosophie des Wiener Kreises und der Gedanken von Ludwig Wittgenstein vorausgesetzt was heute wohl zumutbar ist. Das Wesentliche wird immerhin gesagt und in einem der Abschnitte sind die Hauptsätze des Tractatus wiedergegeben. In meinen Arbeiten[4] findet der Leser, der sich mit der Fülle der einschlägigen Literatur nicht auseinandersetzen kann, einen Zugang, freilich durch meine Sicht spezialisiert. Daß weit mehr von Wittgenstein die Rede ist als vom eigentlichen Wiener Kreis, hängt mit der Nähe des Tractatus zum Computer zusammen und mit dem wiederholt angezogenen Übergang zu der anderen Denkweise der "Philosophischen Untersuchungen" – meist durch die beiden Kurz-Bezeichnungen Wittgenstein I und Wittgenstein II unterschieden.

Die Hauptformel des Tractatus $[\bar{p}, \bar{\xi}, N(\bar{\xi})]$ – sie drückt die fortgesetzte Anwendung auf alle Werte von ξ aus und meint die fortgesetzte logische Verknüpfung aller Elementarsätze – ließe sich in LISP umschreiben und wäre dann, angewendet auf die Beobachtungsfakten der Naturwissenschaft, das Programm für eine formales, vollständiges Weltbild – mehr: für eine ewig unfertige, aber im Prinzip fertigstellbare wissenschaftliche Tatsachenbeschreibung der Welt, wie sie dem Tractatus vorschwebte. Ohne sich dessen bewußt zu sein, hält eine verbreitete positivistische Grundeinstellung diese Form der Weltbeschreibung für ausreichend und vollständig, geradezu für allein richtig die Wirklichkeit ausmachend. Der Computer erscheint in dieser Sicht als Werkzeug für die Ausführung dieses Programms. Die allgemein akzeptierte populärwissenschaftliche Version hält das Gleiche auf einer niedrigeren Ebene für zutreffend und begnügt sich damit. (Diese etwas plakative Darstellung wird in den späteren Abschnitten verfeinert werden.) Sicher ist, daß der Computer in seinen Arbeitsstrukturen den logischen Positivismus in einer Weise realisiert, die sich seine Protagonisten nicht hätten träumen lassen.

Die Tatsache, daß der Verfasser des Tractatus selbst über ihn hinausgreift und dann die zweite Hälfte seines Lebens lang über ihn hinausdachte, ist ein ernst zu nehmender Hinweis darauf, daß der Positivismus des Wiener Kreises eine unvollständige Antwort auf die philosophischen Grundfragen gibt und der

4 H. Zemanek, "Semiotics and Programming Languages", *Comm. ACM*, 9, 1966/3, 139-143.
H. Zemanek, "Philosophie und Programmierung", *E&M*, 84, 1967/10, 413-421; H. Zemanek, "Filozófia és programozás", *Információ-Elektronika*, 5, Budapest 1970/3, 222-228.
H. Zemanek, "Abstrakte Objekte", *Elektron. Rechenanlagen*, 10, 1968/5, 208-216.
H. Zemanek, "Some Philosophical Aspects of Information Processing", in: H. Zemanek (Hrsg.), *The Skyline of Information Processing – Proceedings of the Tenth Anniversary Celebration of the IFIP Amsterdam 1970*, Amsterdam 1972, 93-140.
H. Zemanek, "Wittgenstein und der Computer", *Die Presse*, Wien 17./18.03.1973.
H. Zemanek, "Philosophie und Informationsverarbeitung", *NTZ*, 26, 1973/8, 384-389
H. Zemanek, "Konstruierte und natürliche Welt. Formale Strukturen in Technik, Kunst und Gesellschaft", *E&M*, 91, 1974/11, 533-538.

Realität menschlicher Betrachtung und menschlichen Verhaltens (auch vor dem Computer) nicht entspricht. Damit liegt eine ungeheuer gewichtige Warnung vor, vom Computer – außer in der formalen "Tautologie" – endgültige, absolut verläßliche Antworten zu erwarten, oder bei ihm gar eine höhere Intelligenz als jene des programmierenden Menschen.

Das ist freilich nicht die Aussage eines Fachphilosophen und bleibt sicher leichter angreifbar als fachphilosophische Argumente. Aber es kommt von einem Computerpionier, der sich ein Leben lang nicht auf die Computerwissenschaften beschränkte, der die mittlere Periode der Entwicklung der Programmiersprachen aus der Nähe erlebt hat, vor allem in der Zeit, als die Metafragen drängend wurden: wie definiert man eine Programmiersprache, ein Programmiersystem, ein Anwendungssystem? Wer – wie ich – die Kybernetik und ihre Erbin, die Künstliche Intelligenz, beteiligt verfolgt hat, und durch Jahre versuchte, der Spannung zwischen formal und informal, zwischen Bitwelt (der Welt der logisch-mathematischen Modelle, die wir konstruiert haben – der Informatiker ist ein Ingenieur für das Abstrakte) und Sprachwelt (der unausschöpflichen, unauslotbaren Welt der natürlichen Sprache) auf den Grund zu gehen – nicht auf einer abstrahierten akademischen oder philosophischen Ebene, sondern inmitten der industriellen Realwelt –, dem ist die Relation zwischen Wittgenstein I und Wittgenstein II, zwischen Universal-Algorithmus und Sprachspiel nicht nur vertraut; er erkennt sie als Motor der Informationstechnik, als Wurzel der Erfolge und der Mißerfolge, der Erkenntnis und der Irrwege. Mir ist sie zum roten Faden geworden, der mein Leben durchzieht und leitet.[5]

Drei Fragen

Wenn mir also in diesem Rahmen die folgenden Fragen vorgeschlagen sind, dann erhalten sie die Antwort aus der Erfahrung eines dreifachen Lebensbereiches: aus der Lehr- und Forschungswelt der (Technischen) Universität, aus der Verwirklichungswelt der Computerindustrie und aus der internationalen professionellen Vereinswelt ihrer ersten 25 Jahre.

5 H. Zemanek, "The Computer, a Mechanical Device in a Live Environment", *6th Australian Computer Conference*, Sydney 1974., 894-911.
H. Zemanek, "The Human Being and the Automation. Selected Aspects of a Philosophy of Information Processing", in: E. Mumford, H. Sackman (Hrsg.), *Human Choice and Computers*, Amsterdam/New York 1975, 3-30.
H. Zemanek, "Formal Structures in an Informal World – Information Processing as a model for reality", in: F. X. Ritter (Hrsg.), *Information Processing 89 – Proceedings IFIP Congress 89 San Francisco*, Amsterdam 1989; 1101-1105.

1. Welche Weltsicht wird von einem in computerorientierten Sprachen verfaßten Modell der Realität vermittelt?
2. Welche Auswirkungen sind zu vermuten, wenn solche Programme dann in der Realität eingesetzt werden?
3. Ist die Informatik in einem kritikwürdigen Sinn positivistisch?

Ich begnüge mich aber nicht mit drei Antworten. Vielmehr werde ich mit einer historischen Minibetrachtung der Informatik und des Wiener Kreises beginnen, und dann auf die Atome eingehen, mit denen Computer und Tractatus arbeiten. Der reine Informatiker sei übrigens daran erinnert, daß die Logik, um die es hier geht, primär die Aussagen-Logik, als Schaltalgebra[6] das Computer-Geschehen bestimmt, ehe das erste Programm läuft. Die Sicht des Ingenieurs, die ich vertrete, ist zumindest *eine* der angebrachten Betrachtungsweisen.

Die Verwandtschaft ist jedoch nicht auf das Bit und seine logischen Verknüpfungen beschränkt, und das möchte ich durch eine Variante des Tractatus deutlich machen. Im Text bringe ich nur eine knappe Gegenüberstellung, die Variante ist im Anhang etwas weiter ausgemalt, bleibt aber mit voller Absicht eine Skizze.

Dann erst werde ich die drei Fragen beantworten, ohne den Wortlaut der Fragen als extrem bindend für diese Antworten anzusehen.

Produkt und Werkzeug

Schon immer hat das Werkzeug auf Arbeitsweise, Produkt und Mentalität von Hersteller und Benutzer zurückgewirkt. Das gilt ja auch für die Mathematik. Abakus, billiges Papier, Logarithmentafel, Tischrechner und Computer hatten verschiedene Formen der Berechnung zur Folge und änderten die Einstellung zum Rechnen. Zwischen den Verfechtern des Abakus und den Verfechtern des Rechnens auf Papier, zwischen Abakisten und Algorithmikern gab es einen Gegensatz, der in dem bekannten Bild von Gregor Reisch (1503) festgehalten ist, welches häufig reproduziert wird – von F. L. Bauer[7] oder auf Prospekt und Plakat für die vom 21 bis 26 September 1992 in Freiburg stattfindende GI-Tagung "Informatik – cui bono". Entschieden wurde der Streit durch die Verbilligung des Papiers; die Abakisten verloren: rasch hinschreiben wurde effektiver, und der Abakus hat keinen Zwischenspeicher.

6 H. Zemanek, "Geschichte der Schaltalgebra", in: M. Broy (Hrsg.), *Informatik und Mathematik*, Berlin 1991, 420-470.

7 in: H. Zemanek (Hrsg.), *The Skyline of Information Processing – Proceedings of the Tenth Anniversary Celebration of the IFIP Amsterdam 1970*, Amsterdam 1972, 93-140.

Die universelle Anwendung des Computers mit seinen Routinen und Speichern, seinen Aufnahmeorganen und Effektoren muß eine Vielfalt von Rückwirkungen haben. Im heutigen Zusammenhang geht es weniger um die handwerklichen Folgen als um die Einflüsse auf Denkweise und Weltsicht. Die Beherrschung mechanischer Vorrichtungen – ja bereits die Erkenntnis mechanischer Zusammenhänge – hat im 18. Jh. automatische Vorstellungen und ein mechanistisches Weltbild gefördert. Im 19. und 20. Jh. kommt es dem Denker auf solchen Linien gar nicht mehr zum Bewußtsein, daß er sich nicht durch Geist und Kreativität auszeichnet, sondern daß er eine werkzeugbedingte Denkgewohnheit zur Weltanschauung erhebt. Der Elektronik machte im 20. Jh. die Mechanismen flexibel und reduzierte den Graben zwischen Realität und Modell: kein Wunder, daß das Modell nun noch leichter mit der Realität verwechselbar ist. Wenn man den Marxismus von diesem Gesichtspunkt her betrachtet, bleibt zwar ein Komplex von neuartigen Fragestellungen über, aber die Lösungen erscheinen als Produkte der mechanischen Werkzeugkiste des 19. Jahrhunderts: sehr zeitbedingt und technisch-trivial – was globale Wirkungen nicht ausschließt.

Dies alles gehört zum Thema, weil der logische Positivismus mit seiner Reduktion auf das Beweisbare und Berechenbare sein Modell der Welt mit der Realität zu identifizieren versucht. Wir werden zu überlegen haben, ob die Kunst der Informationsverarbeitung diese Identifizierungsabsicht fördert und bestätigt. Kurz vorweggenommen: sie fördert sie, aber sie bestätigt sie nicht. Die Informatik muß *genau* hinsehen, auf das Bit genau. Und genau hinsehen vermehrt das Unterschiedliche und reduziert das Gleiche. Computer-Detailrechnung ist anders als Gehirn-Detailrechnung; und der Geist wird beim genauen Hinsehen unsichtbar, so daß seine Wirkung, wenn man sie nicht leugnet (um es leichter zu haben), immer rätselhafter wird. Das Gegenteil des Positivismus ist nicht Negativismus, sondern Respekt für das Unergründbare (Wittgenstein hatte ihn), dem der Mensch unterinformiert gegenübersteht und gegenüberstand in all den Jahrtausenden, welche die Menschheit erfolgreich überstanden hat – ohne Positivismus.

Im zweistufigen Werk Ludwig Wittgensteins ist die Wende von der Perfektionshoffnung des Tractatus zum Sprachspiel der Philosophischen Untersuchungen vorweggenommen. Man braucht bloß Wittgenstein am Computer zu spiegeln. Diese Spiegelung wird dadurch erleichtert, daß Wittgenstein kein klassischer Fachphilosoph war, sondern seiner Ausbildung nach Ingenieur und ein denkender Alleingänger, was er in der Einleitung zum Tractatus selbst klar sagt. Daraus ist keine Gewerbeberechtigung für mich ableitbar, aber eine Entschuldigung für mein Herumtreiben in fremder Fakultät.

Aber der Computer verspricht auch die Rückkehr zu Seele und Geist, weil er eine Informations- und Sprachmaschine ist. Zwar bleibt das Werkzeug Werkzeug, ohne Wissen und ohne Intelligenz, aber dieses Werkzeug bearbeitet Information. Und Information ist etwas anderes als Materie und Energie (was z.B. Norbert Wiener sehr klar ausgesprochen hat). Spätestens im letzten Grunde wird die Information Information erst in der Reflexion durch den Menschen (der Informatiker würde sagen: in der Informationsverarbeitung durch Geist und Seele).

Das mag für manche, das mag für viele Ohren sehr altmodisch klingen. Aber es ist ganz bestimmt die Zukunft, von der Informationstechnik vorweggenommen und vorhergesagt durch die Philosophie. Das 20. Jh. hat die mechanistische Perfektion (die als Simplizität gesehen werden kann, aber auch als einfachste und daher wirtschaftlichste Darstellungsform) durch Erkenntnisse erschüttert, die auf der Unzulänglichkeit von Logik, Werkzeug und Information beruhen. Unentscheidbarkeit der logischen Gedankenmaschinen und unvermeidliche Unschärfe der physikalischen Messung resultieren aus inhärenten Informations-Defiziten: Axiome reichen nicht für unbeschränkte Gewißheit und Meßdaten nicht für unbeschränkte Vorhersagen. Der Mensch ist – auch in Naturwissenschaft und Informationstechnik – imperfekt und daher Opfer von Fehlern Ursache für Fehler. All dies spiegelt der Computer nicht nur wieder. Kraft seiner Struktur und seiner Fähigkeit verstärkt er es in beängstigendem Ausmaß und erlaubt keine Beschönigung. Der Computer, eben weil er in seiner Logik so unmenschlich perfekt ist, wird uns auf lange Sicht zurückzwingen zur menschlich-imperfekten Auffassung von der Information und damit von der Welt.

Eine zweckdienliche Minigeschichte der Informatik

Wenn man nicht bis zum Fingerrechnen und zum Fingercode zurückgehen will (was gerechtfertigt wäre, aber aufwendig), macht den Beginn des Computers das elektrische Addierwerk (gefolgt vom elektronischen), das die Geschwindigkeit der Anlage bestimmt. Ein elektrisches Addierwerk war nicht eine neue Idee, aber die Chancen auf Realisierung und auf eine daraus resultierende enorme Rechengeschwindigkeit waren von 1930 an dramatisch gestiegen. Dazu braucht es den passenden Speicher (der jedoch mehrschichtig – in verschiedenen Techniken mit verschiedenen Geschwindigkeiten – ausgeführt werden kann), und die schnelle Benützung verlangt das Befehlswerk: den Umsetzer der codierten Befehle, weil eine Handbedienung des elektronischen Addierwerkes unangepaßt wäre. Nimmt man noch Ein- und Ausgabe hinzu, dann hat man die sogenannte John-von-Neumann-Architektur als selbstverständliche Hauptgliederung entwickelt. Anders kann der Computer gar nicht sein – man kann die Architektur nur vervielfachen und flexibler machen.

Die entscheidende Erfindung – gar nicht für den Computer gedacht – war dann der Transistor, der zum Chip geführt hat, zur Verkleinerung und Beschleunigung unvorstellbaren Ausmaßes. Die weiteren Erfindungen, ob sie Speicher betrafen oder Ein- und Ausgabe, Verkleinerung, Beschleunigung oder

Produktion, die Ideen für die Software – sie kamen eher folgerichtig als revolutionär. Aber der Gesamtvorgang wurde zur Revolution: Riesenrechnungen kein Problem mehr und informationsgesteuerte Technik. Die Billigkeit machte den Computer zum allgegenwärtigen Bauteil, den man sich auch dann leisten kann, wenn er mehr ruht als arbeitet.

Die automatische Umsetzung von algebraischen Formeln führte zur Programmiersprache und in der Folge zum Software Engineering. Aus der Rechenmaschine wurde der *COM-PUTER*, der Umsetzer und Zusammensetzer beliebiger Zeichenscharen. Die Textverarbeitung hat heute das Verhältnis zwischen Ziffern- und Buchstabendaten stark in Richtung auf Texte verschoben.

Mit der Speicherung und Administration informaler Texte kam ein neuer Zug in die Informatik. Sie begann sich mit der Buchdrucker-Kunst zu verschmelzen. Verarbeitet sie aber informale Information so wirksam und verläßlich, wie man es von der numerischen Mathematik her gewohnt ist? Nein, das kann sie nicht.

Der Kunstgriff der Formalisierung liegt in der Abstraktion, in der Abhebung vom Kontext. Sobald der Kontext den Leitgedanken steuert – und im Informalen ist das an entscheidenden Stellen der Fall – ist die Kontextunabhängigkeit eher schädlich. Auf den Kontext wird mehrfach zurückzukommen sein. Eines ist sicher: Das Zweigespann Bewußtsein-Gehirn (wie immer es zusammenarbeitet) ist – wenn überhaupt Maschine (eher nicht)[8] – eine Kontextmaschine, welche sich auf geheimnisvolle Weise die Übersicht im Meer der Kontexte bewahrt. *Das* ist die Zentralleistung der Intelligenz, nicht die Problemlösung.

Der Elementarsatz – Das Lochkartenbit und seine Pragmatik

Wittgenstein ging bei seinem Tractatus vom Grundsatz aus, daß alles so einfach ist, daß es sich aus Elementarsätzen aufbauen läßt, die wahr sind oder falsch, also durch ein Bit repräsentierbar. Aus der logischen Kombination aller denkbaren Elementarsätze muß sich daher eine klare, perfekte, an der Wirklichkeit abgeprüfte Beschreibung der Welt ergeben, welche alle andern Darstellungen unnötig und die Metaphysik zu einem leeren Gerede macht. Diese Auffassung ist – ohne und mit Wittgensteins und des Wiener Kreises Einfluß – sehr verbreitet, eher nicht Tractatus-scharf, aber als unbezweifelte Grundeinstellung.

Im Tractatus gibt es weder eine Anweisung noch ein Leitbeispiel, um von einer gegebenen Situation zu einem Elementarsatz zu kommen. Hier war eine der Schwachstellen der scharfen und glänzenden Architektur. Wie anderswo auch sollte sich das Atom als zerlegbar erweisen, und es war Wittgenstein

8 H. Zemanek, "Why should the Brain be a Machine?", *Speculations in Science and Technology*, 14, 1991/4, 243-270.

selbst, der dies erkannte. Nach einer Anekdote soll die Wendung eingetreten sein, als er die komplizierte Situation rund um eine einfache Geste vorgeführt bekam.

Tatsächlich war der Vorgang sicher weit komplizierter. Der Übergang von der atomistischen zur kontextabhängigen Auffassung scheint mir ungeheuer wichtig zu sein, und ich möchte die Problematik des Elementarsatzes und damit auch der Informatik überhaupt an einem Beispiel eines Satzes darstellen, das die Denkweise des logischen Positivismus gut illustriert. Der Satz lautet:

"Kelim Arafat ist islamischer Religion."

Seine Bedeutung hat viele Aspekte. Heute wird man ihn z.B. unwillkürlich in Beziehung setzen zum Krieg in Jugoslawien, wo er eine Serie praktischer Folgen nach sich zieht. Sowohl der Name 'Kelim Arafat' ist vieldeutig als auch der Begriff 'islamische Religion'. Erst mit dem dazugehörigen Ort und Datum der Geburt wird der Name – vielleicht – auf eine einzige Person reduziert; überdies müßte man die Korrektheit der Angaben verifizieren. Was 'islamische Religion' ist, stellt die Bestimmung der Bedeutung vor das nächste Problem (und was für die betreffende Person islamischer Glaube ist, kann sie oft selbst nicht richtig sagen). Nicht nur elementare Unterscheidungen wie Sunnit oder Schiit, sondern auch die vielen Nuancen der Religion (und des Glaubens) machen die einfache Bezeichnung zu einem schillernden vieldimensionalen Gemälde. Auch die Beziehung zwischen etablierter Person und etabliertem Glaubensbekenntnis ist von äußerst verwickelter Natur, zeitlich variabel von der Kindheit bis ins Alter, vom Umfeld abhängig – kurz, eher ein Buch als ein Satz, ein Kontext ungeheurer Ausdehnung.

Im Rahmen einer Volkszählung aber wird dieser Satz zu einem Bit, zu einem Loch in der Hollerithkarte der österreichischen Volkszählung von 1890 oder 1900.[9] Der Kontext hat gewechselt: die Information wird nicht für den einzelnen Fall gebraucht, sondern für eine Statistik, welche Wirtschaftsentscheidungen auf rationale Grundlage stellen soll. In dieser Sicht braucht der Elementarsatz nicht zerlegt oder ausgedeutet werden. Er ist ein klares Bit.

Es ist diese glänzende Klarheit, welche die Wende vom 19. zum 20. Jahrhundert mit der Hoffnung erfüllte, unser gesamtes Wissen dorthin zu bringen, zu einer endgültigen "Aufklärung": Eines Tages müßte sich, so war die Erwartungshaltung, die Welt und unser Wissen über sie in Form derartiger Lochkarten-Klarheit aufzeichnen und verifizieren lassen – das Ende aller Unbestimmheit schien nahe. Aber das Gegenteil stellte sich heraus: Verlust der Gewißheit (ein Buchtitel eines namhaften Metamathematikers).[10]

9 H. Zemanek, "Otto Schäffler (1838-1928) – Pionier des Telephons, der Telegraphie und der Lochkarte", *Blätter für Technikgeschichte*, Heft 41-43, Wien 1983, 82-118.

10 M. Kline, *Mathematics – The Loss of Certainty*, New York 1980.

Nun ist die naturwissenschaftliche Welt natürlich nicht binär, sondern stetig. Das hat Wittgenstein als Ingenieur genau gewußt, und in echtem Ingenieurstil hat er sich an der ärmlichen Endlichkeit der Dezimalen bei Messung und Herstellung nicht gestoßen. Die Lochkarte muß so viele Dezimalen speichern, wie man braucht. Hätte das dem angewandten Tractatus genügt? Wäre er bei der Verifizierung nicht in unendliche Prozeduren geraten? Wittgenstein I war optimistisch. Wittgenstein II hätte gesagt: für das eine Spiel genügen drei Dezimalen, für das andere nicht.

Daß die perfekte 'Denkmaschine Mathematik' (eine Formulierung des Angewandten Mathematikers Josef Petzval aus 1843)[11] – hier ist das Wort 'Denkmaschine' vorbildlich angewendet – im Raum der Zahlen sichere Wege garantiert, erzeugt den Optimismus; daß selbst der großartigste Computer nur endlich viele Dezimalen schaffen kann, sollte zu denken geben und die Unzulänglichkeit der Meßdaten auf den meisten Gebieten sollte zu Pessimismus einladen.

Die Erweiterung von der Aussagenlogik auf Zahlen macht praktisch wenig Unterschied. Erst an den "philosophischen" Rändern wird etwa Gödels Unentscheidbarkeit von Bedeutung. Auf der Ebene der Programmiersprachen (und ihrer Definition) gehören derartige offene Fragen zur täglichen Arbeit. Wittgenstein hätte an Gödel schwer zu beißen gehabt, aber damals lagen diese Art Fragen noch weit draußen am Horizont.

Zunächst einmal erschien die Rückführung auf Elementarsätze sehr plausibel. Und der Computer brachte eine Art nachträglicher Bestätigung. Denn es ist eine absolute Wahrheit, daß im Computer nichts geschieht, was nicht auf logischen Ja-Nein-Einheiten, auf Bits und den elementaren Funktionen der Negation, Konjunktion und Disjunktion (neuerdings auch Adjunktion genannt) sowie der Verschiebung um die Taktzeit beruht. Man braucht vielleicht nur wenige einfache Hilfskonstruktionen, um den Tractatus-Elementarsatz auf das Computer-Bit zurückzuführen.

Wie alle solchen absoluten Wahrheiten hat auch diese wenig semantischen Wert. Zwar funktioniert der Computer auf Grund perfekter Verarbeitung ewiger Wahrheiten, aber er vermag damit nicht die flüchtige Information – bis in die Niederungen der Zeitungsmeldung – zu behandeln und er vermag primitive Denkfehler der Programmierer weder zu erkennen noch zu vermeiden, außer es gibt ein spezifisches Programm für einzelne Fälle oder Arten.

In einem Vortrag habe ich einmal ausgeführt,[12] daß der Computer kein Dschinn ist, kein Geist aus der Flasche, sondern nur eine in einen Siliziumbehälter gebannte Version menschlicher Geistesleistung, die Sinn nur von außen erhält und deren Resultaten vom Geist der Programmierer, der Einge-

11 J. Petzval, *Bericht über die Ergebnisse einiger dioptrischer Untersuchungen*, Hartleben/Budapest 1843.

12 H. Zemanek, "Der Geist in der Flasche. Warum der Computer nicht ausschaut", *Informationstechnik*, 28, 1988, 3-10.

ber und der Ergebnisdeuter Bedeutung verliehen wird. Wenn der Computer als Kommandogerät verwendet wird – vom Fahrscheinautomaten bis zur Walzwerks- oder Flugzeugsteuerung – ist lediglich ein Uhrwerk komplizierterer Art realisiert, und nur ein Narr kann glauben, daß das Kommandogerät des menschlichen Eingriffs in Krisensituationen entbehren kann. Denn dies würde jene Allwissenheit voraussetzen, die der Mathematiker in gewissen, klar übersehbaren Problemsituationen (wie etwa der quadratischen Gleichung) beanspruchen darf, die aber weder für die Physik noch für das Leben gilt. Die einzigartige Fähigkeit des Menschen, aus Unterinformiertheit heraus richtige Entscheidungen zu treffen, aus falschen Gründen richtige Wege zu gehen, verstehen wir viel zu wenig, um sie programmieren zu können. Wahrscheinlich wird uns das nie gelingen. Der Mensch kennt nicht einmal seine eigenen Beweggründe und Entscheidungswege – wie könnte er zu einem objektiven Verfahren dafür gelangen? Und die Annahmen, die von einem Jetzt-noch-nicht ausgehen, halten wissenschaftlich-philosophischer Kritik nicht stand.

Ich weiß nicht, ob ein persischer Dschinn eine Talsperre für ein Wasserkraftwerk richtig gebaut hätte. Wenn ja, dann sicher intuitiv und ohne Differentialgleichung. Umgekehrt kann der Computer die Differentialgleichung für das Dammprofil rechnen – unter Berücksichtigung der Randwerte. Aber er hat nicht die menschliche Sprache des Dschinns.

Etliche Vertreter der KI verhalten sich, als wäre bereits eine positivistische Definition der Intelligenz konstruiert worden, welche die menschliche Intelligenz abdeckt. In Wirklichkeit ist nicht einmal aus den Bemühungen um die Lernprogramme, die wir in den Karlsruher Lerntagungen in den 50er und 60er Jahren angestrebt hatten, etwas Industriebrauchbares geworden. Und der lernschwache Computer soll Intelligenz haben?

Es handelt sich hier um den Mißbrauch eines geisteswissenschaftlichen Begriffes für Computermethoden mit dem gleichen Ziel, aber völlig anderer Vorgangsweise. Da ist viel Intelligenz beteiligt, aber menschliche und nicht maschinelle.

All den Phantasten, ob Journalisten, KI-Romantiker oder andere leichtfertige Optimisten, die an "künstliche" Intelligenz glauben, müßte man befehlen können, einen funktionierenden Relais-Computer zu bauen, und erst dann weiter zu reden. Einen Relaiscomputer: erstens weil er eine noch halbwegs menschliche Geschwindigkeit hat, und zweitens, weil sich Intelligenz vortäuschende Überkomplikation von selbst verbietet. Danach würde sich viel geredeter Unsinn von selbst aufhören.

Mechanismus bleibt Mechanismus, syntaktisch, durchschaubar, determiniert (stochastische Bauelemente bringen Unvorhersagbarkeit, der Effekt ist aber weder Geist noch Intelligenz).

Der Tractatus und seine Variante

Das erläuternde Beispiel eines Elementarsatzes macht wohl den *Grundgedanken* des Tractatus ebenso deutlich wie seine *Schwäche*. Die erträumte Zuspitzung der Wahrheit auf eine Sammlung von einfachen Elementarsätzen und ihre logischen Verknüpfungen brächte Ordnung und Sicherheit in das philosophische Gebäude, vermeidet Willkürlichkeit in den Voraussetzungen, Ausgangsfakten und Schlüssen.

Die Hauptformel ist, wie Bertrand Russell in seinem Vorwort zur Erstausgabe des Tractatus ausführt, mit ihren Negationen eine Verallgemeinerung und Ausweitung des Gedankens von Sheffer, *alle* logischen Funktionen aus der Elementarfunktion $\neg x1 \vee \neg x2$ abzuleiten. Es erscheint auch als eine Art Vorwegnahme des Falsifikationsprinzipes von Sir Karl Popper. Auf diese Aspekte kann hier nicht eingegangen werden.

Das Beispiel eines Elementarsatzes zeigt aber auch, wie dieses Verfahren zum Verlust des Kontextes führt. Die Tatsache nämlich, daß der Elementarsatz (das Lochkarten-Bit) zutrifft, ist von der idealen Klarheit nur, wenn man vom Kontext absehen kann. Nun ist es denkbar, einen Teil des Kontextes wieder durch Elementarsätze zu erfassen. Diese Vorgangsweise hat aber keinen Abschluß – der Kontext ist da, ehe die Arbeit beginnt, und er ist immer noch da und teilweise offen, wenn die logische Arbeit zu Ende ist.

Derartige Gedanken könnte man weiter ausspinnen – wir bleiben aber bei der Abbildung auf den Computer. Auch bei ihm erzeugt die Formalisierung Kontextmangel; daher der Trend, daß die steigende Flut angebotener Computer-Information ein noch viel rascher steigendes Informationsbedürfnis zur Folge hat: der fehlende Kontext steigt mit der Datenmenge. Wo dieser Kontext klar ist – man denke an eine Kontoführung – kommen Fragen nur bei Fehlern (Fehlüberweisungen) auf. Die Fülle der Anwendungen kann aber mit der Umfelderklärung nicht mitkommen, und die Unterschätzung der ihnen gemäßen Formalisierungsmethoden seitens der Geisteswissenschaften macht die Situation fast hoffnungslos. Geisteswissenschaftler lassen sich schwer aufscheuchen. Sie haben ihre Hausaufgabe (wie die Amerikaner sagen) für das Computerzeitalter nicht gemacht und werden noch viel Ärger haben.[13]

Kurz: um zu zeigen, daß der Computer nicht die gleichen, aber verwandte Fragen aufwirft, habe ich eine Tractatus-Variante angerissen, welche die Verwandtschaft mit der Computer-Situation anzeigt und in Frage stellt. Der Leser kann Sätze für sich umändern und eine Menge Material einfüllen: und dabei geht es nicht um den Anspruch, die Situation möglichst detailreich zu machen, sondern um die Gedanken, die beim Anblick der Sätze kommen.

Wittgenstein hat mit dem Tractatus auch einen einzigartigen Stil einer wissenschaftlich-philosophischen Arbeit geschaffen. Wir haben das bei einem

13 H. Zemanek, "Informationsverarbeitung und Geisteswissenschaften", *Anzeiger der phil.-hist. Klasse der ÖAW*, 124, 1988, 199-225.

Versuch besonders deutlich vor Augen bekommen, das Vokabular des Tractatus systematisch zu verändern. Die Idee war, daß Wittgenstein kein ausgebildeter Philosoph war, sondern ein Ingenieur, aber doch wieder kein Programmierer, so daß sein Vokabular zu keinem dieser Berufe paßt (ersteres war eine Mitursache der langsamen Akzeptanz des Tractatus in der Fachphilosophie). Man könnte daher vielleicht nach Fachausdrücken suchen, die dann in die Sprache der Philosophen und zweitens in die Sprache der Programmierer übersetzt werden könnten. Wir gaben also den gesamten Wortlaut des Tractatus in den Computer ein und schrieben ein Programm für die Listung von, die Suche nach und den Umtausch von Wörtern (damals war dergleichen ja nicht in der Standardausrüstung – solche Programme schrieb man leichter selbst, als sie zu finden). Es zeigte sich, daß sich die Wirkung von Wortabtauschungen im Text verliert – wir vermochten keine brauchbare Wirkung zu erzielen. Dazu mußte man gröber vorgehen.

Wir übersetzten daher möglichst viel in die Welt der Straßenbahn *(Die Straßenbahn ist alles, was der Fall ist).* Das ergab zwar einen Nonsenstext, aber der Stil des Tractatus wurde dadurch überdeutlich. Als es dann in Wien um die Rettung des von Wittgenstein als Architekten entworfenen Hauses für seine Schwester ging, verfaßte ich eine Schrift gegen den (armen) Denkmalschutz-Chef Wiens, weil er das Haus nicht schützen wollte und dies unsinnig begründete: den *Tractatus architecto-philosophicus*;[14] er soll zur Rettung beigetragen haben – genau feststellen kann man so etwas ja nicht.

Mit Wittgensteins Haus sind wir bei einem Übergang zur Architektur – diese Arbeit hat mehrere. Ich halte es nicht für einen Zufall, daß sich Wittgenstein zwischen Tractatus und Philosophie II als Architekt versucht hat. Auch die anschließende Zeit als Lehrer könnte wesentlich für den Übergang gewesen sein. Dies auszuführen würde hier zu viel Platz beanspruchen; leider sind meine Gedanken dazu nur in Form eines Zeitungsbeitrags erhältlich[15] – im wesentlichen ist die Überlegung, daß beide Gebiete antialgorithmisch sind und daher von Wittgenstein als teilweise gegen den Tractatus gerichtet empfunden werden mußten, vielleicht eher im Unterbewußtsein.

Es ist gesagt worden, daß der Atomismus auch in der Psychologie gefunden werden konnte, in der mächtigen Richtung des Assoziationismus. Völlig im Sinne des logischen Positivimus lehrte diese Richtung, daß menschliches Wissen und menschlicher Geist logisch-atomistische Natur haben; die Atome sind Elementar-Erlebnisse, und der logische Mechanismus ist die Assoziation in ihren verschiedenen Formen. Man könnte meinen, daß dies eine sehr theoretische Frage sei, aber tatsächlich regierten solche Vorstellungen sehr praktisch. Im k.k. Schulwesen zum Beispiel galt der extreme Assoziationist Johann Friedrich Herbart (1809 bis 1833 Nachfolger Kants an der Universität von Königsberg) als führender Theoretiker der Pädagogik. In Wien aber hatten nach dem

14 H. Zemanek, "Tractatus architecto-philosophicus", *Die Presse*, Wien 26.8.1979, 3.
15 H. Zemanek, "Wittgenstein und der Computer", *Die Presse*, Wien 17./18.03.1973.

Zusammenbruch der Monarchie Karl Bühler und Otto Glöckel einer Ganzheitsphilosophie und einer auf ihr basierenden Schulreform zum Durchbruch verholfen, die in striktem Gegensatz zum Assoziationismus und daher auch zum Tractatus stand. Wittgenstein und übrigens auch Karl Popper beteiligten sich aktiv an dieser Bewegung. Ist Wittgenstein Lehrer geworden, um sich mit der Lage auseinanderzusetzen? Er sagt es nirgends, aber es ist nicht auszuschließen. Wittgenstein unterrichtete übrigens – sicherlich nicht nach dem Lehrplan – auch die *Neue Mathematik*, indem er versuchte, seine Erkenntnisse in der Logik für den Elementarunterricht furchtbar zu machen – so wenig erfolgreich wie der Versuch in unseren Tagen.

Computer-Architektur wird meist als Kurzbeschreibung der Systemfunktion verstanden, was nicht ganz falsch ist, aber zu kurz; sie sollte Entwurfskultur sein. Nur beim IBM System/360 war dies der Fall. Meine Versuche, eine solche Kultur (unter dem Namen *Abstrakte Architektur*)[16] in Gang zu setzen, waren nicht sehr erfolgreich. Unter der Überschrift *Architektonische Klarheit* wird im letzten Teil dieses Beitrags die Bedeutung der Architektur gerade für Strukturen herausgestellt, die nicht algorithmisch sind, wo man nicht von Axiomen oder ähnlichen Prämissen ausgehend auf logischem Wege zur Gestaltung kommt. Und das ist bei Computer-Gesamtsystemen und den meisten praktischen Anwendungen mit Sicherheit der Fall.

Die Gedanken des Wiener Kreises auf die Informationstechnik anzuwenden und dabei gleichzeitig Klarheit und Mißtrauen gegen eben diese Klarheit zu gewinnen – das ist der Sinn derartiger Betrachtungen. Was nahm Wittgenstein, was nahm der Wiener Kreis, was nehmen wir als selbstverständlich, als vorgegebenen Rahmen an? Was ist an ihm berechtigt, was ist an ihm Denkökonomie und was führt zu falschen Vorstellungen und Schlußfolgerungen? Man sieht: die Wurzeln sind hier nicht historisch, sondern methodisch verstanden. Und mit dieser Einleitung können wir uns der Tractatusvariante zuwenden, hier im Text nur durch die 7 Hauptsätze im Vergleich zum Wittgensteinschen Tractatus vertreten, länger ausgeführt im Anhang und noch länger im Belieben des Lesers.

Vergleich der beiden Traktate:

	Tractatus logico-philosophicus	Tractatus informatico-philosophicus
1.	Die Welt ist alles, was der Fall ist.	Die Welt der Informatik ist alles, was der Fall ist.
2.	Was der Fall ist – die Tatsache – ist das Bestehen von Sachverhalten.	
3.	Das logisch-mathematische Bild der Tatsachen ist der Gedanke.	

16 H. Zemanek, "Gedanken zum Systementwurf", in: H. Maier-Leibniz (Hrsg), *Zeugen des Wissens. 100 Jahre Automobil – Daimler-Benz*, Mainz 1986, 99-125; H. Zemanek, "Abstract Architecture – General Concepts for System Design", in: D. Bjørner (Hrsg.), *Abstract Software Specifications*, *Lecture Notes in Computer Science*, 86, 1980, 1-42.

4. Der Gedanke ist der sinnvolle Satz.	Die Anwendung ist die Benutzung eines sinnvollen Programmpaketes für einen bestimmten Zweck.
5. Der Satz ist eine Wahrheitsfunktion der Elementarsätze.	Das Programmpaket besteht aus Programmen und Unterprogrammen rein syntaktischer Natur.
6. Die allgemeine Wahrheitsfunktion ist: $[\bar{p}, \bar{\xi}, N(\bar{\xi})]$	Die allgemeine Form des Programms ist ein Aggregat von logischen Grundfunktionen (t_0, $\neg$, &, $\vee$).
7. Wovon man nicht sprechen kann, darüber muß man schweigen.	Über das, was die Informatik nicht tatsächlich als Programme realisieren kann, sollte der Informatiker nicht reden, als könnte er es.

Zitat aus dem Tractatus informatico-philosophicus:

4.1 Die Informatik ist *zweckorientiert*, nicht nur im Anwendungsfall, sondern bereits in ihrer Absicht und in ihrem Wesen.

4.11 Wittgenstein hatte ein methodisches, ein grundsätzliches Ziel.

4.12 Der Tractatus logico-philosophicus unterscheidet sich daher vom Tractatus informatico-philosophicus, wie sich die Turing-Maschine vom Computer unterscheidet.

4.2 In der Informatik ist Erreichen des Zieles wichtiger als Originalität oder perfekte Korrektheit.

4.21 Das galt bereits für die Pioniere: der Computer war (von Einzelteilen abgesehen) nicht eine umwerfende Erfindung, sondern es kam auf den Willen an, ein funktionierendes Gerät zu bauen.

4.22 Informatik, der die Pragmatik fehlt, hat im besten Fall theoretischen Wert.

Die Weltsicht des praktischen Computerverwenders (Zur Frage 1)

Unvermeidlicherweise sind alle *Modelle*, die am Computer laufen, vom Algorithmus bis zu einem Weltmodell (Forrester/Club of Rome) von der logischen Natur der Schaltkreise und Programme, und sie müssen die Weltsicht noch weiter in die Richtung des Positivismus treiben.

Der Computer wird zur Brille.

Gleichzeitig aber zwingt die Interpretation des Computergeschaffenen zur Auseinandersetzung mit der Unlogik, auf die man nicht erst als Folge der Anwendung trifft, sondern die bereits am Computer selbst diktatorisch auftritt: denn kein Benützer (nicht einmal einer der Entwickler) kennt alle logischen Einzelheiten von Hardware und Software; er redet sich höchstens ein, strikt logisch vorzugehen. In Wahrheit behandelt er das System wie der Bauer die Kuh, nicht unlogisch, aber nicht mit der Folgerichtigkeit und Aussagenlogik des Tractatus, sondern mit der Alltagslogik, die ebenso *treffend* sein kann wie *weit daneben*. Man mag ein wissenschaftliches Problem auf wissenschaftliche Weise behandeln, aber man folgt dabei nicht einer geschlossenen, algorithmischen Theorie der Prozeßabwicklung, sondern man tut, wie man kann. Die Diskrepanz zwischen der wissenschaftlichen Methodik und der prozeduralen Pragmatik macht die Weltsicht des Tractatus zu einer blassen Theorie.

Überdies trifft das menschliche Individuum das positivistische Idealgebäude mit der Kraft seiner Irrtumsfähigkeit: Programmierfehler auf allen Ebenen machen die Fragwürdigkeit logisch geschlossener Systeme, wie sie der Positivismus liebt (mit dem Tractatus als Kielskulptur), offenbar und zum eigentlichen Problem der Informatik. Das "Programmierspiel" existiert vor und über dem Programm, der Computerbenutzung.

Der Computer als reine Syntaxmaschine kann die Bedeutung nur in Form von vor ihr hergestellten syntaktischen Modellen erfassen (beim Index Thomisticus, dem bisher größten Projekt auf dem Gebiet der philosophischen Informationsverarbeitung, waren das die für jedes Wort von einem Menschen miteingegebenen Lemmata – bei den Expertensystemen sind das Unmengen von Wenn-Dann-Relationen) – das Programmierspiel ist ein sehr begrenztes. Außer in rein formalen Spielen muß das Ergebnis für seine Anwendung interpretiert werden, und das kann letzten Endes nur zu einer Auseinandersetzung mit der Semantik und zur Erkenntnis führen, daß die Geisteswissenschaften für die Informationsverarbeitung noch wichtiger sind als die Naturwissenschaften. Information hat ebenso so sehr eine wissenschaftlich-technische Natur wie eine geisteswissenschaftliche und natürlich-pragmatische.

Information gibt es, bevor die Wissenschaft sich damit beschäftigt, und das gilt auch für einen wichtigen Teil der Information, die dem Computer zugeführt wird.

Die Weltsicht des praktischen Computerverwenders ist pragmatisch. Gut ist, was funktioniert, und schlecht ist, was Schwierigkeiten macht. Wenn man Ärger mit dem Computer hat, hilft nicht Philosophie, sondern behebender Eingriff. Erst wenn man sich auf eine weit höhere Ebene begibt, kehrt sich dies um: der Eingriff sollte dann der philosophischen Bemühung folgen.

Die Auswirkung der Computerverwendung (Zur Frage 2)

Das Auto, beschränkt auf Transportaufgaben (also auf ein weit engeres Spektrum als der Computer), hat Auswirkungen in solcher Fülle, daß sie bisher nirgends auch nur mit annähernder Vollständigkeit beschrieben sind. Der Computer ist nicht auf Rechenaufgaben beschränkt. Die Fülle seiner Auswirkungen wird in 100 Jahren ebenfalls noch nicht ausbeschrieben sein.

So wie das Zündholz die Kunst des Feuerreibens unnötig gemacht hat, so scheint der Tischrechner die Kunst des Kopfrechnens unnötig zu machen. Aber hier beginnt ein folgenschwerer Irrtum, der zu den Auswirkungen des Tischrechners, aber auch des Computers gehört. So wie das Auto nicht das Zufußgehen unnötig macht, sondern alle Arten von Beinsport verlangt und zu Fußgängerzonen führt, wo Autos nur im Sonderfall Zufahrtrecht haben, so hat das Rechnen Kopfrechnerzonen, wo der Automat nur im Sonderfall zulässig ist. Routinen, reichlich erprobt, darf man dem Computer überlassen – Einzelfälle müssen so gestaltet werden, daß man ihre Richtigkeit überprüfen kann, und dies wieder setzt voraus, daß man zur Überprüfung fähig ist. Automaten durch Automaten zu prüfen, hilft nur bedingt. Wer nicht im Kopf rechnen und abschätzen kann, fällt den dümmsten Eingabe- und Programmierfehlern zum Opfer.

Und was am unteren, praktischen Ende gilt (von den Grundrechnungsarten angefangen), gilt in entsprechender Analogie am oberen, philosophischen Ende: positivistische Prozeßlogik darf nicht den gesunden Menschenverstand außer Kraft setzen, nicht einmal behindern.

Gesunder Menschenverstand wird immer mehr zum Opfer der Spezialisierung. Ich meine mit *gesundem Menschenverstand* nicht jene Verwendung, welche die eigenen Meinung als Norm verkaufen will. Ich meine die Fähigkeit, etwas ohne Gebrauchsanweisung oder Einschulung zu tun. Hier wird eine Schuld der wissenschaftlich-technischen Entwicklung sichtbar: immer mehr Dinge und Fähigkeiten brauchen Dokumentation und Benützungskurse. Daß der Computer dies drastisch verschärft, kann man allein schon von jenen PCs ablesen, zu denen eine Handbibliothek mit größerem Volumen als dem des Computers gehört. Die Lernfähigkeit des Menschen wird durch (im Grunde nebensächliche) technische Fingerfertigkeit okkupiert. Wenn man den gesunden Menschenverstand, das Handeln aus dem Handgelenk, nicht kultiviert, sondern durch Gebrauchsanweisungen und Rechtsvorschriften abwürgt, dann muß er verkümmern. Das beleuchtende Extrem ist ein Doktorat in *Husten*, damit sein Zweck auf professionelle Weise erreicht werden kann, weil indessen die Gebrauchsanweisung zum Husten für den Laien unverständlich geworden ist.

Ich habe nicht festgestellt, daß Positivisten und Computerexperten um die Kultur des natürlichen Verstandes bemüht wären. Wittgenstein hat nicht abgeschätzt, wie viele (Millionen) Bände das ausgearbeitete Tractatus-Prinzip ergeben hätte. Es ging ihm ja nur ums Prinzip – aber Prinzipien ohne Rücksicht auf die praktischen Folgen verdienen volles Mißtrauen. Ein "gutes" Prinzip, das unbewältigbare Arbeit verursacht oder überflutenden Müll, kann kein gutes Prinzip sein. Wenn man sich den Informationsmüll vorstellt, den das Computerzeitalter produziert und dann hinterläßt (es braucht viel Phantasie, um sich alle möglichen Informations-Analoga zu erdenken, die es zu verrotteten Industrie-Anlagen und Hardware-Müllbergen geben kann), dann müßte man sofort mit der professionellen Vermeidung von Informationsmüll beginnen und mit Einrichtungen für die Vernichtung von wertlos gewordenen Informationshinterlassenschaften. Der Computer ist ohnehin besser im Vernichten von Information als in ihrer Herstellung – das ist nicht ein bloß hingesagtes Wort, man kann es aus der Natur der logischen Funktion mathematisch ableiten, und es ist noch härter als Wittgensteins Definition als Tautologie (Tract. 6.1). Die Vernichtung irrelevanter Information gehört zur Kunst erhoben, und die Philosophie sollte dies kräftig unterstützen. So kann sie konkret nützen.

Hier paßt ein Wort zu Gunsten des Vorurteils. Es gibt falsche und richtige Vorurteile. Man soll sich nicht schmeicheln, man wäre imstande, Urteilsketten von unbezweifelbaren Axiomen bis zum aktuellen Einzelfall durchzudenken. Der Mensch arbeitet immer wieder mit vorgefertigten Urteilen, mit für richtig gehaltenen Maximen, deren Korrektheit zumindest er selbst nicht geprüft hat – anders geht es gar nicht. Hüten muß man sich vor falschen, falsch formulierten und falsch verstandenen Vorurteilen. Man muß sich bei typischen Vorurteilen überlegen, wie die Wahrheit ist – die wenigsten sind grundlos und zufällig entstanden. Der Computer setzt das auf eine höhere, schwerer überprüfbare Ebene. Der Benutzer ist den Vorurteilen der Datenbeschaffung und der Programmierung ausgeliefert. Sich vor falschen Vorurteilen zu hüten, ist weit mühsamer als bei den Vorurteilen des täglichen Lebens.

Der Glaube an die Unfehlbarkeit des Computers (der mit dem Phänomen des Computers als Ausrede zutiefst verknüpft ist) wird zunächst einmal gestärkt, weil der Schluß von der fehlerlosen Addition auf die fehlerlose Denkarbeit der kürzeste Denkweg ist: Wenn der Computer mit seinen Elementarfunktionen so beeindruckende Ergebnisse liefert, und das Gehirn ebenfalls mit Ja-Nein-Impulsen arbeitet, dann kann der Weg zum Übertreffen des Menschen kaum noch lang sein, denn die Elektronik ist eine Million mal schneller und eine Million mal verläßlicher. Aber so ist das eben nicht.

Diesen kurzen Denkweg gehen halbgebildete Fachleute so glatt wie Laienbenützer und Außenstehende. Der Halbgebildete klammert sich an die Regeln, der Gebildete begreift und beherrscht die Ausnahmen – der Computer ist ein Aggregat der Halbgebildetheit.

Gerade aber die Diskrepanzen zwischen den angewandten Ergebnissen des Unfehlbaren (der Algorithmus ist ein Quant Unfehlbarkeit) und der Realität – ihrer Bewährung in der Realität – wird auf lange Sicht die Empfindung für das Transzendente – zuerst für das, was über den Computer hinausgeht, und später im klassischen Sinn – schärfen und zu neuer Entwicklung der Betrachtung der Technik (es wird ja die gesamte Technik von Computern durchsetzt sein) führen.

Ist die Informatik positivistisch ? (Zur Frage 3)

Man steht beim Computer vor einem seltsamen Widerspruch: seine Schaltkreise beruhen auf den ewigen Wahrheiten der Aussagenlogik (Wittgenstein: weil sie tautologisch sind), und doch kann man das flüchtige, unverläßliche Phänomen Information mit ihnen übertragen, speichern und bearbeiten. Wir haben das schon gesagt. Sagen wir es noch einmal auf etwas andere Weise: neben der präzisen Ausführung von Berechnungen kann der Computer den Text obskurster Antiaufklärer aufnehmen, umsetzen und wiedergeben. Die Logik der Elementarfunktionen garantiert nicht die Klarheit der Information (auch nicht von Zahlenwerten). Und es ist gar nicht leicht, diesen Widerspruch bei der praktischen Arbeit im Auge zu behalten. Nur allzuleicht läßt man sich von der Hoffnung tragen, daß die Klarheit der Schaltkreise und der Programmierregeln auch die Klarheit der Programme, der Ergebnisse und der Dokumentation auf den verschiedenen Ebenen garantiert. Das tut sie nicht, und das ist nicht eine Frage des Beherrschens der formalen Sprachen, sondern eine Frage des Beherrschens der Alltagssprache, die ja immer wieder die Verbindung zur Realität der Computerverwendung herstellen muß. Der Niedergang der Sprachausbildung und Sprachdisziplin hat fürchterliche Folgen. Ich sage immer: ich möchte das Geld haben, das Industrie, Staat und Universität durch die schlechte Sprache der Programm- und Systembeschreibungen verlieren.

Das ist eine gewichtige Warnung. Wer die Eingeweide des Computers kennt, weiß das natürlich – ob er noch daran denkt, wenn er voll Arbeitseifer das Computersystem als Ganzes verwendet, ist eine andere Frage. Wie könnte er auch bei jedem Resultat an Widersprüche und Zweifel denken? Aber gelegentlich zurücktreten und abwägen – das wäre schon angebracht, und dazu soll dieser Beitrag auffordern.

Die Informatik ist daher gleichzeitig als gigantische Realisierung des positivistischen Grundgedankens anzusehen und als äußerst praktischer Grund, den positivistischen Kern der Bitverarbeitung in seiner Unvollständigkeit zu erkennen – nicht bloß auf einer philosophischen oder sonst theoretischen Ebene (was nur ein literarischer Effekt wäre), sondern als bittere und immer wieder kostspielige Erfahrung der Industrie, aller Berufe (denn fast alle werden am Computer sitzen oder mit Computerresultaten arbeiten müssen, selbst beim Freizeitvergnügen) und des persönlichen Lebens.

Die *naive* Periode des Computerpositivismus ist vorbei; man glaubt nicht mehr, daß man Lernfähigkeit oder Übersetzung natürlicher Sprachen im Schnellgang in den Computer bringt. Aber Künstliche Intelligenz und Expertensysteme durchlaufen eine *raffinierte* Periode des Computerpositivismus. Sie müssen erst ihre Niederlagen erfahren (der verallgemeinerten Problemlösung – dem *General Problem Solver* – ist sie schon passiert, die Neuronennetzwerkcomputer sind gegenwärtig an der Reihe), ehe sie die Begrenztheit auch ihrer Computerspiele erkennen. Und es wird noch eine Weile dauern, bis man sagen können wird, die Zukunft der *Philosophischen Untersuchungen* zur Überwindung der Grenzen des *Computer-Tractatus* hat begonnen – und natürlich ist hier wie vorher nicht bloß von der Fachwelt der Informatik die Rede, sondern von einer Welt, die nicht nur vom programmierten Denken beeinflußt wird, sondern sie auch vorwegnimmt, etwa im politischen Denken und in der Kunst. Gewisse politische Richtungen ahnen diese Zukunft voraus, keine aber erkennt, worum es tatsächlich geht.

Die Informatik ist logisch und rational; sie braucht die vom Wiener Kreis und vom Positivismus angestrebte Sauberkeit des Denkens und die Klarheit verwendeter Strukturen.

Das bedeutet aber nicht, daß sich der Informatiker (und besonders der *Genie-Programmierer*) logisch oder rational verhält – so mancher Vorgesetzte kann ein Lied darüber singen. Mit den Informatikern multipliziert erscheint die Informatik nicht so positivistisch wie ihre Arbeitsgrundsätze. Sie ist ein Spiel, ein Formal-Sprachspiel, welches den Philosophischen Untersuchungen ein weites Arbeitsfeld bietet.

Architektonische Klarheit

Die Klarheit positivistischer Strukturen und Systeme ist wertvoll und nützlich; sie in Form von Computerprogrammen und programmierten Computern anzuwenden, ist nicht nur ökonomisch, sondern auch reinigend – vorausgesetzt, es wird fehlerfrei und unter Respekt vor dem gesunden Menschenverstand getan.

Klarheit ist leichter gefordert als in der Tagesarbeit erreicht. Bei Computerstrukturen wie bei Gebäuden hat Klarheit mit Architektur zu tun: mit Modularität (Zerlegung in überschaubare Einheiten), Orthogonalität (Vermeidung unnötiger Verkopplungen), Kompatibilität (natürliches Zusammenfügen der Teile) und vielen andern Begriffen – die nur in einer längeren Arbeit darstellbar sind.[17] Die Hauptforderung ist *Konsistenz*: Symmetrie nicht im geometrischen, sondern im altgriechischen Sinn der gegenseitigen Anpassung.

Technische Architektur muß anders sein als biologische, aber sie kann viel von der organischen Architektur lernen. In Pflanzen und Tieren gibt es im Aufbau neben der Spezialisierung der Organe fundamentale Ähnlichkeiten und Verkopplungen, übergreifende Architekturzüge und Abwehr des Fremdgebauten. Das hat mit Betriebssicherheit, Störfestigkeit und Selbstreparatur zu

17 H. Zemanek, "Gedanken zum Systementwurf", in: H. Maier-Leibniz (Hrsg), *Zeugen des Wissens. 100 Jahre Automobil – Daimler-Benz*, Mainz 1986, 99-125; H. Zemanek, "Abstract Architecture General Concepts for System Design", in: D. Bjørner (Hrsg.), *Abstract Software Specifications, Lecture Notes in Computer Science*, 86, 1980, 1-42.

tun, mit Zügen, die man auch in der Technik anstrebt, aber auf grundsätzlich anderen Wegen. Es ist ein ungeheures, schwieriges Feld, das auch mit Erlernbarkeit, Wartungsleichtigkeit und Wiederverwendung zu tun hat. (Recycling ist in der Natur eine Selbstverständlichkeit, in der Technik ein kompliziertes, teures Problem.) Eine geschlossene Darstellung ist fast unmöglich.

Ich bin überzeugt, daß man Klarheit und Eleganz des Entwurfs nur durch professionelles Design erreichen kann, durch eine überlegte Theorie des Systementwurfs, der außerdem eine (noch kaum begonnene) Theorie der Organisation zur Seite stehen müßte. Zu beiden gehören dann die praktischen Seiten, Erfahrung, Normen und so weiter. Wie im Bauwesen wird es dann auch in der Informatik zwei Studienrichtungen geben: Computer-Bautechnik und Computer-Architektur. (Die praktischen Anwendungen werden immer mehr in den Anwendungsfeldern untergebracht sein.)

Schlußwort: Wiedervermenschlichung durch Information

Wer auf dem Computer Konten führt oder Briefe schreibt, wird wenig Bedürfnis nach einer Computer-Philosophie verspüren: ein Werkzeug wie andere auch. Aber die breitflächige Wirkung dieses Werkzeugs verändert nicht nur die technische Welt, sondern auch alle seine Anwendungsfelder und darüber hinaus die Mentalität von Benützern und Nichtbenützern. Im Unterschied zur Lokomotive sind Steuerung und Arbeit des Computers nicht beobachtbar; zu klein sind die Bauteile, zu schnell die Schritte. Wie aus eigenem Willen, eigenem Wissen und eigener Kraft scheint der Computer zu handeln; er macht tatsächlich den Eindruck eines Partners – und ärgern tut man sich über den menschlichen Partner auch.

Besseres Wissen hilft da nicht viel, selbst wenn es zum Nachdenken kommt: auch wenn der Computer nicht aussieht wie ein Mensch (er sieht überhaupt nicht aus: er hat keine charakteristischen Züge) und sich in vielen Einzelheiten ganz anders verhält: etwas von einem Menschen muß er ja doch an sich haben, ist der Eindruck, und deswegen gehen Ausdrücke wie künstliche *Intelligenz* und gespeichertes *Wissen* so leicht über die Lippen. Der Computer ist *nicht* ein Werkzeug wie andere – wo die Analogie von Knie, Gelenk und Finger offenbar begrenzt und symbolisch bleibt – sondern hat mehr menschliche Züge als das klassische Werkzeuge, und noch mehr menschliche Züge ist der Mensch bereit, ihm zuzugestehen.

Durch Jahrhunderte war die Sprache einfach Ausdrucksmittel des Menschen, bis hinauf zur Philosophie. Erst die Verhaltensforschung und die Benützung formaler Sprachen für Grenzfragen der Mathematik machten die Sprache zu einem Zentralfeld der Philosophie; sie wurde quasi über Nacht nicht nur benützt, sondern auch betrachtet, erforscht und als mitbestimmende Komponente der Philosophie erkannt und demonstriert. Im Extrem wurde die gesamte Philosophie als Sprachphilosophie dargestellt.

Computer und Informatik lösen nun eine analoge Entwicklung für die Information aus und werden bewirken, daß die Information zu einem Kernbegriff der Philosophie wird. Im Extremfall wird die gesamte Philosophie als Informationsverarbeitung dargestellt werden.

Wittgenstein I war auf diesem Weg und Wittgenstein II erkannte die unumgehbare Notwendigkeit, das Umfeld, den Kontext, das "Sprachspiel" zum Ausgangsrahmen der Überlegungen zu machen, bei der Sprache und bei der Information. Wie gravierend der Kontext Computerwahrheiten relativiert, ist in diesem Beitrag mehrfach beschrieben worden. Das Schlußwort muß daher zum Begriff der Information zurückkehren.

Nur für die klassische Übertragungstechnik ist Information bloße Zeichenfolge oder ein Analogsignal f(t): weil sich die klassische Übertragungstechnik vom Inhalt, von der eigentlichen Information fernhielt. Nur ihre Oberfläche – Zeichen, Wellenform und Bildpunktanordnung – brauchte vom Sender zum Empfänger zu kommen, so wenig deformiert als möglich.

Das Addierwerk brachte den ersten Schritt, den Griff nach dem Inhalt, nach der Bedeutung. Der Empfänger erhält das Resultat, das aus den gesendeten Angaben abgeleitet, errechnet wurde. Die Numerik wäre kontextfrei, was die Zahlenwerte anbelangt; schon die Algebra aber führt mathematische Semantik ein: ein Grundrechnungsoperator zwischen Brüchen kann andere Prozesse auslösen und andere Resultate ergeben als zwischen Dezimalzahlen. Stets aber gibt es eine logische Struktur, und diese erlaubt formale Semantik bis hinauf zur Sprachdefinition.[18]

Die Physik löste die Semantik mit Hilfe der Dimensionen und Einheiten. In Gleichungen und Berechnungsvorschriften wird stets sichergestellt, daß die Dimension auf beiden Seiten des Gleichheitzeichens dieselbe ist – damit reduziert sich die physikalische Gleichung auf eine numerische. In der Buchhaltung redet man nicht von Dimensionen, aber die Semantik der Journalspalten ist stets wohldefiniert wie eine Dimension und es gibt daher keine Probleme in der numerischen Abwicklung.

Die Erweiterung auf informale Texte bedeutet den zweiten Schritt, den Griff nach dem Inhalt der informalen Sprache, wo aber die schützende Ordnung der Zahlenreihe fehlt. Die Größe dieses Schrittes, der in das unendliche Universum der natürlichen Sprache führt, ist immer wieder unterschätzt worden. Kein Wort ist ohne Kontext, der im vollen Umfang erst im menschlichen Bewußtsein voll berücksichtigt wird, nach komplexer Verarbeitung durch Sinnesorgane, Nervensystem und Gehirn.

Information ist mehr als Zeichenkette in einer wohldefinierten Notation. Man muß sich die Impulsscharen (lieber möchte ich von Herden sprechen) in Nervenleitung und Gehirn vorstellen: ein Gewimmel ohne scharfe Grenzen

18 P. Lucas, K. Walk, "On the Formal Definition of PL/I", *Annual Review in Automatic Programming*, 6, Part 3, 1969, 105-182.
H. Zemanek, "Abstrakte Objekte", *Elektron. Rechenanlagen*, 10, 1968/5, 208-216.

und ohne Zeitnetz (Takt), nur die Stränge haben etwas wie eine feste Ordnung. Was für ein Wunder, daß ein Begriff gefaßt und erhalten werden kann, erkennbar, denkbar und speicherbar bleibt. Neueste Versuche an Tieren haben erkennen lassen, daß Formenerkennung auf wesentlich analogen Wegen läuft – der gesehene Balken wird im Katzengehirn zur Periode einer Sinuswelle. Und daß ein Katzengehirn Zeichenverarbeitung betreibt, wird auch niemand annehmen. Wie aber kommt es auf der analogen Basis dazu, daß sich die Katze ihren Besitzer merkt und daß der Mensch das gelesene Wort als Begriff erkennt, wo es sein klares Schriftbild längst gegen eine Impulsherde ausgetauscht hat? Wir wissen es nicht, und alles Gerede über Gleichsetzung von Gehirn und Computer (auch das Buch von John von Neumann ist nicht ausgenommen) bleibt entweder an der äußersten Oberfläche oder es ist kühne Spekulation.

Der Computer ist noch weniger ohne Mensch denkbar als jedes andere Werkzeug. Automaten habens stets diverse Teams zur Voraussetzung (das galt schon im 18. Jh.). Der Computer stellt daher die Frage nach dem Sinn (in jeder Hinsicht) drängend und an den Menschen – nicht an die meßbare Physik. Das Phänomen Information richtet Technik und Naturwissenschaft auf den Menschen aus. Nicht der gegenwärtige Stand irgendwelcher Abstraktionen – sei es im Bereich atomarer Kleinstteilchen oder des Quants, sei es im Bereich von Schriftzeichen oder Lauten auf dem Papier oder in der Elektronik – ist das Ziel der Erkenntnis, sondern die geistige Bewältigung. Physik, Informatik und ihre Geschwister sind modellbildende Werkzeuge: nützliche, aber keine letzten Dinge. Besonders die Informatik sollte sich zurückhalten und den festen Boden des Tatsächlichen nicht verlassen oder jeden Satz in den Konjunktiv setzen.

Mit dem Griff nach der Semantik, nach dem Sinn, nach der Bedeutung, hat die Informationstechnik nicht nur die Material- und Energietechnik in sehr wesentlicher Weise überschritten; indem sie mit der nicht-galileischen Größe Information arbeitet, bringt sie den Menschen in ganz neuer Weise in das technische Geschehen und in die zugehörige Theorie. Sie ist zu einer Technik mit geisteswissenschaftlicher, mit philosophischer Teilnatur geworden, eine völlig neue Situation, auf die man nicht längs der alten Linie reagieren darf.

Der Computer, wurde dargelegt, ist ein Gerät mit vielen menschlichen Zügen; hat er daher die Vermenschlichung der Technik und der technischen Welt zur Folge? Nein, denn er hat auch die umgekehrte Wirkung: er animiert den Menschen zu technischen Vorstellungen und Verhaltensweisen auf Gebieten, die bisher dem Herzen und der Kopfarbeit vorbehalten waren. Es liegt am Menschen, was er vor dem Computer und mit dem Computer tut: sich den Computerprogrammen – den Mechanismen und Schablonen, die er meisterhaft beherrscht – ausliefern oder aber selbst der Meister zu bleiben: von einer höheren Ebene herabblicken, sie gestalten, verwalten und verwenden, ohne sich von ihnen vereinnahmen zu lassen. Dazu muß er diese höhere Ebene erreichen: eine Aufforderung, eine Herausforderung für die Computerwissenschaften, für die Informatik. Wer der Philosophie in der Informatik einen Platz erkämpft, hat diese Herausforderung bereits angenommen, und dieser Band ist ein Beweis dafür. Natürlich bleibt noch mehr zu tun als schon getan wurde. In seiner gedruckten Form stellt dieses Seminar daher eine Einladung dar und eine Herausforderung in viele Richtungen.

Mein Beitrag hat die philosophische Wurzeln der Informatik nur in einer der denkbaren Perspektiven behandelt und es war auch nicht viel die Rede vom Wiener Kreis. Und dennoch ist der Titel nicht unberechtigt. Das Thema ist in einer angebrachten Weise dargelegt worden, in einer von vielen. Mein Beitrag sagt das aus, was ich zum Titel zu sagen habe. Dabei mag ich das Thema im engeren Sinn überschritten haben. Aber das Umfeld kann gerade bei der Informatik nicht außer Betracht bleiben.[19]

19 Weitere Beiträge des Autors zur Informatik und ihrem Umfeld:
P. Goldscheider, H. Zemanek, *Computer – Werkzeug der Information*, Berlin 1971.
H. Zemanek, *Beiträge zur Geschichte und Philosophie der Informationsverarbeitung*, Wien 1988.
H. Zemanek, *Weltmacht Computer – Weltreich der Information*, Stuttgart 1991.
H. Zemanek, *Das geistige Umfeld der Informationstechnik*, Berlin 1992.

ANHANG

Der Tractatus informatico-philosophicus
Ein unvollständiger Entwurf

Vorrede

Was hier folgt, ist weder eine Neuformulierung von Wittgensteins Tractatus noch eine Karikatur davon. Vielmehr soll mit einer unvollständigen Rohskizze (die sich jeder Leser nach Lust und Wissen auf das Vielfache erweitern kann) gezeigt werden, wie eine Reihe von Zügen der Informatik dem Weltbild des Tractatus entspricht. Der Schluß, den Wittgenstein später zog, daß nämlich die Vielfalt der Welt nicht von einer konstruierten logischen Struktur erfaßt werden kann, wird auch für den Computer zu ziehen sein; aus dieser Neuformulierung sollte außerdem ersichtlich werden, daß die Vorstellung von der Geschlossenheit von Computersystemen (im Grenzfall wird gesagt, daß der Computer den Menschen ersetzen könnte) philosophisch und praktisch nicht haltbar ist.

Wittgensteins Tractatus logico-philosophicus kann als Versuch gesehen werden, die Erkennisse über Logik und Mathematisierung aus Mathematik, Physik, Chemie, Biologie und Psychologie um die Jahrhundertwende (1900 – 1920) zu verallgemeinern. All diese Wissensfelder hatten sich als atomar erwiesen und man hatte erreicht, diese Atome durch logisch-mathmatische Relationen zu verstehen und zu beherrschen.

Logik:	Aussage (0 oder 1)
Mathematik:	Ganze Zahl – Principia Mathematica durch die Logik formalisierbar
Chemie:	Atome
Physik:	Atome, Quanten
Biologie:	genetischer Code – rein binär (erst später)
Psychologie:	Elementarerfahrung, Assoziation

Wittgenstein geht vom Begriff des Elementarsatzes aus, welcher atomaren Charakter haben soll (Ja-Nein-Entscheidung), und stellt die Methode vor, sämtliche denkbaren logischen Verknüpfungen alle denkbaren Elementarsätze zu bilden und systematisch an den Tatsachen zu verifizieren, bis ein korrektes Protokoll der Tatsachen erreicht ist. Metaphysik ist dazu nicht erforderlich und wäre ein sinnloser Aufputz wie Astrologie beim Protokoll eines Autounfalls (Wittgenstein war vom Protokoll eines Autounfalls angeregt worden).

Ohne von einer irgendwie einschlägigen Absicht auszugehen, hat die Informationstechnik die Welt des Tractatus in die Realität umgesetzt, wenn auch mit dem Schwergewicht der lokalen Problemlösung, die nicht auf generelle Verifizierung ausgerichtet ist, sondern mit der Brauchbarkeit der Lösung zufrieden ist. Ein dynamisches Universalprotokoll der Welt der Tatsachen und Prozesse ist schon allein finanziell völlig aussichtslos und scheitert an der umfassenden Datenbeschaffung. Aber auch Wittgenstein hat ja niemals an die effektive Ausführung seines Programms gedacht, sondern er beschrieb eine alles erfassende Methodik. Im Computer ist die Projektion allen Geschehens auf Ja-Nein-Entscheidungen die einzig mögliche Vorgangsweise: wenn etwas auf dem Computer läuft, trifft diese Voraussetzung zu.

Jedoch garantiert diese Voraussetzung weder die Fehlerfreiheit der Abläufe noch die Klarheit, die Wittgenstein vor Augen hatte. Wie weit die Analogie oder Äquivalenz geht, wird hier offen gelassen. Die konsequente Methodik Wittgensteins kann nicht beabsichtigt sein – ganz bewußt werden daher auch sehr rohe Komplexe stehen gelassen, um die Notwendigkeit weiterer Überlegung offensichtlich zu machen. Der Tractatus informatico-philosophicus will nur Gedanken anregen.

Schließlich noch einige Angaben zur verwendeten Syntax:

*	Original Wittgenstein-Satz
+	zugehörige Informatik-Variante
X,Y,Z	Erweiterung der Dezimal-Gliederung
K	Boshafter Kommentar des Verfassers
|	Für Mehrfachbegriffe
«...»	Aufzählung

Tractatus informatico-philosophicus

*1. Die Welt ist alles, was der Fall ist.

+1. Die Welt der Informatik ist alles, was der Fall ist.

1.0 Die Welt ist die Denkwelt und die Anwendungswelt.

1.1 Sie besteht aus den folgenden Teilwelten (siehe 3.1 bis 3.6)

- 1.11 die logische Welt
- 1.12 die mathematische Welt
- 1.13 die naturwissenschaftliche Welt; im besonderen die physikalische und die chemische Welt
- 1.14 die technische Welt und natürlich auch
  - 1.141 die informationstechnische Welt
- 1.15 die Welt der Buchhaltung – von der Inventarisierung bis zur Erfassung der Weltwirtschaft durch Zahlen und Modelle
- 1.16 die formalisierbaren Teile der Geisteswissenschaften
- 1.17 weitere Welten

1.2 Es bleibt immer noch mehr zu tun, als schon getan ist.

*2. Was der Fall ist – die Tatsache – ist das Bestehen von Sachverhalten.

*2.01 Der Sachverhalt ist eine Kombination von Objekten.

+2.01 Sachverhalte sind die meßbaren oder sonst in Zahlen ausdrückbaren Objekte und ihre Relationen.

*2.02 Das Objekt ist einfach.
*2.1 Wir machen uns Bilder der Tatsachen.
+2.1 Im Computer laufen Modelle der Tatsachen ab.
*2.11 Das Bild stellt die Sachlage im logischen Raume, das Bestehen oder Nichtbestehen von Sachverhalten vor.
*2.12 Das Bild ist ein Modell der Wirklichkeit.
*2.19 Das logische Bild kann die Welt abbilden.
*2.2 Das Bild hat mit dem Abgebildeten die logische Form der Abbildung gemein.
2.X Die Modelle im Computer bestehen aus Abstrakten Objekten.
2.X1 Theorie der Abstrakten Objekte,[1] Formale Definition[2]
2.Y Neben den Tatsachen sind auch Pläne und Entwürfe einbeziehbar, nicht aber das menschliche Wollen.
2.Y1 Das hat Wittgenstein im Tractatus nicht besonders betrachtet.
2.Y2 Das menschliche Wollen kommt aus der menschlichen Seele und diese ist nicht Gegenstand der naturwissenschaftlichtechnischen Welt.
2.Y3 In der Welt der Information ist der Mensch das Maß aller Dinge.
2.Y4 Abstraktion und Objektivierung können daher niemals die ganze Informatik erfassen. Sie sind Werkzeug und nicht Thema.

*3. Das logisch-mathematische Bild der Tatsachen ist der Gedanke.
3.X0 Das systematische allgemeine Modell ist die Theorie.
3.X1 Die Theorie wird für Anwendung benutzt.
3.X2 Anwendungen können in das Bild und in das Modell hineingenommen werden.
3.X3 Der Unterschied zwischen Theorie und Anwendungswelt – das ist die reale Welt um uns – wird vom Tractatus nicht betont.
3.X4 Gewisse zyklische Betrachtungs- und Bewertungsveränderungen sind in der Welt der Theorien nicht ausgeschlossen.
K Man kann eine daraufhin orientierte Behauptung aufstellen und auf einen Zeitabschnitt warten, in der sie richtig ist.
3.Y Die Theorie ist der *Speicher* der systematisierten *Erfahrung*.
3.Y0 Nichts ist praktischer als eine brauchbare Theorie.
3.Y1 Das strukturierte Bild heißt *Modell*. Es gibt
3.Y11 statische Modelle,
3.Y12 dynamische Modelle,
3.Y13 Modelle, die stets gleich bleiben,
3.Y14 Modelle, die sich manchmal | ständig ändern,
3.Y15 Modelle, die sich langsam | schnell ändern.
3.Y1 Die Theorie | das wissenschaftliche Bild | Modell strebt Endgültigkeit | Zeitunabhängigkeit an.
Überdies wird *Verallgemeinerung* | *Vereinheitlichung* angestrebt.
Bild | Modell | Theorie sind hingegen | deswegen in ständiger Verbesserung | Verallgemeinerung | Vereinheitlichung begriffen.

1 H. Zemanek, "Abstrakte Objekte", *Elektron. Rechenanlagen*, 10, 1968/5, 208-216.
2 P. Lucas, K. Walk, "On the Formal Definition of PL/I", *Annual Review in Automatic Programming*, 6, Part 3, 1969, 105-182.

3.Y2 Das ist die Grundlage I das Wesen des *Fortschritts*.

3.Y3 *Fortschrittlichkeit* ist etwas anderes: nämlich der Glaube, daß dieser Fortschritt dem Menschen auf jeden Fall gut tut. Sicher ist, daß er ihn (gegenwärtig) erleiden muß.

3.Y31 Die Folgenbewertung des Fortschritts wird mehr Augenmerk finden müssen.

3.Y32 Aus den Grenzen für die Finanzierung des Fortschritts ergibt sich restriktive Forschungspolitik auch dann, wenn man es gerne anders glauben würde.

3.Z Die Computer-Darstellung der Tatsachen hat die Form von Programmen, Eingaben und Resultaten.

3.Z1 Der Computer ist das ideale *Werkzeug* für den Entwurf I Betrieb vom Modellen.

3.Z2 Der Computer *wirkt zurück* auf die Modellgestaltung.

3.Z3 Für den Computer werden die jeweils gültigen oder modischen Modelle benutzt.

3.1 Die logische Welt

3.10 Mathematische Logik und Mathematik sind Formallehren der Ableitungs- und Rechenregeln.

3.11 Aussagenlogik, Schaltalgebra

3.110 Sie untersuchen die Gesetze der Syntax von 0,1-Kombinationen.

3.12 Prädikatenlogik – Rückführung auf 0,1-Werte, nicht ohne Willkür

3.13 Wahrscheinlichkeitslogik

3.14 Fuzzy Logic – Kunst, willkürliche Parameter geschickt zu wählen

3.15 Gebrochene Dimensionen, Fractals – endlose Musterproduktion

3.2 Die mathematische Welt

3.20 Die Mathematik beginnt mit der Untersuchung der Gesetze der Zahlenreihe 1, 2, 3,...n,... , die sie erweitert und verallgemeinert.

3.200 Ein schöpferischer Vorgang eine Ebene höher

3.201 Logik und Mathematik sind daher ebenso Entdeckung wie Erfindung.

3.21 Mathematische Logik und Mathematik sind Formallehren der Ableitungs- und Rechenregeln (siehe 3.10).
« Brüche, Dezimalen, negative u.komplexe Zahlen, Vektoren ...»
« Fuzzy Logic; unganze Dimensionen der Geometrie, Fractals »

3.22 Kontinuierliche Mathematik: *Analysis*

3.221 Das ideale Werkzeug wäre der Analogrechner.

3.222 Wegen seiner Unzulänglichkeit ist er aber dem Digitalrechner unterlegen.

3.23 Diskrete Mathematik: z.B. *Automatentheorie*

3.231 Das ideale Werkzeug ist der Digitalrechner.

3.232 Trotzdem er kontinuierliche Funktionen nur angenähert wiedergeben kann, ist er auch für die kontinuierliche Mathematik das bessere Werkzeug; die Genauigkeit kann (mit Aufwand) beliebig hoch getrieben werden.

3.233 Der Computer eignet sich für die Zahlenrechnung,

3.234 aber auch für die Algebra.

3.3 Die naturwissenschaftliche Welt

3.30 Die Naturwissenschaft beginnt mit der Inventarisierung der Phänomene und Befunde (Funde) und sie setzt sich mit Experiment und Theoriebildung fort.

3.31 Die naturwissenschaftliche Erkenntnis folgt dem Ideal Galileis.

3.311 Sie erstrebt die Meßbarkeit der Erscheinungen.

3.312 Sie stellt die logisch-mathematischen Beziehungen zwischen den Meßwerten auf.

3.313 « Maßeinheiten, Naturkonstante, Invarianten, Naturgesetze »

3.314 Verallgemeinerung, Äquivalenzen
« Wärme = Energie, Programm = Information »

3.315 Rückwirkung auf Logik und Mathematik

3.32 Information ist eine *nicht* meßbare Größe.

3.321 Sie ist trans-galileisch.

3.33 Die Informatik ist daher ebenso eine Geisteswissenschaft wie eine Formal- und Naturwissenschaft und Technik.

3.34 Die Gliederung der Naturwissenschaften

3.341 Formalwissenschaften

3.342 Physik

3.343 Chemie

3.344 andere

3.4 Die technische Welt

3.40 Die Technik soll das Leben des Menschen erleichtern und ihm neue Möglichkeiten eröffnen.

3.41 Die Technik ist die Anwendung der Erkenntnis auf Grund der Erfahrung

3.42 Erfahrung: sie speichert, was geht und was nicht geht.

K Der Verstand kann durch die Erfahrung ersetzt werden: Man muß sich merken, was man alles *nicht* tun darf – eine Maxime für die Mitmenschen schwächeren Verstandes, die heute zu wenig respektiert wird.

3.421 Anwendungswissen

3.422 persönliche Erfahrung

3.423 Gruppenerfahrung (Firma, Amt ...)

3.424 Vorbilder | Vorprodukte

K Spranzen ist keine Schande (nicht einmal in der Kunst), man muß es nur geistreich | erfolgreich tun.

3.43 Patente, Normen

3.45 Rückwirkung auf Logik und Mathematik

3.5 Die Welt der Buchhaltung

3.51 Inventarisierung – sie zeichnet Bestände auf

3.510 auch unsystematische Brocken des Wissens; daher beginnt jede Naturwissenschaft mit der Inventarisierung.

3.52 Buchhaltung

3.520 Formblätter der Inventarisierung und Buchhaltung « Kassabuch, Journal »

3.53 Wirtschaftswissenschaften

3.530 Mit guten Gründen arbeiten sie mit einem Minimum an Algebra (keine Durchformalisierung im Stil der Naturwissenschaften): die

Semantik der Wirtschaft läßt sich nicht so geschlossen in ein Modell bringen wie jene der Physik.

3.531 Bilanz
3.532 Finanz
3.533 Geld- und Warenverkehr
3.54 Administration
3.55 Regierung
3.6 Formalisierte Geisteswissenschaften[3]
3.61 Sprachwissenschaften

K Die Vernachlässigung des (ihnen gemäßen) Formalen durch die Geisteswissenschaften zeigt sich z.B. am deutschen Alphabet: die Umlaute und 'ß' haben keine definierte Position und nicht einmal gesicherte Zugehörigkeit; sie bringen daher Schwierigkeiten (und wenig geglückte Eigenlösungen der Informatik).

3.611 Die *Semiotik* – die naturwissenschaftliche Theorie der Sprache mit ihren Unterfeldern *Syntax, Semantik und Pragmatik* – ist das Hauptwerkzeug für Sprachüberlegungen der Informatik.

3.612 Die Kriterien der Unterfelder sind (in gleicher Reihenfolge): *Korrektheitsprüfung , Verifizierung und Gebrauch*

3.613 Es sind zu unterscheiden: Natürliche Sprachen und
3.614 Formale Sprachen; weiterhin
3.615 geschriebene Sprache – Schrift
« Buchstaben, Wörter, Phrasen »
3.616 und gesprochene (gesungene) Sprache
« Laute, Wörter, Phrasen »
3.617 Sprachlogik ist nicht mathematische Logik.
3.618 Bei der Formalisierung und Computerisierung der Sprache muß daher besonders sorgsam vorgegangen werden.

3.62 Recht
3.620 Das Recht ist in Paragraphen inventarisiert.
3.621 Rechtslogik ist Sprachlogik und nicht mathematische Logik.
3.622 Bei der Formalisierung und Computerisierung des Rechts muß daher besonders sorgsam vorgegangen werden.

3.63 Philosophie
3.631 Formale Systeme
3.632 Informale Systeme – nur Textverarbeitung ?
3.64 Theologie
3.640 Konkordanzen – gehören zu 3.61
3.641 Der Index Thomisticus[4]
3.65 andere Geisteswissenschaften

3 H. Zemanek, "Informationsverarbeitung und Geisteswissenschaften", *Anzeiger der phil.-hist. Klasse der ÖAW*, 124, 1988, 199-225.

4 R. Busa sj, *Index Thomisticus*, Stuttgart, ab 1974; 52 Bände zu rund 1100 Seiten. Nunmehr als Compact Disk erhältlich; R. Busa sj, "The Index Thomisticus", *Computers and the Humanities*, 14, 1980, 83-90.

4. Die Anwendung ist die Benutzung eines sinnvollen Programmpaketes für einen bestimmten Zweck.

4.0 Die Anwendung erfolgt auf einen Satz oder einen Strom von Daten (Zahlen, formale, aber auch informale Texte).

4.1 Die Informatik ist *zweckorientiert*, nicht nur im Anwendungsfall, sondern bereits in ihrer Gesamtabsicht und in ihrem Wesen.

4.11 Wittgenstein hatte ein methodisches, ein grundsätzliches Ziel.

4.12 Das Computerprogramm hingegen hat ein spezifisches, ein praktisches Ziel.

4.13 Der Tractatus logico-philosophicus unterscheidet sich daher vom Tractatus informatico-philosophicus wie sich die Turing-Maschine vom Computer unterscheidet.

4.2 In der Informatik ist Erreichen des Zieles wichtiger als Originalität oder perfekte Korrektheit.

4.21 Das galt bereits für die Pioniere: der Computer war (von Einzelteilen abgesehen) nicht eine voll-originelle Erfindung, sondern es kam auf den Willen an, ein funktionierendes Gerät zu bauen.

4.211 Dazu holte man sich heran, was am besten geeignet und habhaft war.

4.22 Informatik, der die Pragmatik fehlt, hat im besten Fall theoretischen Wert.

4.3 Bei der Anwendung tritt die Zeit (der Ablauf) auch dann als wesentlicher Zug auf, wenn das Problem selbst zeitlos ist; es wird (zur wirtschaftlichen Ausnützung der Verarbeitungsstruktur) durch den Ablauf von Verarbeitungsschritten (Befehle, Anweisungen) gelöst.

4.4 Daher wird die mathematische Beziehung durch den Algorithmus ersetzt, der den Ablauf vorschreibt.

4.5 Die Einbeziehung der Hardwarezüge hat beim computerorientierten Algorithmus eine Mischung mathematischer und betriebstechnischer Eigenheiten zur Folge. Die mathematische Eleganz der Ausdrücke wird durch technische Notwendigkeiten getrübt.

*5. Der Satz ist eine Wahrheitsfunktion der Elementarsätze.

+5. Das Programmpaket besteht aus Programmen und Unterprogrammen rein syntaktischer Natur.

5.0 Programmpaket und Ablauf müssen gemeinsam betrachtet werden.

5.1 Die Semantik der Befehle ist durch die verarbeitende Struktur bestimmt.

*6. Die allgemeine Form der Wahrheitsfunktion ist: $[\bar{p}, \bar{\xi}, N(\bar{\xi})]$

*6.1 Die Sätze der Logik sind Tautologien.

6.11 Die Sätze der Logik sagen also nichts.

+6. Die allgemeine Form des Programms ist ein Aggregat von logischen Grundfunktionen (t_0, $\neg$, &, $\vee$).

6.0 Programm und Ablauf müssen gemeinsam betrachtet werden.

+6.1 Das Aggregat der logischen Grundfunktionen ist

6.11 entweder als elektronische Schalter und Speicher

6.12 oder als Betriebsprogramm

6.13 oder als Anwendungsprogramm realisiert.

6.14 Elektronische Realisierung und Programmierung sind grundsätzlich gegeneinander austauschbar.

6.2 Programmiersprachen

6.21 « FORTRAN, ALGOL und COBOL »

6.22 The next 700 Programming Languages[5]

6.23 Betriebssysteme « OS/360, UNIX »

6.24 Metasprachen « Backus-Normalform, VDL[6] »

6.3 Programmiersysteme

6.31 Entwurfs- und Entwicklungssysteme

6.32 Architektur der Programmiersysteme

6.33 Anwendungssysteme und Anwendungen

6.34 Architektur der Anwendungssysteme und Anwendungen

*7. Wovon man nicht sprechen kann, darüber muß man schweigen.

+7 Über das, was die Informatik nicht tatsächlich als Programme realisieren kann, sollte der Informatiker nicht reden, als könnte er es.

7.0 Die Weltsicht des Informatikers ist begrenzt.

7.1 Zu den nicht durch Programme realiserbaren Dingen gehören auch solche, die zwar über den Computer laufen, aber nur mittels Textverarbeitung oder im Rahmen von Modellen, die nicht halten, was der Name verspricht.

7.2 Der unvorsichtig redende Informatiker trägt zur falschen Einschätzung des Computers bei, erweckt unerfüllbare Erwartungen und bringt den Computer in die Gefahr, verteufelt zu werden wie das Atom.

7.3 Der Zeitgenosse – angeheizt durch die Medien – ahmt unvorsichtiges Gerede nach, mit noch weniger Wissen über die Begrenzheit dieser Weltsicht.

5 P. Landin, "The Next 700 Programming Languages", *Comm. ACM*, 9, 1966, 157-164.

6 P. Lucas, K. Walk, "On the Formal Definition of PL/I", *Annual Review in Automatic Programming*, 6, 1969/3, 105-182.

Ethische und technikphilosophische Reflexionen der Informatik

Zur Frage der professionellen Ethik

Rafael Capurro

Kurzfassung

Ausgehend von der Frage nach Sinn und Gehalt von Ethik-Kodizes für Informatiker werden zunächst einige dieser Kodizes (BCS, IBM, SIEMENS, ACM, IFIP) vorgestellt und kritisiert. Die Debatte um das Für und Wider von Ethik-Kodizes wird anschließend anhand der von Michael McFarland und John Ladd vertretenen Positionen exemplifiziert. Diese Debatte führt zu der Frage nach einer Institutionenethik. Dabei wird hervorgehoben, daß Institutionen keine 'Quasi-Subjekte' sind, sondern daß sie Ziele von Organisationen symbolisch verkörpern (Ch. Hubig). Sie eröffnen Handlungsspielräume, bleiben aber Ausdruck einer "Code-orientierten Moral" (M. Foucault), d.h. sie erhalten einen Sinn innerhalb des individuellen und sozialen Prozesses der Selbstformung ("Ethik-orientierte Moral"). Christiane Floyds "Leitsätze zur Gestaltung informationstechnischer Systeme" dienen als Beispiel eines symbolischen Ausdrucks des Berufsethos des Informatikers aus der 'Wollens-' (anstatt 'Sollens-') Perspektive.

Einleitung

Welchem der kämpfenden Götter sollen wir dienen? Bekanntlich verneinte Max Weber die Frage, ob Professoren als Führer statt als Lehrer auftreten und vom Katheder aus Regeln für die Lebensführung "verkaufen" sollten. Für die Wissenschaft als Beruf gilt als ethische Grundhaltung "schlichte intellektuelle Rechtschaffenheit", deren Kehrseite aber ist, daß das "gewaltige *Lebens*problem", nämlich sich zwischen den möglichen Standpunkten im Leben entscheiden zu müssen, ungelöst bleibt und wissenschaftlich nicht entschieden werden kann und sollte.[1]

Was für die Wissenschaft als Beruf gilt, nämlich, daß sie nicht ethik- geschweige denn ethosfrei ist, gilt auch für sonstige Berufe. Max Weber erkannte in der protestantischen Ethik eine wichtige Antriebsfeder für die Entstehung des "Geistes des Kapitalismus". Auf dieser Basis wurde der Beruf zur Berufung, ein Begriff, der theologische Wurzeln hat ('vocatio', 'klesis').[2]

1 M. Weber, *Soziologie, Universalgeschichtliche Analysen, Politik*, Stuttgart 1973, 311ff.

2 T. Rendtorff, "Beruf", *Historisches Wörterbuch der Philosophie*, Basel 1971, 833-835.

Inzwischen aber, so Max Weber, bedarf unsere Wirtschaftsordnung weder der puritanischen Askese noch der "rosigen Stimmung ihrer lachenden Erbin: der Aufklärung". Diese scheint "endgültig im Verbleichen, und als ein Gespenst ehemals religiöser Glaubensinhalte geht der Gedanke der 'Berufspflicht' in unserem Leben um." Aus dem Gottesdienst wurde eine sportliche Angelegenheit. "Niemand weiß", so Max Weber, "wer künftig in jenem Gehäuse wohnen wird und ob am Ende dieser ungeheuren Entwicklung ganz neue Propheten oder eine mächtige Wiedergeburt alter Gedanken und Ideale, *oder* aber – wenn keines von beiden – mechanisierte Versteinerung, mit einer Art von krampfhaftem Sich-wichtig-nehmen verbrämt."[3]

Das Berufsethos stellt sich jetzt am Ende eines Jahrhunderts, in dem die ehemaligen Bewohner der kapitalistischen und sozialistischen Gehäuse diese verlassen haben, als eine mit noch vielen Fragezeichen versehene kulturelle Gestalt dar, deren geistige und materielle Wurzeln weitgehend unerforscht und wohl noch undurchsichtig sind. Zu ihnen gehören zum einen die großen geistigen Traditionen nicht-abendländischer Kulturen und zum anderen die uns durch die Natur auferlegte Nötigung, die materiellen Grundlagen unseres Lebens nicht mehr wie bisher auszubeuten, wollen wir nicht mit ziemlicher Sicherheit unsere Zukunft und die vieler anderer Gattungen aufs Spiel setzen. Mit anderen Worten, die Frage des Berufsethos ist keine bloß berufsinterne Angelegenheit, sondern sie steht im Mittelpunkt der allgemeinen geistigen und materiellen Umformung unserer Lebensgrundlagen. Das gilt um so mehr für jene berufliche Tätigkeit, nämlich die der Informatiker, die wie kaum eine andere unser Leben mitbestimmt. Es bedarf nur der Erinnerung, daß Reaktorunfälle oder der Zusammenbruch der Börse, die Lähmung des öffentlichen Verkehrsnetzes einer Großstadt, das 'unbeabsichtigte' programmgesteuerte Abschießen eines Passagierflugzeuges oder der Tod eines Patienten aufgrund der falschen Schlußfolgerung eines Expertensystems zu den durch Informationstechnologie wesentlich geprägten Lebenssituationen gehören, mit denen wir bereits konfrontiert waren und mit denen wir auch weiterhin rechnen müssen.[4]

Es kommt deshalb nicht von ungefähr, daß die berufsethische Diskussion innerhalb der Informatik seit einigen Jahren mit großer Intensität geführt wird, was nicht nur in der umfangreichen Literatur zu diesem Thema zu Ausdruck kommt,[5] sondern auch im Bestreben der führenden berufsständischen

3 M. Weber, *Soziologie, Universalgeschichtliche Analysen, Politik*, Stuttgart 1973, 379ff.

4 T. Forester, P. Morrison, *Computer Ethics. Cautionary Tales and Ethical Dilemmas in Computing*, Oxford 1990.

5 Vgl. R. Capurro, "Zur Computerethik. Ethische Fragen der Informationsgesellschaft" in: H. Lenk, G. Ropohl (Hrsg.), *Technik und Ethik*, Stuttgart 1989, 259-273; C. C. Gould (Hrsg.), *The Information Weg: Ethical & Social Implications of Computer Networking*, Boulder 1989; J. Robinett, R. Barquin (Hrsg.), *Computer and Ethics:*

Organisationen, anhand von Ethik-Kodizes die Grundregeln ihres Berufsethos ausdrücklich feszulegen, um damit sich und ihren Mitgliedern Instrumente in die Hand zu geben, womit sie in Konfliktfällen eine 'bessere', d.h. auf anerkannte Grundsätze gestützte Entscheidung treffen können. Damit ist auch gesagt, daß zwischen Berufsethos, ethischer Argumentation und Verhaltenskodex Zusammenhänge bestehen, daß aber weder das Berufsethos bloß ein Produkt rationaler Argumente ist, noch diese sich in einem Kodex erschöpfen lassen, noch schließlich, daß ein solcher Kodex die kulturell und geschichtlich bedingte Vielfalt und Veränderbarkeit des Berufsethos adäquat einfangen könnte. Letzteres gibt Anlaß zu einer ins Herz der heutigen Ethik-Debatte führenden Frage, auf die jetzt eingegangen werden soll. Diese Frage lautet nämlich: Inwiefern läßt sich Ethik in Form von Imperativen, Gesetzen, Maximen und letztlich auch in Form eines Berufskodex festschreiben? Man kann diese Frage auch so formulieren: Was ist der Sinn von Moral-Formeln? Ich werde diese Frage zunächst anhand der Diskussion um das Für und Wider von Ethik-Kodizes für Informatiker erörtern, um anschließend auf den Zusammenhang von Lebensnormen und Lebensformen einzugehen.

Meine Erörterungen gründen in der von Michel Foucault in Anknüpfung an die Sokratisch-Platonische Tradition vertretenen Ansicht, daß es nicht ausreicht, eine Handlung als moralisch zu kennzeichnen, wenn diese eine universalisierbare Regel befolgt, sondern daß es auch eines Verhältnisses des Handelnden zu sich selbst bedarf. Dieses Selbstverhältnis erschöpft sich wiederum nicht in einer bloßen Selbstkenntnis, sondern zielt auf den freien und offenen, stets revidierbaren Prozeß der eigenen Lebensformung durch soziale Praktiken, wodurch die Mitglieder einer Gesellschaft sich die Frage nach der eigenen Lebensführung nicht primär im Hinblick auf die Anpassung an Normen oder Codes, sondern auf das Gelingen der eigenen Existenz in all ihren Dimensionen und Verflechtungen stellen.[6] Foucault unterscheidet dementsprechend zwischen Ethik-orientierten und Code-orientierten Moralen, ohne sie gegeneinander auszuspielen.

Die Frage nach der Selbstgestaltung – die zugleich immer eine Frage der Weltgestaltung ist – durch "Selbsttechnologien" (Foucault), d.h. durch Übungen in unseren Beziehungen zur Wahrheit, zum Begehren und zur Macht, ist keineswegs mit einer bloßen Individualethik zu identifizieren, sondern sie hat immer zugleich eine soziale Dimension. Eine Ethik, die diese Frage der

A Sourcebook for Discussions, Philosophy & Technology Studies Center 1989; T. Forester, P. Morrison, *Computer Ethics. Cautionary Tales and Ethical Dilemmas in Computing*, Oxford 1990; D. M. Ermann, M. B. William, C. Gutierrez (Hrsg.), *Computer, Ethics and Society*, New York 1990; Ch. Dunlop, R. Kling (Hrsg.), *Computerization and Controversy. Value Conflicts and Social Choices*, San Diego 1991, sowie weitere umfangreiche Literaturhinweise in den einschlägigen bibliographischen Datenbanken.

6 M. Foucault, *Der Gebrauch der Lüste. Sexualität und Wahrheit*, Band 2, Frankfurt/M 1989.

Lebensführung ausgrenzt und sich ausschließlich als Sollensethik versteht, wie es bei Ethiken Kantianischer Provenienz seit dem 18. Jh. der Fall ist, ist genauso einseitig wie eine Ethik der Lebenskunst, die glaubt ohne die Sollensdimension auskommen zu können. Ein ungekürzter "integrativer" Blick (H. Krämer) auf beide Traditionen der Praktischen Philosophie, Lebenskunst (oder "Strebensethik") und Sollensmoral, die ihr Spannungsverhältnis durch eine scheinbare Synthese nicht aufhebt, ist gerade dann notwendig, wenn es darum geht, die Frage der professionellen Verantwortung, also des Sollensbezugs zu einer normierenden Instanz, zu thematisieren.[7] Denn aufgrund des paradigmatischen Schwerpunktes auf Fragen der professionellen Verantwortbarkeit könnte die scheinbare geringere Bedeutung einer auf Individualisierbarkeit und Pluralisierbarkeit, auf Wollen und Können, auf Lebensgestaltung und Lebensbewältigung orientierten (Berufs-) Ethik in Vergessenheit geraten. Ich werde also die Frage der professionellen Ethik unter diesen beiden Aspekten erörtern. Inwiefern die unterschiedliche Akzentuierung Anlaß zu spezifischen Fragen und Problemen gibt, läßt sich anhand der Debatte um Ethik-Kodizes sowie um die Frage einer Institutionenethik zeigen.

1 Ethik-Kodizes für Informatiker

Im Mittelpunkt einer Code-orientierte Moral steht die Frage der Verantwortung. Hans Lenk hat die unterschiedlichen Verantwortungsarten im Hinblick auf Instanzen, Folgen und Subjekt(e) der Verantwortung analysiert und dabei zwischen Rollenverantwortlichkeit und (universal)moralischer Verantwortung unterschieden.[8] Beide können im Konflikt stehen, aber die Rollenverantwortlichkeit kann wiederum in vielen Fällen moralisch neutral sein. Dabei bestehen zwei Gefahren, *erstens*, daß die Rollenverantwortung, d.h. die Verantwortung gegenüber Institutionen oder von Institutionen den Kunden gegenüber, die moralische Verantwortlichkeit verdrängen könnte, und *zweitens*, daß der Einzelne glaubt, die Institution sei letztlich für die Handlungen verantwortlich oder es gebe so etwas wie eine kollektive Verantwortung, wodurch er/sie also nur eine Teilverantwortung zu tragen hätte. Bieten dafür professionelle Ethik-Kodizes eine Abhilfe? Gibt es so etwas wie eine Institutionenethik?

Im Vorwort des Verhaltenskodex der BCS (The British Computer Society, 1984/85)[9] werden der Charakter des Codes als eine Formalisierung der Erfah-

7 H. Krämer, *Integrative Ethik*, Frankfurt/M 1992.

8 H. Lenk, "Über Verantwortungsbegriffe und das Verantwortungsproblem in der Technik", in: H. Lenk, G. Ropohl (Hrsg.), *Technik und Ethik*, Stuttgart 1989, 115ff.

9 D. G. Johnson, J. W. Snapper (Hrsg.), *Ethical Issues in the Use of Computers*, Belmont 1985, 14-22; H. Lenk (Hrsg.), *Wissenschaft und Ethik*, Stuttgart 1992, 388f.

rung und dessen Inhalt als "obvious" und "merely commonsense" bezeichnet. Der Code teilt sich in einem "Code of Practice" und einem "Code of Conduct".

Der erste Teil betrifft die Pflicht, 'up-to-date' zu bleiben und die eigenen Fachgrenzen zu beachten. Im "Code of Conduct" findet man einige abgemagerte Bewohner des ehemaligen puritanischen Gehäuses, nämlich: "integrity", "confidentiality", "impartiality" und "responsibility". Der Code bietet aber auch konkretere Interpretationshilfe. So wird zum Beispiel bei Vertraulichkeit auf den Schutz von vertraulichen Daten und auf ihre Nichtweitergabe an Dritte ohne Zustimmung der Betroffenen hingewiesen. Unter "vertraulichen Daten" können die bloße Existenz eines Projekts, sowie geschäftliche Vorhaben, geheime Handelsabkommen und personenbezogene Daten verstanden werden. Konfliktsituationen sind leicht vorstellbar, in denen dieses Prinzip nicht nur legal, sondern eben auch ethisch einzuschränken wäre. Diese Problematik wird aber im Code nicht angesprochen. Die BCS erwartet vom Mitglied, daß dieses nicht nur die Reputation der Gesellschaft nicht schädigt, sondern daß "er" (im Code wird ausschließlich das Maskulinum verwendet!) denselben hohen Verhaltenskodex in seinem sozialen Leben und in seinen professionellen Aktivitäten anwendet, "sofern diese in Wechselwirkung stehen". Wenn der Berufsstand diese "höheren Standards" setzt, haben wir es nicht mit einem Überrest des puritanischen Geistes zu tun? Denn offenbar betrachtet die BCS ihren Code als "high standard of behavior" schlechthin und blickt von hier aus auf die Privatsphäre hinab. Im Falle einer Beschwerde, die auch von Nicht-Mitgliedern eingereicht werden kann, drohen dem Betroffenen eine Ermahnung, eine Suspendierung oder ein Ausschluß aus der BCS, sowie eine mögliche Veröffentlichung des Falles! Man fragt sich an dieser Stelle, ob hier nicht eine Verwechslung der ethischen und rechtlichen Ebene vorliegt, ja, ob die Disziplinierung ethischen Verhaltens und die schleichende Bevormundung des nichtberuflichen Lebens nicht selbst unmoralisch ist bzw. der Moralität den Boden entzieht. Normen ohne Sanktionsfurcht bleiben, so könnte man aber dagegen argumentieren, wirkungslos. Außerdem wird niemand gezwungen, einer bestimmten Fachgesellschaft beizutreten. Ein Verhaltenskodex ist auch kein Ethiklehrbuch! Immerhin wird in der Einleitung des BCS-Codes betont, daß nicht der Buchstabe, sondern der Geist des Codes entscheidend ist und daß der Code die individuelle Situation nicht berücksichtigen kann, sondern daß er stets einer adäquaten Auslegung bedarf.

Die IBM-Geschäftsgrundsätze (1990)[10] drücken den fragwürdigen Vorrang der Rollenverantwortung gegenüber der moralischen Verantwortung unmißverständlich aus: Im Falle eines Interessenkonfliktes, d.h. eines Konfliktes der eigenen Interessen mit den Interessen von IBM "liegt es bei Ihnen, alles zu vermeiden, was Ihre Loyalität gefährden könnte". Der Satz "Ihr Privatleben gehört selbstverständlich Ihnen" wirkt nicht "selbstverständlich", sondern

10 H. Lenk, M. Maring (Hrsg.), *Wirtschaft und Ethik*, Stuttgart 1992, 379-387.

zynisch. Hier wird stillschweigend vorausgesetzt, daß die "eigenen Interessen" keine allgemeinen (moralischen) Interessen sein können (dürften). Das Prinzip der Vermeidung eines Interessenkonfliktes zugunsten der Firmenloyalität ist offensichtlich unmoralisch. Es müßte heißen: Bleiben sie wach für die Interessenkonflikte und meiden Sie diese nicht, sondern stellen sie stets Ihre moralische Verantwortung über Ihre Rollenverantwortung!

Der Sache näher kommen die Leitsätze für Führungskräfte der Siemens AG (1987). Dort heißt es: "Führen erfordert Loyalität gegenüber dem Unternehmen, aber auch das Vertreten der eigenen Überzeugung, wenn die Sache und die Verantwortung für die Mitarbeiter es verlangen". Problematisch ist hier die Reihen-, die auch eine Rangfolge impliziert.[11]

Der Verhaltenskodex der ACM (Association for Computing Machinery)[12] unterscheidet zwischen "allgemeinen Prinzipien" ("canons"), "ethischen Überlegungen" ("Ethical Considerations") und "Disziplinarregeln" ("Disciplinary Rules"), die im Gegensatz zum ermunternden "should" der "ethischen Überlegungen" mit einem imperativen "shall" gekennzeichnet sind. So sollte ("should") ein ACM-Mitglied seine Fachkenntnisse und sein Fachkönnen zum Nutzen der Menschheit anwenden, aber er/sie (die Rede ist immer vom "ACM member") soll ("shall") seine fachliche Meinung gegenüber seinen Arbeitgebern oder Klienten äußern, und zwar bezüglich möglicher negativer Auswirkungen für die Öffentlichkeit. Im Kern des Codes stehen also nicht so sehr die "ethischen Überlegungen", sondern die "Disziplinarregeln", da diese Grundlage für mögliche Sanktionen bilden, wobei bisher keine Fälle diesbezüglich bekannt sind.[13] In bezug auf den Wohlfahrtskanon lautet die Disziplinarregel lediglich, daß das Mitglied seine gegenteilige fachliche Meinung "zum Ausdruck bringen sollte" ("shall express" DR 5.2.1). Wie Deborah Johnson richtig bemerkt,[14] fragt man sich hier, ob das Mitglied nicht etwas "tun" sollte, außer (bloß) seine Meinung zu äußern. Man spricht von einer "Whistle-blowing-Ethik".[15] Ein weiterer kritischer Punkt betrifft die Tatsache, daß dieser Code ausschließlich Fragen der individuellen Verantwortung, nicht aber der Verantwortung der Institutionen anspricht.[16]

11 H. Lenk, M. Maring (Hrsg.), *Wirtschaft und Ethik*, Stuttgart 1992, 391.

12 D. G. Johnson, J. W. Snapper (Hrsg.), *Ethical Issues in the Use of Computers*, Belmont 1985, 31-37.

13 Ch. Dunlop, R. Kling (Hrsg.), *Computerization and Controversy. Value Conflicts and Social Choices*, San Diego 1991, 657.

14 D. G. Johnson, *Computer Ethics*, New Jersey 1985, 31ff.

15 H. Lenk, "Ethikkodizes – zwischen schönem Sein und 'harter' Alltagsrealität", in: H. Lenk, M. Maring (Hrsg.), *Technikverantwortung. Güterabwägung – Risikobewertung – Verhaltenskodizes*, Frankfurt/M 1991, 343.

16 Ch. Dunlop, R. Kling (Hrsg.), *Computerization and Controversy. Value Conflicts and Social Choices*, San Diego 1991, 656-657.

In der deutschen Gesellschaft für Informatik (GI) gibt es bisher einen Beitrag des Arbeitskreises 8.3.3. "Grenzen eines verantwortbaren Einsatzes von Informationstechnik" mit dem Titel "Informatik und Verantwortung".[17] Der AK regt u.a. die Bildung eines Diskussionsforums innerhalb der GI an, das bei problematischen Verantwortungssituationen Empfehlungen geben und Unterstützung anbieten könnte.

Eine andere inhaltliche und formale Perspektive öffnet der Entwurf (!) eines ethischen Codes der IFIP (International Federation of Information Processing Societies). Mir scheint, daß dieser Code am ehesten das Beiwort 'ethisch' verdient, obwohl dies nicht unproblematisch ist.[18] Er richtet sich nicht nur an einzelne Professionals, sondern auch an multinationale Fachorganisationen und ist zugleich global und multikulturell.

Außerdem umfaßt er juristische Aspekte und Fragen der politischen Ethik, ohne sie miteinander zu vermischen. Dieser allgemeine Rahmen sprengt den Horizont der bisher analysierten Verhaltenskodizes. Aber auch in einzelnen Punkten gibt es erhebliche Unterschiede. Allein das Ansprechen und Auseinanderhalten von individual- und kollektivethischen Fragen ist ein Novum. Ferner, zu Beginn der individualethischen Fragen wird die soziale Verantwortung gegenüber der internationalen Gemeinschaft hervorgehoben, worauf der ACM-Code erst an letzter Stelle eingeht... Auch bei der Institutionenethik wird zunächst die Frage der sozialen Verantwortung angesprochen. Sie betrifft nicht nur die Qualität der Produkte und ihre Zuverlässigkeit, sondern auch den Willen zu kooperieren z.B. in Fragen internationaler Normen. Der internationale rechtliche Schutz – wie z.B. der Schutz gegen Computerkriminalität – wird als Mittel zur Verfolgung ethischer Ziele verstanden. Die Beziehungen zwischen Organisationen und Arbeitnehmern werden in ihrer wechselseitigen Verantwortung angesprochen. Die Nutzer sind die Verantwortungsinstanz der Organisationen, d.h. Nutzerpartizipation und -"feedback" bei der Entwicklung von Informationssystemen werden als Voraussetzungen für verantwortungsvolles Handeln von Organisationen angesehen. Die politische Ethik schließlich wird eingeleitet mit dem Hinweis auf das in der UN-Charta festgeschriebene Recht auf Kommunikationsfreiheit jenseits staatlicher Grenzen. Weitere Punkte betreffen Privatheit, Humanisierung von Informationssy-

17 K.-H. Rödiger et al., "Informatik und Verantwortung", *Informatik-Spektrum*, 12, 1989, 281-289. Ein Ethik-Kodex der GI ist in Bearbeitung.

18 Es handelt sich aber dabei lediglich um einen Vorschlag (!) von Hal Sackman (School of Business and Economics, California State University, Los Angeles), der insofern fragwürdig ist, wie mich Bernd Lutterbeck aufmerksam machte, als unter der Überschrift "Code of Ethics" juristische und politische Aspekte behandelt werden. H. Sackman, "A Prototype IFIP Code of Ethics Based on Participative International Consensus", in: Ch. Dunlop, R. Kling (Hrsg.), *Computerization and Controversy. Value Conflicts and Social Choices*, San Diego 1991, 698-703.

stemen und die Förderung der "computer literacy". In bezug auf die immer größer werdende Kluft zwischen Informationsreichen und Informationsarmen sollten Fachleute und Organisationen eine gerechtere Verteilung anstreben, wenngleich der Code feststellt, daß die eigentlichen ökonomischen Ursachen dieser Ungleicheit außerhalb des Rahmens dieses Codes fallen. Schließlich wird die Frage nach der notwendigen Harmonisierung der Technik mit einer multikulturellen Welt, d.h. mit dem "charakteristischen Ethos und der Lebensqualität einer jeden Kultur", angesprochen.

Gegenüber diesen und anderen Beispielen – wie der IEEE-Code (Institute of Electrical and Electronics Engineers) oder dem Code der DPMA (Data Processing Management Association),[19] aber mit Ausnahme vielleicht des zuletzt angeführten IFIP-Prototyps – können zwei extreme Positionen eingenommen werden. Man kann diese Formalisierung der professionellen Ethik für einen intellektuellen und moralischen Irrweg halten oder aber für eine nicht bloß sinnvolle, sondern auch nötige Einrichtung. Die erste Position soll jetzt exemplarisch anhand der Kritik von John Ladd, die zweite durch die Ausführungen von Michael McFarland thematisiert werden.

2 Ethik-Kodizes: Ein intellektueller und moralischer Irrweg oder eine sinnvolle und nötige Einrichtung?

Ethische Reflexion ist, so John Ladd,[20] wesentlich problematisch und kontrovers sowohl in ihren Prinzipien als auch in den Anwendungen. Der Versuch, ethische Prinzipien, auch auf Konsensbasis, zwangsweise anderen aufzuerlegen, widerspricht dem Wesen der Ethik selbst. Dieser Gedanke kam schon, man möchte sagen, beinahe spontan, in der obigen Analyse zur Sprache. Auch Ladds dritte Überlegung, nämlich die Verwechslung von ethischen und juristischen Normen, wurde bereits angedeutet. Für Ladd steht die Ethik in einem ähnlichen Verhältnis zu Berufsverbänden wie zum Gesetz: Sie ist eine kritische, zustimmende oder ablehnende Instanz, die aber nicht selbst kodifiziert werden kann. Man sollte, so Ladd, die Kenntnis der "club rules" nicht mit einem scheinbaren ethischen Fachwissen verwechseln, eine Verwechslung, die an Max Webers Hinweis über den "sportlichen" Charakter des post-puritanischen Berufsethos erinnert. Ladd kritisiert auch die Vorstellung einer "speziellen Ethik", denn diese ist sowohl für die Beziehungen des Fachmanns zur Gesellschaft, also für "makro-ethische" Fragen, als auch für die Beziehungen

19 D. G. Johnson, J. W. Snapper (Hrsg.), *Ethical Issues in the Use of Computers*, Belmont 1985, 20-30 und 37-38.

20 J. Ladd, "The Quest for a Code of Professional Ethics: An Intellectual and Moral Confusion", in: D. G. Johnson, J. W. Snapper (Hrsg.), *Ethical Issues in the Use of Computers*, Belmont 1985, 8-13.

zwischen Fachleuten innerhalb einer Berufsgruppe oder mit ihren Kunden ("Mikro- Ethik"), entweder durch generell gültige Begriffe, wie Ehrlichkeit, Anständigkeit und Verantwortung, bereits abgedeckt oder sie hat etwas mit der sozialen Macht eines Berufes zu tun, was aber dann nicht Sache eines Verhaltenskodex, sondern der Sozialpolitik ist. Ladd steht auch einigen möglichen positiven Aspekten von Verhaltenskodizes kritisch gegenüber. Als Quelle von ethischer Inspiration und Sensibilisierung scheinen sie ihm wenig geeignet. Auch bei Konfliktfällen können sie kaum von Nutzen sein, da sie niemals der Komplexität solcher Situationen gerecht werden können. So scheinen also eher die Nebenziele von Berufskodizes die eigentlichen, allerdings kaum als 'ethisch' zu bezeichnenden Aspekte zu sein, die ihre Existenz rechtfertigen. Diese wären nämlich: das Image des Berufes zu verbessern, das Berufsmonopol zu sichern und als Statussymbol zu dienen! Als ausgesprochen negative Nebeneffekte hebt Ladd hervor: die Entstehung eines Gefühls von Selbstzufriedenheit, die Verwendung der Codes als Deckmantel, die Ablenkung der Aufmerksamkeit von den makro-ethischen Fragen des Berufes und, schließlich, die Festigung der "Tyrannei der Mehrheit" (J.S. Mill) bzw. der Macht des Establishments. Statt Berufskodizes mit (oder ohne) Disziplinarcharakter schlägt Ladd die Behandlung ethischer Fragen in der Ausbildung sowie intensive(re) Diskussionen vor. Diesem letzten Ziel kämen die Empfehlungen des GI-Arbeitskreises nahe. Auch Deborah Johnson empfiehlt Vorsicht gegenüber Berufskodizes, da diese von anderen als nur ethischen Antrieben motiviert sein können.[21]

Ich möchte diese grundsätzliche Kritik an Berufskodizes mit *einem* Wort von Jürgen Mittelstraß, das diese Argumente zusammenfaßt, abschließen: "Reparaturethik".[22] Die Vorstellung von einer ethischen Checkliste kann nur eine technokratische Ersatzorientierung bieten.

Was läßt sich gegen diese Kritik anbringen? Michael McFarland erläutert, warum berufsethische Normen in der Informatik nicht nur sinnvoll, sondern auch dringend nötig sind, anhand des folgenden Beispiels.[23] George, ein Elektroingenieur, arbeitet an einem Kontrollsystem für ein Militärflugzeug. Die anfänglichen Mängel der Software wurden anhand von Simulationen ausfindig gemacht und beseitigt. George glaubt aber, daß die Mängel auf einen

21 D. G. Johnson, *Computer Ethics*, New Jersey 1985, 33.

22 J. Mittelstraß, "Auf dem Wege zu einer Reparaturethik?", in: J.-P. Wils, D. Mieth (Hrsg.), *Ethik ohne Chance? Erkundungen im technologischen Zeitalter*, Tübingen 1991, 104.

23 M. C. McFarland, "Urgency of ethical standards intensifies in computer community", *Computer*, 3/1990, 7-81; M. C. McFarland, "Broadening the Basis for Ethical Analysis", *J. Systems Software,* 17, 1992, 39-40; Vgl. auch R. W. Collins, K. W. Miller, "Parademic Ethics for Computer Professionals", *J. Systems Software*, 27, 1992, 23-38.

grundsätzlicheren systematischen Fehler hinweisen und daß die ganze Software neu gestaltet werden müßte. Seine Vorgesetzten sehen die Sache anders und befürchten außerdem die Nichteinhaltung von vertraglichen Terminen sowie zusätzliche Kosten. Der Druck auf George wird immer stärker, die Software endlich freizugeben, andernfalls wird die Verantwortung dafür einem anderen Kollegen übertragen.

George steht vor einem Dilemma: Er fühlt sich auf der einen Seite seinen Vorgesetzten gegenüber verpflichtet, ihren Anweisungen zu folgen, sich der Firma gegenüber loyal zu verhalten, auch mit Rücksicht auf die Erhaltung seiner Stelle und auf das damit zusammenhängende Wohlergehen seiner Familie. Auf der anderen Seite aber fühlt er sich für die Sicherheit des Systems verantwortlich, auch z.B. gegenüber dem Testpiloten, und glaubt aus fachlichen Gründen keine positive Aussage über die Zuverlässigkeit des Systems machen zu können. Außer diesem Konflikt zwischen verschiedenen Pflichten (Loyalitätspflicht, Vorsorgepflicht, Wahrheitspflicht, Informationspflicht) ist sich George bewußt, daß sein Opfer, auch wenn er seinem Fachurteil folgt, kaum von Nutzen sein wird, da ein anderer das System freigeben wird.

Dieser Fall läßt sich, so McFarland, auf viele andere Bereiche (Medizin, Recht, Verkehr usw.) übertragen. Davon sind nicht nur z.B. Firmen und ihre Mitarbeiter, sondern auch die Nutzer dieser Systeme, sofern sie nämlich Vertrauen in sie haben sollen, betroffen. McFarland folgert daraus die Notwendigkeit von ethischen Standards, die vom ganzen Berufsstand mitgetragen werden sollten. Solche Standards würden zum einem demjenigen dienen, der sich in solchen schwierigen ethischen Entscheidungssituationen ein Urteil bilden muß und zum anderen würden sie die Betroffenen ein Gefühl von Sicherheit und Solidarität geben, wodurch sie ihre Entscheidung mit mehr Mut und Vertrauen treffen können. In der darauffolgenden Argumentation begründet McFarland seine positive Einschätzung von berufsethischen Normen, indem er die Natur ethischen Fachwissens sowohl vom ethischen Relativismus als auch vom Kulturrelativismus abhebt, ohne der Ethik jede Dynamik abzusprechen. Zu den ethischen Prinzipien zählt McFarland die utilitaristischen, die aber für sich genommen keine adäquate Basis für die Ethik darstellen können, da es einige Handlungen gibt (Menschen töten, lügen, stehlen), die an sich falsch sind, und deren Verbot wir in unserer Kultur im Begriff der Menschenrechte zusammenfassen. Man denke in diesem Zusammenhang auch an Joseph Weizenbaums Kritik der instrumentellen Vernunft.[24] Der entscheidende Punkt ergibt sich aber, wenn Konflikte zwischen diesen grundsätzlichen Normen auftreten. Ethische Berufsnormen sollten da sein, um solche Konflikte zu vermeiden bzw. um sie zu minimieren. Im dargestellten Fall müßte die Firma in der Tat das System neu gestalten, wenn die Analyse solche grundsätzliche Mängel aufdeckt. George muß aber ethisch in einer unethischen Umgebung handeln.

24 J. Weizenbaum, *Die Macht der Computer und die Ohnmacht der Vernunft*, Frankfurt/M 1977.

Denn gleich wie seine Entscheidung ausfällt, bleibt das Ergebnis unbefriedigend. Wenn also nicht George, sondern die Strukturen die Ursache für diesen Mißstand sind, dann liegt es, so McFarland, daran, daß es, erstens keine klaren Richtlinien bezüglich Georges Verantwortung sowie der seiner Kollegen und Vorgesetzten gibt; zweitens, daß es keine Anreize gibt, weder für George noch für die Firma, um ethisch zu handeln; drittens, daß es keine Struktur oder Prozedur gibt, wodurch George seine Bedenken äußern könnte, wenn seine Vorgesetzten sich weigern, diese ernst zu nehmen; und viertens, daß die Last der Entscheidung einseitig auf Georges Seite liegt, denn letztlich müßte die ganze Firma die Verantwortung für die Systemsicherheit tragen. Nach der oben erwähnten Disziplinarregel des ACM-Codes hätte George seine im Code festgelegte Pflicht erfüllt, indem er sich über die möglichen Gefahren des Systems "geäußert" hätte. Man kann aber keine sozialen Probleme mit individuellen Handlungen lösen, sondern man braucht, so McFarland, Berufsnormen, ein Diskussionsforum für ethische Fragen, ein Verfahren mit eventuellen Sanktionen für gravierende Fälle und, schließlich, Unterstützung für Mitglieder, die verfolgt werden aufgrund ihrer ethischen Entscheidungen. Für McFarland sind aber der jetzt geltende Ethik-Kodex des IEEE und somit implizit die anderen oben analysierten Berufskodizes zu allgemein, eine Kritik, die auch Deborah Johnson teilt.[25] Zu einer spezielleren Analyse z.B. in der Frage der Sicherheit von Computersystemen gehören aber für McFarland nicht nur Gesichtspunkte einer normativen Ethik, sondern auch Fragen einer Ethik der Güter im Sinne der eingangs erwähnten "Strebensethik", sowie eine sozialethische Reflexion. Verhaltenskodizes stellen *ein* Mittel kollektiven Handelns dar. Weitere Bereiche sind Ausbildung, Risikoanalysen und partizipatives Design.[26]

3 Individualethik und Institutionenethik

Diese Kontroverse zeigt, daß hinter der Frage nach dem Für und Wider von Berufskodizes eine andere Problematik tangiert wird, nämlich die nach der Reichweite der Individualethik bzw. nach einer notwendigen Ausweitung des Blickes auf die Verantwortung von Institutionen. Was ist aber damit gemeint? Hängt nicht Verantwortung mit dem Wissen und dem Gewissen des einzelnen um die Absichten und Folgen seiner Handlungen zusammen? Läßt sich überhaupt sinnvollerweise von einer Institutionenethik sprechen? Am Fall von George wurde klar, daß eine einseitige Belastung von Georges Verantwortung der Sache nicht gerecht wird, da das System selbst unberührt bleibt.

25 D. G. Johnson, *Computer Ethics*, New Jersey 1985, 33.

26 M. C. McFarland, "Ethics and the safety of computer systems", *Computer*, 3/1991, 72-74.

Ähnlich argumentiert Günter Ropohl, wenn er die "individualistische Verantwortungsethik" als unzureichend gegenüber den Problemen des technischen Fortschritts erklärt, denn sie versuchte, "einen gesellschaftlichen Strukturkonflikt auf dem Rücken der Individuen auszutragen".[27] In Wahrheit aber arbeiten die meisten Ingenieure in Unternehmen, in denen ihre individuelle Handlungsmacht nicht sehr weit reicht. Auch die Möglichkeit des Verwendungsmißbrauchs der meistens in Teamarbeit hergestellten Produkte entzieht sich der Verantwortung des Einzelnen. Anstatt in einen ethischen Formalismus oder Relativismus zu flüchten, gilt es für Ropohl "mit einem wohlbegründeten Minimalkanon materialer Moral Farbe [zu bekennen]", mit dem Ziel, Übel und Leiden zu verringern ("negativer Utilitarismus").[28] Dem neuzeitlichen individualistischen Handlungsparadigma stellt Ropohl eine letztlich auf Aristoteles zurückgehende Auffassung von "korporativem Handeln" entgegen, wonach Korporationen als solche moralische Verantwortung tragen. Der "korporative Akteur" und nicht mehr (so sehr) das einzelne Mitglied ist das moralische Subjekt, denn das Ergebnis korporativen Handelns deckt sich nicht mit der Summe individuellen Handelns. Ein Unterscheidungsmerkmal korporativen Handelns gegenüber individuellem Handeln sieht Ropohl darin, daß Handlungsfolgen statt determiniert bloß wahrscheinlich sein werden. Mit dem Prinzip der Vermeidung von möglichen Katastrophen ("Präventionsethik") bzw. von "unannehmbarem Schaden" (H. Jonas) plädiert Ropohl offenbar für das, was ich "schwache Technik" nenne, d.h. für eine Technik, die nicht auf ein utopisches Sicherheitsideal hin orientiert ist, sondern sozusagen falsifizierbar bleibt.[29] Man müßte also, Ropohl folgend, unterscheiden zwischen moralischen Regeln, die vom einzelnen zu befolgen sind und überindividuellen Regeln, die sich an kollektive Subjekte richten. Damit begibt sich aber Ropohl, wie er selbst feststellt, auf das Gebiet des Rechts und der Politik und folgert konsequent: "Ethik ohne Politik ist wirkungslos!".[30] Dieser Verrechtlichung der Ethik entspricht auch Ropohls Forderung nach verbindlichen Berufskodizes und nach Einrichtung von unabhängigen Kommissionen für Ingenieursethik.

Diese "neue Einheit" von Ethik, Recht und Politik führt aber m.E. zu einer Depotenzierung der Ethik oder, wie Walter Zimmerli es ausdrückt, zu einer

27 G. Ropohl, "Ob man die Ambivalenzen des technischen Fortschritts mit einer neuen Ethik meistern kann?", in: H. Lenk, M. Maring (Hrsg.), *Technikverantwortung. Güterabwägung – Risikobewertung – Verhaltenskodizes*, Frankfurt/M 1991, 49.

28 G. Ropohl, "Ob man die Ambivalenzen des technischen Fortschritts mit einer neuen Ethik meistern kann?", in: H. Lenk, M. Maring (Hrsg.), *Technikverantwortung. Güterabwägung – Risikobewertung – Verhaltenskodizes*, Frankfurt/M 1991, 61-62.

29 Vgl. R. Capurro, "Informationstechnik in der Lebenswelt", in: P. Gorny (Hrsg.), *Informatik und Schule 1991*, Heidelberg 1992, 16-26.

30 G. Ropohl, "Ob man die Ambivalenzen des technischen Fortschritts mit einer neuen Ethik meistern kann?", in: H. Lenk, M. Maring (Hrsg.), *Technikverantwortung. Güterabwägung – Risikobewertung – Verhaltenskodizes*, Frankfurt/M 1991, 72.

"theoretische[n] Flucht ins Institutionelle", ja sie verwechselt letztlich Recht und Moral.[31]

Denn eine Kontrastierung zwischen Individualethik und Institutionenethik verschleiert sowohl die soziale Dimension ethischen Individualhandelns als auch die bloße Quasi-Subjektivität von kollektiven Subjekten. Die neuzeitliche Trennung von Individuum und Gesellschaft bleibt in Ropohls Entwurf erhalten.

Praktische Philosophie umfaßt in der Tat soziale und politische Dimensionen. Institutionen sind aber keine Subjekte in dem Sinne, daß sie sich durch den Bezug zur eigenen Existenz diese selbst formen könnten. Ihre Quasi-Subjektivität bedeutet lediglich – und das ist keine geringe Leistung! –, daß sie rechtlich haftbar, aber eben nicht moralisch verantwortlich gemacht werden können.[32] Sie schweben also in keinem ethikneutralen Luhmanschen Raum. Aber sowenig wie eine auf die Formung menschlicher Existenz in der Welt gerichtete Ethik eine bloße Individualethik ist, sowenig bedarf die überindividuelle Auswirkung institutionellen Handelns des Konstrukts eines sich ethisch konstituierenden Quasi-Subjekts. Denn was hätte es für einen Sinn zum Beispiel zu sagen, daß die Firmenziele bzw. die Unternehmensphilosophie die ethische Verantwortung für diese oder jene Katastrophe tragen! Es gibt keine Firmen und (noch) keine Computer, die sich als autonomes Subjekt ethische Ziele geben. Natürlich kann man sagen, daß dieses Gesetz oder jene Regelung für den Schaden 'verantwortlich' ist, aber nicht umsonst setzt man 'verantwortlich' hier in Anführungszeichen. Das schließt die Möglichkeit und Notwendigkeit der Versittlichung von Organisationen und Institutionen keineswegs aus. Wie Christoph Hubig bemerkt, verkörpern Institutionen im Sinne von Firmenzielen Werte, während Organisationen den Einsatz von Mitteln ermöglichen.[33] Wenn nicht das individuelle Handeln, sondern Normen bzw. Gesetze für die Auswirkungen institutionellen Handelns 'verantwortlich' gemacht werden, dann haben wir es mit einer (demokratisch institutionalisierten) Stellvertreterverantwortung der Individuen zu tun. So gesehen stellen Normen Rahmenbedingungen dar bzw. sie eröffnen Spielräume individuellen Handelns. Der ethische Charakter der Handlung wäre dann gegeben, wenn sie durch die Norm legitimiert wird bzw. normkonform ist.[34] Hieraus ergibt sich aber offensichtlich die Gefahr des gesellschaftlichen Konformismus. Wenn

31 W. Ch. Zimmerli, "Verantwortung des Individuums – Basis einer Ethik von Technik und Wissenschaft", in: H. Lenk, M. Maring (Hrsg.), *Technikverantwortung. Güterabwägung – Risikobewertung – Verhaltenskodizes*, Frankfurt/M 1991, 85.

32 W. Ch. Zimmerli, "Verantwortung des Individuums – Basis einer Ethik von Technik und Wissenschaft", in: H. Lenk, M. Maring (Hrsg.), *Technikverantwortung. Güterabwägung – Risikobewertung – Verhaltenskodizes*, Frankfurt/M 1991, 86.

33 C. Hubig, "Probleme einer Ethik der Technik", in: C. Hubig, G. Seetzen (Hrsg.), *Verantwortung des Ingenieurs*, Berlin 1990.

34 C. Hubig, *Ethik institutionellen Handelns*, Frankfurt/M 1982.

infolge eines unmoralischen Systems Situationen entstehen, für die niemand direkt verantwortlich ist, dann muß zwar das System geändert werden, aber intendiert ist dabei die Umgestaltung unserer Seinsweise. Firmenziele und Organisationen sind, mit anderen Worten, eine Weise *unseres* Seins. Wir können uns zwar u.U. der rechtlichen, aber nicht der moralischen Verantwortung für die Gestaltung unseres Lebens entziehen. Wenn wir das tun, verzichten wir eben auf unser eigenes Sein.

Die Unterscheidung zwischen individuellem und institutionellem Handeln führt dazu, daß die Code-orientierte Moral unter das institutionelle Handeln subsumiert wird und daß dementsprechend die "Ethik-orientierte Moral" (Foucault) mit einer Individualethik verwechselt wird. Der Anspruch einer Sozialethik besteht aber m.E. nicht nur darin zu zeigen, wie ethische Normen sich als "Geist der Gesetze" enfalten und dadurch eine meta-individuelle Instanz zur Entlastung von Haftung sowie zur Begründung eines minimalen gesellschaftlichen Konsenses dienen können. Eine Sozialethik muß ebensosehr die Spannung zwischen der Bestimmtheit von Normen und dem unbestimmten Möglich-sein, das sich in der grundsätzlichen Möglichkeit der Änderung und Infragestellung, also nicht bloß Befolgung von Normen auswirkt, zum Ausdruck bringen. Eine solche Dimension eröffnet sich aber nur aus der Sicht einer sich selbst individuell und sozial gestaltenden Existenz, in der letztlich der von Normen eröffnete Möglichkeitsspielraum von einem 'freien Raum' transzendiert wird. Es ist erst aus dieser Transzendenzerfahrung, aus der wir individuell und sozial so etwas wie eine Bestimmung von sozialen und institutionellen Normen als konkrete und veränderbare Ausformungen eben dieses offenen Möglich-seins vermögen, ja daß wir sogar vermögen, ihnen eine Quasi-Subjektivität – sofern sie eben kein 'jenseits der Norm' kennen – zu verleihen, ohne daraus eine letzte hinreichende Instanz unseres Handelns zu machen.

Dementsprechend fällt die Aufgabe der Berufskodizes bei Ropohl vorwiegend auf die Seite des Limitierens und Kontrollierens, während die existenzielle Dimension des Könnens und Gelingens in Vergessenheit gerät. Ein Grund für diese Einseitigkeit sehe ich in der Verlagerung des Ethischen auf die Frage nach der Verantwortung gegenüber einer wie auch immer festgeschriebenen Instanz, ohne zugleich die Frage des Könnens bzw. Gelingens anzusprechen.[35] Letzteres findet aber in einem offenen Horizont statt, innerhalb dessen erst so etwas wie Berufskodizes sowohl in ihrer Begrenzung als auch in den von ihnen eröffneten Spielrahmen wahrgenommen und, über diese Fachgrenzen hinaus, zu Rate gezogen werden können. "Die Folgenorientierung einer Verantwortungsethik erfordert", wie Peter Schefe betont, "Interdisziplinarität und ein an den Interessen aller Betroffenen orientiertes, d.h. sozial orientiertes Design. Und damit *soll* sie offen sein auch für Disziplinlosigkeit."[36] Ethik-Kodizes

35 H. Krämer, *Integrative Ethik*, Frankfurt/M 1992, 247.

36 P. Schefe, "Zehn Gebote für die Informatik? Die Schwierigkeit der Begründung einer Ethik für Informatiker", *Informatik-Spektrum*, 14, 1991, 209.

haben aber einen Sinn nicht nur, wenn sie in einem offenen Diskurs zur Rate gezogen werden, sondern wenn sie zugleich in einem sozio-kulturellen Ethos verankert sind, das sie aber nicht nur deshalb nicht ausschöpfen, weil dieses Ethos auch viele nicht-kognitive Elemente besitzt, sondern auch weil es geschichtlicher Natur ist. Das Ziel der Aristotelischen Staatskunst, worauf sich Ropohl bezieht[37], ist die Versittlichung der Individuen, als einzelne und als Gruppe (Haushaltungskunst, Gesetzgebungskunst und Staatskunst), nicht aber von Organisationen als eines kollektiven Quasi-Subjekts.[38] Dementsprechend weiß Aristoteles sehr genau zwischen Ethos und Ethik zu unterscheiden,[39] d.h. zwischen einer Tugend ("ethos" mit Eta), die durch Gewohnheit ("ethos" mit Epsilon) ensteht, und einer immer nur umrißhaft bleibenden ethischen Reflexion, die sich in Normen und Regeln niederschlagen kann: "Was aber", so Aristoteles, "dem Bereich des sittlichen Handelns und des im Leben Nützlichen angehört, hat nichts an sich, was ein für allemal feststände, so wenig als das Gesunde. Und was schon für die allgemeinen Regeln gilt, so läßt das Einzelne und Konkrete noch weniger genaue und absolut gültige Vorschriften zu, da es unter keiner Kunst und keine Lehrüberlieferung fällt. Hier muß vielmehr der Handelnde selbst wissen, was dem gegebenen Fall entspricht, wie dies auch in der Heilkunst und in der Steuermannskunst geschieht. Aber trotz dieses Charakters unserer Disziplin müssen wir sehen, wie zu helfen ist."[40] Denn "darin zeigt sich der Kenner, daß man in den einzelnen Gebieten je den Grad von Genauigkeit verlangt, den die Natur der Sache zuläßt."[41]

Hans Lenk argumentiert gegen eine kollektiv, aber für eine distributiv zuzuschreibende moralische Mitverantwortung. Das heißt, auf der einen Seite reicht eine Individualmoral nicht aus, um die Handlungen von Wissenschaftlern und Technikern auf ihre Verantwortbarkeit hin anzuleiten und zu beurteilen, während auf der anderen Seite eine sozialorientierte Verantwortung das persönliche Gewissen nicht aufheben kann. Als wohl problematischer Ausweg bleibt eine Mischung von beiden, wobei der Anteil der zu tragenden Mitverantworung "proportional zu Eingriffsmacht und Wissen" anzurechnen wäre.[42] Problematisch ist dieser Ausweg nicht nur in bezug auf die dadurch entstehenden Konflikte bezüglich des Ausmaßes an Macht und Wissen und der Instanz, die darüber zu befinden hätte, sondern auch bezüglich des Mit-

37 G. Ropohl, "Ob man die Ambivalenzen des technischen Fortschritts mit einer neuen Ethik meistern kann?", in: H. Lenk, M. Maring (Hrsg.), *Technikverantwortung. Güterabwägung – Risikobewertung – Verhaltenskodizes*, Frankfurt/M 1991, 71.

38 Aristoteles, *Nikomachische Ethik*, Hamburg 1985, VI 1141 b 10.

39 Aristoteles, *Nikomachische Ethik*, Hamburg 1985, II 1103 a 15.

40 Aristoteles, *Nikomachische Ethik*, Hamburg 1985, II 1104 a 1-11.

41 Aristoteles, *Nikomachische Ethik*, Hamburg 1985, I 1094 b 24-26.

42 H. Lenk, "Über Verantwortungsbegriffe und das Verantwortungsproblem in der Technik", in: H. Lenk, G. Ropohl (Hrsg.), *Technik und Ethik*, Stuttgart 1989, 128.

wirkens von voneinander nicht wissenden Akteuren, die aber zu einem moralisch verwerflichen Gesamtergebnis führen könnten – eine Situation, die im Falle der Computertechnik des öfteren vorkommen dürfte.

So problematisch also die Rede von einer ethischen Verantwortung von Institutionen bleibt, so notwendig ist die rechtliche Normierung, die aber m.E. von ethischen Maximen, so genau sie auch gefaßt sein mögen, wohl zu unterscheiden ist. In diesem Sinne fordern Hans-Peter Ekardt und Reiner Löffler: "In Ethikkodizes sollte deutlich die Differenz und unaufhebbare Spannung zwischen der (sich selbst verstehenden) Verpflichtung auf positiv-rechtliche und quasirechtliche Normen und der nach Maßgabe von Prinzipien und situativen Faktoren notwendigen Distanzierung gegenüber diesen Normen ausgesprochen werden."[43] Die Problematik von Berufskodizes läßt sich also nicht mit einer Institutionenethik koppeln und dadurch sauber von einer scheinbar bislang herrschenden individualistischen Verantwortungsethik abtrennen. Die Kehrseite einer so konstruierten Trennung ist eine gewisse Blindheit für eine anders geartete Struktur der Beziehungen zwischen einer individuell und institutionell kodifizierten Moral und einer diese Fixierungen stets übersteigenden Möglichkeit ihrer Infragestellung bzw. Beibehaltung. Letzteres kann und sollte m.E. auch im Rahmen vielfältiger korporativer und 'freier' Reflexionsprozesse geschehen und zwar nicht nur im Hinblick auf die Frage der fachlichen Verantwortung, sondern auch auf die der Selbst- und Weltgestaltung, von wo aus jene ihren 'relativen' Sinn auch erst bekommt.[44] Darin sehe ich den Sinn des Begriffs Institutionenethik (genitivus objectivus!), nämlich als Aufforderung zum gemeinsamen Denken, nicht zuletzt mit dem Ziel, daß zwischen dem "schönen Schein" von Ethikkodizes und der " 'harten' Alltagsrealität" jene Dimension nicht in Vergessenheit gerät, die eben 'dazwischen' liegt.[45]

4 Lebensformen und Lebensnormen

Damit verwandelt sich unsere Frage nach dem Sinn von Moral-Formeln. So gut und genau wir sie auch begründen und fixieren wollen und können und so

43 H.-P. Ekardt, R. Löffler, "Organisation der Arbeit – Organisation der Profession", in: H. Lenk, M. Maring (Hrsg.), *Technikverantwortung. Güterabwägung – Risikobewertung – Verhaltenskodizes*, Frankfurt/M 1991, 303; vgl. auch K. A. Detzer, "Von den zehn Geboten zu Verhaltenskodizes für Manager und Ingenieure", *VDI-Report*, 11, 1992, 62.

44 J. Seetzen, R. Capurro, "Ethischer Ausblick", in: A. B. Cremers u.a., *Künstliche Intelligenz. Leitvorstellungen und Verantwortbarkeit*, *VDI-Report*, 17, 1992, 49-51.

45 H. Lenk, "Ethikkodizes – zwischen schönem Sein und 'harter' Alltagsrealität", in: H. Lenk, M. Maring (Hrsg.), *Technikverantwortung. Güterabwägung – Risikobewertung – Verhaltenskodizes*, Frankfurt/M 1991.

'entlastend' sie auch für den Einzelnen sein mögen, sie haben zugleich nur einen Sinn im Zusammenhang mit dem offenen Prozeß unserer Selbst- und Weltformung und der daraus sich ergebenden Vielfalt von Lebensformen. Wenn diese existentielle Fundierung fehlt, sind die symbolischen Fixierungen nur ein freischwebendes und wirkungsloses Gerippe, wobei auch umgekehrt gilt, daß wir zur Konstituierung unserer individuellen und sozialen Identitäten auf symbolische Prozesse und Fixierungen angewiesen sind. Wir können eine grundlegende Einsicht von Terry Winograd und Fernando Flores, nämlich, "daß wir durch Herstellen von Werkzeugen Lebensformen gestalten", so umformulieren: Durch symbolische Konstruktionen gestalten wir uns selbst.[46] Hinter unseren symbolischen Konstruktionen stehen aber keine Quasi-Subjekte oder ein selbständig verlaufender geschichtlicher Prozeß. Die Vielfalt der aus kontingenten (historischen, geographischen usw.) Zusammenhängen entstandenen Lebensformen und Lebensnormen führt nicht notwendigerweise zu einem ethischen (auch berufsethischen) Relativismus, sondern sie verlangt selbst anerkannt zu werden. Ob wir zu einem 'größeren' oder 'kleineren' gemeinsamen Nenner an Normen kommen, hängt zunächst davon ab, ob wir uns gegenseitig anerkennen. Eine kognitivistische (logische und/oder zeitliche) Priorität von Lebensnormen über Lebensformen entzieht der Ethik den Boden, sofern sie vom (angeblich) Universalen ausgehend uniformierend wirkt. Sie ist genauso problematisch wie eine Ethik, die eine bestimmte Ausformung zum Maßstab erhebt und den Anderen weder anerkennen noch sich mit ihm symbolisch austauschen will.[47] Der Weg der Anerkennung "von Angesicht zu Angesicht" ist aber der 'königliche' Weg der Ethik, wie das Werk von Emmanuel Lévinas zeigt.[48]

Von hier aus können wir die Frage nach Berufskodizes anders stellen, nämlich nicht bloß im Rahmen einer berufsständischen Organisation (mit oder ohne Sanktionen), sondern als Teil und Ausdruck eines sich gestaltenden berufsständischen Ethos. Dieses findet einen Niederschlag in den anfangs besprochenen an bestimmte Organisationen gebundenen Codes und erreicht einen höheren Allgemeinheitsgrad im IFIP-Entwurf. Eine noch höhere Entsprechung zum zugleich offenen und vielfältigen Berufsethos stellen Christia-

46 Vgl. T. Winograd, F. Flores, *Erkenntnis – Maschinen – Verstehen*, Berlin 1989; C. Floyd et al. (Hrsg.), *Software Development and Reality Construction*, Berlin 1992; R. Budde, H. Züllighoven, *Software-Werkzeuge in einer Programmierwerkstatt. Ansätze eines hermeneutisch fundierten Werkzeug- und Maschinenbegriffs*, München/Wien 1990.

47 Vgl. O. Schwemmer, "Kulturelle Identität und moralische Verpflichtung", *Information Philosophie*, 3, 1992, 5-21.

48 E. Lévinas, *Totalität und Unendlichkeit*, Freiburg/München 1987; Vgl. R. Capurro, "Sprengsätze. Hinweise zu E. Lévinas' 'Totalität und Unendlichkeit' ", *prima philosophia Bd. 4*, 1991/2, 129-148.

ne Floyds "Leitsätze zur Gestaltung informationstechnischer Systeme" dar.[49] Sie lauten:

Observe a human measure
(Wir wollen ein menschliches Maß einhalten)
Place humans above technology
(Wir wollen Menschen nicht mit Maschinen gleichsetzen)
Foster community between human beings
(Wir wollen die Gemeinschaft zwischen Menschen fördern)
Enable humans to act responsibly
(Wir wollen verantwortliches Handeln ermöglichen)
Use technology to promote life
(Wir wollen nicht mit dem Computer töten)
Respect human bodily nature
(Wir wollen unsere Körperlichkeit anerkennen)
Enhance human potential and faculties
(Wir wollen nicht die Kompetenz unsere Mitmenschen stehlen)
Make truthful claims about technology
(Wir wollen kein falsches Zeugnis ablegen über die
Leistungsfähigkeit von Computern)
Strengthen human autonomy
(Wir wollen nicht begehren, unsere Mitmenschen zu überwachen)
Enrich human work
(Wir wollen nicht begehren, die Arbeit unserer Mitmenschen zu verstümmeln)

In der (unveröffentlichten) deutschen Fassung beginnen diese Leitsätze nicht mit 'Du sollst', sondern mit 'Wir wollen'. Sie sind also aus der Perspektive der "Strebensethik" – deren Kernbegriff das 'Wollen' ist – gedacht und betonen zugleich die soziale Dimension. Wichtig scheint mir auch dabei, daß diese Leitsätze – keine (Disziplinar-)Normen also! – einer möglichen 'geistigen' Bestimmung dieses Berufes zum symbolischen Ausdruck verhelfen. Man sollte diese Art von Symbolisierung mit den anderen Möglichkeiten berufsständischer Codes nicht verwechseln, aber die berufsständischen Organisationen könnten von dieser Perspektive profitieren, indem sie ihre Codes nicht primär als quasi-rechtliche Normen, sondern als Diskussionsbasis für eine individuelle und kollektive beruflich mitbestimmte Lebensgestaltung verstehen. Aus dieser Perspektive sind Berufskodizes nicht Mittel zum Überwachen und Strafen oder, umgekehrt, um 'ethisches' Verhalten zu 'belohnen', sondern sie bieten eine Orientierungshilfe bei der Suche nach einem (beruflich) gelingenden

49 C. Floyd, "Science and Ethics", in: R. Rilling, H. Spitzer, O. Greene, F. Hucho, G. Pati (Hrsg.), *Challenges. Science and peace in a Rapidly Changing Environment. Proceedings*, Marburg 1992, 172-189.

Leben. Ich meine, daß Michel Foucault uns als 'Vorbild' dienen kann, wie die Selbstformung durch das, was er "Technologien des Selbst" nannte, zugleich das tradierte Selbstverständnis seines medizinischen Berufes auch und gerade in den sozialen Praktiken in Frage stellte, nicht zuletzt indem er "schlichte intellektuelle Rechtschaffenheit" in seiner Art zu leben und zu schreiben an den Tag legte.[50] Eine dieser "Technologien des Selbst", die aus der Sokratischen Schule stammt, besteht in der Einsicht, daß die "Sorge um sich" nichts mit einer individualistischen Verantwortungsethik zu tun hat, sondern die Quelle menschlichen Mitseins darstellt. Die so verstandene Sorge schärft den Blick für die Situation, für verkrustete Strukturen und offene Möglichkeiten, für neue Ziele und Strategien, für Beratung und Anleitung, mit anderen Worten, sie sucht nicht bloß einem Code zu entsprechen, sondern sich ein Lebensmaß zu geben. Die Einsicht in die besondere Art unseres Selbst- und Weltgestaltens führt zu einer hermeneutischen Sichtweise der Informatik, deren technische Gestaltungen unseres "In-der-Welt-seins" vom Ethos her reflektiert werden.[51] Während technische und organisatorische Konstrukte Regeln befolgen bzw. von ihnen bestimmt werden, sind leibliche und geschichtliche Wesen einer Offenheit ausgesetzt, so daß sie zugleich von Regeln bestimmt sind und mit Regeln umgehen können.[52] Ethische Normen entdecken und verdecken zugleich diesen offenen Spielraum. Wir sollten als Lehrer deutlich machen, daß es keine Entlastung für die Aufgabe der eigenen Lebensführung gibt.

Kein Geringerer als Kant, von dem man nicht sagen kann, daß er vom Imperativen und Sollensmaximen nichts gehalten hat, äußert sich über Aufsicht, Satzungen und Formeln folgendermaßen: "Habe ich ein Buch, das für mich Verstand hat, einen Seelsorger, der für mich Gewissen hat, einen Arzt, der für mich die Diät beurteilt, u.s.w.: so brauche ich mich ja nicht selbst zu bemühen. Ich habe nicht nötig zu denken, wenn ich nur bezahlen kann; andere werden das verdrießliche Geschäft schon für mich übernehmen. Daß der bei weitem größte Teil der Menschheit (darunter das ganze schöne Geschlecht) den Schritt zur Mündigkeit, außer dem daß er beschwerlich ist, auch für sehr gefährlich halte: dafür sorgen schon jene Vormünder, die die Oberaufsicht über sie günstig auf sich genommen haben. Nachdem sie ihr Hausvieh zuerst dumm gemacht haben, und sorgfältig verhüteten, daß diese ruhigen Geschöpfe ja keinen Schritt außer dem Gängelwagen, darin sie sie einsperreten, wagen dürfen: so zeigen sie ihnen nachher die Gefahr, die ihnen drohet, wenn sie es

50 W. Schmid, *Auf der Suche nach einer neuen Lebenskunst. Die Frage nach dem Grund. Die Neubegründung der Ethik bei Foucault*, Frankfurt/M 1991; vgl. R. Capurro, "Informationstechnologien und Technologien des Selbst", *Dt. Zt. Philosophie*, 40, 1992/3, 293-304.

51 Vgl. R. Capurro, "Ethik und Informatik. Die Herausforderung der Informatik für die Praktische Philosophie", *Informatik-Spektrum*, 13, 1990, 311-320.

52 B. Waldenfels, "Umdenken der Technik", in: W. Ch. Zimmerli (Hrsg.), *Technologisches Zeitalter oder Postmoderne*, München 1988, 209.

versuchen, allein zu gehen. Nun ist diese Gefahr zwar eben so groß nicht, denn sie würden durch einigemal Fallen wohl endlich gehen lernen; allein ein Beispiel von der Art macht doch schüchtern, und schreckt gemeiniglich von allen ferneren Versuchen ab. Es ist also für jeden einzelnen Menschen schwer, sich aus der ihm beinahe zur Natur gewordenen Unmündigkeit herauszuarbeiten. Er hat sie sogar lieb gewonnen, und ist von der Hand wirklich unfähig, sich seines eigenen Verstandes zu bedienen, weil man ihn niemals den Versuch davon machen ließ. Satzungen und Formeln, diese mechanischen Werkzeuge eines vernünftigen Gebrauchs oder vielmehr Mißbrauchs seiner Naturgaben, sind die Fußschellen einer immerwährenden Unmündigkeit. Wer sie auch abwürfe, würde dennoch auch über den schmalesten Graben einen nur unsicheren Sprung tun, weil er zu dergleichen freier Bewegung nicht gewöhnt ist. Daher gibt es nur wenige, denen es gelungen ist, durch eigene Bearbeitung ihres Geistes sich aus der Unmündigkeit heraus zu wickeln, und dennoch einen sicheren Gang zu tun." Der "Beruf jedes Menschen", fügt Kant hinzu, ist "selbst zu denken".[53] Von jenem "Sprung" hängt ab, ob wir die Frage der professionellen Ethik als Frage verstehen oder ob wir uns mit Antworten zufrieden geben wollen.

53 I. Kant, *Beantwortung der Frage: Was ist Aufklärung?*, Darmstadt 1975, A 481-483.

Computerethik

Ekkehard Martens

Kurzfassung

Die bisherige fachphilosophische und öffentliche Diskussion der Gestaltung und Anwendung von Computern neigt zu einer ethizistischen und kasuistischen Verkürzung, bei der lediglich ethische Einzelprobleme erörtert werden. Statt dessen müssen auch die möglichen Veränderungen in unserem Wissen, Tun, Hoffen und Selbstverständnis – die vier Kant-Fragen – prinzipiell durchdacht werden. Vor allem im Streit zwischen der "KI-Perspektive" und der "humanistischen Perspektive" wird der systematische Zusammenhang aller vier Fragen sichtbar. Was Computer (nicht) können, läßt sich dabei jedoch weder theoretisch noch empirisch entscheiden, sondern allein durch unsere moralischpraktische Grundentscheidung, wie wir selber – auch mit Hilfe von Computern – leben wollen.

1 Wider die ethizistische und kasuistische Reduktion

Die ambivalenten Folgen der gegenwärtigen drei Schlüsseltechnologien der Atom-, Gen- und Computertechnik fordern die Philosophie gegenwärtig in erster Linie zur Lösung oder Beratung in einzelnen Problemfeldern in ihrer praktischen Kompetenz heraus. Als Reaktion auf diese vor allem gesellschaftliche und weniger innerphilosophische Herausforderung hat sich seit einiger Zeit die "Angewandte Philosophie" als Spezialdisziplin ausdifferenziert. Zwar versteht sich Philosophie seit ihren griechischen Anfängen immer schon zumindest auch, wenn nicht per se als Reflexions*tätigkeit*, als *angewandte* Philosophie. Sie war aber als Weisheitslehre primär auf die individuelle Lebensgestaltung bezogen[1] oder beschäftigte sich, nach der Einteilung des Aristoteles, als *praktische* Philosophie vor allem auch mit gesellschaftlich-politischen Fragen. Im Unterschied hierzu ist die gegenwärtige "Angewandte Philosophie" durch ihren spezifischen Gegenstandsbereich der Folgeprobleme neuzeitlicher Wissenschaft und Technik, in erster Linie der drei genannten Schlüsseltechnologien, gekennzeichnet. Dabei läßt sich als zweiter Unterschied eine Konzentration auf ethische Fragestellungen feststellen, etwa in den Subdisziplinen der "Nuclear Ethics", "Bioethics" und – erst seit kurzem – der "Computer

1 Vgl. vor allem P. Hadot, *Philosophie als Lebensform. Geistige Übungen in der Antike*, Berlin 1991.

Ethics".[2] Schließlich kommt vor allem für die angloamerikanische "Applied Philosophy" nebst ihrer institutionellen Formierung durch die "Society for Applied Philosophy" und ihrer publizistischen Verbreitung durch das "Journal of Applied Philosophy" eine starke Orientierung an der Analytischen Philosophie hinzu.

Alle drei Unterschiede der herkömmlichen und gegenwärtigen "Angewandten Philosophie" sind als ethizistische Reduktion der faktischen Phänomen- und Methodenbreite kritisch zu betrachten.

Natürlich ist, was den ersten Unterschied angeht, die Folgeproblematik der drei Schlüsseltechnologien ein notwendiger und legitimer Gegenstandsbereich der Philosophie. Allerdings werden dabei die damit zusammenhängenden gesellschaftlich-politischen Fragen der umfassenden "Praktischen Philosophie" in der Regel ausgeklammert. Sogar die zweifellos brisanten ethischen Fragen selbst werden, so zweitens, auf eine normative Ethik von Handlungsimperativen bzw. -maßstäben eingeschränkt, obwohl gerade die wissenschaftlich-technische Lebenswelt gravierende Veränderungen auch für eine individuelle Glücks-Ethik in der Tradition antiker Weisheitslehren mit sich bringt. Nukleare und ökologische Risiken sowie die Möglichkeiten der Gen- und Informationstechniken greifen tief in die individuelle Lebensplanung ein, etwa hinsichtlich des Elternseins.[3] Die seit Hans Jonas' Buch "Das Prinzip Verantwortung" (1979) zu Recht geforderte "neue Ethik" eines technologischen Zeitalters dagegen schließt eine existentielle Glücks-Ethik keineswegs aus. Allerdings legt der vorwiegend analytische Zugriff, der dritte Unterschied, eine thematische Festlegung auf exakt bearbeitbare Fragestellungen nahe und schließt selbst in einer "weicheren" Version die geschichtliche und prinzipielle Perspektive von Einzelfragen aus. Daher muß der analytische Zugriff um eine kritische Hermeneutik ergänzt werden, die zum besseren Verständnis und möglicherweise auch zur Kritik der gegenwärtigen Problemlage auch Denkansätze der Tradition miteinbezieht, die zunächst mit der aktuellen Problemlage wenig zu tun zu haben scheinen, als "Archäologie des Geistes" jedoch einem blinden Vergessen entgegenwirken können.[4]

2 Der Ausdruck "Computerethik" soll im folgenden wegen seiner Kürze und Analogie zu ähnlichen, bereits eingebürgerten Bezeichnungen von Subdisziplinen der "Angewandten Ethik" trotz möglicher Fehldeutungen (Eingrenzung auf Computer; Ethik für Computer etc.) den ebenfalls mißverständlichen und zudem weniger griffigen Ausdrücken wie "Ethik der Informatik" (Ethik einer Fachwissenschaft?) oder "Ethische Fragen der Informationsgesellschaft" vorgezogen werden. Die ebenfalls denkbare Alternative "Computerphilosophie" dagegen würde zwar eine ethizistische Verengung der Problemlage vermeiden, hätte allerdings den Nachteil, die primär moralisch-praktische Akzentuierung zugunsten erkenntnistheoretischer Fragestellungen zu verwischen.

3 Siehe hierzu D. Thomä, *Eltern – Kleine Philosophie einer riskanten Lebensform*, München 1992, bes. 31ff.

4 Zur "kritischen Hermeneutik" vgl. E. Martens, "Platons 'Eurozentrismus' und die

Als Beispiel einer ethizistischen Reduktion angewandter Philosophie kann der 1985 von Deborah Johnson in den USA ausgearbeitete erste Entwurf einer Computerethik gelten.[5] Johnson entwickelt zunächst ein gemischt-deontologisches ethisches Modell, das Kants Kategorischen Imperativ mit einem Regelutilitarismus verbindet. Anschließend wendet sie das Modell auf fünf aktuelle Problemfelder des Computereinsatzes an: Moralcodex für Programmierer und Informatikwissenschaftler; Verantwortung für Computerfehler; Datenschutz; Computer und Macht; Eigentum an Computerprogrammen. An Johnsons Ansatz ist zunächst das "engineering model" zu kritisieren, das vorweg festgelegte Kategorien bloß nachträglich anwendet, ohne sie von den neuen Problemfeldern her in einem Beratungsmodell von den Betroffenen selbst entwickeln oder anwenden zu lassen.[6] Die ethizistische Reduktion ferner liegt darin, daß sich Johnson auf Fragen normativen Handelns beschränkt, wenn auch mit gelegentlichen gesellschaftspolitischen Ausblicken, und dabei Fragen der veränderten individuellen Lebensformen unberücksichtigt läßt. Vor allem aber blenden der Ansatz des "engineering model" sowie die zweifellos nicht unnützen begriffsanalytischen Einzeluntersuchungen die Frage nach den dabei leitenden Vorannahmen über das menschliche Wissen, Tun, Hoffen und Selbstverständnis aus, wie sie etwa Kant in seinen vielzitierten vier Fragen zusammenfaßt.

Die Thematisierung der grundsätzlichen Prämissen ist jedoch kein Selbstzweck philosophischer Prinzipienforschung, sondern wird vor allem durch die "harte" Linie der Künstlichen-Intelligenzforschung (= KI-Perspektive) und die damit verbundene gesellschaftliche Realität pragmatisch notwendig. Wie in Kants vier Fragen steht dabei auch das menschliche Selbstverständnis im Mittelpunkt des Interesses, das die drei anderen Fragen nach dem Wissen, Tun und Hoffen umfaßt. Gegenwärtig werden diese drei Fragen etwa in der Form gestellt, ob Computer denken können, nach welchen Maßstäben Computer gestaltet und eingesetzt werden sollen und welche Visionen oder Schrecken eine Informationsgesellschaft erweckt. Das menschliche Selbstverständnis schließlich findet ebenfalls als Frage nach den "Menschenbildern" seinen Ort. Was jedoch weniger deutlich gesehen wird, ist die systematische Verbindung aller vier Fragen.

Traditionellerweise verstehen wir uns in unserem Alltagsverhalten sowie in unserer Rechtspraxis und in unserem Demokratieverständnis westlicher

'Expertensysteme'", *Zeitschrift für Didaktik der Philosophie*, 4/1990, 204-209. Ein besonders gut gelungenes Beispiel einer kritischen Hermeneutik als Rekontextualisierung "analytischer Sätze" ist das Buch von St. Toulmin, *Kosmopolis. Die unerkannten Aufgaben der Moderne*, Frankfurt/M 1991.

5 D. Johnson, *Computer Ethics*, Englewood Cliffs 1985.

6 Vgl. zur Kritik an einer ähnlich verfahrenden Medizinethik A. L. Caplan, "Can Applied Ethics Be Effective in Health Care and Should It Strive to Be?", *Ethics*, 93, Januar 1983, 311-319.

Prägung als autonom denkende und verantwortlich handelnde Subjekte (= humanistische Perspektive). Ganz abgesehen von ihrer bisher mangelhaften Realisierung ist die humanistische Perspektive jedoch, wie sie sich beispielsweise in Kants Kategorischem Imperativ ausdrückt, nicht nur schon längst seit Nietzsche über Heidegger bis Derrida und Rorty in das Kreuzfeuer der Kritik bloß eurozentristischer Subjektzentriertheit geraten, sondern sie ist auch mit dem Anspruch der harten KI-Linie konfrontiert. Danach lassen sich sämtliche Denk- und Handlungsvorgänge algorithmisieren und technisch implementieren. Dadurch könne der Mensch als störender Unsicherheitsfaktor und unvollkommener Entscheidungsträger in komplexen, dynamischen Situationen ausgeschaltet werden, zu seinem eigenen Vorteil und somit moralisch gerechtfertigterweise. Auch wenn derartige Vorstellungen kaum eine technische Realität darstellen, sind sie dennoch eine soziale Realität als handlungsbestimmende Leitbildern. So sieht etwa Joseph Weizenbaum vor allem in Hans Moravecs Buch "Mind Children. The Future of Robot and Human Intelligence" (1988) analog zu Hitlers Buch "Mein Kampf" das Programm einer "Endlösung der Menschenfrage" enthalten.[7]

Selbst wenn man Weizenbaums Parallele als Polemik zurückweisen müßte, bliebe das sachliche Problem zu lösen, inwiefern die (harte) KI-Perspektive als Spitze des Eisbergs eines rein funktionalistischen Menschenbildes und vor allem einer entsprechenden gesellschaftlichen Praxis nicht tatsächlich die traditionelle humanistische Perspektive als technisch und moralisch überholt erscheinen läßt. Die verantwortliche Anwendung von Computern könnte aus ethischen Gründen die Forderung nahelegen, daß der Mensch als fehleranfälliges, irrationales Subjekt möglichst ausgeschaltet werden sollte. Computer-Ethik wäre im Interesse menschlichen Glücks Sache eines Ethik-Computers. So wichtig für das unmittelbare Handeln kasuistische Erörterungen auch sein mögen,[8] darf man dennoch die dabei leitende Perspektive nicht aus dem Auge verlieren. Sollte die KI-Perspektive tatsächlich über die humanistische Perspektive dominieren, verlieren derartige Fragen ihren Sinn. Daher ist die kasuistische durch die prinzipialistische Computerethik zu ergänzen und insofern neu zu orientieren.[9] Die Neuorientierung ist aber nicht nur inhaltlicher,

7 J. Weizenbaum, "Künstliche Intelligenz als Endlösung der Menschheitsfrage", *Klagenfurter Beiträge zur Technikdiskussion*, Heft 32, Klagenfurt 1990 , bes. 31f.

8 Vgl. R. Capurro, "Zur Frage der professionellen Ethik", in diesem Band (dort auch zahlreiche weitere Literaturhinweise); siehe ferner H. Hastedt, *Aufklärung und Technik*, Frankfurt/M 1991, 4. Kap. "Ethische Probleme der Computertechnologien", 67-82.

9 Die vorgeschlagene prinzipialistische Ergänzung der Computerethik ist nicht mit einer prinzipienorientierten Angewandten Ethik zu verwechseln, wie sie Kurt Bayertz zu Recht gegenüber einer bloßen Kasuistik verteidigt; siehe K. Bayertz (Hrsg.), *Praktische Philosophie. Grundorientierungen angewandter Ethik*, Reinbek bei Hamburg 1991, bes. 17ff.

sondern zugleich auch methodischer Art, insofern der vorwiegend begriffsanalytische durch den kritisch-hermeneutischen Zugriff zu ergänzen ist. Erst beides zusammen kann die ethizistische und kasuistische Reduktion aufheben.[10]

2 Science Fiction und "Entscheidungsunterstützungssysteme"

Im folgenden möchte ich die notwendige Neuorientierung der Computerethik exemplarisch anhand der These darlegen, daß wir die humanistsche Perspektive gegenüber der KI-Perspektive weder durch einen theoretischen Grundsatzstreit darüber beweisen können, was Computer alles können oder nicht können, noch empirisch durch den Hinweis sichern können, daß die KI unüberwindbare technische Realisierungsprobleme mit sich führe. Vielmehr geht es weder primär um einen theoretischen noch um einen technischen, sondern um einen praktischen Streit, um die Frage nämlich, wie wir leben wollen. Die traditionelle Frage nach dem "guten Leben" aber läßt sich – postmetaphysisch – nicht von einem vorgegebenen Wesen her beantworten, sondern allein durch eine praktische Grundentscheidung.

Daß freilich die prinzipialistische Variante der Computerethik nicht nur prinzipiell, sondern auch pragmatisch notwendig ist, unterstreicht besonders auch John Ladd: "Die Idee (oder der Mythos) vom fehlergeschützten Computer ist der wahre Grund für viele der ethischen Probleme, welche die verstärkte Benutzung von Computern aufwirft. Wir statten Computer mit übermenschlichen (gottähnlichen) Eigenschaften aus, die sie gegenüber ethischer Kritik 'moralisch immun' machen".[11] Ladd geht sogar soweit zu behaupten: "wenn wir unsere Absichten, menschlichen Bedürfnisse und gesellschaftlichen Probleme in unserer Liebesaffäre mit dem Computer aus den Augen verlieren und ihn als eine unfehlbare und unersetzliche Quelle der Weisheit und Orientierung behandeln, fordern wir das Schicksal heraus – nicht nur unseres, sondern der Gesellschaft und vielleicht der ganzen Menschheit".[12] In Ladds Kassandraruf bleibt offen, ob er eher das Überlebensrisiko infolge von "Informationskatastrophen" wie irrtümliche Raketenangriffe, Bankencrash oder Kriminalitätssteigerung meint[13] oder die Gefährdung des humanen Lebens infolge

10 Vgl. auch E. Martens, "Rehabilitierung der Angewandten Philosophie? Zum Beispiel Computer-Ethik", *Zeitschrift für Didaktik der Philosophie*, 4/1988, 204-210; E. Martens, "Das Subjekt der Computer-Ethik", in: M. Gatzemeier (Hrsg.), *Verantwortung in Wissenschaft und Technik*, Mannheim/Wien/Zürich 1989, 239-255.

11 J. Ladd, "Computer, Information und Verantwortung", in: H. Lenk (Hrsg.), *Wissenschaft und Ethik*, Stuttgart 1991, 283.

12 J. Ladd, "Computer, Information und Verantwortung", in: H. Lenk (Hrsg.), *Wissenschaft und Ethik*, Stuttgart 1991, 284.

13 Vgl. J. Weizenbaum, *Die Spitze des Eisbergs*, München/Zürich 1984, 128.

der "instrumentellen Vernunft" der Computertechnologie.[14] Daß jedoch in der graduellen oder prinzipiellen Delegation von Entscheidungen an Computer in Form von Expertensystemen ein nur schwer abzuschätzendes Risiko liegt, wird gegenwärtig kaum jemand bestreiten.

Kann und soll also ein Expertensystem wirklich für uns "eine unfehlbare und unersetzliche Quelle der Weisheit und Orientierung" sein? Als Antwort sind drei Reaktionen vorstellbar: Spontan wird man *zunächst* eine derartige Vorstellung als bloße Science fiction abtun. *Danach* wird man vermutlich auf die ganz normalen Expertensysteme hinweisen, die uns Entscheidungen nicht abnehmen, sondern lediglich erleichtern sollen. *Drittens* aber könnte man sich auch auf die grundsätzliche Provokation einlassen.

Zunächst also zur *ersten* Reaktion: "Nichts als Science Fiction!" Im Unterschied zu den überzogenen Hoffnungen oder Befürchtungen zu Beginn der KI-Entwicklung glaubt heute ernstlich kein Experte und nur ein uninformierter Laie daran, daß Expertensysteme Experten ersetzen könnten. Weder sie noch HUGO, das neueste gentechnologische Großprojekt 'Human Genome Organization',[15] können menschliches Denken und Handeln vollständig repräsentieren. Die Schreckensvisionen von Huxleys "Schöner Neuer Welt" mögen sich in Glücks-Diktaturen auch mit Hilfe der Genetik und Informatik teilweise realisieren lassen, was Nadel und Wiener angesichts der Erfahrungen mit Lateinamerikanischen Diktaturen vorwurfsvoll fragen läßt: 'Would you sell a computer to Hitler?'[16] Für die Glücks-Diktatur tragen aber, so wird vermutlich jeder spontan reagieren, weder Computer- noch genetische Programme die Verantwortung, sondern diejenigen, die sich die Ergebnisse der Informatik oder Genetik mit derartigen Programmen zunutzemachen. Ein Expertensystem könnte demnach keine Verantwortung für unsere Entscheidungen tragen, schon gar nicht für unser Glück. Darüberhinaus soll es dies auch nicht tun, so jedenfalls vermutlich unsere erste spontane Reaktion. Insgeheim aber – seltener auch ganz offen – befürchten wir nicht nur, sondern erhoffen sogar ein Expertensystem, das uns endlich die Unsicherheit und Last der Entscheidung in wichtigen Lebensfragen abnehmen könnte. Bei komplexen, unsicheren und unangenehmen Entscheidungen könnten wir es ganz gut gebrauchen, auch um den Preis der Selbstentmündigung.

Allerdings darf man, so die *zweite* Reaktion, den ganz normalen Expertensystemen – und auch nicht den sonstigen "Systemen" – eben keine Allmachtsattribute zuschreiben und die Realität mit Science Fiction verwechseln. Hiervor hatte etwa John Ladd gewarnt. Derartige Zuschreibungen sind nichts als

14 Vgl. J. Weizenbaum, *Die Macht der Computer und die Ohnmacht der Vernunft*, Frankfurt/M 1977, bes. 337ff.

15 Siehe J. Albrecht, P. Menzel, "Das Watson-Projekt", *ZEIT-magazin*, Nr. 13 vom 22.3.1991.

16 L. Nadel, H. Wiener, "Would you sell a computer to Hitler?", *Computer Decisions*, 28, Febr. 1977, 22-26.

unsere projektiven Ängste oder Hoffnungen, haben allerdings trotz aller durchschaubaren Mystifizierungen und Ideologiebildungen soziale Realität. Die Hersteller von Expertenystemen dagegen erheben schon längst viel bescheidenere Ansprüche, beispielsweise in einer IBM-Broschüre: "Expertensysteme können und sollen den Menschen [...] nicht ersetzen. Ihre Aufgabe besteht vielmehr darin, das Lösen von Problemen zu automatisieren, Standardfragen zu beantworten, die Experten von Routineaufgaben zu befreien, damit sie sich verstärkt wichtigen und diffizilen Themen zuwenden können."[17] Danach kann und soll die bescheidenere, realistische Version von Expertensystemen nur eine Entscheidungsstütze ("interaktives Entscheidungsunterstützungssystem") sein, etwa als LEX (Legal Expert System), NAUDA (Natürlichsprachlicher Zugang zu Umweltdaten) oder WANDA (Wissensbasierte Meßdateninterpretation in der Umweltanalytik).[18]

Derartige Expertensysteme könnten die Laien sogar unter hinreichenden Zugangsbedingungen gegen die Übermacht einer Expertokratie unterstützen und die Möglichkeit zur Teilnahme an demokratischer Verantwortung steigern. Möglicherweise ist, wie einige Autoren annehmen, der Zusammenbruch der geschlossenen sozialistischen Systeme auch auf den zunehmenenden computerbasierten Informationsaustausch zurückzuführen.[19] Nach der moderaten Version haben also nicht der Computer oder das Expertensystem schuld an Fehlern und Fehlentscheidungen, sondern die Laien als Auftraggeber und Benutzer oder die Experten als Hersteller, Programmierer oder Verkäufer. Über Schuld- und Haftungsfragen bei Computer-Fehlern und Computer-Mißbrauch, aber auch bei ihrem Nichtgebrauch als unterlassene Hilfeleistung, streiten sich die Juristen und Politiker nicht anders als bei jeder anderen zu verantwortenden Techniknutzung.[20]

Allerdings setzen die Fragen nach der Verantwortung und Haftung bei der bloß nachträglichen Nutzung des scheinbar neutralen technischen Mittels zu spät an. Vielmehr fallen bereits vorher bei der Technikgestaltung Entscheidungen, die verantwortet werden müssen. Das scheinbar neutrale technische Mittel ist notwendigerweise immer schon nach bestimmten Präferenzen oder Wertungen gestaltet, etwa in der Auswahl und Anordnung des Fakten- und Regelwissens, der Erklärungskomponenten oder Interaktionseigenschaften. Hier liegt die Verantwortung der Laien darin, daß sie ihre spezifischen Interessen an der Gestaltung von Expertensystemen deutlich genug artikulieren; und seitens der Experten als Hersteller, Programmierer und Verkäufer liegt

17 A. Laier, "Intelligente Software – Technologie der Zukunft", *IBM Nachrichten*, 40, 1990, Special II, 55.

18 A. Laier, "Intelligente Software – Technologie der Zukunft", *IBM Nachrichten*, 40, 1990, Special II, 54f.

19 Siehe z.B. D. Mersch, J. C. Nyiri (Hrsg.), *Computer, Kultur, Geschichte*, Wien 1991, 11-14, 15-20.

20 Vgl. H. Hohmann (Hrsg.), *Freiheitssicherung durch Datenschutz*, Frankfurt/M 1987.

die Verantwortung darin, daß sie auf diese Interessen an der Mensch-Maschine-Schnittstelle eingehen und auch über die Grenzen der jeweiligen Expertensysteme aufklären. Seit der viel diskutierten Software-Krise bemüht sich jeder Hersteller zu versichern, dieser Verpflichtung nachzukommen.

Neben der Nutzung und Gestaltung von Expertensystemen werfen ferner die sogenannten "autonomen" und vernetzten Expertensysteme besondere Verantwortungsprobleme auf. Bei ihnen ist das Subjekt als Risikofaktor weitgehend ausgeschaltet oder im Netz der kausalen Handlungszuschreibungen kaum mehr erkennbar. Aber auch "autonome" Expertensysteme beruhen letztlich auf menschlicher Entscheidung in ihrer Gestaltung und in ihrer Nutzung. Und was die nahezu undurchschaubare Vernetzung angeht, sind Formen der institutionell geregelten jeweiligen Mitverantwortung auszuarbeiten.[21] Außerdem kann sich niemand von seiner grundsätzlichen Mitverantwortung für eine computerisierte Lebenswelt dispensieren. Wer an ihren Vorteilen partizipiert, hat auch an der Verantwortung für ihre Einrichtung und Erhaltung teil. Die generelle Mitverantwortung an der wissenschaftlich-technischen Lebensform ist ein zusätzliches Argument für das "Prinzip Verantwortung" von Individuen, Institutionen und Gesellschaft bei der Gestaltung und Nutzung von Technik.

3 Sokratische Selbstprüfung durch die KI-Provokation

Nicht anders als die Übertreibungen fiktiver Expertensysteme lenken auch die Untertreibungen der realistischen von der prinzipiellen Provokation seitens der harten KI-Linie ab. In der Tat, so die *dritte* Reaktion, provozieren nicht nur das Expertensystem der Science Fiction, sondern bereits die Expertensysteme der moderaten Version grundsätzliche Fragen, die über die bisher diskutierten kasuistischen Verantwortungsprobleme weit hinausgehen. Tatsächlich zwingt uns die präzise Sprache der KI zu einer sokratischen Selbstprüfung, wie Roger Schank, einer ihrer Protagonisten, betont: "Wenn, wie Sokrates behauptete, das ungeprüfte Leben nicht lebenswert ist, dann hat die KI einen wichtigen Beitrag zum Leben vieler Menschen geleistet. [...] Sie beginnen ihre Gedanken zu analysieren und ihren Sprachgebrauch in neuer Weise zu prüfen".[22] Nach Hubert Dreyfus' kritischem Einwand war Sokrates sogar der erste "Wissens-Ingenieur", der die Experten seiner Zeit, Politiker, Priester oder Feldherren, dazu aufforderte, ihre vagen Leitvorstellungen von Gerechtigkeit, Frömmigkeit oder Tapferkeit genau zu definieren. Auch wenn man die von Schank zustimmend und von Dreyfus kritisch unterstellte Traditionslinie

21 Vgl. H. Lenk, "Zu einer praxisnahen Ethik der Verantwortung in den Wissenschaften", in: H. Lenk (Hrsg.), *Wissenschaft und Ethik*, Stuttgart 1991, 54-75.

22 R. C. Schank, P. Childers, *The Cognitive Computer. On Language, Learning and Artificial Intelligence*, Wokingham 1984, 216; vgl. 187.

von Sokrates zur KI als sachlich unzutreffend betrachten muß und Sokrates umgekehrt nicht als Vorläufer, sondern als Kritiker des KI-artigen Denkens aufzufassen ist,[23] kann man die KI-Provokation nicht einfach durch das traditionelle, humanistisch geprägte Selbst-Verständnis zurückweisen. Aus der humanistischen Perspektive läßt sich die Frage, wie wir leben wollen, letztlich nur von uns selbst beantworten. Aus der konkurrierenden KI-Perspektive heraus dagegen ist zunächst die Fragestellung zu präzisieren. Was bedeutet genauer "gutes Leben"? Offensichtlich läßt sich "gutes Leben" (mindestens) in die drei Untergruppen "Glück", "Weisheit" und "Verantwortung" gliedern. Lassen sich diese drei Begriffe also in exakte Definitionsschritte in Form von Wenn-dann-Regeln nach dem Schema übersetzen: "X liegt dann und nur dann vor, wenn die Merkmale 1 bis n gegeben sind"?

Für alle drei Begriffe als Handlungsschemata findet man bereits Vorarbeiten einer Algorithmisierung, zum Teil in der philosophischen Tradition selbst. So hat etwa Jeremy Bentham für den Begriff "Glück" ein utilitaristisches Kalkül mit sieben Kriterien entwickelt: 1) Intensität, 2) Dauer, 3) Gewißheit oder Ungewißheit, 4) Nähe oder Ferne, 5) Folgenträchtigkeit, 6) Reinheit und 7) Ausmaß, d.h. Anzahl der von Freude oder Leid betroffenen Personen.[24] Für sein Kalkül beansprucht Bentham sogar den "Rang eines exakten Verfahrens" von Additionen und Bilanzierungen.[25] Auf ähnliche Weise versucht auch Roger Penrose den Anspruch der KI zunächst zu verteidigen, "ein gewisses Verständnis geistiger Zustände wie Glück, Schmerz, Hunger zu ermöglichen"[26]. Danach werden derartige Zustände nach einem behavioristischen Muster als "Tendenz zu gewissen Verhaltensweisen" interpretiert, denen man auf einer " 'Gefühls'-Skala" eine bestimmte "LS-Zahl" (" 'Lust-Schmerz'-Punktezahl") nach festgelegten "Faktoren" zuordnen könne.

Ferner sind auch für die Implementierung von "Weisheit" bereits vom Berliner Max-Planck-Institut für Bildungsforschung Vorarbeiten geleistet. In ihrem Forschungsprojekt zur Förderung spezifischer Qualitäten alter Menschen wollen Baltes und Smith "Weisheit" als ein "Expertenwissen für die Bearbeitung grundlegender (fundamentaler) Lebensfragen (Lebensplanung, aktuelle Lebensbewältigung, Lebensrückblick)" nach folgenden fünf Kriterien präzise erfassen:

"1. Reines Faktenwissen über Lebensverlauf und Lebenslagen.
2. Reines prozedurales Wisssen über Lösungsstrategien für Lebensprobleme.
3. Lifespan-Kontextualismus: Kenntnis von Lebenskontexten und ihren zeitlichen (entwicklungsgemäßen) Bezügen.

23 Vgl. E. Martens, "Sokratisch-platonische Tradition im 'Expertensystem'", *Zeitschrift für philosophische Forschung*, 46, 1992, 56-75.
24 In: O. Höffe, *Einführung in die utilitaristische Ethik*, München 1975, 50.
25 O. Höffe, *Einführung in die utilitaristische Ethik*, München 1975, 51.
26 R. Penrose, *Computerdenken*, Heidelberg 1991, 13.

4. Relativismus: Wissen um Unterschiede in Werten und Prioritäten.
5. Ungewißheit: Wissen um die relative Unbestimmtheit und Unvorhersagbarkeit des Lebens und die Art, damit umzugehen." [27]

Beim ersten Kriterium, dem Faktenwissen, orientieren sich Baltes und Smith ausdrücklich an der vom KI-Forscher Roger Schank entwickelten Methode, für Standardsituationen, etwa Restaurantbesuche, *scripts* oder Drehbücher zu schreiben, und beanspruchen, "die Beschreibung der Datenbasis von Experten weiterzuentwickeln und es auf Wissen über grundlegende Fragen der Lebensgestaltung und Lebensdeutung anwenden" zu können.[28]

Nach dem Handlungsschema für "Glück" und "Weisheit" läßt sich schließlich auch das für "Verantwortung" präzisieren. Nach Snapper kann auch ein Expertensystem den bereits von Aristoteles in der "Nikomachischen Ethik" entwickelten Kriterien für eine "überlegte Entscheidung", der Voraussetzung für verantwortliche Prozeduren, bis zu einem gewissen Grad genügen.[29] Nach Aristoteles bestehe eine "überlegte Entscheidung" darin, wie ein gegebener Zweck in einer wahrscheinlichkeitsbestimmten Situation am besten zu erreichen sei. Eine derartige Zweck-Mittel-Optimierung ließe sich, so Snapper, auch nach den Kriterien des Aristoteles von Computern nicht anders als von Menschen vollziehen:

1) Beide richten sich nach vorgegebenen Zwecken, die sich innerhalb begrenzter Entscheidungsspielräume nach Präferenzregeln hierarchisieren lassen.
2) In beiden Fällen handelt es sich um eine automatische Zweck-Mittel-Optimierung, die keine sonstigen Entscheidungen verlangt.
3) Computer und Mensch folgen vorgegebenen Entscheidungsschemata in Form eines Programms oder eines Lehrbuchwissens, das nach ebenfalls vorgegebenen Präferenzregeln Alternativen zuläßt.
4) Schließlich geht es beidesmal nicht um mathematisch determinierte, sondern um wahrscheinlichkeitsdefinite Situationen.

Natürlich ließen sich alle drei skizzierten Versuche, die Begriffe Glück, Weisheit und Verantwortung zu algorithmisieren, noch weiter präzisieren. Dennoch blieben die in den ersten beiden Reaktionen geäußerten Vorbehalte ver-

27 P. B. Baltes, J. Smith, "Weisheit und Weisheitsentwicklung; Prolegomena zu einer psychologischen Weisheitstheorie", *Zeitschrift für Entwicklungspsychologie u. Pädagogische Psychologie*, 1990, Bd. XXII, Heft 2, 105.

28 P. B. Baltes, J. Smith, "Weisheit und Weisheitsentwicklung; Prolegomena zu einer psychologischen Weisheitstheorie", *Zeitschrift für Entwicklungspsychologie u. Pädagogische Psychologie*, 1990, Bd. XXII, Heft 2, 110.

29 J. W. Snapper, "Responsibility for computer-based errors", *Metaphilosophy*, vol. 16, no. 4, Oktober 1985, 289-295. Siehe zur Kritik an Snappers Verantwortungsbegriff: H. Lenk, "Können Informationssysteme moralisch verantwortlich sein?", *Informatik-Spektrum*, 12, 1989, 248-255.

mutlich bestehen: "Menschen sind keine Computer!" Kann man aber der KI-Provokation mehr als ein intuitives, recht vages humanistisches Unbehagen entgegensetzen?

4 Theoretisch-empirisches Patt

Im Prinzip lassen sich die Vorbehalte gegenüber der KI-Perspektive in dem besonders von Hubert Dreyfus geltend gemachten Argument zusammenfassen, daß eine Algorithmisierung menschlichen Denkens und Handelns schließlich an der Leib- und Geschichtsgebundenheit des Menschen scheitern müsse.[30] Danach folgt menschliches Handeln nicht, wie das behavioristisch-funktionalistische Modell annehme, wohldefinierbaren Gesetzmäßigkeiten, die man im Prinzip durch genügende Spezifikation restlos auf den jeweiligen Einzelfall anwenden könnte. Es sei vielmehr von wandelbaren, leibgebundenen Vorstellungen und Empfindungen geleitet; zudem sei es nicht auf Einzelfaktoren reduzierbar, sondern eine intuitiv erfaßbare Ganzheit.

Das Dreyfus-Argument ist im Perspektivenstreit allerdings lediglich eine petitio principii, weil gerade dies der Streitpunkt ist, *ob* leibliche Empfindungen sowie geschichtliche und einheitliche Handlungsabläufe nicht doch algorithmisierbar sind. Bei dem Perspektivenstreit geht es um *unsere Modelle* von Wirklichkeit. Die Wirklichkeit *an sich* dagegen können wir, wie seit Kants "Kritik der reinen Vernunft" unwiderlegbar feststeht, nicht erfassen, weder durch die szientistische Methode der KI-Perspektive noch durch die phänomenologische Methode, die Dreyfus als Argument für die humanistische Perspektive geltend macht. Der Vorgang, wie wir beispielsweise ein Glas Wasser in die Hand nehmen, zu unserem Mund führen, wie wir daraus trinken und es anschließend erfrischt wieder hinstellen – Dreyfus' leicht demonstrierbares Paradebeispiel –, läßt sich zugegebenerweise in seiner Komplexität (noch) kaum algorithmisieren. Und außerdem kommt die phänomenologische Beschreibung auch unserem Alltagsverständnis (noch) eher entgegen. Dennoch kann sie nicht den Anspruch erheben, daß sie die adäquate Wirklichkeitsbeschreibung unseres Handelns darstellt. Der Beschreibung menschlichen Handelns leiblich-geschichtlicher Personen könnte ein konsequenter KI-Vertreter daher immer dagegenhalten: "Ich beschreibe die Phänomene anders!" Die beiden konkurrierenden Deutungsmodelle sind somit theoretisch prinzipiell unentscheidbar.

Ferner greift auch eine empirische Widerlegung der KI-Perspektive nicht. Zwar haben sich die euphorischen Anfangsversprechungen der KI längst nicht realisieren lassen; und auch die Implementierungsprobleme sind unübersehbar. Andrerseits aber haben sich die Realisierungsgrenzen der KI gegenüber

30 Vgl. H. L. Dreyfus, *Die Grenzen künstlicher Intelligenz*, Königstein/Ts. 1985 (amerik. zuerst 1972).

manchen voreiligen und unvorsichtigen Einwänden immer wieder ausgeweitet. Eine weitere empirische Grenzverschiebung könnte beispielsweise darin liegen, die zugegebenermaßen komplexen und variablen menschlichen Denk- und Handlungsprozesse mit Hilfe konnektionistischer, neuronaler Netze empirisch-technisch zu erfassen. Diese Möglichkeit bestreitet auch der unterdessen in dieser Hinsicht vorsichtiger gewordene Hubert Dreyfus nicht mehr prinzipiell.[31]

Offensichtlich also führt die KI-Provokation zum theoretisch-empirischen Patt. Jede menschliche Aktivität kann man entweder als deterministisches Verhalten oder als autonomes Handeln interpretieren, und beide Sichtweisen sind in keinem Einzelfall scharf voneinander zu trennen. So hat etwa ein Richter zu beurteilen, ob ein Angeklagter einen Stein ohne Absicht auf den Getöteten geworfen hat oder ob mit Absicht und welche Motive ihn dabei bestimmt haben. Im ersten Fall unterscheidet sich der Angeklagte nicht von einem Roboter und kann weder strafrechtlich noch moralisch zur Verantwortung gezogen werden. Nur im zweiten Fall ist er schuld- und sühnefähig. Daran ändern im Prinzip auch keine mildernden Umstände oder Beeinträchtigungen durch Umwelt und Vererbung oder psychische Faktoren. Unsere gesamte Rechtspraxis hängt von der Überzeugung ab, daß wir verantwortlich handelnde Personen und nicht blind agierende Computer sind.

5 Moralisch-praktische Grundentscheidung

Die humanistische Perspektive läßt sich allein als moralisch-praktische Grundüberzeugung rechtfertigen, um schließlich die Patt-Situation zu überwinden. Zunächst ist noch einmal zu betonen, daß wir die ("harte") KI-Perspektive mit der obersten Norm der "AI-type questions"[32] nicht übernehmen *müssen*. Die KI-artigen Fragen mit ihrem durchgängigen Algorithmisierungsanspruch lassen sich zwar weder theoretisch noch empirisch widerlegen, sie lassen sich aber auch nicht theoretisch oder empirisch beweisen. Daher *können* wir einen moralisch-praktischen Standpunkt einnehmen und haben ihn in unserer Rechtssprechung und im Alltag faktisch auch immer schon eingenommen. *Daß* wir einen derartigen Standpunkt allerdings einnehmen, ist nicht lediglich Sache einer Gewöhnung oder bloß einer (humanistischen) Tradition, sondern bedarf der ausdrücklichen Zustimmung durch eine Grundentscheidung. Nicht ein theoretisches oder empirisches Argument ist also gegen die ("harte") KI-Perspektive und für die humanistische Perspektive ausschlaggebend, sondern allein unsere moralisch-praktische Überzeugung und praktische

31 H. L. Dreyfus, "Die (vielleicht vergebliche) Suche nach Künstlicher Intelligenz", *Technische Rundschau*, 11, 1990, 40-46.

32 R. C. Schank, P. Childers, *The Cognitive Computer. On Language, Learning and Artificial Intelligence*, Wokingham 1984, 221.

Entscheidung, daß wir autonome, verantwortlich handelnde Wesen sind oder sein wollen. Während sich Dreyfus' "phänomenologische" Position immer noch auf der Ebene konkurrierender Wirklichkeitsmodelle und ihrer spezifischen Beschreibungssprachen bewegt, ist somit Weizenbaums – freilich nicht näher ausgeführtes, an Kant und Horkheimer orientiertes – moralisch-praktisches Postulat vom Selbstzweckcharakter des Menschen prinzipell als Argument vorzuziehen.

Systematisch gesehen läßt sich das Patt zwischen der humanistischen und der KI-Perspektive im Anschluß an Kants Nachweis auflösen, daß die "Antinomie" zwischen der "Kausalität nach Gesetzen der Natur" und der "Kausalität durch Freiheit" (Kritik der reinen Vernunft, A 444/B 472) nicht empirisch oder durch theoretische Argumente aufgelöst werden kann. Wir können prinzipiell jedes Ereignis widerspruchslos entweder kausal oder intentional deuten, ebenso können wir uns selbst und den anderen entweder als bloßes Mittel oder zugleich auch als Selbstzweck verstehen und behandeln. Für die moralisch-praktische Grundentscheidung gibt es weder eine empirische Sicherheit noch eine metaphysische Garantie. Vielmehr muß sie als "Tathandlung" (Fichte) vollzogen werden. Dabei können wir uns – postmetaphysisch – auf keine Wesensbestimmungen des Menschen beziehen. Vielmehr bestimmen wir unsere Existenzform in einer prinzipiell riskanten Grundentscheidung selbst: "deshalb habe ich", so Kierkegaard, "statt 'sich selbst erkennen' mit Fleiß den Ausdruck 'sich selbst wählen' gebraucht. Indem also das Individuum sich selbst erkennt, ist es nicht fertig, vielmehr ist diese Erkenntnis in hohem Maße fruchtbar, und aus dieser Erkenntnis geht das wahre Individuum hervor."[33]

Wenn wir allerdings – prinzipiell – die Perspektive des Kategorischen Imperativs eingenommen haben, ist in jedem Einzelfall – kasuistisch – neu zu prüfen und zu entscheiden, inwiefern wir bloß als Mittel oder zugleich auch als Selbstzweck leben wollen und können, beispielsweise bei der Gestaltung und beim Einsatz von Expertensystemen als Entscheidungshilfen. Dabei geht es um die *Schmerzgrenze* an der Mensch-Computer-*Schnittstelle* im wörtlichen Sinne. Eine derartige Schmerzgrenze läßt sich allerdings nicht vorweg nach allgemeinen Kriterien festlegen, sondern ist letztlich nur von den Betroffenen selbst im Empfinden, Erkennen und Handeln *wahrzunehmen*. Erst an dieser Stelle kommt das Dreyfus-Argument von der Leib- und Geschichtsgebundenheit des Menschen zusätzlich zum Grundentscheidungs-Argument ins Spiel. Nur wir selber können für uns selber als leibliche Wesendarüber *be*finden, welche Schmerzen und welche Lust wir *emp*finden;[34] und nur wir selber können für uns selber als geschichtliche Wesen darüber entscheiden, wie wir unsere eigene "Würde" interpretieren.

33 Vgl. S. Kierkegaard, *Entweder – Oder*, München 1975, Bd. II, 825.

34 Vgl. R. Schottländer, "Philosophie als Pathosophie", in: G. Bien (Hrsg.), *Die Frage nach dem Glück*, Stuttgart 1978, 171-174; zu dem von Viktor v. Weizsäcker übernommenen Begriff "Pathosophie" siehe auch im *Historischen Wörterbuch der Philo-*

In der aristotelischen Tradition und als unverzichtbares Erbe der Aufklärung haben wir ein theoretisches und praktisches Selbstverständnis als *denkendes* Lebewesen entwickelt. Gegenwärtig sind wir nicht nur durch die ökologische Bedrohung, sondern auch durch unser eigenes Denkprodukt, den Computer, dazu herausgefordert, uns selbst nicht etwa in kompensatorischer Schizophrenie als "fühlende Computer" zu verstehen,[35] sondern als denkende *Lebewesen.*

sophie (Bd. 7, Sp. 203f); vgl. ferner zum "pathozentrischen" Ansatz der ökologischen Ethik D. Birnbacher, "Mensch und Natur. Grundzüge der ökologischen Ethik", in: K. Bayertz. (Hrsg.), *Praktische Philosophie. Grundorientierungen angewandter Ethik*, Reinbek bei Hamburg 1991, 282.

35 Vgl. die kritischen Beobachtungen von Sh. Turkle, *Die Wunschmaschine. Der Computer als zweites Ich*, Reinbek bei Hamburg 1984, bes. 388.

Informatik und Instrumentelle Vernunft

Yvonne Dittrich

Kurzfassung

Die geistesgeschichtliche Entwicklung, die Max Horkheimer mit der Kritik der Instrumentellen Vernunft nachgezeichnet hat, soll als eine Voraussetzung, als ein Teil der Vorgeschichte der Informatik plausibel gemacht werden. Dazu will ich von der Rezeption des Begriffs durch Joseph Weizenbaum ausgehen, der die Instrumentelle Vernunft zu einer Kritikfigur in der Informatik gemacht hat. Die Wechselwirkungen zwischen der von Horkheimer beschriebenen Entwicklung und der Entwicklung von Computern und Informatik werden dann anhand eines Technikentwicklungsmodells beschrieben. Die Beschreibung mündet in die Darstellung der Rückwirkungen der Informatik auf die Auffassung von Denken und Intelligenz.

Einleitung

Der Begriff 'Instrumentelle Vernunft' taucht in der Diskussion um Informatik und Gesellschaft und in der Diskussion um die 'Künstliche Intelligenz', einem Teilbereich der Informatik, immer wieder auf. Dabei wird – wenn überhaupt – recht oberflächlich auf die Kritische Theorie der Frankfurter Schule, die diesen Begriff geprägt hat, Bezug genommen. Das diffuse und nicht ganz falsche naive Verständnis des Begriffs, das die werkzeughafte Verwendung geistiger Fähigkeiten meint, scheint auszureichen, um damit Informatik zu kritisieren.[1]

Horkheimers "Kritik der Instrumentellen Vernunft" stellt jedoch keine konkrete Technikkritik dar, sondern eine Kritik der Rationalität der Aufklärung

1 Siehe zum Beispiel M. Massing, "Responsible scientists – a social-constructivist approach", in: *Education and Society*, Information Processing 92 Vol. II, IFIP 1992. Sie faßt die Kritikfigur der Instrumentellen Vernunft wie folgt zusammen: "This instrumental reason, or technicism, supplied the dominant intellectual motives for the development of science and technology. It can be described as 'the pretension of man to master reality with technological-scientific means and to solve all possible problems with these means' " (Hervorhebungen im Orginal). R. Hirschheim und H. K. Klein beschreiben in ihrem Artikel "Four Paradigms of Information Systems Development", *Comm. of the ACM*, 32 ,1989, 1199ff, 'Systems Development as Instrumental Reasoning' als das traditionellste und am weitesten verbreitete Para-

und der gesellschaftlichen Verhältnisse, von denen diese Rationalität begünstigt wird, und die sie wiederum mitprägt.

Wenn nun ein Bezug hergestellt werden kann zwischen diesem grundlegenderen Begriff der Instrumentellen Vernunft und der Informatik, könnte sich auch die bisherige Kritik der Informatik mit Hilfe des Begriffs der Instrumentellen Vernunft auf eine fundiertere Basis stellen lassen. Desweiteren könnten Argumentationsstränge entwickelt werden, die die wissenschaftskritischen Ansätze der Frankfurter Schule für die Informatik erschlössen.

1 Joseph Weizenbaums Rezeption der Instrumentellen Vernunft

Der Begriff der Instrumentellen Vernunft wurde zuerst von Joseph Weizenbaum in seinem Buch "Die Macht der Computer und die Ohnmacht der Vernunft"[2] mit der Informatik in Verbindung gebracht. Weizenbaum betreibt in seinem Buch eine kritische Aufarbeitung der Informatik und insbesondere der Künstlichen Intelligenz. In seinem Resümee[3] arbeitet er einen gemeinsamen Kritikpunkt an den von ihm beschriebenen Forschungsgebieten – Computermodelle in der Psychologie, Erkennen 'natürlicher' Sprache, Künstliche Intelligenz und sonstige komplexe Computersysteme – heraus. "Die verschiedenen von uns behandelten Systeme und Programme haben einige sehr bedeutsame Kennzeichen gemeinsam: sie sind alle in einem gewissen Sinne einfach, sie alle entstellen und mißbrauchen die Sprache [...]".[4] Sie haben alle eine bestimmte Auffassung von den menschlichen Fähigkeiten, die sie mit Hilfe eines Computers glauben simulieren zu können: Menschliche Intentionalität ist ein Problem, das technisch gelöst werden kann.[5] "Aber diese Systeme sind noch in einem tieferen und wichtigeren Sinne einfach. Sie haben die Vernunft

digma der Software-Entwicklung. Auch Barbara Becker gibt in ihrem Buch *Künstliche Intelligenz. Konzepte, Systeme, Verheißungen*, Frankfurt/M 1992, nur einen Ausblick in Richtung Instrumentelle Vernunft und Frankfurter Schule. Ich möchte nicht unterstellen, daß die AutorInnen nicht mit den Ursprüngen des Begriffs vertraut sind; Barbara Becker weist ja explizit darauf hin. Auch sind die verkürzten Darstellungen in ihrer jeweiligen Funktion und im jeweiligen Kontext wohl ausreichend. Nur will dieser Artikel ja gerade einen Beitrag zur Vertiefung des Verständnisses leisten.

2 J. Weizenbaum, *Die Macht der Computer und die Ohnmacht der Vernunft*, Frankfurt/M 1977.

3 J. Weizenbaum, *Die Macht der Computer und die Ohnmacht der Vernunft*, Frankfurt/M 1977, 318ff.

4 J. Weizenbaum, *Die Macht der Computer und die Ohnmacht der Vernunft*, Frankfurt/M 1977, 324.

5 J. Weizenbaum, *Die Macht der Computer und die Ohnmacht der Vernunft*, Frankfurt/M 1977, 325.

selbst lediglich auf deren Rolle bei der Beherrschung von Dingen, Menschen und letztlich der Natur reduziert."[6]

> "An den von uns untersuchten Systemen hat sich eindeutig gezeigt, daß Bedeutung völlig in Funktion transformiert worden ist. Die Sprache, und damit auch die Vernunft, ist zu nichts anderem gemacht worden als zu einem Instrument, mit dem die Dinge und Ereignisse der Welt beeinflußt werden können. Nichts von dem, was diese Systeme tun, hat eine immanente Bedeutung. Es gibt nur Ziele, die von Fluten diktiert werden, die unaufhaltsam sind. Es gibt nur noch Mittel-Zweck-Analysen zum Aufspüren der Diskrepanzen zwischen dem 'beobachteten Zustand' und dem Zustand, den uns das Schicksal, das uns zustößt, als den erwünschten bezeichnet."[7]

Er bezieht sich dabei auf Max Horkheimer, der den Begriff der Instrumentellen Vernunft mit seinem in Amerika schon 1947 erschienen Buch prägte.[8] Er sieht durch Horkheimers Beschreibung der instrumentalisierten Vernunft die von ihm kritisierten Grundprämissen der KI und vieler Informatikanwendungen zusammengefaßt: Es kommt nicht mehr auf eine qualitativ richtige Beschreibung von Sachverhalten an, sondern auf ihre funktionelle, formale und operationalisierbare, kurz im Rechner verarbeitbare Repräsentation.

Weizenbaum bezeichnet den Computer als Maschine, in der diese von Horkheimer beschriebene 'Verfinsterung der Vernunft' verkörpert ist.[9] Der Computer gibt der Instrumentellen Vernunft eine konkrete Gestalt.[10]

Weizenbaum entwickelt den Begriff der Instrumentellen Vernunft nicht, er zeigt Parallelen auf zwischen dem, was er in der Informatik beobachtet hat, und dem, was Max Horkheimer beschreibt. Er will an dieser Stelle seine Beobachtungen bündeln und aufzeigen, daß die in der Informatik beobachtbaren Entwicklungen mit gesellschaftlichen Entwicklungen korrespondieren. Er will nicht die positiven und der negativen Auswirkungen einer 'wertneutralen Technik' gegeneinander abwägen, vielmehr sei der Computer "[...] ein Instrument, das in den Dienst gezwungen wurde, um die konservativsten, ja reaktionärsten ideologischen Strömungen des gegenwärtigen Zeitgeistes am Leben

6 J. Weizenbaum, *Die Macht der Computer und die Ohnmacht der Vernunft*, Frankfurt/M 1977, 327.

7 J. Weizenbaum, *Die Macht der Computer und die Ohnmacht der Vernunft*, Frankfurt/M 1977, 327.

8 M. Horkheimer, *Eclipse of Reason*, New York 1947 deutsch: ders., *Zur Kritik der Instrumentellen Vernunft*, Frankfurt/M 1985.

9 J. Weizenbaum, *Die Macht der Computer und die Ohnmacht der Vernunft*, Frankfurt/M 1977, 327.

10 J. Weizenbaum, *Die Macht der Computer und die Ohnmacht der Vernunft*, Frankfurt/M 1977, 330.

zu erhalten".[11] Es geht ihm in diesen Abschnitten um eine Reflexion der Rolle, die der Computer bei der gesellschaftlichen Entwicklung, bei der Unterstützung einer gegenwärtigen Ideologie spielt. In diesem Zusammenhang reicht ein solcher 'short cut' aus, um die Beziehung zwischen einer Technologie und einer gesellschaftlichen Entwicklung darzustellen.

Weizenbaum führt als Beleg dafür, daß die Grundprämissen der von ihm beschriebenen Programmsysteme dem entsprechen, was Horkheimer Instrumentelle Vernunft nennt, zwei recht plakative Stellen aus dessen erstem Kapitel an. Das reicht nicht aus, um Weizenbaums Auffassung, der Computer sei die Verkörperung der Instrumentellen Vernunft, in ihrer Bedeutung hinsichtlich der Entwicklung und der Auswirkung von Computern auszuloten.

Es ist notwendig, den Begriff der Instrumentellen Vernunft, wie Max Horkheimer ihn entwickelt hat, genauer einzubeziehen. Horkheimers Anliegen war es aufzuzeigen, wie sich das Verständnis dessen, was mit dem Begriff der Vernunft gefaßt wird, während der Aufklärung verändert hat.

2 Instrumentelle Vernunft bei Max Horkheimer

Horkheimer beschreibt die Aufklärung unter dem Blickwinkel der Subjektivierung der Vernunft. Die Adjektive 'objektiv' und 'subjektiv' beziehen sich dabei nicht auf die Ergebnisse von vernünftigem Nachdenken. 'Objektive Vernunft' meint die Annahme, das, was wahr und richtig ist, sei vom Menschen, der geschichtlichen Situation, der Einrichtung der Gesellschaft unabhängig, es käme für den einzelnen darauf an, diese von ihm unabhängige Ordnung zu erkennen und dementsprechend zu handeln. 'Subjektive Vernunft' geht davon aus, daß es ein derart objektives System nicht gibt, sondern daß die Vernunft eine Fähigkeit ist, die jedem einzelnen zugesprochen wird und die sich nicht an eine übergeordnete Instanz anlehnen kann und darf.

11 J. Weizenbaum, *Die Macht der Computer und die Ohnmacht der Vernunft*, Frankfurt/M 1977, 327.
Hier wird eine Widersprüchlichkeit in Weizenbaums Auffassung des Computers deutlich: Zum einen 'verkörpert' der Computer die Instrumentelle Vernunft, zum anderen 'wurde er in den Dienst gezwungen'. Ähnlich ambivalent ist auch sein Werkzeug-Begriff (Kapitel 1). Werkzeuge werden in der Auseinandersetzung des Menschen mit seiner Umwelt geschaffen. Sie stellen eine Erweiterung der menschlichen Fähigkeiten dar. Dadurch verändert sich die Stellung des Menschen zur Natur. Durch die Werkzeuge erweitert der Mensch seine Möglichkeiten und schafft sich neue (vgl. J. Weizenbaum, a. a. O., 35 – 40). Andererseits "kam der Computer gerade rechtzeitig, um gesellschaftliche und politische Strukturen intakt zu halten". Hier scheint das Werkzeug dann unabhängig vom gesellschaftlich historischen Entstehenskontext zu existieren. Diese Widersprüchlichkeit liegt auch nicht an einer eventuell doppeldeutigen Übersetzung. Sie wird von Weizenbaum weder reflektiert noch aufgelöst.

Horkheimer beschreibt die Philosophieansätze, die von einer objektiven Vernunft ausgehen, als Versuche, Religion und Mythos zu säkularisieren. Dabei wurden zwar die religiösen Institutionen in Frage gestellt, es wurde aber an einer objektiven, vom einzelnen unabhängigen Ordnung der Welt festgehalten. "Sie [sc. die Theorie der objektiven Vernunft] zielte darauf ab, ein umfassendes System oder eine Hierarchie alles Seienden einschließlich des Menschen und seiner Zwecke zu entfalten."[12] In dieses objektive Vernunftsystem sollten sich menschliche Zwecke einordnen lassen können und aus dieser Einordnung ihre Legitimität erfahren. Da die Legitimation dieser objektiven Hierarchie durch Religion nicht mehr gegeben war, mußte eine entsprechende Veranlagung im einzelnen Menschen angenommen werden, der diese Ordnung erkennen und seine Ziele und Handlungen daran orientieren können mußte. Der objektiven Ordnung entspricht also die subjektive Fähigkeit, sie zu erkennen und sich daran zu orientieren. Zwar war die Richtigkeit der Erkenntnis durch keine Instanz außerhalb der 'Erfordernisse des Denkens', durch kein Dogma verbürgt, sie war aber durch die Existenz einer objektiven Wahrheit und einer bei allen Menschen gleichermaßen vorhandenen Fähigkeit, sie zu erkennen, der Vernunftfähigkeit aller Menschen, abgesichert.[13]

Aus dieser Einsicht und der objektiven Ordnung entspringt die richtige menschliche Haltung. "Diese Haltung ist nicht notwendig für jedes Individuum dieselbe, weil die Lage eines jeden einzigartig ist. [...] Jedoch ist solche Einsicht [in die objektive Ordnung] insofern allgemein, als ihr logischer Zusammenhang mit der sittlichen Haltung für jedes vorstellbare mit Intelligenz begabte Subjekt offenkundig ist."[14]

Die subjektive Vernunft(-fähigkeit), sich Ziele zu suchen und ihnen Mittel zuzuordnen, war also immer Teil der Theorien der objektiven Vernunft. Diese "betrachtete[n] sie [die subjektive Vernunft] als partiellen, beschränkten Ausdruck einer umfassenden Vernünftigkeit, von der Kriterien für alle Dinge und Lebewesen abgeleitet wurden. Der Nachdruck lag mehr auf den Zwecken als auf den Mitteln. Das höchste Bestreben dieser Art zu denken war es, die objektive Ordnung des 'Vernünftigen', wie die Philosophie sie begriff, mit dem menschlichen Dasein einschließlich des Selbstinteresses und der Selbsterhaltung zu versöhnen."[15]

Eine Möglichkeit zur Einsicht in diese objektive Ordnung war das Selbstinteresse. Es "wurde als etwas angesehen, was in der objektiven Struktur des Universums wurzelt, und damit einen Teil im Kategoriensystem bildet."[16] Mit dem Niedergang der objektiven Vernunft und dem Hervortreten der subjektiven Vernunft verselbständigt sich das Selbstinteresse:

12 M. Horkheimer, *Zur Kritik der Instrumentellen Vernunft*, Frankfurt/M 1985, 16.
13 M. Horkheimer, *Zur Kritik der Instrumentellen Vernunft*, Frankfurt/M 1985, 26.
14 M. Horkheimer, *Zur Kritik der Instrumentellen Vernunft*, Frankfurt/M 1985, 25.
15 M. Horkheimer, *Zur Kritik der Instrumentellen Vernunft*, Frankfurt/M 1985, 16.
16 M. Horkheimer, *Zur Kritik der Instrumentellen Vernunft*, Frankfurt/M 1985, 29.

Das Selbstinteresse wird, da die anderen Begriffe, die das Wahre, Gute, Schöne als Ziele und Zwecke beschreiben, nicht mehr objektiv abgesichert und damit der subjektiven Erkenntnis anheimgegeben sind, zum vorherrschenden Legitimationsargument von Handlungen. Dies verschärfte sich so sehr, daß jegliche Zwecke, die über die Selbsterhaltung des Individuums hinausgehen, der Mythologie verdächtigt werden.

Dem 'Ich', dem Subjekt, wurde jegliches Tun untergeordnet. Es bleibt als einziger vernünftiger Zweck erhalten. Daraus resultieren zwei Entwicklungen. Zum einen verliert das Individuum, das alles andere dem Zweck seiner Selbsterhaltung unterordnet, seine Eigentümlichkeit: Der einzelne entwickelt seine Individualität in Beziehung bzw. Auseinandersetzung mit einem Äußeren. Dadurch, daß nichts außerhalb des Individuums einen eigenen Wert hat, bleibt dem 'Ich' nichts, an dem es seine Individualität ausbilden könnte. Das Ich wird von allem anderen losgelöst, abstrakt. "Je mehr Natur zum [...] Inbegriff bloßer Objekte in Beziehung auf das menschliche Subjekt (wird), desto mehr wird das einmal als autonom angenommene Subjekt jedes Inhalts entleert, bis es schließlich zu einem bloßen Namen wird, der nichts bezeichnet. Die totale Transformation wirklich jedes Seinsbereiches in ein Gebiet von Mitteln führt zur Liquidation des Subjekts, das sich ihrer bedienen soll."[17]

Der Begriff des Subjekts dient schließlich als ideologischer Überbau, der die Instrumentalisierung der inneren und äußeren Natur sowie aller kulturellen Errungenschaften legitimieren soll. Der hypostasierte Subjektbegriff wird schließlich selbst zum Instrument der Naturbeherrschung. "Das Thema der Zeit ist Selbsterhaltung, während es gar kein Selbst zu erhalten gibt."[18]

Zum anderen verändert sich der Begriff der Vernunft. Mit Vernunft wird immer mehr nur die Fähigkeit bezeichnet, Mittel Zwecken zuzuordnen. Die Diskussion der Zwecke, die über die Selbsterhaltung des Einzelnen hinausgehen, und diese Selbsterhaltung in Relation zur Erhaltung anderer, der Gesellschaft, in der der Einzelne lebt, setzen, ist dem Bereich der Mystik zugeordnet, die Entscheidung über sie wird der Beliebigkeit des Einzelnen anheimgestellt. Ganz abgesehen von den Folgen, die sich für das Zusammenleben der Menschen und damit auch für den einzelnen ergeben, sind einzig die Mittel und ihre Zweckmäßigkeit zur Selbsterhaltung diskutierbar. Diese Zuordnung kann

17 M. Horkheimer, *Zur Kritik der Instrumentellen Vernunft*, Frankfurt/M 1985, 94. Die kurze Darstellung dieses Gedankenganges zum Verhältnis Subjekt und Umwelt ist vielleicht nicht ohne weiteres nachzuvollziehen. Die Wechselwirkungen zwischen philosophischer und gesellschaftlicher Entwicklung, die nur mit und durch den einzelnen sich vollzieht, stellt allerdings einen Schwerpunkt der Philosophen der Kritischen Theorie dar. Expliziter Gegenstand ist der zugrunde liegende Bildungsbegriff in M. Horkheimer, "Begriff der Bildung", in: M. Horkheimer, *Gesammelte Schriften*, Bd. 8, Frankfurt/M 1985 und Th. W. Adorno, "Theorie der Halbbildung", in: Th. W. Adorno, *Gesellschaftstheorie und Kulturkritik*, 2. Aufl., Frankfurt/M 1981.

18 M. Horkheimer, *Zur Kritik der Instrumentellen Vernunft*, Frankfurt/M 1985, 124.

verobjektiviert, methodisiert werden. Vernunft wird zu einem Instrument unter anderen, das der Selbsterhaltung zu dienen hat.

War vorher Vernunft die Instanz, die die Zwecke gegeneinander abwog, die Zwecke überhaupt erst bestimmen konnte, ist sie jetzt Instrument in der Verfolgung des einzigen Zwecks, der Selbsterhaltung.

Exkurs: Die Funktion der 'objektiven Vernunft' bei Horkheimer

Oberflächlich betrachtet scheint Horkheimer den Zeiten der objektiven Vernunft nachzutrauern. Genauer betrachtet kritisiert er sie aber auch: "Der Übergang von der objektiven zur subjektiven Vernunft war kein Zufall [...] Wenn die subjektive Vernunft in Gestalt der Aufklärung die philosophische Basis von Glaubensüberzeugungen aufgelöst hat, die ein wesentlicher Bestandteil der Abendländischen Kultur gewesen sind, so war sie dazu im Stande, weil die Basis sich als zu schwach erwiesen hat."[19]

Heidrun Hesse bezeichnet die Funktion der objektiven Vernunft in der 'Kritik der Instrumentellen Vernunft' als die einer Kontrastfolie, vor deren Hintergrund die Subjektivierung der Vernunft deutlich wird.[20]

Horkheimer sieht durchaus auch die befreienden und emanzipatorischen Aspekte; auch die wissenschaftlich-technischen Errungenschaften sind von ihm anerkannt, stellen sie doch eine Voraussetzung für eine freiere Gesellschaft dar. Ziel der Kritik der Instrumentellen Vernunft ist es jedoch gerade, die Dialektik der Aufklärung aufzuzeigen, d.h. ihre Tendenz, in ihr Gegenteil umzuschlagen, stellt sie sich selbst nicht immer wieder reflektierend in Frage.

19 M. Horkheimer, *Zur Kritik der Instrumentellen Vernunft*, Frankfurt/M 1985, 66. Vgl. dazu auch: H. Hesse, *Vernunft und Selbstbehauptung*, Frankfurt/M 1984. Heidrun Hesse stellt Horkheimers Ansatz zu der Kritischen Theorie dar, der sich auf eine subjektive Vernunft stützt. " 'Vernunft' ist offenbar eine Kraft der Subjektivität, die sich auf erfolgreiche Naturbeherrschung stützt, sich selbst immer wieder reflektierend zur Ordnung ruft und universelle Zwecke zu bestimmen weiß." (H. Hesse, *Vernunft und Selbstbehauptung*, Frankfurt/M 1984, 31) Mit der Entwicklung des Faschismus kommen Zweifel an dieser Auffassung auf. "Allerdings kann ein totalitärer Machtapparat sich nur durchsetzen und funktionieren, weil die rigorose Unterwerfung der außermenschlichen Natur auch das Subjekt nicht unversehrt läßt, in dessen Dienst sie sich vollzieht." (H. Hesse, *Vernunft und Selbstbehauptung*, Frankfurt/M 1984, 14) Hesse beschreibt allerdings auch, daß Horkheimer keinen Ausweg aus diesem Dilemma entwickelt hat, obwohl sie – und da stimme ich ihr zu – in Horkheimers letztem Kapitel der 'Kritik der Instrumentellen Vernunft' einen Ansatz dazu aufgezeigt sieht, der sich als reflektierte subjektive Vernunft, als Aufklärung der Aufklärung bezeichnen ließe. (Vgl. H. Hesse, *Vernunft und Selbstbehauptung*, Frankfurt/M 1984, 139, bzw. M. Horkheimer, *Zur Kritik der Instrumentellen Vernunft*, Frankfurt/M 1985, 153ff, insbesondere 165–166.)

20 Vgl. H. Hesse, *Vernunft und Selbstbehauptung*, Frankfurt/M 1984, 138.

Er kritisiert nicht den instrumentellen Aspekt der Vernunft als solchen, sondern er will die vollständige Instrumentalisierung der Vernunft – das Total-Werden dieses einzelnen Aspekts – und ihre fatalen Folgen aufzuzeigen.[21]

3 Instrumentelle Vernunft und die Entwicklung der Formalen Logik als Vorgeschichte der Informatik

> "Die Begriffe wurden auf Zusammenfassungen von Merkmalen reduziert, die mehrere Exemplare gemeinsam haben. Indem sie eine Ähnlichkeit bezeichnen, entheben die Begriffe der Mühe, die Qualitäten aufzuzählen, und dienen so dazu, das Material der Erkenntnis besser zu organisieren. Man sieht in ihnen bloße Abbreviaturen der einzelnen Gegenstände, auf die sie sich beziehen. Jeder Gebrauch, der über die behelfsmäßige, technische Zusammenfassung faktischer Daten hinausgeht, ist als eine letzte Spur des Aberglaubens getilgt. Begriffe sind zu widerstandslosen, rationalisierten, arbeitssparenden Mitteln geworden. Es ist, als ob Denken selbst auf das Niveau industrieller Prozesse reduziert worden wäre, einem genauen Plan unterworfen – kurz, zu einem festen Bestandteil der Produktion gemacht."[22]

Joseph Weizenbaum, der diesen Abschnitt zitiert, will damit die Parallelität der von Horkheimer beschriebenen Tendenzen (die Horkheimer auch mit dem Aufkommen des Faschismus in Beziehung setzt) mit der Auffassung von Denken und Sprache in den Arbeiten zur Künstlichen Intelligenz, die er vorher beschrieben hat, aufzeigen. Ich denke, der Zusammenhang zwischen Informatik und der Instrumentellen Vernunft ist ein anderer. Die Informatik ist nicht eine parallele Entwicklung, sondern sie hat zur Voraussetzung, daß die Vernunft als Instrument betrachtet wird. Diese These will ich im weiteren erläutern und begründen.

Dadurch, daß unter Vernunft immer mehr das subjektive Vermögen, Mittel Zwecken zuzuordnen, verstanden wird, daß sie – mit Horkheimer gesprochen – subjektiviert wird, wird diese subjektive Fähigkeit in Hinblick auf ihren Erfolg vergleichbar: Es wird von außen beurteilbar, welche Art, Mittel Zwecken zuzuordnen, effektiver, wirksamer, besser ist. Allgemeine Maßstäbe für die Güte der subjektiven Leistungen können entwickelt werden. Es kann sowohl von den Zwecken als auch von den Individuen abstrahiert werden; übrig bleiben abstrakte Formalismen. Das heißt, diese subjektive Vernunft kann objektiviert werden, es können Methoden entwickelt werden, beliebig

21 "Da die isolierte subjektive Vernunft in unserer Zeit überall triumphiert, mit fatalen Ergebnissen, muß die Kritik notwendigerweise mit mehr Nachdruck auf der objektiven Vernunft geführt werden, als mit dem auf Überbleibseln subjektivistischer Philosophie [...]" M. Horkheimer, *Zur Kritik der Instrumentellen Vernunft,* Frankfurt/M 1985, 163.

22 M. Horkheimer, *Zur Kritik der Instrumentellen Vernunft,* Frankfurt/M 1985, 30–31.

gegebenen Zielen die besten Mittel, sie zu erreichen zuzuordnen. "Indem Vernunft subjektiviert wird, wird sie auch formalisiert."[23] Aus den richtigen Prämissen können den Denkmethoden folgend die Schlüsse automatisch gezogen werden. "Sobald ein Gedanke oder ein Wort zu einem Werkzeug wird, kann man verzichten, sich dabei tatsächlich etwas zu 'denken', das heißt, die logischen Akte nachzuvollziehen, die in ihrer verbalen Formulierung enthalten sind. Wie oft und richtig dargelegt, besteht der Vorteil der Mathematik [...] gerade in dieser 'Denkökonomie'. Komplizierte logische Operationen werden ausgeführt, ohne daß alle die mathematischen und logischen Akte wirklich vollzogen würden, auf denen die mathematischen und logischen Symbole beruhen."[24] Formalisierte Vernunft wird darüber hinaus beliebig gegenüber ihren Inhalten.

Mit dieser Entwicklung, mit der Subjektivierung, Instrumentalisierung und Formalisierung der Vernunft wird Vernunft schließlich als Methode und Verfahren, etwas vom einzelnen und seinem Vermögen Losgelöstes denkbar. "Je automatischer und je instrumentalisierter die Ideen wurden, desto weniger erblickt einer in ihnen Gedanken mit einem eigenen Sinn. Sie werden als Dinge, als Maschinen betrachtet."[25]

Die Idee der Maschinenartigkeit der Vernunft war vorhanden, ehe es Computer und mit dem Computer Ansätze zur Künstlichen Intelligenz gab. Den Zusammenhang zwischen Formalisierung und Maschinisierung von geistigen Prozessen verdeutlicht auch Sybille Krämer: "Die Möglichkeit, einen Vorgang formal zu beschreiben, d.h. ihn in den Termini einer formalen Sprache ausdrücken zu können, ist an drei Bedingungen gebunden: die Bedingung des schriftlichen Symbolgebrauchs, die Bedingung des schematischen Symbolgebrauchs und die Bedingung des interpretationsfreien Symbolgebrauchs."[26] Krämer zeichnet die Entwicklung der Mathematik und der formalen Logik von den historischen Ursprüngen der Zahlendarstellungen über die griechische Logik und die Mathematiker-Philosophen der Aufklärung bis zur Berechenbarkeitstheorie dieses Jahrhunderts nach. Den Höhepunkt sieht sie in Leibniz' Programm einer 'characteristica universalis', die das Projekt einer universalen Denkmaschine mit impliziert. Dieses Programm sieht sie dann im 20. Jahrhundert durch Hilbert, Gödel, Church, Turing präzisiert und eingegrenzt.[27] Sie sieht das Projekt Leibnizens in Zusammenhang mit folgender Idee: "Alles Operieren mit Zeichen ist als Operieren innerhalb einer formalen Sprache aus-

23 M. Horkheimer, *Zur Kritik der Instrumentellen Vernunft,* Frankfurt/M 1985, 18.

24 M. Horkheimer, *Zur Kritik der Instrumentellen Vernunft,* Frankfurt/M 1985, 32.

25 M. Horkheimer, *Zur Kritik der Instrumentellen Vernunft,* Frankfurt/M 1985, 32. Man beachte, daß dieser Text auf einer Vorlesung an der Columbia University im Frühjahr 1944 beruht, das war vor dem Bau des ersten Computers.

26 S. Krämer, *Symbolische Maschinen. Die Idee der Formalisierung in geschichtlichem Abriß,* Darmstadt 1988, 1.

27 S. Krämer, *Symbolische Maschinen,* Darmstadt 1988, 138ff.

führbar. Während wir die Zeichen manipulieren, kann die Bedeutung der Zeichen vergessen werden, denn die Operationsregeln nehmen ausschließlich Bezug auf die syntaktische Gestalt von Zeichen. Syntaktische Zeichenoperationen können aber im Prinzip von einer Maschine ausgeführt werden."[28] Diese Entlastung des Verstandes geschieht durch einen Kunstgriff, einer 'techné': der Trennung von Manipulation von Zeichenreihen und deren Interpretation, das Prinzip der Formalisierung.

Krämer geht in ihrer Darstellung der Idee der Formalisierung im geschichtlichen Abriß wenig auf damit einhergehende historisch-gesellschaftliche Entwicklungen ein. Ich möchte die Entwicklung der formalen Logik während der Aufklärung in Verbindung setzen zu dem von Max Horkheimer explizierten Begriff der Instrumentellen Vernunft. Stellt Horkheimer eine gesellschaftliche Entwicklung dar, die sich anhand philosophischer Entwicklungen erst begreifen läßt, so beschreibt Krämer (unter anderem) die Entwicklung der formalen Logik und der Mathematik in demselben Zeitraum.

Die Subjektivierung der Vernunft kann so als historische Entwicklung betrachtet werden, die ihren Ausdruck auch in der Entwicklung der formalen Logik findet und von dieser bestätigend verstärkt wird. Wenn Krämer an anderem Orte behauptet, die "Simulation von Maschinen in der geistigen Tätigkeit des Menschen ist die Vorgeschichte, die Simulation geistiger Tätigkeit des Menschen ist die Geschichte der Informatik",[29] stellt sich die Frage, wie sich die Entwicklung der Instrumentellen Vernunft zur Geschichte der Informatik verhält. Sie kann meiner Ansicht nach als ein Teil ihrer Vorgeschichte betrachtet werden, als eine geistesgeschichtliche und gesellschaftliche Voraussetzung, die sich in der Informatik manifestiert und ohne die die Entwicklung der Informatik nicht in dieser Form stattgefunden hätte.

4 Zu den Wechselwirkungen zwischen Informatik und der Instrumentalisierung der Vernunft

Die Behauptung, daß die geistesgeschichtliche Entwicklung der Instrumentalisierung der Vernunft eine Voraussetzung für die Realisierung kognitiver Fähigkeiten in einer Maschine sei, erfordert eine Begründung. Technik kann dazu nicht als ein zufällig entdecktes Werkzeug gesehen werden, das dann entsprechend dem Entwicklungskontext oder auch anders eingesetzt wird.

Schon simple Werkzeuge werden in der Auseinandersetzung des Menschen mit der Natur entwickelt. Technik als Produkt und Medium der gesellschaftlichen Auseinandersetzung mit Natur, als "Organisation von Naturelementen

28 S. Krämer, *Symbolische Maschinen*, Darmstadt 1988, 138.

29 S. Krämer, "Symbolische Maschinen, Computer und der Verlust des Ethischen im geistigen Tun", in: W. Coy et al. (Hrsg.), *Sichtweisen der Informatik*, Braunschweig/Wiesbaden 1992, S. 338.

zu gesellschaftlichen Zwecken"[30] ist sowohl durch die Naturgesetzmäßigkeiten als auch durch gesellschaftliche Zwecksetzungen mitbestimmt. Der Schein der Eigengesetzlichkeit technischer Entwicklung wird dadurch hervorgerufen, daß sich durch die entwickelte Technik die Stellung der Gesellschaft zur Natur, die Wahrnehmung der Natur und die Organisation der Gesellschaft ändern. Bestimmte Tendenzen in der Gesellschaft werden unterstützt, andere behindert. Das verändert die gesellschaftlichen Bedürfnisse und prägt wiederum den Blick auf die sich eröffnenden neuen technischen Möglichkeiten.

Ich kann an dieser Stelle nicht auf die philosophische Diskussion um den Zusammenhang zwischen Technik und Gesellschaft eingehen und muß die obigen kurzen Bemerkungen deshalb ungeschützt stehen lassen. Um aber trotzdem die Wechselwirkungen zwischen Informatik und der Instrumentellen Vernunft beschreiben zu können, möchte ich auf ein Technikentwicklungsmodell zurückgreifen, das Peter Berger in Auseinandersetzung mit verschiedenen Sichtweisen der Technik entwickelt hat.[31] Anhand dieses Modells kann die Entwicklung der Informatik in Hinblick auf ihre Wechselwirkungen zur Instrumentellen Vernunft wie folgt beschrieben werden:

a.) "Unter gesellschaftlichen Dimensionen sollen die Umstände und Zusammenhänge gefaßt werden, aus denen heraus Technikentwicklung initiiert und gefördert wird und auf die die Technisierung wirkt."[32]

Die Instrumentalisierung der Vernunft kann als eine gesellschaftliche Entwicklung gesehen werden, die es u. a. ermöglicht, Teile des menschlichen Denkens von den Individuen zu abstrahieren, zu formalisieren und als eigenständige Schlußmechanismen zu standardisieren.

In der Entwicklung der Mathematik und der formalen Logik während der Aufklärung spielten Philosophen eine entscheidende Rolle.[33] S. Krämer sieht die Leitidee, die hinter diesen Bemühungen steht, in der Idee der Berechenbarkeit: " 'Berechnen können' heißt, ein Problem dadurch zu lösen, daß a.) die

30 Vgl. Gernot Böhme, "Zur Gesellschaftlichkeit von Technik und Natur", *Zeitschrift für Hochschuldidaktik*, 8 (Sonderheft 9), Wien 1984, 1–16.

31 P. Berger, *Gestaltete Technik – Genese der Informationstechnik als Basis einer politischen Gestaltungsstrategie*, Frankfurt/M 1991, 43ff. Dieses Modell versucht den ständig stattfindenden dialektischen Prozeß der Technik- und Gesellschaftsentwicklung zur Analyse in diskrete Aspekte zu gliedern. Bei der Beschreibung der Entwicklung einer konkreten Technologie mit Hilfe dieses Modells merkt mensch, daß diese Gliederung zum Teil künstlich ist und daß die Zuordnung von Entwicklungselementen zu den vier Bereichen von der Betrachtungsebene abhängt. Trotzdem ist es als Beschreibungsmittel durchaus hilfreich. Das Modell ist natürlich ausführlicher, als ich es hier verwende. Die angegebene Argumentationsskizze stellt keinen Beweis dar, sondern soll dessen Möglichkeit veranschaulichen.

32 P. Berger, *Gestaltete Technik*, Frankfurt/M 1991, 46.

33 S. Krämer, *Symbolische Maschinen*, Darmstadt 1988, 90ff.

Problemstellung im Medium einer künstlichen Symbolsprache ausgedrückt wird und b.) die Problemlösung auf Operationen innerhalb dieser Symbolsprache zurückgeführt werden kann, wobei diese Operationen schematische Anwendungen vorab gegebener Regeln sind."[34] Die so formulierten Berechnungen können im Prinzip auf einer Maschine ausgeführt werden. Dementsprechend sind seit dem 17. Jahrhundert Ansätze zum Bau von Rechenmaschinen zu beobachten. Wenn Leibniz mit seiner 'charakteristica universalis' eine Formalisierung des Erkenntnisprozesses projektiert, ist eine Implikation dieses Projekts auch die Möglichkeit einer universellen Denkmaschine.[35]

Anfang dieses Jahrhunderts wurden 'Computer' genannte Rechenbüros eingerichtet[36], Gruppen von meist Frauen, die zusammen eine in kleine Teilschritte zerlegte komplexe Rechnung in 'Fließbandarbeit' ausführten.

Die formale Logik wurde 1937 in der Berechenbarkeitstheorie mit einem theoretischen Maschinenmodell verknüpft, das die maschinelle Realisierung logischer Ableitung und mathematischer Rechnungen vorwegnahm.[37]

b.) "In der Technikentwicklung werden diejenigen gesellschaftlichen Umstände und technischen Zusammenhänge thematisiert, in denen Techniken unmittelbar hervorgebracht bzw. technische Neuerungen bestehenden Techniken hinzugefügt werden."[38]

Diese gesellschaftliche Entwicklung traf während und nach dem Zweiten Weltkrieg mit der Weiterentwicklung der Nachrichtentechnik zusammen. Die neuen Schalt- und Übertragungstechniken ermöglichten es, die alten Ideen einer Rechenmaschine zu realisieren. Das militärische Interesse an einem derartigen, in der Logistik einsetzbaren Instrument eröffnete die notwendigen Geldquellen. Viele Computerpioniere waren Mathematiker und Philosophen, die durchaus die Tragweite dieser Entwicklung erkannten.[39]

Der Computer mit seiner heutigen Architektur wurde entwickelt.

34 S. Krämer, *Symbolische Maschinen*, Darmstadt 1988, 91.

35 Vgl. S. Krämer, *Symbolische Maschinen*, Darmstadt 1988, 138.

36 U. Hofmann, *Computerfrauen*, Rainer Hampp Verlag, München 1987, 91 ff.

37 A. Turing, "On computable numbers with an application to the Entscheidungsproblem", *Proceedings of the London Mathematik Society*, Ser. 2, Vol. 42 (1936–37), 230–265, corrections: ibid, Vol. 43, pp. 544–546, reprinted in: M. Davis (Hrsg.), *The undecidable*, New York, Raven Press 1965.

38 P. Berger, *Gestaltete Technik*, Frankfurt/M 1991, 45.

39 Alan Turing erarbeitete das theoretische Modell und diskutierte als erster die Möglichkeit, komplexere geistige Fähigkeiten – wie zum Beispiel Schachspielen – zu simulieren. (Vgl. A. Turing, "Proposal for developement in the mathematic division of an Automatic Computing Engin", und A. Turing, "Lecture to the London Mathematic society on 20 Febuary 1947", beides in: B. E. Carpenter, R. W. Doran,

c.) Die daraus entstehenden Technikpotentiale[40]

Der Computer stellt keine fertige Maschine dar, sondern eine 'Universalmaschine', einen allgemeinen Berechnungsmechanismus, der durch die Programmierung spezifiziert wird. Fast alles – die Begrenzungen liegen in dem zur Verfügung stehenden Platz und der benötigten Rechenzeit – was in mathematischen Kalkülen ausgedrückt werden kann, kann mit Hilfe des Computers berechnet oder modelliert werden. Da viele Bereiche der Gesellschaften in den Industrienationen nach Regeln organisiert sind – zum Beispiel Produktion, Militär, Verwaltung –, die diese Voraussetzung erfüllen, scheint das Rationalisierungspotential des Computers fast unerschöpflich. Die an diese Organisation angepaßten menschlichen, geistigen Fähigkeiten schienen dementsprechend auch durch den Computer simulierbar.

d.) "Das Untersuchungselement Technisierung behandelt die gesellschaftlichen Umstände und technischen Zusammenhänge, in denen das technische Produkt in menschliche Handlungsketten eingebaut wird."[41]

Weite Bereiche schon vorher formalisierter menschlicher Tätigkeiten wurden vom Computer übernommen bzw. unterstützt. Dies sind auf der einen Seite Bereiche, in denen mathematische Berechnungen zentral sind – weite Bereiche der Ingenieurstätigkeit, Statistik, Buchhaltung – zum anderen Bereiche, in denen große Datenmengen erfaßt, bearbeitet, verarbeitet werden – Verwaltung, Firmenlogistik.

Die 'Künstliche Intelligenz' ist zwar ein Forschungsbereich der Informatik geblieben, hat bis jetzt jedoch kaum wirtschaftliche Anwendungsgebiete.

A. M. Turing's ACE report of 1946 and other papers, Charles Babbage Institute Reprint Series for the History of Computing, Volume 10, MIT 1986.)
Norbert Wiener hat seine Maschinen- und Regelungstheorie, die Kybernetik, auch auf menschliche und gesellschaftliche Prozesse angewendet. (Vgl. N. Wiener, *Mathematik mein Leben*, Düsseldorf 1962 und N. Wiener, *Mensch und Menschmaschine*, Düsseldorf 1964.)
John von Neumann, Mathematiker und Chemiker, spekulierte über die Simulation des Gehirns. (Vgl. J. v. Neumann, *Die Rechenmaschine und das Gehirn*, München 1960, und T. Legendi, T. Szentivanyi, *Leben und Werk von John von Neumann*, Bibliographisches Institut, Zürich 1983.) Keiner von ihnen hat in dem Computer nur eine Logik-Maschine gesehen.

40 P. Berger, *Gestaltete Technik*, Frankfurt/M 1991, 45.

41 P. Berger, *Gestaltete Technik*, Frankfurt/M 1991, 46.

e.) bzw. wieder a.) Um den Ring zu schließen, betrachten wir noch einmal die gesellschaftliche Dimension, die Technikentwicklung initiiert und von Technik verändert wird:

Die weite Verbreitung des Computers hat wiederum Auswirkungen auf die Gesellschaft und auf die Auffassung dessen, was Vernunft ist.

War vorher der instrumentelle Aspekt geistiger Fähigkeiten ein Aspekt neben anderen, so sind den mit Hilfe des Computers realisierten geistigen Fähigkeiten alle anderen Dimensionen fremd.[42] Dadurch wird der instrumentelle Aspekt geistiger Fähigkeiten verstärkt. Die Auffassung dessen, was Denken und Vernunft ist, ändert sich dahingehend.

Der letztere Aspekt wurde auch von Sherry Turkle in ihrem Buch 'Die Wunschmaschine'[43] beschrieben. Sie hat die Veränderung der Auffassungen über Denken durch den Umgang mit Computern geschildert. Sie faßt ihre Untersuchung wie folgt zusammen.

> "Die Tatsache, daß sie [sc. Kinder, die in einer computerisierten Kultur aufwachsen] bereitwillig die Vorstellung akzeptieren, Computer seien in ihrem 'Denken' den Menschen sehr ähnlich und würden sich nur durch einen Mangel an Gefühl von diesen unterscheiden, fördert eine dichotomische Betrachtung der Psyche. Denken und Fühlen sind unteilbar. Wenn man die komplizierte Beziehung, in der sie zueinander stehen, auseinanderreißt und sie fälschlicherweise als sich gegenseitig ausschließende seelische Aktivitäten definiert, wird das Kognitive möglicherweise zum bloßen logischen Prozeß, zum Kalten, Trockenen und Leblosen, und das Affektive wird reduziert auf die Eingeweide, das Primitive, das nicht Analysierbare."[44]

Die Selbstdefinition der Kinder ändert sich. "Man könnte sagen, daß die Vorstellung vom Menschen als einem 'vernunftbegabten Tier' einer Vorstellung von 'emotionsbegabten Maschinen' gewichen ist."[45]

Das heißt, der Computer wird zum Medium, um über das eigene Denken nachzudenken; er wird zur Metapher für die Vernunftfähigkeit des Menschen. Das Gerät, das als Vergegenständlichung eines – kritikwürdig – eingeschränk-

42 Dem entsprechen die Probleme, die sich aus dem Begriff der Verantwortung in Bezug auf Computerprogramme stellen. Verantwortung ist an eine Person gebunden, die ihr Tun vor den eigenen Wertmaßstäben rechtfertigen muß. Wenn komplexe geistige Fähigkeiten in einem Gerät objektiviert werden, verlieren sie ihren Bezug zu ihrem Urheber und damit zu menschlichen Wertmaßstäben. (Vgl. S. Krämer, "Symbolische Maschinen, Computer und der Verlust des Ethischen im geistigen Tun", in: W. Coy et al. (Hrsg.), *Sichtweisen der Informatik*, Braunschweig/Wiesbaden 1992.)

43 S. Turkle, *Die Wunschmaschine*, Reinbek bei Hamburg, 1984.

44 S. Turkle, *Die Wunschmaschine*, Reinbek bei Hamburg, 1984, 64.

45 S. Turkle, *Die Wunschmaschine*, Reinbek bei Hamburg, 1984, 71.

ten Teils der Vernunft betrachtet werden kann, wird nun zum Maßstab für die Vernunft selbst.[46]

Zusammenfassend läßt sich sagen, daß in der Informatik sich eine bestimmte gesellschaftliche Entwicklung, die Horkheimer mit der Kritik der Instrumentellen Vernunft nachvollzogen hat, vergegenständlicht. Durch die Informatik scheint die Formalisierung und Instrumentalisierung der Vernunft sich zu bestätigen. Denken, insbesondere 'vernünftiges' Denken wird immer mehr als ein berechenbarer Mechanismus gesehen, der sich auch gegenüber den Subjekten, die sich seiner bedienen, verselbständigt. Der Geist wird als 'speziesinvariant' konzipiert.[47] Gleichzeitig wird anhand der Informatik die geistesgeschichtliche Entwicklung der Instrumentalisierung der Vernunft konkret und damit auf neue Art und Weise reflektierbar. Sie kann nicht nur in ihren gesellschaftlichen Implikationen aufgezeigt werden, sondern ist in ihrer systematischen[48] und in ihrer praktischen Unzulänglichkeit diskutierbar.[49]

5 Ausblicke

Welche Bedeutung hat nun diese Beziehung zwischen Instrumenteller Vernunft und Informatik für die Einordnung der Informatik?

Ein Aspekt des oben ausgeführten ist die gesellschaftliche Bedingtheit der Auffassung von Vernunft. Künstliche Intelligenz und die auch aus ihr entstan-

46 vgl. dazu auch B. Becker, *Künstliche Intelligenz*, Frankfurt/M 1992, 213ff. Sie zieht zu ihrer Kritik der Auswirkungen der technischen Transformation menschlichen Denkens auch die Rationalitätskritik der Frankfurter Schule heran. "Die Kritik der Frankfurter Schule [...] gewinnt mit den KI-Systemen eine neue Aktualität." (B. Becker, *Künstliche Intelligenz*, Frankfurt/M 1992, 218.)

47 Vgl. S. Krämer, "Symbolische Maschinen, Computer und der Verlust des Ethischen im geistigen Tun", in: W. Coy et al. (Hrsg.), *Sichtweisen der Informatik*, Braunschweig/Wiesbaden 1992, 341.

48 Hier würde ich die Ergebnisse von Kurt Gödel zu der Existenz der Nichtentscheidbarkeit selbstbezüglicher Aussagen in logischen Kalkülen und die davon ausgehenden Beweise der theoretischen Informatik einordnen.

49 So faßt Thomas Malsch seinen Artikel "Die Informatisierung des betrieblichen Erfahrungswissens und der 'Imperialismus der instrumentellen Vernunft' ", *Zeitschrift für Soziologie*, Bd. 16 (1987), 77-91, zusammen: "Ein Grundthema soziologischer Theoriebildung, die Kritik der instrumentellen Vernunft, erhält durch die Informatisierung eine neue Virulenz. Die Computertechnologie, so wird befürchtet, werde die eigensinnigen Reflexions- und Kommunikationskulturen des gesellschaftlichen Lebens den Zwängen einer rücksichtslosen instrumentalistischen Rationalisierung unterwerfen. Der Realitätsbezug solcher Befürchtungen ist insbesondere hinsichtlich der Arbeitswelt kaum zu bestreiten, aber sie machen blind für eine Entwicklungsdialektik, die mit dem Theorem des 'Imperialismus der instrumentellen

denen Kognitionswissenschaften, für die die Computermetapher des Geistes Forschungsparadigma ist, gehen von einer Grundprämisse aus, die historisch bedingt ist: Denken wird als ein von der denkenden Person unabhängiger Mechanismus verstanden. Bedenkt man, daß sich durch die Künstliche Intelligenz auch Auffassung und Realität von Vernunft auf diese Prämisse hin ändern, so erscheint die Künstliche Intelligenz als 'self fulfilling prophecy'.

Auch eine Ethik der Technik muß darüber reflektieren, inwieweit die Technik als kultureller Hintergrund auch die Möglichkeit, Technik und ihre Folgen wahrzunehmen und über sie zu reflektieren, mitprägt. In Bezug auf Informatik und Vernunft ist dies der Fall. Nur so kann eine Ethik der Technik ihrer systematischen Blindheit vorbeugen.

Die Erarbeitung dieses Zusammenhanges kann nicht nur für die Kritik der Informatik von Bedeutung sein, sondern auch für deren Weiterentwicklung.[50] Die Kritik der Instrumentellen Vernunft stellt den vorläufigen Endpunkt der Wissenschaftskritik der frühen Frankfurter Schule dar.[51]

Traditionelle Theorie, gegen die sich Horkheimer abgrenzen will, ist ein bestimmter Typus von Theorie, der das, "[...] was wir in Natur und Gesellschaft vorfinden, klar und vollständig beschreiben und schließlich kausal erklären"[52] will. Es geht darum, immerwährende Gesetzmäßigkeiten zu finden, nach denen Natur und Gesellschaft funktionieren. Zwei Kritikpunkte an dieser Art Wissenschaft hat Horkheimer formuliert: Diese Art Theorie reflektiert nicht auf ihre eigene gesellschaftliche Bedingtheit. Sie reflektiert nicht, daß Gegenstandswahl und Erkenntnismethode davon beeinflußt sein könnten. Daneben sind traditionelle Theorien nicht in der Lage, "selbstkritisch zu reflektieren, welche Rolle sie im Lebensprozeß der Gesellschaft spielen".[53] Sie liefern ein instrumentell einsetzbares Wissen, beliebig gegenüber den Zwecken, zu denen es eingesetzt wird. Traditionelle Theorie neigt so dazu, das Gegebene zum Verbindlichen zu erklären.

Vernunft' (Weizenbaum) nicht entschlüsselt werden kann. Am Thema der informationstechnologischen Transformation von betrieblichem Erfahrungs- in Planungswissen möchte ich die These zur Diskussion stellen, daß der Computereinsatz in der industriellen Produktion zwar zur Einebnung und Formierung von Erfahrungswissen, Eigensinn und kommunikativer Kompetenz führt, gleichzeitig aber auf paradoxe Weise zu ihrer Erneuerung beiträgt."

50 Die folgenden Ausführungen sind Ausblicke und könnten als Fragestellung zu einer weiteren Untersuchung begriffen werden.

51 Ich stütze mich bei der Darstellung der Wissenschaftskritik und den wissenschaftstheoretischen Ansätzen Horkheimers auf Heidrun Hesse. (H. Hesse, *Vernunft und Selbstbehauptung*, Frankfurt/M 1984.) Sie vermeidet bei ihrer breiten Aufarbeitung den Begriff 'Positivismus', der von Horkheimer und Adorno fast synonym zum Begriff 'traditionelle Theorie' gebraucht wird, dem will ich mich anpassen.

52 H. Hesse, *Vernunft und Selbstbehauptung*, Frankfurt/M 1984, 12.

53 H. Hesse, *Vernunft und Selbstbehauptung*, Frankfurt/M 1984, 13-14.

"Kritische Theorie erklärt: es muß nicht so sein, die Menschen können das Sein ändern, die Umstände dazu sind jetzt vorhanden".[54] Sinn einer kritischen Theorie ist es, konkrete Spannungen, Brüche und Widersprüche in der gegenwärtigen Verfassung der Gesellschaft aufzuzeigen, auf die Möglichkeit der Verbesserung[55] der Gesellschaft hin zu analysieren und auf diese hinzuwirken.

In der Diskussion um neue Grundlagen der Informatik wird immer wieder herausgestellt, daß der Hauptgegenstand der Informatik nicht der Computer ist, sondern die Umorganisation von u. a. Betrieben, Büros, Arbeitsgängen zum Zwecke der Rationalisierung mit Hilfe von Computern. Gegenstand der Informatik ist also eine Umorganisation von jeweils begrenzten Ausschnitten der Gesellschaft.[56] Ich wage zu behaupten, daß die rein instrumentelle Herangehensweise an diese 'Realitätskonstruktion' mit eine Ursache war für die Software-Krise. Durch den Einsatz eines Programms werden Betriebe zum Teil so umstrukturiert, daß die Voraussetzungen, die zu dieser Umstrukturierung geführt haben, nicht mehr gültig sind. Die Computersysteme sind dysfunktional. Reine Beschleunigung von Arbeitsprozessen führt zur Erkenntnis neuer Engpässe, verhindert aber dadurch, daß die Betriebsorganisation festgelegt wird, eine wirkliche Veränderung. Das Nicht-Einbeziehen der Interessen der betroffenen BenutzerInnen führt zu nicht durchsetzbaren Lösungen. Computer mögen der Instrumentellen Vernunft genügen, Software-Engineering erfordert Fähigkeiten darüberhinaus.

Bei der Analyse eines Betriebes vor dem Programmsystementwurf muß nicht nur dannach gefragt werden, wie etwas organisiert ist, sondern auch danach, wieso gerade so und nicht anders, um daraus die Widersprüche in der Organisation zu erkennen und die betriebliche Realität auf mögliche qualitative Änderungen hin aufzubrechen.

Ansätze, die ähnliche Fragestellungen zum Teil aufnehmen, sind von Hirschheim und Klein zu einem Software-Entwicklungs-Paradigma zusammengefaßt: Der Systemanalytiker wird dort als Aufklärer oder Sozialtherapeut beschrieben, Systementwicklung als Emanzipation durch rationalen Diskurs. Die Diskussion dieses Entwurfsparadigma vor dem Hintergrund der hier angerissenen Fragen und in Hinblick auf konkrete Methoden wäre sicher fruchtbar.[57]

54 H. Hesse, *Vernunft und Selbstbehauptung*, Frankfurt/M 1984, 15.

55 Um zu beurteilen, was 'besser' ist, bezieht sich Horkheimer auf einen abgewandelten Begriff der praktischen Vernunft von Kant. (vgl. H. Hesse, *Vernunft und Selbstbehauptung*, Frankfurt/M 1984, 16-30) Diese geschichtliche praktische Vernunft setzt Horkheimer der Instrumentellen Vernunft entgegen, deren Protagonist die Traditionelle Theorie ist.

56 Siehe auch Ch. Floyd et al., *Software Developement and Reality Construction*, Heidelberg 1992. Dieser Aspekt wurde bis dahin in der Informatik ignoriert.

57 R. Hirschheim und H. K. Klein, "Four Paradigms of Information Systems Development", *Comm. of the ACM*, 32 (1989), 1207ff.

Künstliche Intelligenz
und
Philosophie des Geistes

Informatik und die Philosophie des Geistes

Holm Tetens

Ganz allgemein und philosophisch eher traditionell ausgedrückt, fragt die Philosophie des Geistes nach der "Natur", nach dem "Wesen" des menschlichen Geistes. Aber das Problem, um das seit längerer Zeit die Diskussionen in der Philosophie des Geistes unablässig kreisen, läßt sich doch genauer eingrenzen. Dieses Problem will ich zunächst vorstellen.

Wir alle haben im Alltag bestimmte psychologische Grundüberzeugungen über den Menschen. Nach diesen *alltagspsychologischen* Überzeugungen sind Menschen Wesen, die die verschiedensten "inneren" Zustände durchleben. Jeder von uns *nimmt* ständig Dinge *wahr*, hat *Körperempfindungen*, hat verschiedene *Gefühle* in unterschiedlichen Lebenssituationen; jeder von uns *denkt* fast ständig an irgendetwas oder über irgendetwas nach, *stellt* sich etwas in seinen Tagesphantasien *vor*, *glaubt* an bestimmte Dinge, *weiß* vieles; jeder von uns *will* immer wieder etwas Bestimmtes, jeder von uns verfolgt tagaus tagein die unterschiedlichsten *Absichten*, setzt sich *Ziele* und *Zwecke*, trifft *Entscheidungen*. Daß ein Mensch "einen Geist hat", meint vor allem, daß er sich ständig in solchen inneren Zuständen wie Wahrnehmungen, Gefühlen, Empfindungen, Gedanken, Vorstellungen, Wünschen, Absichten und so weiter befindet. In der Philosophie des Geistes hat sich für diese "inneren" Zustände inzwischen der Ausdruck "*mentale Zustände*" fest eingebürgert; und diesen Sprachgebrauch werde ich im folgenden übernehmen.[1]

Die mentalen Zustände haben vor allem drei wesentliche und bemerkenswerte Eigenschaften. Da ist zunächst einmal die auffällige Eigenschaft, daß sehr viele dieser mentalen Zustände *einen Inhalt haben*. Wenn jemand denkt, denkt er zum Beispiel an etwas, er denkt zum Beispiel, daß es höchste Zeit wird, daß Helmut Kohl als Bundeskanzler abgelöst wird; auch will man stets etwas, zum Beispiel will man in Zukunft seinen organischen Hausmüll kompostieren. Diese mentalen Zustände haben die Form: x nimmt wahr (will, denkt, glaubt, beabsichtigt etc.), daß p, wobei "p" für die Beschreibung eines Objekts oder eines Sachverhalts steht. In der Philosophie des Geistes sind verschiedene Bezeichnungen für diese Eigenschaft mentaler Zustände in Umlauf.

1 Zur analytisch orientierten Philosophie des Geistes vgl. vor allem P. Bieri (Hrsg.), *Analytische Philosophie des Geistes*, Königsstein/Taunus 1981 und P. Churchland, *Matter and Consciousness – A Contemporary Introduction the Philosophy of Mind*, Cambridge, Mass./London 1988.

Ich werde im folgenden davon reden, daß mentale Zustände wie Wahrnehmungen, Gedanken, Wünsche, Überzeugungen etc. einen *repräsentationalen Gehalt* haben oder *Sachverhalte oder Objekte intern repräsentieren.*

Die zweite bemerkenswerte Eigenschaft mentaler Zustände ist, daß sie meistens von der Person, die sich in diesem Zustand befindet, *bewußt erlebt* wird, daß es sich für diese Person auf charakteristische Weise "anfühlt", an etwas zu denken, etwas zu empfinden, sich etwas vorzunehmen etc. Und zwar scheinen sich die verschiedenen mentalen Zustände für die betreffende Person auf eine Weise "anzufühlen", die jeder anderen Person nicht direkt zugänglich ist und verschlossen bleibt. Die mentalen Zustände haben also ein geheimnisvolles "Inneres", das nicht zu verwechseln ist mit dem physischen Inneren eines Objekts, das sehr wohl allen Beobachtern im Prinzip in gleicher Weise zugänglich ist. Ich übernehme wieder eine gängige Terminolgie der Philosophie des Geistes und nenne diese Eigenschaft mentaler Zustände ihren *phänomenalen Gehalt.*

Mentale Zustände entstehen und verändern sich nicht ohne Beziehungen untereinander und zur übrigen physischen Welt. Auf charakteristische Weise folgen mentale Zustände auf andere mentale Zustände oder Situationen in der physischen Welt, und ebenso beeinflußt ein mentaler Zustand andere mentale Zustände und in Gestalt des Handelns und Verhaltens sogar die physische Welt. Kurz: Jeder mentale Zustand *wechselwirkt kausal* mit anderen mentalen Zuständen und mit Zuständen und Ereignissen in der physischen Welt. Diese kausalen Wechselwirkungen machen die *kausale Rolle* des betreffenden mentalen Zustands aus.[2] Die kausale Rolle ist die dritte der oben erwähnten drei charakteristischen Eigenschaften mentaler Zustände.

Die zuletzt genannte Eigenschaft mentaler Zustände, nämlich daß mentale Zustände kausal mit physischen Zuständen wechselwirken, wirft nun ein Problem auf. Wie nämlich haben wir uns die kausalen Mechanismen vorzustellen, durch die mentale Zustände physische Zustände kausal hervorrufen und umgekehrt? Daß eine bewegte Billardkugel eine ruhende Billardkugel anstoßen und dadurch in Bewegung setzen kann, scheint uns nicht besonders rätselhaft. Und sicher hängt das wesentlich damit zusammen, daß das verursachende Ereignis (die Bewegung der einen Billardkugel) auf die gleiche Weise beschrieben werden kann (zum Beispiel in Energiegrößen) wie das verursachte Ereignis (die sich in Bewegung setzende andere Billardkugel). Somit steht zu erwarten, daß sich das Rätsel der kausalen Wechselwirkung zwischen dem Physischen und dem Mentalen lösen ließe, könnte man zeigen, daß mentale Zustände in Wirklichkeit physische Zustände sind. Denn dann

2 Zur kausalen Rolle mentaler Zustände vgl. D. Lewis, "An Argument for the Identity Theory", *Journal of Philosophy*, 63, 1966; wiederabgedruckt in D. Lewis, *Philosophical Papers*, Volume I, Oxford 1983, 99-107 und D. Lewis, "How to Define Theoretical Terms?" *Journal of Philosophy*, 67, 1970; wiederabgedruckt in D. Lewis, *Philosophical Papers*, Volume I, Oxford 1983, 78-95.

würde, wenn Mentales mit Physischem wechselwirkt, in Wirklichkeit Physisches auf Physisches einwirken, ein für uns eben nicht grundsätzlich rätselhaftes kausales Geschehen. Aber läßt sich das zeigen? *Können mentale Zustände Teil der physischen Welt sein und, wenn ja, wie können sie es sein?* Das ist die Leitfrage, um die die Diskussionen der Philosophie des Geistes in den letzten Jahrzehnten unaufhörlich kreisen.

Computer spielen in den Antworten vieler Philosophen auf diese Leitfrage eine prominente Rolle. Denn namhafte Vertreter der Informatik, genauer der Künstlichen Intelligenz erheben ja immer wieder den Anspruch, es ließen sich Maschinen entwerfen und bauen, die "Geist haben", und die sich so verhalten, wie sich Menschen deshalb verhalten, weil diese "Geist haben". Wenn das wahr wäre, lieferten Computer zumindest *ein Modell für das Mentale als etwas Physisches in der physischen Welt.* Aber würde der Erfolg der Künstlichen Intelligenz wirklich beweisen, daß der Geist ein rein physischer Mechanismus ist, und würde ein Mißerfolg diese These widerlegen? Ich will im folgenden zeigen, daß dies nicht der Fall ist.

These I

> Philosophische Apriori-Einwände gegen die These, integriertes menschliches Verhalten lasse sich auf Maschinen nachmachen, können gar nicht wahr sein, denn es gilt: Prinzipielle explanatorische Grenzen einer Computersimulation menschlichen Verhaltens wären zugleich Grenzen, dieses Verhalten alltagspsychologisch mit dem "menschlichen Geist" erklären zu können.

Philosophen haben immer wieder geglaubt, sie könnten die These widerlegen, integriertes menschliches Verhalten sei auf einem Computer oder irgendeiner anderen, möglicherweise noch raffinierteren Maschine zu simulieren, ohne die empirische Forschungsergebnisse und auch die für die Zukunft zu erwartenden Resultate der Künstlichen Intelligenz noch abwarten zu müssen.[3] Ich beschränke mich auf ein kurzes Beispiel. Sehr gerne berufen sich Kritiker der Künstlichen Intelligenz auf den Gödelschen Unvollständigkeitssatz. Mit keinem anderen mathematischen Satz wird philosophisch und auch sonst so viel Schindluder getrieben wie mit diesem metamathematischen Resultat Gödels.[4]

3 Das prominenteste Beispiel dafür ist sicher das Argument von Searle gegen die starke These der KI; vgl. Searle, *Geist, Hirn und Wissenschaft*, Frankfurt/M 1986; eine kurze Auseinandersetzung mit Searles Argument findet sich in H. Tetens, *Geist, Gehirn, Maschine – Philosophische Versuche über ihren Zusammenhang*, Stuttgart 1994.

4 Vgl. K. Gödel, "Über formal unentscheidbare Sätze der Principia Mathematica und verwandter Systeme", *Monatshefte für Mathematik und Physik*, 38, 1931, 173-198; eine vorzügliche Darstellung und philosophische Diskussion des Gödelschen Satzes gibt Ch. Thiel, "Kurt Gödel: Die Grenzen der Kalküle", in: J. Speck (Hrsg.), *Grundprobleme der großen Philosophen – Philosophie der Neuzeit*, VI, Göttingen 1992, 138-179.

Natürlich folgt aus dem Gödelschen Unvollständigkeitssatz nichts für oder wider die These, der Geist sei ein komplizierter physischer Mechanismus, solange man nicht weitere Prämissen hinzunimmt. Das sieht man zum Beispiel an der folgenden Argumentation: (Prämisse) Menschen können den Unvollständigkeitssatz nachvollziehen und deshalb in Anwendung des Gödelschen Beweises zu jedem vorliegenden formalen System (zu jeder Turingmaschine) eine Formel konstruieren, die sie selber als wahr einsehen können, die aber innerhalb des Systems (von der Turingmaschine) nicht bewiesen werden kann. (Konklusion) Also kann ein Mensch mehr, als jedes formale System (jede Turingmaschine) zu leisten vermag. Mithin ist menschliches Verhalten nicht vollständig auf einem Computer simulierbar.[5]

Die Prämisse ist so freilich unhaltbar.[6] Aus der Tatsache, daß ein Mensch den Gödelschen Unvollständigkeitssatz versteht und seinen konstruktiven Beweis nach- und mitvollzieht, folgt weder, daß die Person jedes formales System als ein solches und jede Turingmaschine als eine solche erkennt und identifiziert, noch daß die Person für jedes formale System und jede Turingmaschine die unentscheidbare Gödelformel tatsächlich effektiv herleiten kann. Man kann aber sehr wohl eine Turingmaschine konstruieren, auf der (a) der Beweis für den Gödelschen Unvollständigkeitssatz und (b) Anwendungen des Satzes für eine endliche Klasse von anderen Turingmaschinen implementiert sind. Nehmen wir also an: Jeder Mensch kann effektiv den Gödelschen Satz nur auf eine endliche Klasse von Turingmaschinen anwenden, wobei eine Turingmaschine, die das Verhalten der Person simuliert, nicht dazugehört. Für diese Annahmen spricht sehr viel.[7] Dann ist wahr, daß eine Person den Gödelschen Unvollständigkeitssatz versteht, auch in dem Sinne, daß er ihn in endlich vielen Fällen richtig anwendet, und trotzdem schließt das nicht aus, daß das integrierte Verhalten dieser Person auf einem Computer simuliert werden kann.[8]

5 Sehr ähnlich argumentiert J. R. Lucas in einem bekannt gewordenen Argument; vgl. J. R. Lucas, "Minds, Machines and Gödel", *Philosophy*, Vol. XXXVI, 1961; wiederabgedruckt in: A. R. Anderson (Hrsg.), *Minds and Machines*, Englewood Cliffs, New Jersey 1964.

6 Das nachfolgende Argument hat viel Ähnlichkeit mit einem Argument von David Lewis gegen die Schlußfolgerungen, die Lucas aus dem Gödelschen Resultat zieht; vgl. D. Lewis, "Lucas Against Mechanism", *Philosophy*, 44, 1969, 231-233 und D. Lewis, "Lucas Against Mechanism II", *Canadian Journal of Philosophy*, 9, 1979, 373-376.

7 Jedenfalls konstruiert jeder Mensch, wenn überhaupt, nur für endlich viele widerspruchsfreie formale Systeme, in denen mindestens die Theorie rekursiver Funktionen formalisiert ist, die unentscheidbare Gödelformel. Und was es heißen soll, er könne das im Prinzip für jedes formale System ist eine ziemlich unklare Behauptung.

8 Weit gefehlt, daß aus dem Gödelschen Unvollständigkeitssatz etwas über die Grenzen einer naturalistischen oder auch nur mechanistischen Auffassung des Geistes

Mit dieser kurzen Diskussion eines möglichen Apriori-Einwandes gegen das Vorhaben der Künstlichen Intelligenz sind natürlich die anderen Apriori-Einwände noch gar nicht getroffen. Ich will deshalb positiv dafür argumentieren, daß diese Apriori-Einwände nicht stimmen können. Das ist dann der Fall, wenn sich jedes integrierte menschliche Verhalten im Prinzip auf einem Computer simulieren läßt. Wie läßt sich das zeigen?

Stellen wir uns einmal vor, daß jemand das Verhalten und Handeln einer anderen Person beobachtet. Nur zur Illustration schildere ich einen ganz kleinen Ausschnitt möglicher Beobachtungen: Die beobachtete Person – nennen wir sie einfach P – tritt an den Rand einer Straße, bleibt stehen, blickt nach rechts und links. Nachdem ein mit hoher Geschwindigkeit herannahendes Auto vorübergefahren ist, überquert sie die Straße. Auf der anderen Straßenseite geht P an einer Schaufensterfront vorüber. Vor dem Schaufenster eines Geschäftes für Bürobedarf bleibt sie kurz stehen, öffnet dann die Ladentür, betritt den Laden und sagt "Guten Tag", die Bedienung hinter dem Tresen sagt: "Womit kann ich Ihnen dienen", P sagt daraufhin. "Haben Sie Disketten für einen PC?" ...

Hier verlassen wir unseren Beobachter und seine Beobachtungen. Mit dieser kurzen Schilderung sollte nur etwas fast Triviales illustriert werden. Wenn jemand das Verhalten und Handeln einer Person von außen wahrnimmt, dann beobachtet er, wie bestimmte Veränderungen U_1 in der Umwelt oder bestimmte Veränderungen der eigenen physischen Position zu solchen Umweltereignissen und -objekten die Person veranlassen, auf die Weise V_1 zu handeln, bis Veränderungen U_2 eintreten, die P mit einem geänderten Verhalten V_2 beantwortet. Nachdem sich die Umwelt wiederum verändert hat (U_3), wechselt die Person vom Verhalten V_2 zum Verhalten V_3. Und so geht das immer weiter. Mit anderen Worten: Wenn jemand wirklich so neugierig wäre, das Verhalten einer Person von der Geburt bis zum Tode kontinuierlich zu begleiten, er würde eine endlich lange *umweltbezogene Verhaltenssequenz*

$$U_1 \Rightarrow V_1 / U_2 \Rightarrow V_2 / U_3 \Rightarrow V_3 / \ldots / U_n \Rightarrow V_n$$

folgt, zeigt er eher Grenzen einer "mentalistischen" = alltagspsychologischen Beschreibung des Menschen auf. Denn aus ihm folgt, daß sich eine Person selber in ihrem Verhalten niemals vollständig alltagspsychologisch durchsichtig sein kann. Das folgt, wenn alltagspsychologische Verhaltenserklärungen die automatentheoretische Struktur haben, wie in Abschnitt II dargelegt. Das unterstreicht nur noch einmal, daß eine umweltbezogene Verhaltenssequenz nur von "Außen", aus der Perspektive eines Beobachters alltagspsychologisch erklärt werden kann. In der Tat: Wenn eine Person ihr bisheriges Leben als eine endlich lange umweltbezogene Verhaltenssequenz beschreibt und einen endlichen Automaten konstruiert, der dieses Verhalten simuliert, so kommen diese Tätigkeiten der Person unter den beschriebenen Verhaltensweisen gerade nicht vor.

beobachten. Bestimmte der Verhaltensweisen werden dabei mehr oder weniger oft wiederkehren. Alle beobachteten Verhaltensweisen gehören zu einer endlichen Menge von Verhaltensweisen, dem *Verhaltensrepertoire* der Person. Auch Umweltveränderungen U_i werden sich wiederholen, sie gehören alle zu einer Menge von Umweltereignissen, auf die sich die Person in ihrem Verhalten ganz offensichtlich bezieht. Jakob von Uexküll hat dafür den plastischen Ausdruck "*Merkwelt*" geprägt.[9]

Angenommen nun, der Beobachter will das Verhalten der beobachteten Person nicht nur beschreiben, sondern es auch erklären und vorhersagen. Dazu wird er die Verhaltenssequenz nach Gesetzmäßigkeiten befragen. Die einfachsten Gesetze wären sicher:

> Immer wenn das Umweltereignis U, dann das Verhalten V
> (in Zeichen: $U \rightarrow V$).

Aber so billig wird der Beobachter kaum wegkommen. Zum Beispiel wird er mit Sicherheit nicht das Verhaltensgesetz: *Immer wenn P an den Rand einer Straße tritt, bleibt P zunächst stehen, schaut nach rechts und links und überquert anschließend die Straße* bestätigt finden. P wird nicht immer nach rechts und links schauen, manchmal wird P ohne anzuhalten über die Straße gehen, manchmal in der Mitte der Straße stehenbleiben, ein anderes Mal auf halbem Wege wieder umkehren. Der Phantasie, was P alles auf der Straße anstellen könnte, sind kaum Grenzen gesetzt.

Trotzdem machen wir uns im Alltag oft sehr schnell einen Reim darauf, warum jemand trotz annähernd gleicher Randbedingungen jedesmal etwas anderes tut. Wir müssen nur etwas vom "Innenleben" dieser Person wissen, und sofort zeigt das Verhalten doch so etwas wie "Gesetzmäßigkeiten". Wir stellen dann etwa fest: Immer wenn P sich am Rand einer Straße befindet, die Straße überqueren will, nichts wahrnimmt, von der sie meint, daß es sie während des Überquerens der Straße gefährden könnte, überquert P die Straße; immer wenn P sich am Rande einer Straße befindet, die sie überqueren will, P aber so völlig in andere Gedanken vertieft ist, daß sie ihre Umwelt nicht mehr bewußt wahrnimmt, wird P ohne nach rechts und links zu schauen einfach die Straße überqueren; immer wenn P sich am Rande einer Straße befindet, die sie überqueren will, wird P die Straße nicht überqueren, falls ihr einfällt, sie solle umkehren, um zunächst noch etwas anderes zu erledigen; immer wenn P ihrem Leben ein Ende machen will und beschlossen hat, sich vor ein Auto zu werfen, wird sie die Straße unmittelbar vor einem Auto betreten. An "Verhaltensgesetzen" scheint kein Mangel zu herrschen.

Wir erklären, so scheint es, alltagspsychologisch das Verhalten einer Person, indem wir uns explizit oder stillschweigend auf Gesetze des Typs:

9 Vgl. J. von Uexküll, *Theoretische Biologie*, Berlin 1928.

Immer wenn die (komplexe) Bedingung U, dann das Verhalten V, falls der (komplexe) mentale Zustand M.
$U \rightarrow (M \rightarrow V)$

berufen.

Wer das Verhalten auch noch vorhersagen will – und im Alltag sind wir alle darauf angewiesen, begründete Erwartungen über das Verhalten unserer Mitmenschen hegen zu können – , der allerdings kommt mit den genannten Gesetzen nicht allzu weit. Er muß zusätzlich wissen, nach welchen Regeln sich die inneren mentalen Zustände einer Person ändern. Auch mit “Gesetzen”, wie sich mentale Zustände verändern, versorgt uns die Alltagspsychologie. Zum Beispiel: Falls ein Auto auf einer Straße herannaht, die eine Person P unversehrt überqueren will, wird sie sich blitzartig eine Meinung darüber bilden, ob sie die Straße ohne eigene Gefährdung noch vor dem Auto überqueren kann oder nicht. Oder ein allgemeineres Gesetz: Wenn eine Person den Zustand x herbeiführen will und glaubt, daß der Zustand y den Zustand x verhindert, so wird die Person sich über den Zustand y ärgern, falls y tatsächlich eintritt. Diese Gesetze haben also die Form:

Immer wenn die Bedingungen U, dann der mentale Zustand M_2, falls der mentale Zustand M_1.
$U \rightarrow (M_1 \rightarrow M_2)$

Fassen wir unsere kurzen Betrachtungen zur alltagspsychologischen Erklärungen zusammen: Wenn ein Beobachter die umweltbezogene Verhaltenssequenz S

$$U_{s1} \Rightarrow V_{s1} \,/\, U_{s2} \Rightarrow V_{s2} \,/\, U_{s3} \Rightarrow V_{s3} \,/ \ldots /\, U_{sn} \Rightarrow V_{sn}$$

beobachtet, wobei die Verhaltensweisen V_{si} Elemente des Verhaltensrepertoires $V = \{V_1,\ldots,V_k\}$, die Umweltbedingungen U_{si} Elemente der Merkwelt $U = \{U_1,\ldots,U_l\}$ einer Person sind, und wenn der Beobachter das dabei beobachtete Verhalten erklären und voraussagen will, so wird er sich auf Gesetze[10] der Form

$$U_i \rightarrow (M \rightarrow V_j)$$
$$U_i \rightarrow (M_r \rightarrow M_s)$$

mit $U_i \in U$ und $V_j \in V$ stützen.

Es läßt sich nun aber sehr einfach folgendes zeigen: *Zu jeder umweltbezogenen Verhaltenssequenz S* $U_{s1} \Rightarrow V_{s1} \,/\, U_{s2} \Rightarrow V_{s2} \,/\, U_{s3} \Rightarrow V_{s3} \,/ \ldots /\, U_{sn} \Rightarrow V_{sn}$ *mit*

10 Daß die alltagspsychologischen Gesetze höchst vage sind, ist zwar wahr, tut hier aber nichts zur Sache.

dem Verhaltensrepertoire V = {V_1,...,V_k} *und der Merkwelt* U = {U_1,...,U_l} *läßt sich ein abstrakter endlicher Automat*[11] *A mit der Menge U als Inputmenge, der Menge V als Outputmenge und einer geeigneten endlichen Menge Z interner Zustände angeben, der die umweltbezogene Verhaltenssequenz S erzeugt.*[12]

11 Zur Erinnerung: A ist ein endlicher Automat genau dann, wenn gilt:
(a) A=<I, O, Z, f, g>,
(b) I ist eine endliche Menge, genannt Input,
(c) O ist eine endliche Menge, genannt Output,
(d) Z ist eine endliche Menge der sogenannten internen Zustände,
(e) f und g sind Abbildungen mit:
$f: I \times Z \to Z$
$g: I \times Z \to O$

12 Das läßt sich unter anderem folgendermaßen einsehen. Sei also $U_1 \Rightarrow V_1$ / ... / $U_n \Rightarrow V_n$ eine endlich lange umweltbezogene Verhaltenssequenz, die durch einen endlichen Automaten A simuliert werden soll. Die Maschinentafel eines solchen Automaten erzeugt man (algorithmisch) auf die folgende Weise: Man schreibt

$Z_1\ U_1\ V_1\ Z_1$
$Z_1\ U_2\ V_2\ Z_1$
$\vdots$

usw., so lange, wie die Umweltereignisse sich nicht wiederholen. Sei U_j das erste Umweltereignis in der Sequenz, das gleich ist einem schon aufgetretenen Umweltereignis U_i ($1 \leq i < j$), während $V_j \neq V_i$, so ersetzt man die schon hingeschriebene Zeile

$Z_1\ U_{j-1}\ V_{j-1}\ Z_1$

durch die Zeile

$Z_1\ U_{j-1}\ V_{j-1}\ Z_2$

und setzt fort mit

$Z_2\ U_j\ V_j\ Z_2$

usw., Allgemeiner: Ist man im Zustand Z_m und kommt innerhalb der Verhaltenssequenz zu einem Ereignis U_j, das gleich ist mit einem Ereignis U_i ($1 \leq i < j$), für das man schon eine Zeile

$Z_m\ U_i\ V_i\ Z_m$

hingeschrieben hat, während $V_j \neq V_i$, so ändert man die ebenfalls schon hingeschriebene Zeile

$Z_m\ U_{j-1}\ V_{j-1}\ Z_m$

um in

$Z_m\ U_{j-1}\ V_{j-1}\ Z_{m+1}$

und setzt fort mit

$Z_{m+1}\ U_j\ V_j\ Z_{m+1}$.

Ist man so schließlich bei $U_n \Rightarrow V_n$ angelangt, so hat man l verschiedene Zustände Z_j eingeführt. Nun fügt man für jeden Zustand Z_s aus {Z_1, ..., Z_l} und für jedes Ereignis U_r, für das man noch keine mit $Z_s\ U_r$ ... beginnende Zeile hingeschrieben hat, in die Maschinentafel eine Zeile der Form

$Z_s\ U_r\ V_j\ Z_i$

ein, wobei V_j beliebig aus {V_1, ..., V_n} und Z_i beliebig aus {Z_1, ..., Z_l} gewählt werden dürfen. Anschließend kann man die Maschinentafel noch beliebig ergänzen für die-

Dieses Ergebnis hat eine sehr wichtige Konsequenz: *Insofern* sich beobachtbares menschliches Verhalten und Handeln mit Hilfe der Alltagspsychologie beschreiben, erklären und vorhersagen läßt,[13] läßt sich das Verhalten und Handeln auch automatentheoretisch beschreiben und damit im Prinzip auf einem Computer simulieren.[14] Jede alltagspsychologische Beschreibung und Erklärung menschlichen Verhaltens läßt sich prinzipiell als Computerprogramm formulieren.[15] Es gibt keine Verhaltensweise, die wir alltagspsychologisch damit erklären, daß die betreffende Person "einen Geist hat", die nicht genauso gut naturalistisch erklärt werden könnte, nämlich zustande-

jenigen Ereignisse aus der Merkwelt des Systems, die in der ursprünglich zugrunde gelegten Verhaltenssequenz nicht vorkamen. Damit ist die Maschinentafel eines endlichen Automaten auf der Merkwelt als "Eingabealphabet" und dem Verhaltensrepertoire als "Ausgabealphabet" konstruiert, der die Ereignissequenz U_1, ..., U_n schrittweise in die Verhaltenssequenz V_1 ... V_n überführt. Außerdem zeigt der Beweis, daß es sogar abzählbar unendlich viele Automaten gibt, die dasselbe leisten.

13 Auch alle anderen nachfolgenden Überlegungen stehen unter der einschränkenden Voraussetzung, *daß die Alltagspsychologie eine im wesentlichen richtige und explanatorisch-prognostisch erfolgreiche Theorie ist.* Darüber aber läßt sich sehr wohl mit guten Gründen streiten. Doch soll diese Debatte hier nicht geführt werden; vgl. dazu auch H. Tetens, *Geist, Gehirn, Maschine – Philosophische Versuche über ihren Zusammenhang*, Stuttgart 1994.

14 Denn zu jedem endlichen Automaten gibt es eine speicherbeschränkte "universelle" Turingmaschine = Computer, die diesen Automaten simuliert. Simulation bedeutet dabei zunächst: Man kann die alltagspsychologische Beschreibung und Erklärung einer beobachteten Verhaltenssequenz als Computerprogramm schreiben (siehe die vorangegangene Fußnote), in einen Rechner eingeben. Gibt man nun in den Rechner auch noch eine Beschreibung bestimmter Ereignisse aus der "Merkwelt" der Person ein, so liefert der Rechner eine *Beschreibung*, wie sich die entsprechende Person verhalten wird. Ein Computer zeigt also selber nicht das Verhalten, das er simuliert. Das ist erst dann der Fall, wenn der Rechnermit bestimmten Sensoren und Effektoren geeignet verschaltet und rückgekoppelt ist. Der Rechner ist dann, kybernetisch gesprochen, ein Regler, der die Informationen der Sensoren möglicherweise über viele Zwischenschritte in Impulse für die Effektoren verarbeitet, so daß sich das Gesamtsystem zielgerecht und umweltbezogen verhält.

15 Strukturell ist nämlich jede alltagspsychologische Beschreibung und Erklärung menschlichen Verhaltens eine automatentheoretische Beschreibung. Das kann man auf folgende Weise einsehen: Ein in der alltagspsychologischen Erklärung benütztes Gesetz der Form

$$U_i \rightarrow (M_r \rightarrow M_j)$$

kann zunächst in eine unvollständige Zeile einer Maschinentafel

$$M_r\ U_i\ *\ M_j$$

umgeschrieben werden, ebenso ein alltagspsychologisches Gesetz der Form

$$U_m \rightarrow (M_l \rightarrow V_k)$$

in

$$M_l\ U_m\ V_k\ *.$$

gekommen durch rein physische Mechanismen eines entsprechenden Automaten. Im Verhalten finden wir also keinen Beweis für einen naturalistisch irreduziblen "immateriellen Geist". Kontraponiert besagt die These: Wenn es Grenzen für eine automatentheoretische Beschreibung und Erklärung menschlichen Verhaltens geben sollte, dann gibt es auch prinzipielle Grenzen einer alltagspsychologischen Beschreibung und Erklärung des Verhaltens. *Prinzipielle explanatorische Grenzen einer Computersimulation menschlichen Verhaltens wären zugleich Grenzen, dieses Verhalten alltagspsychologisch erklären zu können.*

Wir haben bisher nur über die prinzipielle Möglichkeit gesprochen, menschliches Verhalten automatentheoretisch zu beschreiben und zu erklären. Und es könnte inzwischen der falsche Eindruck geweckt worden sein, es sei sogar trivial, menschliches Verhalten auf einem Computer zu simulieren. Nur auf der prinzipiellen Ebene ist das der Fall. Diese Aufgabe technisch auch tatsächlich ins Werk zu setzen, ist alles andere als trivial, und warum das so ist, kann man schnell einsehen.

Betrachten wir, wie wir im Alltag eine Handlung beschreiben und erklären: Er friert, sieht, daß das Fenster geöffnet ist, und schließt es daraufhin. Damit sich diese triviale Alltagsverrichtung auf einem Roboter nachmachen läßt, muß das Verhalten viel detaillierter beschrieben werden. Ein Fenster zu schließen umfaßt viele Einzelschritte, etwa: an das Fenster herantreten, den Fenstergriff mit der Hand anfassen, das Fenster zudrücken, den Griff herumdrehen. Aber ist das schon detailliert genug beschrieben, um dieses Verhalten auf einem künstlichen Schaltnetz – denn darauf läuft diese Aufgabe hinaus – nachzumachen? Wohl kaum. Aber wie detailliert muß es beschrieben werden? Muß man es so detailliert beschreiben, daß man für die einzelnen Bewegungsorgane, für die Beine, Arme und Finger ihre raum-zeitliche Bahn in einem physikalischen Koordinatensystem angibt? Oder muß man vielleicht sogar die

Hat man zwei unvollständige Zeilen, die in den ersten beiden Positionen übereinstimmen, also zwei Zeilen der Form

$M_l\, U_m * M_j$

$M_l\, U_m\, V_k *$,

so ersetzt man sie durch die vollständige Zeile

$M_l\, U_m\, V_k\, M_j$.

In den verbleibenden unvollständigen Zeilen ersetzt man die Leerstellen beliebig durch die Beschreibung V_i einer Verhaltensweise aus dem Verhaltensrepertoire der Person bzw. durch die Beschreibung eines mentalen Zustandes, der der Person in der alltagspsychologischen Erklärung zugeschrieben wurde. Anschließend vervollständigt man das Ganze zu der Maschinentafel eines endlichen Automaten über der Merkwelt als Inputmenge, dem Verhaltensrepertoire als Outputmenge und den mentalen Zuständen als internen Zuständen des Automaten. Unser Satz zeigt also: *Jede konsistente alltagspsychologische Beschreibung und Erklärung einer beobachteten Verhaltenssequenz kann im Prinzip immer als Computerprogramm geschrieben werden.*

einzelnen Muskelbewegungen als raum-zeitliche Bahnen in einem Koordinatensystem beschreiben, ergänzt um eine genaue Beschreibung der Gehirnaktivitäten?

Jedenfalls steht die Künstliche Intelligenz vor der Augabe, zum Beispiel die einfache und kurze alltagspsychologische Beschreibung einer umweltbezogenen Verhaltenssequenz $U_1 \Rightarrow V_1 \Rightarrow U_2 \Rightarrow V_2$ in eine viel komplexere Beschreibung zu zerlegen. Ein Umweltereignis U wird analysiert als ein komplexes Ereignis, zusammengesetzt aus bestimmten "Elementarereignissen" U_{ij} aus einer Menge $\{U_1,\ldots,U_n\}$; das Verhalten V, mit dem die betreffende Person auf U antwortet, wird analysiert als zusammengesetzt aus gewissen Teilleistungen V_{ij} aus einer Menge $\{V_1,\ldots,V_m\}$ von "elementaren Verhaltensschritten". Außerdem kann es erforderlich sein, einen Übergang $U \Rightarrow V$ in der Zeitachse in mehrere zeitlich aufeinanderfolgende Einzelübergänge zu zerlegen. Das kann etwa folgendermaßen ausschauen:

$$\begin{array}{llllllllll}
U_1 & & \Rightarrow & V_1 & & \Rightarrow & U_2 & & \Rightarrow & V_2 \\
U_{11} & V_{11} & U_{12} & V_{12} & U_{13} & V_{13} & U_{14} & V_{14} & \ldots & \\
U_{21} & V_{21} & U_{22} & V_{22} & U_{23} & V_{23} & U_{24} & V_{24} & \ldots & \\
U_{31} \Rightarrow & V_{31} \Rightarrow & U_{32} \Rightarrow & V_{32} \Rightarrow & U_{33} \Rightarrow & V_{33} \Rightarrow & U_{34} \Rightarrow & V_{34} \Rightarrow & \ldots & \\
U_{41} & V_{41} & U_{42} & V_{42} & U_{43} & V_{43} & U_{44} & V_{44} & \ldots & \\
U_{51} & V_{51} & U_{52} & V_{52} & U_{53} & V_{53} & U_{54} & V_{54} & \ldots &
\end{array}$$

Um nun einmal die Terminologie der Informatik und Künstlichen Intelligenz zu benutzen, kann man die Übergänge

$$\begin{array}{lcl}
U_{1i} & & V_{1i} \\
U_{2i} & & V_{2i} \\
U_{3i} & & V_{3i} \\
 & \vdots & \\
 & \Rightarrow & \\
 & \vdots & \\
U_{ni} & & V_{mi}
\end{array}$$

als ein *Wort* $U_{1i}\,U_{2i}\,U_{3i}\ldots U_{ni}\,V_{1i}\,V_{2i}\,V_{3i}\ldots V_{mi}$ über dem Alphabet $\{U_1,\ldots,U_n, V_1,\ldots,V_m\}$ auffassen. Die Gesamtheit dieser Wörter bildet eine *formale Sprache* im Sinne der Informatik. Das Problem der Künstlichen Intelligenz läßt sich dann folgendermaßen beschreiben: *Zielgerichtet-umweltbezogenes Verhalten ist statt in der alltagspsychologischen Sprache in einer formalen Sprache L zu beschreiben.* Dabei müssen die L-Beschreibungen zwei Anforderungen erfüllen:

- sie müssen die Datenexplosion neuronaler Beschreibungen vermeiden;
- sie müssen als Programmiersprache formuliert werden können, so daß menschliches Verhalten auf tatsächlich technisch beherrschten künstlichen

Systemen (z.B. Computern) simuliert werden kann, obwohl diese Systeme ganz andere physikalische Eigenschaften aufweisen als menschliche Organismen.

Ersichtlich ist diese Aufgabe alles andere als trivial.

These II

Die eigentlich spannende Frage der Künstlichen Intelligenz lautet: *Wie stark darf sich eine Maschine in ihren physikalisch-chemischen Eigenschaften von einem menschlichen Organismus unterscheiden, ohne daß sich die Maschine deshalb anders verhält als ein Mensch?* Wie immer die Künstliche Intelligenz am Ende diese Frage beantworten wird, die Antwort verhält sich neutral zu den verschiedenen Philosophien des Geistes.

Daß menschliches Verhalten im Prinzip auf einer Maschine nachgemacht werden kann, sollte also nach These 1 eigentlich nicht überraschen. Spannend wird es in der Künstlichen Intelligenz erst mit einem anderen Problem. Stellen wir uns vor, die Künstliche Intelligenz käme zu dem Ergebnis, daß bestimmte menschliche Leistungen solange nicht auf einer Maschine nachgemacht werden können, solange eine solche Maschine nicht auch einen menschlichen Organismus getreu in seinen physikalisch-chemischen Eigenschaften kopiert. Dann hätte die Künstliche Intelligenz am Ende doch nur eine triviale Antwort auf die Frage geliefert, ob sich alle menschlichen Verhaltensleistungen auf einer Maschine erbringen lassen: Menschliche Verhaltensleistungen werden trivialerweise auf Maschinen realisiert, insofern ja ein menschlicher Organismus auch ein physisches System, eine biologische Maschinerie ist. Die eigentlich offene Frage der Künstlichen Intelligenz lautet also: *Wie stark darf sich eine Maschine in ihren physikalisch-chemischen Eigenschaften von einem menschlichen Organismus unterscheiden, ohne daß sich die Maschine deshalb anders verhält als ein Mensch?*

Wie immer die Künstliche Intelligenz die Leitfrage beantworten wird, sicher werden wir aus den Antworten biologisch Interessantes über uns erfahren. Aber sind die Antworten auch philosophisch interessant?

Angenommen, die Künstliche Intelligenz käme schließlich zu dem Resultat: *Eine Maschine kann sich nur dann so verhalten, wie sich ein Mensch verhält, weil er Geist hat, wenn die Maschine in ihren physikalischen Eigenschaften vollständig den physikalisch-chemischen Eigenschaften eines menschlichen Organismus gleicht, also insbesondere ein menschliches biologisches Gehirn besitzt.* Das aber bedeutete im Klartext: Nur ein Mensch kann sich so verhalten, wie sich Menschen verhalten.[16] Sollte sich dies am Ende bewahrheiten, so

16 Searle vertritt tatsächlich diese These, indem er die Frage zu beantworten versucht, inwiefern "Geisteszustände biologische Phänomene" sind. Allerdings glaubt Searle darauf eine apriorische Antwort geben zu können, ohne die empirische Forschung im einzelnen abwarten zu müssen, wenn er schreibt: *"Bei jedem Artefakt mit*

wäre das Ergebnis für die Ingenieure vermutlich eine herbe Enttäuschung, für uns Menschen jedoch sehr schmeichelhaft. Aber daraus würde nichts folgen, was wir nicht ohnehin schon über uns wüßten oder ohne die Künstliche Intelligenz wissen könnten. Zu den verschiedenen Theorien über den Geist und das Verhältnis des Mentalen zum Physischen verhielte sich dieses mögliche Ergebnis der Künstlichen Intelligenz vollkommen neutral.

Aber es sind noch zwei andere prinzipielle Einsichten der Künstlichen Intelligenz denkbar. Zum einen die Einsicht: *Es gibt Maschinen, die sich genauso wie Menschen verhalten, sich aber in ihren physikalisch-chemischen Eigenschaften erheblich von einem menschlichen Organismus unterscheiden.* Zum anderen die Einsicht: *Eine Maschine, die in ihren physikalisch-chemischen Eigenschaften stärker von einem menschlichen Organismus abweicht, als sich zwei menschliche Organismen voneinander unterscheiden, verhält sich in bestimmten Merkmalen auch deutlich anders, als sich ein Mensch typischerweise verhält.*

Erbrächte die Künstliche Intelligenz langfristig eines dieser beiden Ergebnisse, könnten wir daraus etwas über uns und den menschlichen Geist lernen? Nun, das hängt davon ab, ob wir sagen, die Maschinen tun vielleicht zwar so, als ob sie "Geist haben", haben aber in Wirklichkeit keine mentalen Zustände, oder ob wir glauben, den Maschinen "Geist" zusprechen zu müssen, weil sie sich mehr oder weniger "menschenähnlich" verhalten. Welche der beiden Alternativen gilt?

Die Frage ist naiv gestellt. Wir sind es, die den Maschinen mentale Zustände zuschreiben oder auch nicht. Betrachten wir einmal Maschinen, die sich zwar genauso verhalten, wie sich ein Mensch verhält, die sich aber erheblich von einem menschlichen Organismus unterscheiden. Als Beobachter dieser KI-Maschinen hätten wir nicht den geringsten Anlaß, ihnen keine mentalen Zustände zuzuschreiben. Aber zwingt uns das, von ihnen auch tatsächlich zu behaupten, sie hätten mentale Zustände?

Ein Ingenieur, der eine KI-Maschine konstruiert und baut, wird sich explizit um ein entsprechendes *internes kausales Design der Maschine* kümmern, damit sie sich so verhält, wie sich ein Mensch verhält. Aber muß er sich auch eigens darum kümmern, daß die Maschine interne Zustände hat, die mentalen Zuständen eines Menschen zumindest insofern ähneln, als auch die Maschinenzustände einen bestimmten repräsentationalen Gehalt oder gar einen bestimmten phänomenalen Gehalt für die Maschine haben? Die Situation ist

Geisteszuständen, die denen eines Menschen gleichkommen, würde es nicht allein ausreichen, daß es ein Computerprogramm ausführt. Vielmehr müßte das Artefakt über Kräfte verfügen, die denen des menschlichen Gehirns gleichkommen." Searle, *Geist, Hirn und Wissenschaft*, Frankfurt/M 1986, 40, (im Original kursiv). Diese These läßt sich aber nicht a priori begründen, wie Searle dies versucht. Es ist nicht ausgemacht, daß es nicht Maschinen geben könnte, die auch ohne ein biologisches Gehirn zu besitzen, alle Leistungen erbringen, die ein Mensch erbringen kann.

hier vergleichbar mit einem Ingenieur, der einen Antriebsmotor für Fahrzeuge entwirft. Der Ingenieur wird den Motor so auslegen, daß das Fahrzeug bestimmte Fahrleistungen damit erbringen kann. Daß ein solcher Motor in der Regel auch Geräusche erzeugt, ist ein unbeabsichtigter und für die Fahrleistungen zunächst kausal irrelevanter Nebeneffekt, den der Ingenieur an sich überhaupt nicht anstrebt. Man kann auch sagen: Motorengeräusche sind für die Fahrleistungen eines Fahrzeugs erst einmal ein kausal irrelevantes Epiphänomen. Sind aus der Perspektive eines Ingenieurs ein möglicher repräsentationaler und ein möglicher phänomenaler Gehalt der internen Maschinenzustände *kausal irrelevante Epiphänomene*?

Ein Ingenieur wird die Maschine so konstruieren, daß sie aufgrund ihrer physisch-kausalen Eigenschaften das Verhalten eines Menschen getreulich nachmacht. Wenn der Ingenieur den internen Zuständen der Maschine einen bestimmten repräsentationalen Gehalt verschaffen will, so wird er dies tun aufgrund der physisch-kausalen Eigenschaften der internen Zustände. Das gehört gewissermaßen zur Definition einer Maschine. Anders ausgedrückt: Aus der Perspektive der Künstlichen Intelligenz wird die Eigenschaft einer Maschine, Sachverhalte oder Objekte intern zu repräsentieren, expliziert und definiert über die kausale Rolle der internen Maschinenzustände für das Verhalten. Wie das geschehen kann, wollen wir hier nicht weiter verfolgen.[17]

Statt dessen wenden wir uns gleich der weiteren Eigenschaft zu, die wir alltagspsychologisch den mentalen Zuständen einer Person zuschreiben, nämlich daß sie von der Person in einer qualitativ besonderen Weise bewußt erlebt werden, daß sie für die Person einen phänomenalen Gehalt haben. Damit sind wir bei der Frage angelangt, in welchem Sinne Maschinen "Bewußtsein haben"?

Wer so fragt, tut in der Regel so, als ob völlig klar sei, was wir alltagspsychologisch meinen, wenn wir Personen "Bewußtsein" zuschreiben. Bei näherem Hinsehen aber stellt sich heraus: Es gibt gar keine klaren Kriterien und Regeln, nach denen wir von "Bewußtsein" reden, so daß dann nur noch nachzuprüfen wäre, ob Maschinen diese Kriterien erfüllen. Tatsächlich verwenden wir das alltagssychologische Vokabular viel diffuser, als wir gemeinhin annehmen. Sinn und Bedeutung des alltagspsychologischen Vokabulars sind nicht

17 Ich gehe im folgenden davon aus, daß sich der repräsentationale Gehalt mentaler Zustände über deren kausale Rolle definieren läßt, ohne das hier zu beweisen. Es gibt jedenfalls eine Reihe von wichtigen Vorschlägen hierzu in der Philosophie des Geistes. Auch ich habe anderswo vorgeschlagen, wie sich der Begriff der Repräsentation definieren läßt, indem man auf die kausale Rolle der internen Zustände für ein zielgerichtetes, umweltbezogenes Verhalten Bezug nimmt; vgl. dazu vor allem H. Tetens, "Repräsentation – Teleologisch verstanden – Eine systematische These", erscheint in: *Repräsentation und Modell. Formen der Welterkenntnis – Eine Ringvorlseung im Sommersemester 1992*, herausgegeben im Auftrag des Zentrums Philosophische Grundlagen der Wissenschaft von H. J. Sandkühler, Bremen 1993.

durchsichtig und liegen nicht auf der Hand.[18] Klar ist nur, daß wir das alltagspsychologische Vokabular in jedem Fall auf Menschen anwenden und daß dabei das von "außen" beobachtbare Verhalten und Handeln von Personen ein entscheidendes Kriterium ist. Wir sagen zum Beispiel nur dann von einer Person im Straßenverkehr, sie nehme ein heranfahrendes Auto bewußt wahr, wenn sich die Person auf eine charakteristische Weise verhält. Das ist so offensichtlich, daß ich es hier nicht weiter verfolgen muß. Aber gerade für die alltagspsychologische Rede von Bewußtsein verlangen wir noch ein ganz spezielles Verhalten. Für uns ist sich nämlich eine Person nur dann eines bestimmten inneren Zustandes (einer Empfindung, einer Wahrnehmung, eines Gedanken etc.) bewußt, wenn die Person *nicht-inferentiell* von diesen inneren Zuständen *selber berichtet*. "Nicht-inferentiell" meint dabei, daß die Person nicht selber erst aus anderen ihr zugänglichen Sachverhalten mühsam erschließen muß, daß sie sich in den betreffenden inneren Zuständen befindet. Vielmehr liegt es für sie so offensichtlich auf der Hand, daß sie in der Regel nicht einen Augenblick zögern oder nachdenken muß, um von sich wahrheitsgetreu berichten zu können, sie befinde sich in dem besagten inneren Zustand. Man kann geradezu sagen: Es gehört zur kausalen Rolle phänomenaler Bewußtseinszustände, daß eine Person nicht-inferentiell über sie berichten kann.

Nun haben wir angenommen, daß die KI-Maschinen in dieser Weise nicht-inferentiell über ihr "Innenleben" berichten. Sie sollten sich, so die Annahme, ja "äußerlich" genauso verhalten wie Menschen. Machen wir uns das an einem kleinen Gedankenexperiment deutlich: Stellen wir uns einen kybernetischen Roboter vor, also solche Maschinen, wie sie auch Valentin Braitenberg in seinem Buch "Künstliche Wesen" betrachtet.[19] Die Systeme treten über spezielle Sensoren mit ihrer Umwelt in Kontakt. Die Sensoren sind verschaltet mit einem internen neuronalen Netz, das, kybernetisch gesprochen, als Regler funktioniert. Mit diesem neuronalen Netz sind auch die Effektoren des Systems verschaltet. In dem neuronalen Netz werden die aus den Sensoren stammenden Informationen so in Impulse für die Effektoren des Systems umgearbeitet, daß sich das System mehr oder weniger zieladäquat den Veränderungen in seiner Umwelt anpassen kann. Nun könnte eine solche Maschine ohne weiteres mit speziellen Sensoren ausgestattet werden, die genau dann ansprechen, wenn in der Maschine selber irgendwelche funktionsstörenden Defekte auftreten. Diese speziellen Sensoren haben also dieselbe kausale Rolle wie unsere Schmerzrezeptoren. Die aus den Schmerzrezeptoren stammenden Informationen könnten im neuronalen Netz in ein Verhalten umgesetzt werden, das funktional dem Schmerzverhalten eines Menschen gleicht. Aufgrund der im neuronalen Netz eingebauten Lernalgorithmen könnte die Maschine "sozial"

18 Vgl. dazu auch H. Tetens, *Geist, Gehirn, Maschine – Philosophische Versuche über ihren Zusammenhang*, Stuttgart 1994.

19 Vgl. V. Braitenberg, *Künstliche Wesen – Verhalten kybernetischer Vehikel*, Wiesbaden/Braunschweig 1986.

erlernen, auf entsprechende Impulse seiner Schmerzrezeptoren unmittelbar mit Äußerungen wie "Ich habe jetzt Schmerzen" zu reagieren. Dabei werden diese Äußerungen wirklich nur dann kausal ausgelöst, wenn die "Schmerzrezeptoren" der Maschine "feuern". Äußert die Maschine, sie habe Schmerzen, "täuscht" sie sich nicht. Runden wir unser Gedankenexperiment durch die Annahme ab, wir Menschen würden auf die sprachlichen und nicht-sprachlichen "Schmerz"äußerungen der Maschine so reagieren, wie wir auf entsprechende Äußerungen eines Menschen reagieren. Wir würden also etwa nachsehen, was an der Maschine defekt ist, sie gegebenenfalls zu reparieren versuchen und so weiter und so fort.

Stellen wir jetzt noch einmal unsere Ausgangsfrage: Hat eine solche Maschine ein Schmerzbewußtsein im Sinne einer bewußten Empfindung? Beantworten wir zunächst eine schwächere Version der Frage. Würden wir bei einer solchen Maschine, wenn schon nicht von "Schmerzempfindungen", so doch von "Schmerzen" reden? Wenn wir in der Lage wären, Maschinen mit einem derart differenziertem Verhalten zu bauen, und wenn wir mit ihnen derart sozial umgingen, wie im Gedankenexperiment angedeutet, dann ist leicht vorstellbar, daß wir ohne zu zögern auch von den Schmerzen einer Maschine redeten. Und ähnlich würden wir wohl mit den übrigen alltagspsychologischen Begriffen verfahren. Nehmen wir nun einmal weiter an, diese Sprachpraxis hätte sich wohl etabliert und wäre bereits über einige Generationen hinweg tradiert worden. Und nun stellen wir uns einmal einen Zeitgenossen dieser zukünftigen technophilen Gesellschaft vor, wie er den Einwand vorbringt, den heutzutage viele Philosophen gegen mein Gedankenexperiment vorbringen werden. Der Einwand lautet: Die Maschine verhält sich zwar oft so, wie Menschen sich typischerweise verhalten. Gleichwohl aber hat sie gar keine Schmerzen, denn sie erlebt oder empfindet keine Schmerzen.

Zugegeben: Uns kommt ein solcher Einwand immer noch höchst plausibel vor. Aber wer diesen Einwand in einer Gesellschaft formuliert, die Roboter zu ihren Mitbürgern zählt, wird mit folgender Gegenfrage rechnen müssen: "Auf welchen Unterschied zwischen uns und den Robotern willst Du hinaus, wenn Du sagst, im Gegensatz zu den Robotern würden wir Schmerzen phänomenal bewußt erleben oder empfinden, für einen Roboter 'fühle' es sich nicht so wie für uns 'irgendwie an', wenn er sich in inneren Zuständen befindet, die funktional unseren Schmerzuständen gleichen."

Noch mehr in Verlegenheit geriete unser Philosoph, bedrängten ihn die Mitglieder unserer technophilen Gesellschaft mit der weiteren Frage: "Wenn es weder das durch interne Zustände verursachte Schmerzverhalten noch die übrige kausal-funktionale Rolle dieses Zustandes ist, worin die Roboter und wir uns voneinander unterscheiden, was bleibt zwischen uns und den Robotern an Unterschieden? Nun, die Roboter sind physikalisch-chemisch aus einem anderen Stoff gemacht als wir. Dieser Unterschied ist ja auch hinlänglich bekannt. Aber wenn Du diesen Unterschied nicht meinst, welchen meinst

Du dann?" Ich glaube, unser Philosoph wäre an dieser Stelle definitiv am Ende mit seinem Latein. Würde er nun sagen: "Nun, ich weiß unmittelbar, wie das ist, wie sich das anfühlt, Schmerzen zu haben oder einen Gedanken zu denken", könnte man ihn fragen: "Und wie ist das für Deinen Nachbarn, wie für eine Katze und wie für einen Roboter, Schmerzen zu haben? Fühlt sich das für diese Wesen anders an als für Dich? Woher weißt Du das?" Eigentlich müßte unser Philosoph antworten, daß er hier gar nichts wisse, "Wissen" sei hier wohl die falsche Kategorie. Er kann sagen: "Ich vermute, daß Schmerzen zu haben für mich so ähnlich ist wie für meinen Nachbar, für eine Katze schon ziemlich anders. Und wie das für einen Roboter ist, ob es in dem Roboter überhaupt etwas gibt, was mit meinem Erleben vergleichbar ist, halte ich für sehr unwahrscheinlich, jedenfalls übersteigt es mein Vorstellungsvermögen."

Aber worauf kann man sich mit einer solchen Antwort stützen? Wenn es sich dabei nicht einfach um eine leere Behauptung handelt,[20] bleibt doch nur das Verhalten und die Physiologie. Man kann sagen: "Ich vermute, daß Schmerzen zu empfinden für meinen Nachbarn so ähnlich ist wie für mich, während es für eine Katze schon ziemlich anders sein dürfte, weil mein Nachbar und ich uns wesentlich geringfügiger in unserem Verhalten und in den anatomisch-physiologischen Eigenschaften unserer Organismen voneinander unterscheiden, als wir uns gemeinsam in diesen Hinsichten von einer Katze unterscheiden."

Was ist die "Moral" aus unserem kleinen Gedankenexperiment? Nehmen wir wieder an, daß wir es in Zukunft mit Maschinen zu tun haben werden, die sich so verhalten, wie wir uns nach alltagspsychologischer Lesart verhalten, weil wir "Geist haben". Nehmen wir weiter an, es blieben aber mehr oder weniger erhebliche physikalisch-chemische Unterschiede zwischen uns und

20 Diese Möglichkeit sollte man sehr ernst nehmen. Ich bin nicht davon überzeugt, daß es sich bei der Rede von "phänomenalen Gehalt" interner Zustände und bei der Rede von "Qualia" nicht um Sprachkonstruktionen von Philosophen des Geistes handelt, die in Wirklichkeit leer sind, die weder etwas beschreiben noch irgendetwas an unseren inneren Zuständen erklären. Die Rede über "Qualia" und "phänomenales Erleben" wird meines Erachtens spätestens dann leer, wenn jemand folgendes behauptet: Es kann Systeme (Organismen) geben, die sich zwar weder im Verhalten noch in ihren physikalisch-chemischen Eigenschaften unterscheiden, aber für das eine System sind die inneren funktionalen Zustände mit einem "phänomenalen Erleben", einer spezifischen "Innenperspektive" verbunden, für das andere System aber nicht oder mit einem anderen phänomenalen Erleben. Wer so redet, öffnet völlig willkürlichen Behauptungen über das phänomenale Erleben Tür und Tor. Wie will man dann noch die Behauptung zurückweisen, auch ein Kieselstein empfinde Schmerzen, wenn jemand auf ihn tritt? Für die Rede von "Qualia" und "phänomenalen Erleben" gilt die Wittgensteinsche Devise: Kein Erleben und keine Unterschiede im Erleben ohne "äußere" Kriterien, die auf das Verhalten oder die Physiologie bezogen sind; vgl. weitere Einzelheiten in H. Tetens, *Geist, Gehirn, Maschine – Philosophische Versuche über ihren Zusammenhang*, Stuttgart 1994.

den Maschinen. Es ist offensichtlich deutlich geworden, daß so etwas eine ganz neuartige Situation wäre, auf die wir mit dem Vokabular der Alltagspsychologie gar nicht wirklich vorbereitet sind. Wir hätten hier verschiedene Möglichkeiten, auf diese neue durch die KI geschaffene Situation zu reagieren.

Die erste Möglichkeit: Da es zwischen uns und den Maschinen nur physiologische Unterschiede gibt, soll auch nur von diesen physiologischen Unterschieden in Zukunft geredet und auf die Rede vom "Erleben", auf die Rede, daß es sich für jeden Menschen auf eine "charakteristische Weise anfühlt", in bestimmten mentalen Zuständen zu sein, verzichtet werden.[21]

Man könnte auch darauf beharren, daß sich Maschinen bestenfalls so verhalten, als ob sie zum Beispiel Schmerzen haben, in Wirklichkeit jedoch keine bewußten Schmerzen empfinden. Wer diese Redeweise bevorzugt, müßte sich dann allerdings konsequenterweise auch zu der folgenden Behauptung entschließen: Bewußtsein ist ein für das Verhalten kausal irrelevantes Phänomen;[22] Bewußtsein tritt dann und nur dann auf, wenn bestimmte interne funktionale Zustände auf eine bestimmte physikalisch-chemische Weise in einem Organismus realisiert sind.

Es gibt meines Erachtens eine dritte Option. Man könnte auch behaupten, daß die Eigenschaft bestimmter innerer Zustände, jeweils von dem System bewußt erlebt zu werden, funktional durch ihre kausale Rolle zu definieren ist: Bewußtsein von einem inneren Zustand ist derjenige (wie auch immer realisierte) Zustand eines Systems oder Organismus, der kausal dafür verantwortlich ist, daß ein System oder eine Person nicht-inferentiell von dem inneren Zustand weiß und von ihm berichten kann. Wer diese Option wählt, sollte, wie unser Gedankenexperiment zeigt, allerdings auch prinzipiell manchen zukünftigen Maschinen die Eigenschaft "Bewußtsein zu haben" zu erkennen.[23]

21 Diese Position könnten sowohl Anhänger der *Geist-Gehirn-Identitätstheorie* vertreten, wonach mentale Zustände mit Gehirnzuständen identisch sind, also auch *eliminative Materialisten*, die leugnen, daß es überhaupt so etwas wie mentale Zustände gibt; zu den verschiedenen Positionen vgl. P. Bieri (Hrsg.), *Analytische Philosophie des Geistes*, Königsstein/Taunus 1981 und P. Churchland, *Matter and Consciousness – A Contemporary Introduction the Philosophy of Mind*, Cambridge, Mass./London 1988.

22 Diese Position könnten *Epiphänomenalisten* vertreten. Es entsteht die Frage, ob Bewußtsein sogar ein Epiphänomen sein könnte, also zwar eine physiologische Ursache hat, selber aber keine weiteren Wirkungen mehr zeitigt. Der Epiphänomenalismus ist kausalitätstheoretisch meines Erachtens jedoch unplausibel, behauptet er doch die Existenz von Phänomenen, die kausal nicht symmetrisch mit der übrigen Welt verknüpft sind, da Epiphänomene zwar Ursachen haben, selber aber keine Wirkungen mehr zeitigen. Daß es in der Welt kausale "Einbahnstraßen" oder "Sackgassen" gibt, leuchtet intuitiv nicht ein.

23 Diese Position könnten Anhänger des *Funktionalismus* vertreten, wonach mentale Zustände über ihre kausale Rolle definierte, also funktionale Zustände sind, die physikalisch auf verschiedenste Weise realisiert werden können.

Erst wenn man sich für eine der drei genannten oder noch eine andere Option entschieden hat, steht fest, ob Maschinen mentale Zustände haben oder nicht, oder besser, ob wir Maschinen mentale Zustände zuschreiben oder nicht. Und bevor das nicht feststeht, folgt aus den Resultaten der Künstlichen Intelligenz sowieso erst einmal gar nichts für oder wider eine naturalistische Deutung des Mentalen. Sich für oder gegen eine der Optionen zu entscheiden, heißt aber, sich jeweils auf die Seite einer der verschiedenen Versionen des Naturalismus oder Anti-Naturalismus zu schlagen.[24] Also werden die Resultate der Künstlichen Intelligenz für die Philosophie des Geistes erst dann wirklich relevant, wenn man schon unabhängig von der KI aus anderen Gründen Partei für oder gegen bestimmte Varianten des Naturalismus ergriffen hat. Und das heißt natürlich nichts anderes als: Die Resultate der Künstlichen Intelligenz verhalten sich zu den kontroversen Positionen in der Philosophie des Geistes indifferent und neutral.

24 Vgl. die Fußnoten 21 bis 23.

Die zwei Teilthesen des Funktionalismus

Geert Keil

Daß in der Philosophie, wie aus ihrem Kreise angemerkt worden ist, die halbe Wahrheit schon die ganze Unwahrheit sei, ist selbst nur die halbe Wahrheit. Zuweilen nämlich kommt es vor, daß eine philosophische Theorie, was man ihr auf den ersten Blick nicht ansieht, relativ sauber in zwei Teiltheorien zerfällt, von denen die eine falsch, die andere richtig ist.

Im folgenden werde ich die These vertreten, daß es sich eben so mit der *funktionalistischen Auffassung des Mentalen* verhält. Der Funktionalismus in der Philosophie des Geistes ist eine Theorie, die erstmals explizit in den 60er Jahren formuliert wurde; als Gründungsurkunden werden gemeinhin Aufsätze von Putnam und Fodor angesehen. Die funktionalistische Auffassung des Mentalen entwickelte sich schnell zur offiziellen Hintergrundmetaphysik der KI, denn sie ist auf das Computermodell geradezu zugeschnitten. In der Hardware/Software-Analogie findet der Funktionalismus nach wie vor seinen sinnfälligsten Ausdruck: der Geist stehe zum Gehirn in derselben Beziehung wie ein Computerprogramm zu der Hardware, in der es implementiert ist.

Der Funktionalismus versteht sich also zugleich als eine moderne, der Entwicklung der Informationswissenschaften Rechnung tragende Lösung für das Geist/Körper-Problem. Über den Slogan "What matters is function" läßt sich eine Verbindung zu einer philosophiegeschichtlichen Entwicklung herstellen, die man als Übergang von einer Substanzontologie zu einer Funktionsontologie beschrieben hat. Nicht mehr als von Dingen und Substanzen bevölkert habe man sich die Welt zu denken; an deren Stelle träten zunehmend Strukturen, Funktionen und Systeme. Es ist dieses ontologische "Klima", in dem Kybernetik, Systemtheorie und auch die Informatik entstanden und so prächtig gediehen sind. – Der Funktionalismus beansprucht, über eine *ontologisch neutrale* Beschreibungssprache des Mentalen zu verfügen, über eine Beschreibung zudem, die geistige Prozesse aus ihrer mysteriösen Sonderstellung befreit und sie in Kontinuität bringt zu Vorgängen, deren Natur wir gut zu verstehen glauben, nämlich zu abstrakten Berechnungsprozessen, wie sie in Computerprogrammen realisiert sind.

Mit der Definition des Menschen als *animal rationale* ist der Funktionalismus übrigens durchaus verträglich, nur kehrt er das Verhältnis zwischen *genus proximum* und *differentia specifica* um: Ist der Mensch für die Philosophische Anthropologie das vernünftige unter den Tieren, so ist er für den Funktionalismus das Tier unter den Vernunftwesen, d.h. dasjenige Wesen, dessen mentale Zustände kontingenterweise in biologischer "wetware" realisiert sind. Legitim können mentale Zuschreibungen auch jenseits unserer Spezies sein, weil ein mentaler Zustand zu sein nichts anderes *heiße* als eine bestimmte funktionale Rolle zu spielen. Nur deshalb kann Pylyshyn sagen: "computation *is* cognition", weil er die abstrakten Berechnungsprozesse, ob mental oder maschinal, nicht nur als irgendwie ähnlich, sondern als in Gehirnen und Computern buchstäblich gleich ansieht:

> "Given that computation and cognition can be viewed in these common abstract terms, there is no reason why computation ought to be treated as merely a metaphor for cognition, as opposed to a hypothesis about the literal nature of cognition".[1]

Wenn nämlich "computers and organisms are both physical systems whose behavior is correctly described as being governed by rules acting on symbolic representations", bleibe uns nichts anderes übrig als "the literal view of mental activity as computation".[2] – Längst haben sich verschiedene Versionen des Funktionalismus ausdifferenziert;[3] diese Komplikationen muß ich hier vernachlässigen.

Ich werde den Funktionalismus in der Philosophie des Geistes als eine Auffassung rekonstruieren, die in zwei Teilthesen zerfällt, nämlich *a)* in die These der Abstraktkeit mentaler Zustände, Prozesse oder Ereignisse und *b)* die These der multiplen Realisierbarkeit des Mentalen. These *a)* besagt, daß mentale Entitäten nicht die Identitätsbedingungen für konkrete physische Einzeldinge erfüllen können und deshalb ontologisch als abstrakte Gegenstände begriffen werden müssen. These *b)* besagt, daß mentale Zustände oder Prozesse auf vielfache Art und Weise und in verschiedener Hardware physisch realisiert sein können.

Da mir nun die Abstraktheitsthese im wesentlichen richtig zu sein scheint, die der multiplen Realisierbarkeit dagegen grundfalsch, muß es sich wohl um zwei voneinander unabhängige Thesen handeln. Tatsächlich haben beide Thesen wenig miteinander zu tun und es ist kaum zu verstehen, warum man in der Philosophie des Geistes und den Kognitionswissenschaften seit drei Jahr-

1 Z. Pylyshyn, "Computation and Cognition: Issues in the Foundations of Cognitive Science", *Behavioral and Brain Sciences*, 3, 1980, 111-132, hier: 114.

2 Z. Pylyshyn, "Computation and Cognition: Issues in the Foundations of Cognitive Science", *Behavioral and Brain Sciences*, 3, 1980, 111.

3 Für einen Überblick vgl. N. Block, "What is Functionalism?" und "Troubles with Functionalism", in: N. Block (Hrsg.), *Readings in Philosophy of Psychology*, Vol. 1, Cambridge, Mass. 1980, 171-184 und 268-305; H. Hastedt, *Das Leib Seele-Problem*, Frankfurt/M 1988, 142-164; W. Bechtel, *Philosophy of Mind. An Overview for Cognitive Science*, Hillsdale, N. J. 1988, 113-123.

zehnten ein Junktim zwischen ihnen herstellt, sie gar für *eine* kohärente These zu halten sich angewöhnt hat.

Die Abstraktheitsthese des Mentalen, um mit dieser zu beginnen, ist im wesentlichen eine ontologische These. Sie soll eine Antwort auf die Frage bieten, in welchem Sinne es das Mentale "gibt", d.h. auf welche Arten von Gegenständen wir uns beziehen, wenn wir über Mentales sprechen. Es ist klar, daß die Rede von "Gegenständen" hier in einem denkbar neutralen Sinne verstanden werden muß. Insbesondere dürfen wir nicht unser konkretistisches Alltagsverständnis von "Gegenstand" zugrundelegen, das schon einen gewissen physikalistischen *bias* enthält. Als Paradigma eines "Gegenstandes" gilt uns das konkrete, raumzeitlich ausgedehnte physische Einzelding; eben dieses Vorverständnis bedarf in Fragen der Ontologie der Suspension. Man mag zwar mit Gründen eine physikalistische Ontologie vertreten, man darf sie aber in der Philosophie nicht schon zum *Ausgangspunkt* ontologischer Diskussionen nehmen, will man nicht Fragen vorentscheiden, die es doch erst zu klären gilt.

Die ontologische Abstraktheitsthese des Mentalen muß sich, soweit ich sehe, an drei Fronten behaupten, nämlich gegenüber der *token-Identitätstheorie*, gegenüber dem *eliminativen Materialismus* und gegenüber dem *Instrumentalismus*. Die ersten beiden Frontstellungen liegen auf der Hand. Die token-Identitätstheorie (auch token-Physikalismus) behandelt mentale Ereignisse, Prozesse oder Zustände als konkrete Einzeldinge, von denen jedes einzelne mit einem physischen Zustand, Prozeß oder Ereignis identisch ist. Da etwas Konkretes und etwas Abstraktes nicht dieselben Identitätsbedingungen erfüllen können, müssen mentale Entitäten konkret sein, wenn sie mit physischen *tokens* identisch sein sollen. – Beim eliminativen Materialismus liegt der Fall noch klarer: hier wird aus dem Umstand, daß das Mentale nicht die Identitätsbedingungen für materielle Entitäten erfüllt, geschlossen, daß es das Mentale schlicht *nicht gibt*. Diejenigen Entitäten, auf die wir uns in unserem mentalistischen Idiom zu beziehen glauben, seien in der Welt nicht anzutreffen oder seien jedenfalls wissenschaftlich nicht respektabel. – Beide Positionen sind aber für unseren Zusammenhang nicht so interessant. Der eliminative Materialismus wird von KI-Theoretikern und Kognitionswissenschaftlern, die ja die antiphysikalistische "kognitive Wende" für einen Fortschritt halten, in der Regel abgelehnt. Der token-Identitätstheorie bringt man etwas mehr Sympathie entgegen, man kann aber wissenschaftlich nichts mit ihr anfangen, weil sie, wie auch ihre Proponenten zugestehen, keinen explanatorischen Nutzen hat. Am interessantesten ist die dritte Front, an der sich der Funktionalismus behaupten muß, denn diese wird in der Regel nicht als eine solche wahrgenommen. Die *instrumentalistische* Auffassung des Mentalen besagt, daß es sich bei der Zuschreibung mentaler Zustände um eine explanatorisch oder auch nur heuristisch fruchtbare Praxis handelt, die aber zu keinerlei ontologischen Verpflichtungen führt. Da nun der Protagonist des Instrumentalismus, Dan Dennett, zugleich die Abstraktheitsthese des Mentalen vertritt, liegt die

Einschätzung nahe, daß die instrumentalistische Auffassung eine Spielart des Funktionalismus ist: mentale Zustände seien abstrakte funktionale Zustände, denen es aus eben diesem Grunde an ontologischer Dignität gebricht. Wir arbeiteten zwar in der Wissenschaft mit ihnen und dies auch sehr erfolgreich, aber sie seien doch irgendwie weniger respektabel als konkrete physische Gegenstände. Der Funktionalismus des Mentalen versteht sich selbst als die Auffassung, daß man mentalistische Begriffe und Erklärungen verwenden könne, ohne damit spezielle ontologische Verpflichtungen bezüglich der physischen Realisierung des Mentalen einzugehen.[4]

Mit dieser eher programmatischen Darstellung ist der Funktionalismus lange genug durchgekommen; nun sollte man einmal etwas genauer hinsehen. Es ist schwer zu sehen, warum die Abstraktheitsthese des Mentalen selbst schon die ontologische Zweitrangigkeit sowie die These der multiplen Realisierbarkeit des Mentalen legitimieren sollte. Ich möchte behaupten, daß Funktionalisten sich selten Rechenschaft darüber abgelegt haben, was die Rede von der Abstraktheit eigentlich besagt, und daß sie sich insbesondere nicht bemüht haben, ihre Auffassung an die philosophische Diskussion über den ontologischen Status abstrakter Gegenstände anzuschließen. So hat sich unter der Hand die Praxis etabliert, es mit den Anwendungsbedingungen abstrakter Prädikate nicht so genau zu nehmen. Sobald man in den Kognitionswissenschaften mit abstrakten Prädikaten arbeitet, die für "theoretische Entitäten" stehen, scheint plötzlich die große Beliebigkeit auszubrechen; man rechnet in diesem Bereich einfach nicht mit klaren Identitätsbedingungen, wobei man *eben durch* den Hinweis auf die Abstraktheit Dispens von unangenehmen ontologischen Fragen zu erhalten glaubt. Für diese Nonchalance ist eben die Weigerung der meisten Funktionalisten verantwortlich, ihre Theorie als Konjunktion zweier Teilthesen wahrzunehmen. Man glaubt, mit dem funktionalistischen Credo "what matters is function" auszukommen. Um die weitreichenden Behauptungen des Funktionalismus zu begründen, bräuchte man aber *zusätzliche* Argumente für die instrumentalistische Auffassung oder für die der multiplen Realisierbarkeit des Mentalen.

Haben abstrakte Gegenstände, etwa die propositionalen Einstellungen als die paradigmatisch mentalen Entitäten,[5] grundsätzlich unklare Identitätsbe-

4 Exemplarisch Chomsky: "I have been using mentalistic terminology quite freely, but entirely without prejudice as to the question of what may be the physical realization of the abstract mechanisms postulated to account for the phenomena of behavior or the acquisition of knowledge" (N. Chomsky, *Language and Mind*, New York 1968, 83).

5 Den paradigmatischen Status der propositionalen Einstellungen (*glauben, daß x; hoffen, daß x; beabsichtigen, daß x*, etc.) begründe ich hier nicht. Ich schließe mich hier einer weitverbreiteten Auffassung in der neueren Philosophie des Geistes an. Vgl. etwa D. Davidson, "Mental Events", in: D. Davidson, *Essays on Actions and Events*, Oxford 1980, 207-225, hier: 210f.

dingungen? Dies behauptet Dennett: "Beliefs have a less secure position in a critical scientific ontology than, say, electrones or genes".[6] Warum?

Soviel ist klar: wenn man Überzeugungen, Meinungen, Absichten, Wünsche an den Identitätsbedingungen für konkrete physische Einzeldinge mißt, können sie nur verlieren. Die Privilegierung einer bestimmten Klasse von Entitäten kommt aber ontologisch einer *petitio* gleich. Vernünftigerweise wird man also die propositionalen Einstellungen zunächst mit *anderen abstrakten Gegenständen* vergleichen, die in respektablen Naturwissenschaften etabliert sind. Dies tun sowohl Dennett als auch Fodor. Solche approbierten abstrakten Gegenstände sind etwa Zahlen, Klassen und Relationen. Was Zahlen, Klassen und Relationen auch immer sein mögen, sie sind jedenfalls etwas, womit in derjenigen Wissenschaft, die physikalistische Ontologien sich gerne zum Vorbild nehmen, nämlich in der Physik, bevorzugt operiert wird. Nun sieht aber Jerry Fodor, der im Unterschied zu Dennett eine dezidiert realistische Auffassung mentaler (oder intentionaler[7]) Zustände vertritt, auch auf dieser Vergleichsbasis noch eine Asymmetrie zwischen intentionalen Zuständen und den abstrakten Gegenständen in der Physik. Fodor nimmt an

> "that sooner or later the physicists will complete the catalogue they've been compiling of the ultimate and irreducible properties of things. When they do, the likes of *spin*, *charm*, and *charge* will perhaps appear upon their list. But *aboutness* surely won't; intentionality simply doesn't go that deep".[8]

Welche Gründe lassen sich dafür anführen? Inwiefern haben mentale Zustände unklarere Identitätsbedingungen als die abstrakten oder theoretischen Entitäten, mit denen die Naturwissenschaften operieren?

Mentale Zustände sind in unserer Alltagspsychologie grundsätzlich semantisch individuiert, d.h. über die Angabe ihrer propositionalen Gehalte. Meine Überzeugung, daß p, ist mit jemand anderes Überzeugung, daß q, genau dann identisch, wenn p und q gleichbedeutend (intensionsgleich, ineinander übersetzbar) sind. Als Argument gegen die Respektabilität dieser Identitätsbedingung wird nun, so auch von Dennett,[9] die These der *Unbestimmtheit* oder *Unterbestimmtheit* semantischer Gehalte angeführt. Diese auf Quine zurückgehende These besagt, daß durch das Vorliegen eines bestimmten physischen oder behavioralen Zustandes nicht eindeutig determiniert sei, in welchem

6 D. Dennett, *The Intentional Stance*, Cambridge, Mass./London 1987, 117.

7 "Mental" und "intentional" verwende ich austauschbar, weil ich der Brentano-These anhänge, daß wir Intentionalität als Definiens des Mentalen ansehen sollten. Diese These betrachte ich ausdrücklich als *Definition* des Mentalen, weshalb mich mögliche Gegenbeispiele nicht überzeugen. Wenn wir überhaupt einen über unser vages Alltagsverständnis hinausgehenden Begriff des Mentalen haben wollen, scheint mir die Brentano-These der beste Kandidat.

8 J. A. Fodor, *Psychosemantics*, Cambridge, Mass./London 1987, 97.

9 Vgl. D. Dennett, *The Intentional Stance*, Cambridge, Mass./London 1987, 40-42.

mentalen oder semantischen Zustand sich eine Person befindet. Ein und derselbe physische Zustand sei mit der Zuschreibung verschiedener, gar unvereinbarer Überzeugungen verträglich. Dennett und andere folgern daraus, daß die Frage, ob sich unsere Überzeugungen und Wünsche wirklich auf *ganz bestimmte* Weltzustände richten, oft schlicht gegenstandslos sei: "I'd like some baked beans, please." – "Yes sir. How many?"[10] In solchen Fällen gebe es einfach "no fact of the matter", der fragliche Wunsch habe keinen exakt bestimmbaren Gehalt.

Aber kann dies ein Grund dafür sein, daß mentale Zustände wissenschaftlich keine respektablen Entitäten sind? Könnte es nicht einfach sein, daß Dennett unangemessene Identitätsbedingungen in Anschlag bringt? Wiederum ist die Analogie mit anderen abstrakten Prädikaten hilfreich. Fred Dretske fragt sich, ob es eigentlich gerechtfertigt sei zu sagen, sein Körpergewicht betrüge 162 Pfund:

> "Must a strong realist about weight (a perfectly respectable relational property, as far as I can see) think there is a fact of the matter about whether I weigh 162.0000001 pounds? Why? *People* don't have weights at *that* level of precision any more than mountains have heights measurable in Ångströms. [...] J. L. Austin [...] was surely right: It would be silly to hedge one's realism about dreams, numbers, and thoughts *simply* because they lack the properties of ordinary dry goods".[11]

Ich neige dazu, diese Replik überzeugend zu finden. Dennett scheint ab und zu ähnliche Einsichten zu haben. In seinen jüngeren Arbeiten bedauert er überzogen instrumentalistische Formulierungen als "tactical error" und stellt mentale Zustände ontologisch auf dieselbe Stufe wie etwa Gravitationszentren in der Physik:

> "My *ism* is whatever *ism* serious realists adopt with regard to centers of gravity and the like, since I think beliefs (and some other mental items drawn from folk psychology) are *like that* – in being *abstracta* rather than part of the 'furniture of the physical world' [...]".[12]

Selten war Dennett der Wahrheit so nahe wie hier. Hätte er es damit bewenden lassen, könnte man zufrieden sein. Leider fährt er fort: "[...] attributed in statements that are *true* only if we exempt them from a certain familiar standard of literality", zu verstehen also "*with a grain of salt*".[13] – Mit diesem Vorbehalt ist nun alles wieder verspielt. Aus welchem Grunde sollten abstrakte

10 D. Dennett, *The Intentional Stance*, Cambridge, Mass./London 1987, 20.

11 F. Dretske, "The stance stance", *Behavioral and Brain Sciences*, 11, 1988, 511f, hier 511.

12 D. Dennett, *The Intentional Stance*, Cambridge, Mass./London 1987, 72.

13 D. Dennett, *The Intentional Stance*, Cambridge, Mass./London 1987, 72f.

Prädikate nicht wörtlich und realistisch zugeschrieben werden können, sondern nur *cum grano salis*? Dennett vermischt hier zwei Unterscheidungen, die beide wichtig, aber eben unabhängig voneinander sind. Die eine ist die zwischen abstrakten und konkreten Gegenständen, die andere die zwischen wörtlichen (realistischen) und instrumentalistischen (heuristischen? metaphorischen?) Zuschreibungen. Es ist überhaupt nicht zu sehen, warum abstrakte Prädikate nicht wörtlich zugeschrieben werden können sollen. Gerade *weil* mentale Prädikate abstrakt sind, können wir sie dem menschlichen Geist wörtlich zuschreiben und diese Zuschreibung realistisch verstehen. Wiederum gilt dasselbe für andere abstrakte Gegenstände: eben weil die Zahl sieben ein abstrakter Gegenstand ist, ist sie *wirklich* eine Primzahl und nicht bloß metaphorisch oder cum grano salis. Eben weil Gravitationszentren abstrakte Gegenstände sind, können sie wirklich mit dem ausdehnungslosen Mittelpunkt eines Körpers, einem physikalischen Konstrukt, zusammenfallen und nicht bloß cum grano salis.

Diese Verwechslung ist es aber, die regelmäßig für den funktionalistischen Kurzschluß von Abstraktheit und multipler Realisierbarkeit des Mentalen verantwortlich ist. Eben *weil* es sich ja "bloß" um abstrakte, funktionale Charakterisierungen handele, glaubt man sie jeder Art von System in gleichem Sinne zuschreiben zu können. – Searle macht übrigens, eine Gegenposition vertretend, einen komplementären Fehler. Er bindet die wörtliche Zuschreibbarkeit intentionaler Zustände an deren *Konkretheit* und läßt damit ebenfalls die beiden genannten Unterscheidungen zusammenfallen.

Genug der Kritik. Was wäre die Alternative?

Nehmen wir an, daß die propositionalen Einstellungen, als Paradigmen des Mentalen, abstrakte Gegenstände sind, mit denen wir in unseren alltagspsychologischen und kognitionswissenschaftlichen Theorien ohne instrumentalistischen Vorbehalt operieren können. Dann kann man weiter fragen: welche Art von abstrakten Gegenständen? Der nächstliegende Vorschlag lautet – und ich bin phantasielos genug, hier nach dem Nächstliegenden zu greifen: sie sind *Relationen*, Relationen zwischen Personen und propositionalen Gehalten. Eine Person, die etwas glaubt, beabsichtigt, vermutet, hofft, steht in Beziehung zu einer Proposition, in einer Beziehung des Fürwahrhaltens, Beabsichtigens etc.

Handelt es sich nun bei dieser Relation, die Theoretiker der Intentionalität als ein "sich-Richten-auf" beschrieben haben, um eine 'normale' Relation wie etwa das Größenverhältnis zwischen zwei Bergen? Nein, intentionale Beziehungen weisen eine Eigentümlichkeit auf. Sie besteht darin, daß das zweite Relatum, der intentionale Gegenstand, offenbar in der physischen Welt gar nicht existieren muß. Ich kann etwa den Gewinn eines Pokals anstreben, obwohl dieser Pokal überhaupt nicht mehr existiert, weil er versehentlich eingeschmolzen wurde. Meinem Streben tut das keinen Abbruch. Was aber ist das für eine Relation, deren eines Relatum gar nicht existiert? Ein naheliegender Ausweg, den Brentano verschiedentlich erwogen und wieder verworfen und den Husserl dann gewählt hat, besteht in der Annahme, daß es sich bei dem Gegenstand meines Strebens, Hoffens, Fürchtens gar nicht um den realen Gegenstand handelt, sondern um einen bloß gedachten, bloß vorgestellten Gegenstand, um einen *intentionalen* Gegenstand eben. Dieser Ausweg ist aber ein Holzweg, weil sich dann sofort die Anschlußfrage stellt, wie denn dann die Beziehung zwischen dem vorgestellten Gegenstand und dem, *wovon* er eine Vorstellung ist, beschaffen sei. Diese Frage ist aber vom gleichen Typ wie die Ausgangsfrage und man hat sich ein Iterationsproblem eingefangen. *Irgendetwas* da draußen in der Welt sollte es doch geben, worauf sich unsere intentionalen Zustände richten. Da wir uns aber in diesem Irgendetwas immer wieder täuschen können, kann es sich nicht um ein Richten nach dem Modell des physischen Gerichtetseins handeln, wie etwa ein Pfeil auf eine Zielscheibe gerichtet ist.

Für das Problem der Intentionalität gibt es in der Philosophie des Geistes zahlreiche Lösungsvorschläge. Zu einer überzeugenden Lösung gehört m.E. das (allerdings noch nicht hinreichende) Zugeständnis, daß das 'Objekt' eines mentalen Gerichtetseins tatsächlich kein konkretes physisches Einzelding ist – selbst dort nicht, wo uns die Umgangssprache Gegenteiliges vermuten läßt. Tatsächlich strebe ich nicht den Pokal an, sondern *daß ich ihn in Händen halte*, hoffe nicht auf den Nikolaus, sondern *daß er kommen möge*, fürchte nicht Krankheit noch Tod, sondern *daß sie eintreten* usw. Ich plädiere also mit Peter Geach[14] dafür, die intentionalen Gegenstände grundsätzlich als Propositionen aufzufassen, d.h. auch die nominalen Einstellungen auf propositionale Einstellungen zurückzuführen.

Ich breche die Suche danach, was propositionale Einstellungen als Paradigmen mentaler Entitäten denn nun 'wirklich' sind, an dieser Stelle ab, denn mir ging es vornehmlich darum, zu zeigen, was sie jedenfalls *nicht* sind, nämlich physische Einzeldinge. Wenn aber etwas kein physisches Einzelding ist, folgt daraus nicht, daß es überhaupt nichts ist. Ebensowenig folgt daraus allerdings, daß wir mit verschiedenen Arten des Existierens oder mit verschiedenen Bedeutungen des Wortes "existieren" rechnen müssen. Diese Konsequenz haben zwar manche Philosophen gezogen: "Es ist durchaus zulässig, in einem gewissen logischen Ton zu sagen, Geister existierten, und dann wieder in einem anderen logischen Ton zu sagen, Körper existierten";[15] doch ist diese Konsequenz nicht zwingend. In der neueren philosophischen Ontologie hat sich eher die Auffassung durchgesetzt, den Begriff des Existierens in Ruhe zu lassen, ihn also univok zu verwenden, und den ontologischen Unterschieden, an denen uns gelegen ist, durch die Annahme verschiedener *Arten von Gegen-*

14 P. Geach, "Teleological Explanation", in: St. Körner (Hrsg.), *Explanation*, Oxford 1975, 76-95.

15 G. Ryle, *Der Begriff des Geistes*, 1949, Stuttgart 1969, 23.

ständen und dementsprechend unterschiedlicher Identitätsbedingungen Rechnung zu tragen.

Abstrakte Gegenstände wie Relationen und Propositionen haben andere Identitätsbedingungen als konkrete Einzeldinge. Sie sind möglicherweise nicht lokalisierbar, was aber nicht bedeutet, daß sie nicht 'in der Welt' sind. Wissenschaftlich suspekt klingt die Rede von abstrakten "Gegenständen" nur deshalb, weil wir uns an ein konkretistisches Ontologieverständnis gewöhnt haben. Was es gibt, sind der communis opinio zufolge konkrete physische Dinge, und die Welt der physischen Dinge ist ontologisch geschlossen, in ihr ist nirgends ein Plätzchen frei für abstrakte Gegenstände. Aber abstrakte Gegenstände *brauchen* keinen Platz in der Körperwelt. Mentale Entitäten wie propositionale Einstellungen gehören der intelligiblen Welt an. Dies ist nicht mysteriöser als der Umstand, daß etwa Zahlen keinen Platz in der Körperwelt brauchen.

Eine der berühmtesten ontologischen Thesen in der neueren Philosophiegeschichte ist die Sentenz von Quine: *Sein heißt der Wert einer gebundenen Variable sein.* Ein Gegenstand existiert dieser Auffassung zufolge genau dann, wenn wir – in unseren besten wissenschaftlichen Theorien, wie man im Falle von Quine hinzufügen muß – über ihn quantifizieren. Ich plädiere dafür, diesen Satz sehr ernstzunehmen. Man sollte ihn noch ernster nehmen als Quine selbst ihn nimmt. Da wir nämlich in unseren besten psychologischen und kognitionswissenschaftlichen Theorien zweifellos über diverse mentale Entitäten wie etwa propositionale Einstellungen quantifizieren, *gibt* es diese Entitäten, und es macht schlicht keinen Sinn, noch einmal nachzugrübeln, ob es sie auch "wirklich" gibt. Denn dies ist ja gerade die Pointe der Quine'schen Formulierung: existieren *heißt* nichts anderes als gebundene Variablenstellen in Behauptungssätzen ausfüllen zu können. Und die ontologischen Bauchschmerzen, die viele mit der Behauptung haben, daß der Geist existiere, sollten nicht dazu führen, daß wir in unseren schwachen Stunden mit dem eliminativen Materialismus sympathisieren. Dieses Unwohlsein kann völlig aufgefangen werden durch die Unterscheidung zwischen abstrakten und konkreten Gegenständen. Nur im Rahmen einer physikalistischen und konkretistischen Ontologie, d.h. im Rahmen einer Ontologie, die ausschließlich konkrete physische Einzeldinge zuläßt, laufen eine abstrakte Auffassung des Intentionalen und der Eliminativismus auf dasselbe hinaus. Wir brauchen also gar keinen Antiszientismus zu vertreten, um das Mentale zu retten; ein Anti*physikalismus*, der seine Lektion aus der Pluralität der Einzelwissenschaften gelernt hat, reicht völlig aus.[16]

16 Zwei unterstützende Voten zur (kognitions)wissenschaftlichen Respektabilität des mentalistischen Idioms: "[W]e should view postulating mental states to account for intentional phenomena as on a par with developing a theory in physics. The measure of adequacy of a mentalistic theory will be whether it serves our scientific purposes (e.g., explaining behavior). If it turns out that treating humans as having

Bei allem Platonismus bezüglich der Existenz abstrakter Gegenstände ist es legitim, zugleich einen gewissen Primat des Physischen hochzuhalten. Dieser Primat steckt schon im Begriff des Abstraktseins; abstrakte Gegenstände sind von der Körperwelt *abstrahiert* und deshalb in gewisser Weise von ihr abhängig. Zumindest einige abstrakte Gegenstände sind ontologisch nicht subsistent, sondern ontologisch *supervenient*. Supervenienz bedeutet, daß es unmöglich ist, daß in der Welt abstrakter Gegenstände irgendetwas anders wäre als es tatsächlich ist, ohne daß auch in der physischen Welt etwas anders wäre. Relationen beispielsweise sind ontologisch supervenient gegenüber den Gegenständen, zwischen denen sie bestehen. Ihrer Existenz tut das keinen Abbruch, sie wird eben durch das Supervenienzverhältnis gesichert. Die Relation des Größer- oder Kleinerseins zwischen zwei Bergen ist genau dann 'in der Welt', wenn die beiden Berge in der Welt sind. So ist es auch mit dem Mentalen. Es ist in der Welt keine mentale Differenz denkbar, der nicht eine physische entspräche; oder, auf der Zeitachse formuliert, es ist nicht möglich, daß sich etwas Mentales *ändert*, ohne daß sich zugleich etwas Physisches ändert. Eine einflußreiche Formulierung dieses Prinzips stammt von dem amerikanischen Philosophen Donald Davidson.[17]

Nun gibt es in der Philosophie die alten Etiketten Monismus und Dualismus, wobei die ontologischen Dualisten heute meistens als die Bösen gelten, als diejenigen, die von der *res cogitans* nicht lassen können, als die verstockten Gegner der naturwissenschaftlichen Aufklärung. Ist, wer von der Existenz des Mentalen spricht, ontologischer Dualist? Läßt er den Geist als körperloses Gespenst auf einer psychischen Geheimbühne agieren? Ich denke, daß diese unnötige und auch etwas angejahrte Polemik zurückgewiesen werden kann, wenn wir mentale Zustände konsequent als abstrakte Gegenstände auffassen. Es kann dann nämlich keine Rede mehr davon sein, daß wir allein, weil wir uns gegen eine materialistische Lösung des Geist/Materie-Problems sträuben, ad hoc eine neue Kategorie von Gegenständen einführten wie die cartesische res cogitans. Nein, abstrakte Gegenstände brauchen wir in der Wissenschaft *ohnehin*, in *jeder* Wissenschaft. Die ontologische Differenz zwischen mentalen und physischen Gegenständen ist nur ein *Sonderfall* des Dualismus von abstrakten und konkreten Gegenständen. Da solche "Dualisten" heute weniger denn je naturwissenschaftlich unaufgeklärte Hinterwäldler sind, sollten wir

intentional states facilitates these ends, then countenancing such states will accord well with adopting a scientific attitude" (W. Bechtel, *Philosophy of Mind. An Overview for Cognitive Science*, Hillsdale, N. J. 1988, 52). – "[P]sychology makes use of interpreted that-clauses and other intensional constructions – or what we might loosely call 'intentional content'. I have seen no sound reason to believe that this use is merely heuristic, instrumentalistic, or second class in any other sense" (T. Burge, "Individualism and Psychology", *Philosophical Review*, 95, 1986, 3-45, hier: 8).

17 D. Davidson, "Mental Events", in: D. Davidson, *Essays on Actions and Events*, Oxford 1980, 207-225.

uns an der polemischen Stilisierung dieser Front nicht mehr beteiligen. Die alten Etiketten Monismus und Dualismus reichen einfach nicht mehr aus, hier noch interessante Positionen zu markieren.

Soviel zur ersten Teilthese des Funktionalismus, der Abstraktheitsthese des Mentalen. Nichts an dieser These weist, soweit ich sehe, auf eine notwendige Verbindung mit der Auffassung von der multiplen Realisierbarkeit hin. Der These der multiplen Realisierbarkeit (TmR) zufolge sind intentionale Zustände speziesindifferent. Sie werden mit "abstrakten funktionalen" Zuständen eines Computerprogramms verglichen, das in verschiedenartiger Hardware implementiert sein kann. Unser Bedürfnis, den Geist für uns zu behalten, sei nichts weiter als ein Ausdruck des menschlichen Artenchauvinismus.

Die TmR steht in enger Verbindung mit der instrumentalistischen These, daß die Zuschreibung mentaler Zustände genau dann gerechtfertigt ist, wenn sie einen Erklärungswert, d.h. prognostische Kraft hat. Wenn die Zuschreibung mentaler Zustände die Voraussage des Systemverhaltens erleichtert oder erst ermöglicht, gibt es Dennett zufolge *no fact of the matter*, ob das betreffende System denn auch "wirklich" solche Zustände hat. Diese Frage habe keinen klaren Sinn, und dies gelte, so Dennetts Pointe, *auch für die intentionalen Zustände von Personen*. Auch uns selbst gegenüber nehmen wir – immens erfolgreich – den "intentionalen Standpunkt" ein, ohne uns darauf zu verpflichten, daß wir "wirklich" solche Zustände haben. Dennett behauptet, daß "any *system* whose behavior is well predicted by this strategy is in the fullest sense of the word a believer".[18] Die intentionale Strategie sei genau dann gerechtfertigt, wenn sie funktioniert, und dies gelte gleichermaßen für alle intentionalen Systeme, seien es Personen, Computer, Marsmenschen oder Thermostaten. Die Pointe von Dennetts Instrumentalismus besteht also darin, daß er die Differenz von 'echter', intrinsischer Intentionalität und abgeleiteter oder bloß zugeschriebener Intentionalität überhaupt einzieht.

Im folgenden greife ich ausschließlich *diese* Version der TmR an, in der die "abstrakte" und "funktionale" Charakterisierung des Mentalen mit der Ununterscheidbarkeitsthese von 'echter' und 'bloß zugeschriebener' Intentionalität verbunden wird. Erst durch die Behauptung, daß mentale Zustände Personen und Computern *in gleicher Weise* zukommen, erhält die TmR ja ihren provokativen Gehalt.

Bezüglich dieser These beschränke ich mich auf ein einziges Argument.[19] Ich möchte behaupten, daß der Grundgedanke des Instrumentalismus selbst schon den Keim zur Zerstörung der Ununterscheidbarkeitsthese enthält.

Ein intentionales System zu sein heiße ein System zu sein, dessen Verhalten durch die Einnahme des intentionalen Standpunkts erfolgreich vorausge-

18 D. Dennett, *The Intentional Stance*, Cambridge, Mass./London 1987, 15.

19 Für eine weitere Auseinandersetzung mit Dennetts Instrumentalismus vgl. G. Keil, *Kritik des Naturalismus*, Berlin/New York 1993, 333ff.

sagt werden kann. Ohne intentionalen Standpunkt also keine Intentionalität. Intentionale Zustände, so Dennett, würden daher sofort aus der Welt verschwinden "if some day we ceased to *treat* anything [...] as an Intentional system".[20] – Diese Überlegung enthält aber einen Fehler, denn Dennett hat vergessen, das "wir", welches Systeme als intentionale behandelt oder es bleiben läßt, ebenfalls zu eliminieren.[21] Die *Einnahme* des intentionalen Standpunktes ist ja *selbst schon* ein intentionaler Akt, der Überzeugungen, Erwartungen und Entscheidungen auf der Seite desjenigen erfordert, der die intentionale Strategie anwendet. In der Zuschreibung oder der Aberkennung von Intentionalität ist daher die Intentionalität des Zuschreibenden schon vorausgesetzt. In dieser notwendigen Unterstellung von Intentionalität auf der Interpretenseite hat der Instrumentalismus seinen blinden Fleck. Dazu Joseph Margolis: "In short, we ourselves are the paradigms of intentional systems, and, as such, we are unjustified, in the absence of a successful reduction of intentionality, to deny that our own psychological states are real enough".[22]

Damit die metaphysische Ortlosigkeit der Intentionalität erwiesen würde, müßte nicht nur *eine* Art von intentionalen Systemen aufhören, eine andere Art von Systemen als intentionale zu behandeln, sondern es müßte Intentionalität überhaupt aus der Welt verschwinden. Dies wäre aber ein *eliminatives* Programm, für das man unabhängig argumentieren müßte.

Man wird daher den Verdacht nicht los, daß sich hinter dem Bestehen auf dem bloß instrumentellen oder heuristischen Charakter mentaler Zuschreibungen doch ein unausgewiesener physikalistischer *bias* verbirgt. Dieser bias ist aber umso weniger gerechtfertigt, je exklusiver er sich gegen mentale Zustände richtet und nicht zugleich gegen alle abstrakten Entitäten in der Wissenschaft. Wenn wir mit theoretischen Begriffen arbeiten und uns auf eine Ontologie abstrakter Gegenstände verpflichtet haben, dann können wir nicht noch einmal nachkarten und je nach Belieben behaupten, es sei ja alles nur instrumentalistisch gemeint. Dieser Trend ist aber bei vielen Autoren im Umkreis der Kognitionswissenschaften zu beobachten: man möchte vom explanatorischen Potential der Zuschreibung mentaler Zustände profitieren, ohne die ontologischen Kosten tragen zu wollen. Dabei findet eine großzügige Annexion mentalistischen Vokabulars statt, über dessen Anwendungsbedingungen

20 D. Dennett, *Brainstorms*, Hassocks, Sussex 1979, 190.

21 Vgl. zu diesem Einwand J. Margolis, "The Trouble with Homunculus Theories", *Philosophy of Science*, 47, 1980, 244-259.

22 J. Margolis, "The Trouble with Homunculus Theories", *Philosophy of Science*, 47, 1980, 257. – Gelegentlich beansprucht Dennett allerdings, über eine solche Reduktion des Intentionalen zu verfügen. Die Zurückführung von intentionalen auf nicht-intentionale Beschreibungen einer fraglichen Leistung soll auf dem Wege einer (in der KI verbreiteten) *rekursiven Dekomposition* der zu lösenden Aufgabe erfolgen. Ich habe an anderer Stelle gezeigt, daß man auf das Gelingen dieses Tricks bislang vergeblich wartet (G. Keil, *Kritik des Naturalismus*, Berlin/New York 1993, 166ff).

man sich nicht hinreichend Rechenschaft ablegt oder das man stillschweigend uminterpretiert.

Warum ist die Frage nach dem ontologischen Status des Mentalen überhaupt so wichtig? Informatiker mögen dazu neigen, sie für eine eher scholastische Philosophenfrage zu halten, aus deren Beantwortung für die kognitionswissenschaftliche Praxis und selbst für deren Theoriebildung wenig folgt. Sind nicht die Schlachten um die funktionalistische Interpretation des Mentalen längst geschlagen, ist nicht der orthodoxe Funktionalismus mit seiner rigiden Software/Hardware-Unterscheidung heute ohnehin auf dem Rückzug? Haben wir es heute nicht mit neuen Fragen zu tun, kann die Philosophie des Geistes nicht einmal Ruhe geben?

Dieser Affekt ist verständlich, und doch sollten wir ihn uns versagen. Wichtig sind diese Kontroversen, weil weitreichende philosophische Ansprüche damit verbunden werden, die auch den wissenschaftstheoretischen Status der KI betreffen. Es geht um die *naturalistische* Interpretation der Kognitionswissenschaften, d.h. um den Anspruch, daß eine seriöse Naturwissenschaft des Mentalen letztlich auf eine explanatorische *Reduktion* intentionaler Begriffe abzielen müsse. Auf dem Spiel steht die Frage "whether or not the computer analogy, via functionalism, can reveal attributions of attitudes identified by content to be physicalistically respectable".[23] Es müsse, so der naturalistische Impetus, gezeigt werden, wie mentale Zustände "Teil der physischen Welt" sein können (so Tetens in diesem Band).

Wenn das Gesagte richtig ist, muß dies aber nicht gezeigt werden. Nicht alles, was Teil der Welt ist, muß Teil der physischen Welt sein. Wenn propositionale Einstellungen abstrakte Gegenstände sind, müssen sie ebensowenig Teil der physischen Welt sein wie Zahlen oder Relationen. Es mag bezüglich der Frage, was mentale Zustände sind, *no fact of the matter* geben, aber es kann gleichwohl ein *fact of the mind* geben. Die funktionalistische Auffassung des Mentalen ist nicht selbst schon ein Argument dafür, daß es ein solches *fact of the mind* nicht gibt. Die Abstraktheitsthese verschafft nicht eo ipso die Legitimation, mentale Zustände unterschiedslos Systemen jeder Art zuzuschreiben. Dabei liegt der vernünftige Sinn der funktionalistischen Autonomiebehauptung des Programms gegenüber seiner Implementierung gar nicht so fern. Der ursprüngliche Gehalt der TmR bestand ja nicht darin, daß jeder beliebige Prozeß in der Welt die Abarbeitung eines Computerprogramms darstellt oder als eine solche beschrieben werden kann, sondern darin, daß ein Computer *aus jedem beliebigen Material hergestellt* sein kann. Was heißt es aber, daß wir eine Turing-Maschine aus Holzklötzen oder aus Toilettenpapier herstellen können, wenn die Frage des Antriebs gelöst ist? Es heißt, daß wir eine Apparatur produzieren und in Gang setzen können, deren Arbeitsweise wir – unter Abstraktion von 'irrelevanten' Aspekten – als strukturisomorph

23 L. R. Baker, *Saving Belief. A Critique of Physicalism*, Princeton, N. J. 1987, 51.

mit bestimmten Rechenprozessen interpretieren können. Den Zuständen, die die Apparatur dabei durchläuft, mögen wir bei einer gewissen Komplexität intentionale Gehalte zuschreiben; dies ändert nichts daran, daß es sich dabei um *bloß zugeschriebene* Intentionalität handelt, die von den Zwecken oder Absichten, die die Konstrukteure oder Benutzer mit dem Einsatz der Maschine verbinden, *abgeleitet* ist. In der Einnahme des intentionalen Standpunkts ist die Intentionalität auf Interpretenseite schon vorausgesetzt; diese Asymmetrie wird uns bis auf weiteres erhalten bleiben.

Auch Douglas Hofstadters Slogan "Isomorphie schafft Bedeutung" ist deshalb in dieser Form falsch. Alles in der Welt ist in irgendeiner Hinsicht "isomorph" mit irgendetwas anderem. Strukturisomorphien müssen *wahrgenommen* und im Rahmen einer semantischen Konvention *interpretiert* werden, um bedeutungshaltig zu sein.

Die Kognitionswissenschaften, die doch ihren Aufschwung erst dem verdanken, was man die "kognitive Wende" genannt hat, sind in Teilen nach wie vor vom physikalistischen Vorläuferparadigma fasziniert. Sie wollen seriöse Naturwissenschaften sein, "hard sciences", und haben sich daher mit ihrem Angewiesensein auf mentalistische Begrifflichkeit noch nicht völlig abgefunden. Ihr schlechtes Gewissen nehmen sie dann zum Anlaß, den Unterschied zwischen intrinsischer und bloß zugeschriebener Intentionalität einzuebnen.

Diese Reserven sind aber heute weniger denn je gerechtfertigt, weshalb ich von einem *naturalistischen Selbstmißverständnis* der Kognitionswissenschaften spreche. John Searle hat der "cognitive science" jüngst "a persistent unclarity about its foundations" bescheinigt:

> "This emerges, for example, in the misunderstanding of the role of computer models of cognition and in the constant temptation to look over its shoulder for guidance to physics [...]. Even more serious is the reluctance to face the precise ontology of its subject matter. Cognition is a matter of consciousness and intrinsic intentionality".[24]

Die Kognitionswissenschaften sollten sich dazu entschließen, die falsche Solidarität mit dem naturalistischen Projekt aufzukündigen, die Implikationen der kognitiven Wende ernst zu nehmen und ihre instrumentalistischen Vorbehalte aufzugeben. Den latenten Minderwertigkeitskomplex gegenüber den Naturwissenschaften, der bei vielen Autoren im Umkreis der KI noch spürbar ist, sollten sie schon deshalb ablegen, weil die Naturwissenschaften ihrerseits nicht ohne versteckte intentionale Begriffe auskommen.[25]

24 J. Searle, "Consciousness, Explanatory Inversion, and Cognitive Science", *Behavioral and Brain Sciences*, 13, 1990, 585-596 und 632-642, hier: 639.

25 Vgl. G. Keil, *Kritik des Naturalismus*, Berlin/New York 1993, 371-389 et passim.

Zugleich sollten die Kognitionswissenschaften die grundsätzliche Asymmetrie in der Zuschreibung intentionaler Zustände anerkennen. Personen haben wirklich mentale Zustände, während wir Maschinen in heuristisch fruchtbarer Weise diejenigen Wünsche und Absichten zuschreiben, zu deren Erfüllung wir sie konstruiert haben oder sie jedenfalls einsetzen. Das ist so mysteriös nicht und sollte daher auch nicht zu einer "multiplen Realisierbarkeit des Mentalen" hochstilisiert werden.

Ist das Gehirn ein Digitalcomputer ?*

John R. Searle

1 Einleitung: Starke KI, Schwache KI und Kognitivismus

Es gibt verschiedene Arten, einen Vortrag zu halten. Ich wähle den Weg, einfach über meine gegenwärtige Arbeit zu berichten, über *my work in progress*. Ich werde einige meiner neueren Untersuchungen bezüglich des Computermodells des Geistes vorstellen.[1]

Der Grundgedanke des Computermodells des Geistes besagt, daß der Geist das Programm und das Gehirn die Hardware eines Computersystems seien. Ein gängiger Slogan lautet: "Der Geist verhält sich zum Gehirn wie das Programm zur Hardware".[2]

Beginnen wir unsere Untersuchung mit der Unterscheidung dreier Fragen:

1. Ist das Gehirn ein Digitalcomputer?
2. Ist der Geist ein Computerprogramm?
3. Können die Vorgänge im Gehirn auf einem Digitalcomputer simuliert werden?

Ich werde mich der ersten Frage zuwenden und nicht der zweiten oder dritten. Ich meine, daß man die zweite Frage eindeutig verneinen kann. Daraus, daß Programme rein formal oder syntaktisch definiert sind und daß der Geist einen intrinsischen mentalen Inhalt haben kann, folgt unmittelbar, daß das

* Der Artikel erschien zuerst unter dem Titel "Is the brain a digital computer?", *Proceedings and Adresses of the American Philosophical Association*, 3/1990, 21-37.

1 Für frühere Untersuchungen vgl. J. Searle, "Minds, Brains, and Programs", *Behavioral and Brain Sciences*, 3, 1980, 417-424; *Minds, Brains and Science*, Cambridge, Mass. 1984 [dt. *Geist, Hirn und Wissenschaft*, Frankfurt/M 1986].

2 Diese Auffassung wird in einer großen Anzahl von Büchern vertreten und verteidigt, von denen viele mehr oder weniger denselben Titel haben, z.B. E. A. Feigenbaum, J. Feldman (Hrsg.), *Computers and Thought*, New York/San Francisco 1963; M. Sharples et al. (Hrsg.), *Computers and Thought*, Cambridge, Mass./London 1988; P. N. Johnson-Laird (Hrsg.), *The Computer and the Mind*, Cambridge, Mass. 1988; Z. Pylyshyn, *Computation and Cognition*, Cambridge, Mass. 1985; N. Block, "The Computer Model of the Mind", in: D. Osherson, E. E. Smith (Hrsg.), *An Invitation to Cognitive Science*, 3, Cambridge, Mass. 1990, 247-289; sowie natürlich A. Turing, "Computing Machinery and Intelligence", *Mind*, 59, 1950, 433-460.

Programm selbst für den Geist nicht konstitutiv sein kann. Die formale Syntax des Programmes ist nicht selbst schon ein Garant für das Vorhandensein mentaler Gehalte. Ich habe dies vor zehn Jahren mit dem Argument des Chinesischen Zimmers gezeigt.[3] Ein Computer, ich zum Beispiel, könnte die Schritte eines Programms für irgendeine mentale Fähigkeit abarbeiten, etwa für das Verstehen des Chinesischen, ohne ein einziges Wort Chinesisch zu verstehen. Das Argument beruht auf der einfachen logischen Wahrheit, daß Syntax und Semantik nicht dasselbe sind und daß Syntax für die Semantik auch nicht ausreicht. Folglich ist die Antwort auf die zweite Frage offenkundig "nein".

Ebenso offenkundig scheint mir die Antwort auf die dritte Frage "ja" zu lauten. In zwangloser Interpretation bedeutet die Frage: Gibt es eine Beschreibung des Gehirns, so daß man unter dieser Beschreibung eine Computersimulation der Gehirnprozesse vollführen könnte? Nun, da der Church-These zufolge alles, was präzise genug als eine Abfolge von Schritten beschreibbar ist, auf einem Digitalcomputer simuliert werden kann, folgt trivialerweise, daß die Frage zu bejahen ist. Die Vorgänge im Gehirn können auf einem Digitalcomputer in gleicher Weise simuliert werden wie das Wetter, das Verhalten des New Yorker Aktienmarktes oder der Linienflugplan über Lateinamerika. Unsere Frage lautet also nicht, "Ist der Geist ein Programm?". Die Antwort auf diese Frage ist "nein". Ebensowenig heißt die Frage, "Kann man das Gehirn simulieren?", worauf die Antwort "ja" ist. Die Frage lautet, "Ist das Gehirn ein Digitalcomputer?" Und für meinen Diskussionszweck behandle ich diese Frage als äquivalent mit der Frage, "Sind Gehirnvorgänge Berechnungsprozesse?"

Man könnte der Auffassung sein, daß diese Frage viel an Interesse verliert, wenn man Frage 2 verneint. Die Frage, ob das Gehirn ein Computer ist, so könnte man meinen, wird uninteressant, wenn der Geist kein Programm ist. Aber dies ist nicht der Fall. Auch wer der Auffassung ist, daß Programme nicht für mentale Phänomene konstitutiv sind, behält noch eine wichtige Frage übrig: Zugestanden, daß der Geist aus mehr besteht als aus syntaktischen Operationen eines Digitalcomputers; gleichwohl könnten mentale Zustände *zumindest* computationale Zustände sein und mentale Prozesse Computerprozesse, die allein auf der formalen Struktur dieser mentalen Zustände beruhen. Dies scheint mir in der Tat eine weitverbreitete Position zu sein.

Ich behaupte nicht, daß die Auffassung völlig klar ist, doch der Grundgedanke ist etwa dieser: Auf einer bestimmten Beschreibungsebene sind Gehirnprozesse syntaktischer Natur; sie sind sozusagen "Sätze im Kopf". Sie müssen keine englischen oder chinesischen Sätze sein, aber möglicherweise sind sie Sätze in der "Language of Thought".[4] Wie alle Sätze haben sie eine syntakti-

3 Vgl. J. Searle, "Minds, Brains, and Programms", *Behavioral and Brain Sciences*, 3, 1980, 417-424.

4 J. A. Fodor, *The Language of Thought*, New York 1975.

sche Struktur und eine Semantik oder eine Bedeutung, und das Problem der Syntax kann von dem der Semantik getrennt werden. Das Problem der Semantik lautet: Wie erlangen diese Sätze im Kopf ihre Bedeutungen? Diese Frage kann unabhängig von der Frage diskutiert werden: Wie funktioniert das Gehirn beim Verarbeiten dieser Sätze? Eine einschlägige Antwort auf die letztere Frage lautet: Das Gehirn arbeitet als Digitalcomputer, der aufgrund der syntaktischen Struktur der Sätze im Kopf Berechnungen anstellt.

Um die Terminologie klar zu halten: Ich nenne die Auffassung, einen Geist zu haben sei nichts anderes als über ein Programm zu verfügen, *Starke KI*; die Auffassung, daß Gehirnprozesse (und geistige Prozesse) auf einem Computer simuliert werden können, nenne ich *Schwache KI*, und die Auffassung, daß das Gehirn ein Digitalcomputer ist, *Kognitivismus*.

Dieser Aufsatz handelt vom Kognitivismus, und ich sollte gleich zu Beginn sagen, was ihn motiviert hat. Wenn man Bücher über das Gehirn liest,[5] bekommt man eine gewisse Vorstellung davon, was im Gehirn vor sich geht. Wenn man dann Bücher über die Theorie der Berechenbarkeit zur Hand nimmt,[6] bekommt man einen Eindruck von der logischen Struktur der Theorie der Berechenbarkeit. Wenn man dann Bücher über Kognitionswissenschaft hinzuzieht,[7] erfährt man, daß das, was in den Büchern über Gehirnforschung und in denen über die Theorie der Berechenbarkeit beschrieben ist, im wesentlichen dasselbe sei. Philosophisch habe ich ein ungutes Gefühl dabei, und ich habe gelernt, jedenfalls zu Beginn einer Untersuchung meinem Gefühl zu folgen.

2 Die Ursprüngliche Geschichte

Ich möchte die Diskussion mit dem Versuch eröffnen, so deutlich wie möglich darzustellen, warum man den Kognitivismus intuitiv so attraktiv gefunden hat. Es gibt eine Geschichte über die Beziehung der menschlichen Intelligenz zum Rechnen, die mindestens bis auf Turings klassischen Aufsatz[8] zurückgeht, und ich halte sie für die Grundlage der Kognitivistischen Auffassung. Ich nenne sie die Ursprüngliche Geschichte:

> Wir beginnen mit zwei Erkenntnissen der mathematischen Logik, der Church-Turing-These (manchmal auch Church-These genannt) und Turings Theorem. Die Church-Turing-These besagt, für unsere Zwecke vereinfacht, daß es für jeden Algorithmus eine Turingmaschine gibt, die den Algorithmus implementieren kann. Turings Theorem besagt, daß es eine universelle Turingmaschine gibt, die jede Turingmaschine simulieren kann. Wenn wir nun diese beiden Thesen

5 Beispielsweise G. M. Shepherd, *Neurobiology*, New York/Oxford 1983; oder St. W. Kuffler, J. G. Nicholls, *From Neuron to Brain*, Sunderland, Mass. 1976.
6 Etwa G. S. Boolos, R. C. Jeffrey, *Computability and Logic*, Cambridge 1989.
7 Etwa Z. Pylyshyn, *Computation and Cognition*, Cambridge, Mass. 1985.
8 A. Turing, "Computing Machinery and Intelligence", *Mind*, 59, 1950, 433-460.

zusammennehmen, ergibt sich, daß eine universelle Turingmaschine jeden beliebigen Algorithmus implementieren kann.

Doch was machte dieses Ergebnis so aufregend? Es hat einer ganzen Generation von jungen KI-Forschern Schauer über den Rücken gejagt, und zwar aufgrund der folgenden Überlegung: Nehmen wir an, das Gehirn ist eine universelle Turingmaschine.

Nun, gibt es irgendwelche guten Gründe für die Annahme, daß das Gehirn eine universelle Turingmaschine ist? Fahren wir mit der Ursprünglichen Geschichte fort.

> Fraglos sind zumindest einige mentale Fähigkeiten des Menschen algorithmischer Natur. Beispielsweise kann ich bewußt eine schriftliche Division durchführen, indem ich die Schritte eines entsprechenden Algorithmus vollführe. Weiterhin folgt aus der Church-Turing-These und aus Turings Theorem, daß alles, was ein Mensch in Form eines Algorithmus tun kann, auch von einer universellen Turingmaschine vollführt werden kann. Ich kann beispielsweise denselben für die Divisonsaufgebe benutzten Algorithmus auf einem Digitalcomputer implementieren. In diesem Fall implementieren, wie Turing[9] beschreibt, der mechanische Computer und ich, der menschliche Computer, denselben Algorithmus; ich bewußt, der mechanische Computer unbewußt. Es scheint nun vernünftig anzunehmen, daß es auch in meinem Gehirn eine Menge unbewußter mentaler Prozesse gibt, die zugleich Berechnungsprozesse sind. Und wenn dem so sein sollte, könnten wir herausfinden, wie das Gehirn arbeitet, indem wir eben diese Prozesse auf einem Digitalcomputer simulieren. Genauso wie wir zu einer Computersimulation für den schriftlichen Divisionsprozeß gelangten, könnten wir auch zu Computersimulationen für Sprachverstehen, visuelle Wahrnehmung, Kategorisierung etc. gelangen.

"Und was ist mit der Semantik? Schließlich sind Programme rein syntaktisch." Hier nun einige weitere logisch-mathematische Erkenntnisse, die in der Ursprünglichen Geschichte eine Rolle spielen:

> Die Entwicklung der Beweistheorie hat gezeigt, daß innerhalb wohlbekannter Grenzen die semantischen Beziehungen zwischen Propositionen vollständig in den syntaktischen Beziehungen zwischen den Sätzen, die diese Propositionen ausdrücken, widergespiegelt werden. Wenn wir nun annehmen, daß mentale Gehalte innerhalb des Kopfes repräsentiert sind, dann wären Berechnungsprozesse zwischen syntaktischen Elementen im Kopf alles, was für die Erklärung mentaler Prozesse nötig wäre. Wenn wir die Beweistheorie richtig konstruieren, wird die Semantik für sich selber sorgen; und dies ist es eben, was Computer tun: die Beweistheorie implementieren.

9 A. Turing, "Computing Machinery and Intelligence", *Mind*, 59, 1950, 433-460.

Damit haben wir ein wohldefiniertes Forschungsprogramm. Wir versuchen, die im Gehirn implementierten Programme zu ermitteln, indem wir Computer programmieren, die dieselben Programme implementieren. Dies tun wir, indem wir den mechanischen Computer die Leistungen des menschlichen Computers vollführen lassen (z.B. den Turingtest zu bestehen) und dann die Psychologen nach Evidenz dafür suchen lassen, daß die internen Prozesse in beiden Arten von Computern die gleichen sind.

Im folgenden bitte ich den Leser, diese Ursprüngliche Geschichte im Kopf zu behalten; man beachte besonders Turings Unterscheidung zwischen der bewußten Implementierung des Programms durch den menschlichen Computer und der unbewußten Implementierung von Programmen durch das Gehirn oder den mechanischen Computer; man beachte weiterhin den Gedanken, daß wir in der Natur ablaufende Programme schlicht *entdecken* könnten, eben dieselben Programme, die wir auf unseren mechanischen Computern laufen lassen.

Nimmt man die Bücher und Aufsätze zur Hand, die den Kognitivismus stützen, so findet man bestimmte weit verbreitete, wenn auch unausdrückliche Annahmen. *Erstens* wird oft angenommen, daß die einzige Alternative zu der Auffassung des Gehirns als eines Digitalcomputers eine Form des Dualismus sei. Wenn man nicht an die Existenz unsterblicher cartesianischer Seelen glaube, so heißt es, müsse man das Gehirn als einen Computer ansehen. In der Tat wird offenbar oft unterstellt, daß die Frage, ob das Gehirn ein unsere mentalen Zustände determinierender physischer Mechanismus sei, mit der Frage identisch ist, ob das Gehirn ein Digitalcomputer sei. Rhetorisch ausgedrückt geht es darum, den Leser zu der Meinung zu nötigen, er müsse sich zu abseitigen antiwissenschaftlichen Ansichten bekennen, wenn er nicht akzeptiert, daß das Gehirn eine Art Computer ist. In jüngerer Zeit hat sich das Forschungsfeld etwas erweitert; möglicherweise sei das Gehirn kein herkömmlicher von Neumann-Digitalcomputer, sondern eher ein komplizierteres System von Parallelprozessoren. Doch nach wie vor setzt man seine Zugehörigkeit zur scientific community aufs Spiel, wenn man den Computercharakter des Gehirns bestreitet.

Zweitens wird angenommen, daß die Frage, ob Gehirnprozesse Berechnungsprozesse sind, eine bloße Frage der Empirie sei. Sie sei in gleicher Weise durch empirische Forschung zu klären wie die Tatsachenfragen geklärt wurden, ob das Herz eine Pumpe ist oder ob grüne Blätter Photosynthese vollführen. Es gebe hier keinen Raum für logische Tricks oder Begriffsanalyse, denn wir hätten es mit harten wissenschaftlichen Tatsachenfragen zu tun. Tatsächlich vermute ich, daß viele, die auf diesem Gebiet arbeiten, bezweifeln würden, daß der Titel dieses Aufsatzes überhaupt eine in die Zuständigkeit der Philosophie fallende Frage darstellt. “Ist das Gehirn ein Digitalcomputer?” sei keine philosophischere Frage als “Ist der Neurotransmitter an neuro-muskulären Verbindungen wirklich Acetylcholin?”

Selbst Leute wie Penrose und Dreyfus, die dem Kognitivismus ablehnend gegenüberstehen, sehen dies offenbar als eine einfache Tatsachenfrage an. Sie scheinen sich keine Gedanken darüber zu machen, welcher Art die Behauptung eigentlich ist, die sie anzweifeln. Mich aber treibt die Frage um: Welche Art von Fakten über das Gehirn könnte denn dessen Computernatur ausmachen?

Das *dritte* stilbildende Merkmal dieser Literatur ist die hastige und manchmal geradezu sorglose Art, mit der über Grundlagenfragen hinweggegangen wird. Was genau sind die anatomischen und physiologischen Merkmale des Gehirns, die zur Diskussion stehen? Was genau ist ein Digitalcomputer? Und was haben die Antworten auf diese beiden Fragen miteinander zu tun? Das übliche Verfahren in diesen Büchern und Aufsätzen besteht darin, einige Bemerkungen zu Nullen und Einsen zu machen, eine populärwissenschaftliche Zusammenfassung der Church-Turing-These zu geben und dann zu aufregenderen Dingen überzugehen wie den Errungenschaften und Fehlschlägen der Computerentwicklung. Es scheint, wie ich bei dieser Lektüre zu meiner Überraschung entdeckt habe, einen eigenartigen philosophischen Hiatus zu geben. Auf der einen Seite haben wir eine Reihe von recht eleganten mathematischen Resultaten, von Turings Theorem über die Church-These bis hin zur Theorie der rekursiven Funktionen. Auf der anderen Seite haben wir eine eindrucksvolle Menge elektronischer Geräte, die wir jeden Tag benutzen. Da wir nun eine so weitentwickelte Mathematik und eine so gute Elektronik haben, gehen wir davon aus, daß irgendjemand in irgendeiner Form die philosophische Grundlagenarbeit geleistet haben muß, die Mathematik und die Elektronik miteinander zu verbinden. Aber soweit ich sehe, ist dies nicht der Fall. Ganz im Gegenteil sind wir in der merkwürdigen Lage, daß unter den Praktikern kaum theoretische Übereinstimmung über solche absolut grundlegenden Fragen besteht wie: Was genau ist ein Digitalcomputer? Was genau ist ein Symbol? Was genau ist ein Berechnungsprozeß? Welche physikalischen Bedingungen müssen erfüllt sein, damit zwei Systeme genau dasselbe Programm implementieren?

3 Die Definition des Berechnens

Da es keinen allgemeinen Konsens in den grundlegenden Fragen gibt, halte ich es für am besten, an die Quelle zurückzugehen, zu den ursprünglichen Definitionen Alan Turings.

Turing zufolge kann eine Turingmaschine bestimmte elementare Operationen ausführen: Sie kann eine Null auf ihrem Band in eine Eins umschreiben, sie kann eine Eins auf ihrem Band in eine Null umschreiben, sie kann das Band ein Feld nach links rücken, sie kann das Band ein Feld nach rechts rücken. Sie wird durch ein Programm mit Anweisungen gesteuert und jede

Anweisung gibt eine Bedingung und eine Operation an, die bei Erfülltsein der Bedingung ausgeführt wird.

Dies ist die Standarddefinition des Berechnens ["computation"], aber sie ist, wörtlich genommen, zumindest etwas irreführend. Wenn man seinen PC öffnet, wird man kaum Nullen und Einsen finden, ja nicht einmal ein Magnetband. Doch dies tut der Definition keinen Abbruch. Um herauszufinden, ob ein Gegenstand tatsächlich ein Digitalcomputer ist, müssen wir, so stellt sich heraus, nicht wirklich nach Nullen und Einsen etc. suchen. Vielmehr reicht es aus, nach etwas zu suchen, was wir als Nullen und Einsen *ansehen*, als solche *behandeln* oder in dieser Funktion *benutzen* können. Hinzu kommt noch, was die Sache kompliziert, daß diese Maschine aus so gut wie jedem Material bestehen könnte. Wie Johnson-Laird sagt: "It could be made out of cogs and levers like an old fashioned mechanical calculator; it could be made out of a hydraulic system through which water flows, it could be made out of transistors etched into a silicon chip through which an electrical current flows. It could even be carried out by the brain. Each of these machines uses a different medium to represent binary symbols – the positions of cogs, the presence or absence of water, the level of voltage and perhaps nerve impulses".[10]

Ähnliche Bemerkungen finden sich bei den meisten, die über dieses Thema schreiben. Ned Block führt beispielsweise vor, wie es mit elektrischen Schaltern wäre, wo die Einsen und Nullen Spannungsstärken von jeweils vier und sieben Volt zugeordnet sind. So könnte man denken, daß wir nach Spannungsstärken suchen müssen. Aber Block sagt, daß die Eins nur "konventionell" einer bestimmten Spannungsstärke zugeordnet wird. Verwirrender wird die Lage, wenn er weiter sagt, daß wir überhaupt keine Elektrizität zu benutzen bräuchten, sondern ein elaboriertes System von Katzen, Mäusen und Käse hätten benutzen können, und in einer solchen Weise Schalter installieren, daß die Katze an der Leine ziehen und einen Schalter öffnen wird, den wir ebenfalls als Null oder Eins behandeln könnten. Der springende Punkt, den Block nachdrücklich betont, ist "the irrelevance of hardware realization to computational description. These gates work in different ways but they are nonetheless computationally equivalent".[11] Im selben Geiste meint Pylyshyn, daß eine Rechensequenz auch durch "a group of pigeons trained to peck as a Turing machine"[12] realisiert werden könnte!

Doch versuchen wir nun den Gedanken, das Gehirn sei ein Digitalcomputer, ernst zu nehmen, so erhalten wir das unangenehme Ergebnis, daß wir ein System, welches dasselbe tut wie das Gehirn, aus nahezu jedem Material herstellen könnten. Dem Computermodell zufolge könnte man ein "Gehirn" wie

10 P. N. Johnson-Laird (Hrsg.), *The Computer and the Mind*, Cambridge, Mass. 1988, 39.

11 N. Block, "The Computer Model of the Mind", in: D. Osherson, E. E. Smith (Hrsg.), *An Invitation to Cognitive Science*, 3, Cambridge, Mass. 1990, 260.

12 Z. Pylyshyn, *Computation and Cognition*, Cambridge, Mass. 1985, 57.

Ihres oder meines aus Katzen, Mäusen und Käse herstellen oder aus Hebeln oder Wasserrohren oder Tauben oder woraus auch immer, wenn nur die beiden Systeme in Blocks Sinne "computationally equivalent" sind. Man bräuchte bloß eine riesige Menge Katzen, Tauben, Wasserrohre o.ä. Die Vertreter des Kognitivismus melden dieses Ergebnis mit purer und unverhohlener Begeisterung. Ich denke aber, daß sie darüber besorgt sein sollten, und ich möchte zu zeigen versuchen, daß dies bloß die Spitze eines ganzen Eisbergs von Problemen ist.

4 Erste Schwierigkeit: Syntax ist der Physik nicht intrinsisch

Warum sind die Verteidiger des Computationalismus nicht über die Implikationen der multiplen Realisierbarkeit beunruhigt? Die Antwort lautet, daß sie es als typisch für funktionale Beschreibungen ansehen, daß dieselbe Funktion vielfältige Realisierungen zuläßt. In dieser Hinsicht glichen Computer Vergasern und Thermostaten. Eben wie Vergaser aus Messing oder aus Stahl bestehen können, könnten Computer aus einer unbestimmten Menge verschiedener Materialien hergestellt sein.

Aber es gibt einen Unterschied: Die Klassen der Vergaser und der Thermostaten sind durch die Erzeugung *physischer* Effekte definiert. Aus diesem Grund sagt niemand, daß man Vergaser zum Beispiel aus Tauben herstellen kann. Aber die Klasse der Computer ist syntaktisch definiert in Begriffen der *Zuschreibung* von Nullen und Einsen. Die multiple Realisierbarkeit ist hier nicht auf den Umstand zurückzuführen, daß derselbe physische Effekt in verschiedenen physischen Substanzen herbeigeführt werden kann, sondern darauf, daß die betreffenden Eigenschaften rein syntaktisch sind. Die physische Ebene ist irrelevant, soweit sie nur die Zuschreibung von Null- und Eins-Zuständen sowie von Übergängen zwischen ihnen zuläßt.

Dies hat aber zwei möglicherweise katastrophale Konsequenzen:

1. Aus demselben Prinzip, aus dem multiple Realisierbarkeit folgt, scheint auch universale Realisierbarkeit zu folgen. Wenn Berechnung in Begriffen der Zuordnung einer Syntax definiert ist, dann wäre jeder Gegenstand ein Digitalcomputer, denn jedem beliebigen Objekt läßt sich eine Syntax zuschreiben. Man kann alles in Begriffen von Nullen und Einsen beschreiben.
2. Schlimmer noch, die Syntax ist der Physik nicht intrinsisch. Die Zuschreibung syntaktischer Eigenschaften ist immer relativ zu einem Akteur oder Beobachter, der bestimmte physische Pänomene als syntaktische betrachtet.

Warum genau wären diese Konsequenzen katastrophal?

Nun, wir wollten wissen, wie das Gehirn arbeitet, und insbesondere, wie es mentale Phänomene hervorbringt. Und es würde diese Frage nicht beantworten, erführe man, daß das Gehirn in dem Sinne ein Digitalcomputer sei wie Magen, Leber und Herz, das Sonnensystem und der Staat Kansas. Wir waren von dem Modell ausgegangen, daß man irgendetwas über die Arbeitsweise des Gehirns herausfinden könnte, wodurch es sich als ein Computer erweisen würde. Wir wollten wissen, ob Gehirne nicht in irgendeinem Sinne *intrinsischerweise* Computer sind – wie etwa grüne Blätter intrinsischerweise Photosynthese durchführen oder Herzen Blut pumpen. Wir ordnen ja nicht bloß "konventionellerweise" das Wort "Pumpe" dem Herzen zu oder "Photosynthese" den Blättern. Hier geht es um empirische Tatsachen. Die Frage lautete: "Gibt es in derselben Weise Tatsachen über Gehirne, die Gehirne zu Digitalcomputern machen würden?" Die Auskunft, Gehirne seien eben Digitalcomputer, weil alle Dinge Digitalcomputer sind, ist keine Antwort auf diese Frage.

Die einschlägige Lehrbuchdefinition von "Berechnung" [*computation*] besagt:

1. Für jeden Gegenstand gibt es eine Beschreibung, so daß der Gegenstand unter dieser Beschreibung ein Computer ist.
2. Für jedes Programm existiert ein hinreichend komplexer Gegenstand, so daß es eine Beschreibung dieses Gegenstandes gibt, unter der er das Programm implementiert. So implementiert etwa die Wand hinter mir eben jetzt das Wordstar-Programm, da sie ein Muster von Molekularbewegungen enthält, das mit der formalen Struktur von Wordstar isomorph ist. Wenn die Wand aber Wordstar implementiert, implementiert sie, wenn sie nur groß genug ist, jedes beliebige Programm, jedes im Gehirn implementierte eingeschlossen.

Der Hauptgrund dafür, daß die Proponenten des Computationalismus in der multiplen oder der universalen Realisierbarkeit kein Problem sehen, besteht meiner Ansicht nach darin, daß sie dies nicht als Folge eines viel tieferen Problems ansehen, daß nämlich "Syntax" nicht ein physikalisches Merkmal bezeichnet wie Masse oder Schwerkraft. Im Gegenteil sprechen sie von "syntaktischen Maschinen" und sogar von "semantischen Maschinen", als ob von Benzin- oder Dieselmotoren die Rede wäre, als ob es also eine bloße Tatsachenfrage wäre, ob das Gehirn oder irgendetwas anderes eine syntaktische Maschine ist.

Möglicherweise können wir die Konsequenz der universalen Realisierbarkeit vermeiden, indem wir unsere Definition von "Berechnung" verschärfen. Sicherlich sollten wir den Umstand respektieren, daß Programmierer und Ingenieure diese Konsequenz eher als eine Marotte der ursprünglichen Definitionen Turings ansehen und nicht als ein echtes Merkmal von Berechnung. In unveröffentlichten Arbeiten deuten Brian Smith, Vinod Goel und John Batali an, daß eine realistischere Definition des Berechnens Merkmale wie die Kausalbeziehungen zwischen Programmzuständen, Programmierbarkeit und Kontrollierbarkeit des Mechanismus sowie Einbettung in die wirkliche Welt hervorheben wird. Doch diese zusätzlichen Restriktionen bezüglich der Definition der Berechnung bringen nichts für die gegenwärtige Diskussion, weil das zugrundeliegende Problem darin besteht, daß Syntax wesentlich ein beobachterrelativer Begriff ist. Die multiple Realisierbarkeit von computational äquivalenten Prozessen in verschiedenen physischen Medien ist nicht bloß ein Zeichen dafür, daß diese Prozesse abstrakt sind, sondern dafür, daß sie dem System überhaupt nicht intrinsisch sind. Wir haben gesehen, daß sie von einer äußeren Interpretation abhängen. Wir suchten nach irgendwelchen Tatsachen, die Gehirnvorgänge zu Berechnungsprozessen machen würden; doch so wie wir Berechnung definiert haben, kann es solche Tatsachen niemals geben. Wir können nicht auf der einen Seite sagen, jeder Gegenstand sei ein Digitalcomputer, wenn wir ihm nur eine Syntax zuschreiben können, und auf der anderen Seite annehmen, daß es eine seiner physikalischen Arbeitsweise intrinsische Tatsachenfrage ist, ob ein natürliches System wie das Gehirn ein Digitalcomputer ist oder nicht.

Und wenn das Wort "Syntax" verwirrend sein sollte, kann man denselben Punkt auch anders ausdrücken. Man könnte ja behaupten, daß die Begriffe der Syntax und des Symbols eine bloße *façon de parler* sind und daß unser Interesse im Grunde der Existenz von Systemen mit diskreten physischen Zuständen und den Übergängen zwischen ihnen gilt. Dieser Auffassung zufolge bräuchten wir nicht wirklich Nullen und Einsen; sie wären bloß eine zweckmäßig abkürzende Redeweise. Doch auch dieser Zug, denke ich, hilft nicht. Ein physischer Zustand ist nur relativ dazu ein Rechenzustand, daß man ihm eine bestimmte computationale Rolle, Funktion oder Interpretation beilegt. Ohne Nullen und Einsen entsteht also dasselbe Problem, da Begriffe wie Berechnung, Algorithmus und Programm keine intrinsischen physischen Merkmale von Systemen bezeichnen. Rechenzustände werden nicht an physischen Zuständen *entdeckt*, sondern sie werden der Physik *zugeschrieben*.

Dieses Argument unterscheidet sich von dem des Chinesischen Zimmers. Dies hätte ich schon vor zehn Jahren bemerken sollen, aber es entging mir. Das Argument vom Chinesischen Zimmer zeigte, daß die Semantik der Syntax nicht intrinsisch ist. Nun behaupte ich unabhängig davon, daß die Syntax der physischen Ebene nicht intrinsisch ist. Für den Zweck des ursprünglichen Argumentes nahm ich die syntaktische Charakterisierung des Computers einfach als unproblematisch hin. Aber dies ist ein Fehler. Es gibt keine Möglichkeit, herauszufinden, daß irgendetwas intrinsischerweise ein Digitalcomputer ist, weil die Charakterisierung von etwas als ein Digitalcomputer immer relativ zu einem Beobachter ist, der den rein physischen Merkmalen des Systems eine syntaktische Interpretation beilegt. In Anwendung auf die *Language of Thought*-Hypothese[13] hat dies die Konsequenz, daß diese These inkohärent

13 [Vgl. J. A. Fodor, *The Language of Thought*, New York 1975 (Anm. d. Ü.).]

ist. Es ist nicht möglich, herauszufinden, daß sich in unseren Köpfen intrinsischerweise unbekannte Sätze befinden, weil etwas nur relativ zu einem Akteur oder Benutzer ein Satz ist, der es als einen solchen behandelt. Dies betrifft das Computermodell überhaupt; die Charakterisierung eines Prozesses als computational ist die Charakterisierung eines physischen Systems von außen, und die Identifizierung des Prozesses als computational identifiziert kein intrinsisches physisches Merkmal, sondern ist wesentlich relativ zu einem Beobachter.

Man muß diesen Punkt genau verstehen. Ich behaupte nicht, daß es für die Muster, die wir in der Natur entdecken können, *apriorische* Grenzen gibt. Zweifellos könnten wir ein Ereignismuster in meinem Gehirn entdecken, welches der Implementierung des *vi*-Programms[14] auf diesem Computer isomorph ist. Aber zu sagen, daß etwas *als* ein Berechnungsprozeß *funktioniert*, geht über die Behauptung hinaus, daß ein physisches Ereignismuster vorkommt. Es erfordert die Zuschreibung einer computationalen Interpretation durch einen Akteur. In analoger Weise könnten wir in der Natur Gegenstände entdecken, die dieselbe Form wie Stühle haben und deshalb als Stühle benutzt werden könnten; aber wir könnten nicht Gegenstände in der Natur entdecken, die als Stühle funktionierten, es sei denn relativ zu irgendwelchen Akteuren, die sie als Stühle ansähen oder benutzten.

5 Zweite Schwierigkeit: Der homunculus-Fehlschluß ist dem Kognitivismus endemisch

An dieser Stelle sind wir offenbar bei einem Problem angelangt. Syntax ist kein Teil der Physik. Dies hat zur Folge, daß, wenn Berechnung syntaktisch definiert ist, nichts intrinsischerweise allein aufgrund seiner physikalischen Eigenschaften ein Digitalcomputer ist. Gibt es irgendeine Lösung für dieses Problem? Ja, es gibt eine, und zwar eine, die gewöhnlich in den Kognitionswissenschaften eingeschlagen wird, aber mit ihr gelangen wir vom Regen in die Traufe. Die meisten Arbeiten, die ich in der Computertheorie des Geistes gesehen habe, begehen in irgendeiner Form den homunculus-Fehlschluß. Das Gehirn wird jeweils als etwas vorgestellt, das irgendeinen inneren Akteur enthält, der es wie einen Computer benutzt. Ein typischer Fall ist David Marr,[15] der die Aufgabe des Sehens als Fortschreiten von einem zweidimensionalen visuellen Muster auf der Netzhaut zu einer dreidimensionalen Beschreibung der Außenwelt als Output des Sehsystems beschreibt. Das Problem ist: Wer liest die Beschreibung? Tatsächlich sieht es in Marrs ganzem Buch, wie auch in anderen Standardwerken über diesen Gegenstand, so aus, als müßten wir

14 [siehe Anmerkung 19.]
15 D. Marr, *Vision*, San Francisco 1982.

einen homunculus innerhalb des Systems bemühen, um die Arbeitsweise des Systems wirklich als computational auffassen zu können.

Viele Autoren halten den homunculus-Fehlschluß nicht für ein gravierendes Problem, weil sie mit Dennett[16] glauben, daß man den homunculus wieder loswerden könne. Der Grundgedanke ist der folgende: Da die Rechenoperationen des Computers in immer kleinere Einheiten aufgespalten werden können, bis wir schließlich bei einfachen flip/flop, "ja/nein", "Eins/Null"-Mustern landen, sieht es so aus, als könnten die höher angesiedelten homunculi peu à peu durch immer dümmere homunculi ersetzt werden, bis wir schließlich die niedrigste Stufe eines einfachen flip-flop-Schalters erreichen, der überhaupt keinen echten homunculus erfordert. Kurz, man meint, daß die homunculi durch rekursive Dekomposition eliminierbar sind.

Ich habe lange gebraucht, um zu begreifen, worauf all diese Leute hinauswollen. Deshalb werde ich für den Fall, daß dies anderen ebenso unklar ist wie mir, ein Beispiel ausführlich erläutern: Angenommen, wir haben einen Computer, der sechs mit acht multipliziert und 48 herausbekommt. Nun fragen wir uns, "Wie macht er das?" Nun, die Antwort könnte sein, daß er die sechs siebenmal zu sich selbst addiert.[17] Doch wenn man fragt, "Wie addiert er sechs siebenmal zu sich selbst?", könnte die Antwort lauten, daß er zunächst alle Zahlen in die binäre Notation umformt und dann einen einfachen Algorithmus für das Operieren mit binären Ausdrücken anwendet, bis wir schließlich eine unterste Ebene erreichen, auf welcher die einzigen Anweisungen von der Form sind, "Drucke eine Null, lösche eine Eins". Unser intelligenter homunculus sagt also auf der obersten Ebene, "Ich weiß, wie man sechs mit acht multipliziert und 48 erhält". Aber auf der nächsttieferen Ebene wird er durch einen dümmeren homunculus ersetzt, der sagt, "Ich weiß nicht wirklich, wie man multipliziert, aber ich beherrsche die Addition". Unterhalb von ihm sind wiederum dümmere, die sagen, "Wir können weder wirklich multiplizieren noch addieren, aber wir können Dezimalzahlen in binäre umwandeln". Unterhalb von diesen gibt es noch dümmere, die sagen, "Wir wissen nichts von diesen Dingen, aber wir wissen, wie man mit binären Symbolen operiert". Und auf der tiefsten Ebene gibt es einen ganzen Haufen von homunculi, die einfach sagen, "Null Eins, Null Eins". Alle höheren Ebenen lassen sich auf diese niedrigste zurückführen. Nur die niedrigste Ebene existiert wirklich; alle höheren Ebenen sind bloß *als ob*.

16 D. Dennett, *Brainstorms. Philosophical Essays on Mind and Psychology*, Cambridge, Mass. 1978.

17 Manchmal wird gesagt, er müsse die sechs *achtmal* zu sich selbst addieren. Das ist aber schlechte Arithmetik. Sechs, achtmal zu sich selbst addiert, ergibt 54, da sechs keinmal addiert immer noch sechs ist. Es ist erstaunlich, wie oft dieser Fehler gemacht wird.

Verschiedene Autoren[18] beschreiben dieses Charakteristikum, wenn sie ein System als syntaktische Maschine beschreiben, die eine semantische Maschine antreibt. Aber wir müssen immer noch dieselbe Frage stellen wie zuvor: Welche dem System intrinsischen Tatsachen machen es zu einem syntaktischen? Welche Tatsachen über die unterste oder irgendeine andere Ebene machen diese Operationen zu Nullen und Einsen? *Ohne einen homunculus, der außerhalb der rekursiven Dekomposition steht, haben wir nicht einmal eine Syntax, mit der man operieren kann.* Der Versuch, den homunculus-Fehlschluß durch rekursive Dekomposition zu eliminieren, scheitert, denn der einzige Weg, die Syntax der physischen Ebene intrinsisch zu machen, besteht darin, auf der physischen Ebene einen homunculus einzuführen.

Die ganze Geschichte weist einen hochinteressanten Zug auf. Kognitivisten geben fröhlich zu, daß es die höheren Ebenen des Berechnens, z.B. "multipliziere sechs mit acht", nur relativ zum Beobachter gibt, daß es da nichts gibt, was direkt der Multiplikation korrespondiert; alles geschehe nur im Auge des homunculus bzw. des Betrachters. Aber sie wollen dieses Zugeständnis auf den niedrigeren Ebenen widerrufen. Sie geben zu, daß der elektronische Schaltkreis nicht wirklich sechs mit acht multipliziert, aber er manipuliere tatsächlich mit Nullen und Einsen, und diese Manipulationen machten gewissermaßen zusammen die Multiplikation aus. Wer aber zugibt, daß die höheren Ebenen des Berechnens nicht wirklich der Physik intrinsisch sind, gibt schon zu, daß es die niedrigeren Ebenen ebenfalls nicht sind. Wir sind den homunculus-Fehlschluß immer noch nicht losgeworden.

Für echte Computer von der Art, wie man sie im Geschäft kauft, gibt es kein homunculus-Problem, denn jeder Benutzer ist der fragliche homunculus. Doch wenn wir das Gehirn als einen Digitalcomputer ansehen sollen, sehen wir uns nach wie vor der Frage gegenüber: "Und wer ist der Benutzer?" Typische homunculus-Fragen in der Kognitionswissenschaft lauten etwa: "Wie errechnet das visuelle System aus Schattierungen Formen und Konturen? Wie errechnet es aus der Größe des retinalen Bildes die Entfernung eines Gegenstandes?" Eine analoge Frage wäre: "Wie berechnen Nägel aus dem Schlag des Hammers und der Dichte des Holzes die Distanz, die sie im Brett zurücklegen müssen?" Und die Antwort ist in beiden Fällen dieselbe: Wenn wir darüber sprechen, wie das System intrinsischerweise arbeitet, berechnen weder Nägel noch das visuelle System irgendetwas. Wir als auswärtige homunculi mögen sie als Computer beschreiben, und oft ist dies hilfreich. Aber man versteht nicht, was Hämmern ist, indem man annimmt, daß Nägel auf irgendeine Art in intrinsischer Weise Hammer-Algorithmen implementieren, und man versteht nicht das Sehen, indem man annimmt, daß das System beispielsweise den Form-aus-Schattierung-Algorithmus implementiert.

18 Etwa J. Haugeland, "Semantic Engines: An Introduction to Mind Design", in: Ders. (Hrsg.), *Mind Design*, Cambridge, Mass. 1981; N. Block, The Computer Model of the Mind", in: D. Osherson, E. E. Smith (Hrsg.), *An Invitation to Cognitive Science*, 3,

6 Dritte Schwierigkeit: Die Syntax hat keine Kausalkräfte

Bestimmte Erklärungsarten in den Naturwissenschaften geben Mechanismen an, die beim Hervorbringen der erklärungsbedürftigen Phänomene eine kausale Rolle spielen. Dies ist besonders verbreitet in den biologischen Wissenschaften. Man denke an Erklärungen von Krankheiten durch Bazillen, an die Photosynthese, an die DNS-Theorie der Erbmerkmale und sogar an Darwins Theorie der natürlichen Selektion. In jedem dieser Fälle wird ein kausaler Mechanismus angegeben, und in allen Fällen liefert dies eine Erklärung für das Resultat des Mechanismus. Wenn man sich nun auf die Ursprüngliche Geschichte besinnt, liegt es auf der Hand, daß der Kognitivismus genau diese Art Erklärung verspricht. Die Mechanismen, mithilfe derer Gehirnprozesse Kognition erzeugen, werden als Berechnungsprozesse angesehen, und indem wir die Programme spezifizieren, werden wir die Ursachen der Kognition spezifiziert haben. Ein schöner Zug dieses Forschungsprogramms ist, wie oft bemerkt wird, daß wir die Details der Funktionsweise des Gehirns nicht kennen müssen, um Kognition zu verstehen. Gehirnprozesse sorgen bloß für die Hardware-Implementierung der kognitiven Programme, aber die echten kognitiven Erklärungen werden auf der Programmebene gegeben. Der Standarddarstellung zufolge, etwa bei Newell, gibt es drei Erklärungsebenen: Hardware, Programm und Intentionalität (Newell nennt diese letzte Ebene die Wissensebene), und der spezielle Beitrag der Kognitionswissenschaft werde auf der Programmebene geleistet.

Doch wenn das bisher Gesagte richtig ist, ist an der ganzen Geschichte etwas faul. Ich habe immer angenommen, daß die kognitivistische Theorie als eine kausale Theorie zumindest falsch sei; doch nun fällt es mir schwer, eine Version davon zu formulieren, die kohärent genug ist, um überhaupt eine empirische These zu sein. Der These zufolge wird im Gehirn ein großer Haufen von Symbolen manipuliert, Nullen und Einsen, die in Blitzesschnelle durch das Gehirn sausen und nicht nur für das bloße Auge, sondern auch für das stärkste Elektronenmikroskop unsichtbar sind und die Kognition verursachen. Das Problem besteht aber darin, daß die Nullen und Einsen als solche überhaupt keine Kausalkräfte haben, weil sie außer im Auge des Betrachters überhaupt nicht existieren. Das implementierte Programm hat keine anderen Kausalkräfte als die des implementierenden Mediums, weil das Programm keine wirkliche Existenz hat, keine Ontologie unabhängig von der des implementierenden Mediums. Physikalisch betrachtet gibt es keine separate "Programmebene".

Dies wird deutlich, wenn man zur Ursprünglichen Geschichte zurückgeht und sich an den Unterschied zwischen dem mechanischen Computer und Turings menschlichem Computer erinnert. Bei Turings menschlichem Computer gibt es in der Tat eine dem System intrinsische Programmebene, und eben

Cambridge, Mass. 1990, 247-289.

auf dieser Ebene wird Input kausal in Output umgewandelt. Dies geschieht, weil der Mensch bewußt den Regeln für eine bestimmte Berechnung folgt, und dies liefert eine kausale Erklärung für seine Leistung. Doch wenn wir den mechanischen Computer so programmieren, daß er dieselbe Rechnung ausführt, ist die Zuschreibung einer computationalen Interpretation relativ in bezug auf uns, die externen homunculi; es gibt keine dem System intrinsische Ebene intentionaler Verursachung mehr. Der menschliche Computer folgt bewußt Regeln, und dieser Umstand erklärt sein Verhalten, doch der mechanische Computer folgt im wörtlichen Sinne überhaupt keinen Regeln. Er wurde entworfen, sich so zu verhalten, als befolge er Regeln, und deshalb macht es für praktische, kommerzielle Zwecke keinen Unterschied. Der Kognitivismus macht uns nun weis, daß das Gehirn wie der kommerzielle Computer funktioniere und auf diese Weise Kognition verursache. Doch ohne einen homunculus gibt es sowohl im kommerziellen Computer wie auch im Gehirn nichts als Muster, und die Muster haben keine über die der implementierenden Medien hinausgehenden Kausalkräfte. Daher *kann* der Kognitivismus offensichtlich keine kausale Erklärung der Kognition geben.

Meine Auffassung weist allerdings eine Unklarheit auf. Jeder, der mit Computern arbeitet, weiß in gewisser Weise, daß wir tatsächlich oft kausale Erklärungen geben, die auf das Programm rekurrieren. Beispielsweise können wir sagen, daß dies und das herauskommt, wenn ich diese Taste drücke, weil die Maschine das *vi*-Programm implementiert und nicht das *emacs*-Programm;[19] und dies sieht doch so aus wie eine normale Kausalerklärung. Das Rätsel besteht also in der Frage, wie wir den Umstand, daß Syntax als solche keine Kausalkräfte hat, mit dem Umstand in Einklang bringen, daß wir auf Programme rekurrierende Kausalerklärungen geben. Und, noch nachdrücklicher gefragt, würden diese Arten von Erklärungen ein angemessenes Modell für den Kognitivismus darstellen, sind sie eine Rettung für ihn? Könnten wir beispielsweise die Thermostaten-Analogie retten, indem wir hervorheben, daß der Begriff "Programm" in derselben Weise unabhängig von der Physik und zugleich explanatorisch ist wie der Begriff "Thermostat", der seine Rolle in Kausalerklärungen unabhängig von der physischen Implementierung spielt?

Um diese Frage zu klären, versuchen wir für den Kognitivismus zu argumentieren, indem wir die Ursprüngliche Geschichte ausweiten. Es gilt zu zeigen, wie die kognitivistischen Forschungsmethoden in der tatsächlichen Forschungspraxis funktionieren. Der typische Grundgedanke besteht darin, einen kommerziellen Computer so zu programmieren, daß er eine kognitive Fähigkeit simuliert, etwa das Sehen oder die Sprache. Haben wir eine gute Simulation zustandegebracht, eine, die zumindest Turing-Äquivalenz aufweist, so stellen wir die Hypothese auf, daß auf dem Gehirncomputer dasselbe Programm läuft wie auf dem kommerziellen Computer, und um die Hypothese zu testen, suchen wir nach indirekter psychologischer Evidenz wie beispielsweise

19 [*vi* und *emacs*: Text-Editoren unter dem Betriebssystem Unix (Anm.d. Ü.).]

Reaktionszeiten. So scheinen wir das Verhalten des Gehirncomputers kausal erklären zu können, indem wir auf das Programm verweisen, und dies in genau demselben Sinn, in dem wir das Verhalten des kommerziellen Computers erklären können. Was stimmt nun daran nicht? Klingt es nicht wie ein völlig legitimes wissenschaftliches Forschungsprogramm? Wir wissen, daß die Umwandlung des Inputs in Output, wie sie im kommerziellen Computer geschieht, durch ein Programm erklärt wird, im Gehirn entdecken wir dasselbe Programm, also haben wir eine kausale Erklärung.

Zwei Dinge sollten uns bei diesem Projekt auf den ersten Blick stören. Zum einen würden wir diese Art Erklärung bei keinem Gehirnvorgang akzeptieren, bei dem wir genau verstehen, wie er auf der neurobiologischen Ebene funktioniert. Zweitens würden wir sie nicht für andere Arten von Systemen akzeptieren, die wir auf Computern simulieren können. Um den ersten Punkt zu illustrieren, betrachte man beispielsweise den berühmten Bericht über "What the Frog's Eye Tells the Frog's Brain".[20] Die Darstellung bewegt sich ausschließlich in Begriffen der Anatomie und der Physiologie des Nervensystems des Frosches. Eine typische, zufällig herausgegriffene Passage lautet so:

> "1. Sustained Contrast Detectors
>
> An unmyelinated axon of this group does not respond when the general illumination is turned on or off. If the sharp edge of an object either lighter or darker than the background moves into the field and stops, it discharges promptly and continues discharging, no matter what the shape of the edge or whether the object is smaller or larger than the receptive field".[21]

Ich habe niemals jemanden sagen gehört, daß all dies bloß die Hardware-Implementierung sei, und daß man hätte herausbekommen sollen, welches Programm der Frosch implementiere. Ich zweifle nicht daran, daß man eine Computersimulation der "Insekten-Detektoren" des Frosches produzieren könnte. Vielleicht hat es jemand getan. Aber wir wissen alle, daß die "computationale Ebene" einfach irrelevant wird, sobald wir verstehen, wie das visuelle System des Frosches tatsächlich funktioniert.

Um den zweiten Punkt zu illustrieren, denke man an Simulationen anderer Arten von Systemen. Ich tippe bespielsweise diese Wörter in eine Maschine ein, die das Verhalten einer altmodischen mechanischen Schreibmaschine simuliert.[22] Wie es so mit Simulationen ist, simuliert das Textverarbeitungs-

20 J. Y. Lettvin et al., "What the Frog's Eye Tells the Frog's Brain", *Proceedings of the Institute of Radio Engineers*, 47, 1959, wiederabgedruckt in W. S. McCulloch, *The Embodiments of Mind*, Cambridge, Mass. 1965, 230-255.

21 J. Y. Lettvin et al., "What the Frog's Eye Tells the Frog's Brain", *Proceedings of the Institute of Radio Engineers*, 47, 1959, wiederabgedruckt in W. S. McCulloch, *The Embodiments of Mind*, Cambridge, Mass. 1965, 239.

22 Dieses Beispiel hat John Batali vorgeschlagen.

programm die Schreibmaschine besser als jedes mir bekannte KI-Programm das Gehirn simuliert. Doch kein vernünftiger Mensch wird denken: "Endlich verstehen wir, wie Schreibmaschinen funktionieren, sie sind Implementierungen von Textverarbeitungsprogrammen". Es trifft einfach nicht generell zu, daß Computersimulationen Kausalerklärungen der simulierten Phänomene lieferten.

Wie ist es wirklich? Wir nehmen nicht generell an, daß Computersimulationen von Gehirnprozessen uns irgendwelche Erklärungen zusätzlich oder anstelle von neurobiologischen Darstellungen der tatsächlichen Arbeitsweise des Gehirns liefern. Und wir sehen "X ist eine Computersimulation von Y" nicht generell als Bezeichnung für eine symmetrische Relation an. Das heißt, wir nehmen nicht an, daß die Schreibmaschine einen Computer simuliert, weil der Computer eine Schreibmaschine simuliert. Wir denken nicht, daß das Verhalten eines Hurrikans durch ein Programm kausal erklärt wird, weil das Programm den Hurrikan simuliert. Warum also sollten wir von diesen Prinzipien eine Ausnahme machen, wenn es um unbekannte Gehirnprozesse geht? Gibt es irgendwelche guten Gründe für eine solche Ausnahme? Und was für eine Art Kausalerklärung ist eine Erklärung, die auf ein formales Programm rekurriert?

Ich denke, daß hier die Lösung unseres Problems liegt. Sobald man den homunculus aus dem System entfernt hat, behält man bloß ein Muster von Ereignissen zurück, dem jemand von außen eine computationale Interpretation beilegen könnte. Der einzige Sinn, in dem die Angabe des Musters selbst eine kausale Erklärung liefert, besteht darin: Wenn man weiß, daß in einem System ein bestimmtes Muster vorkommt, weiß man auch, daß irgendeine Ursache für dieses Muster verantwortlich ist. So kann man beispielsweise aus früheren Stadien spätere Stadien voraussagen. Wenn man schon weiß, daß das System von einem externen homunculus programmiert worden ist, kann man außerdem Erklärungen geben, die sich auf die Intentionalität dieses homunculus beziehen. Man kann etwa sagen, daß diese Maschine sich so verhält, wie sie es tut, weil auf ihr das Programm *vi* läuft. Dies ähnelt der Erklärung, daß dieses Buch deshalb mit einem Abschnitt über glückliche Familien beginnt und keine längeren Passagen über einen Haufen Brüder enthält, weil es sich um Tolstois *Anna Karenina* handelt und nicht um Dostojewskis *Die Brüder Karamasow*. Doch man kann ein physisches System wie eine Schreibmaschine oder ein Gehirn nicht erklären, indem man ein Muster identifiziert, welches es mit seiner Computersimulation gemeinsam hat, denn die Existenz des Musters erklärt nicht, wie das System tatsächlich *als ein physisches System* funktioniert. Im Falle der Kognition ist das Muster auf einer viel zu hohen Abstraktionsebene angesiedelt, um so konkrete mentale (und daher physische) Ereignisse wie das Vorkommen einer visuellen Wahrnehmung oder das Verstehen eines Satzes zu erklären.

Es scheint mir also offensichtlich, daß wir die Funktionsweise von Schreibmaschinen und Hurrikanen nicht erklären können, indem wir auf formale

Muster verweisen, die sie mit ihren Computersimulationen gemeinsam haben. Warum ist dies beim Gehirn nicht ebenso offensichtlich?

Damit kommen wir zum zweiten Teil der Lösung unseres Problems. In unserer Argumentation für den Kognitivismus nahmen wir stillschweigend an, daß das Gehirn in demselben Sinne Algorithmen für Kognition implementieren könne, wie Turings menschlicher Computer und sein mechanischer Computer Algorithmen implementieren. Aber es ist genau diese Annahme, die sich nun als falsch herausgestellt hat. Um dies einzusehen, frage man sich, was vor sich geht, wenn ein System einen Algorithmus implementiert. Im menschlichen Computer vollzieht das System bewußt die Schritte des Algorithmus, der Prozeß ist also sowohl kausal als auch logisch – logisch, weil der Algorithmus eine Regelmenge zur Ableitung der Output-Symbole aus den Input-Symbolen enthält, kausal, weil der Handelnde bewußt Anstalten unternimmt, die Schritte zu vollziehen. Ganz ähnlich im Falle des mechanischen Computers, wo das ganze System einen externen homunculus enthält und zusammen mit dem homunculus ein sowohl kausales als auch logisches System darstellt – logisch, weil der homunculus eine Interpretation der maschinalen Prozesse liefert, und kausal, weil die Hardware der Maschine das Durchlaufen der Prozesse verursacht. Doch diese Bedingungen können die rohen, blinden, nichtbewußten neurophysiologischen Vorgänge im Gehirn nicht erfüllen. Im Gehirncomputer gibt es keine bewußte intentionale Implementierung des Algorithmus wie im menschlichen Computer, aber es kann auch keine nichtbewußte Implementierung wie im mechanischen Computer geben, denn dies erfordert einen externen homunculus, der den physischen Ereignissen eine computationale Interpretation beilegt.[23] Alles, was wir im Gehirn finden könnten, wäre ein Muster von Ereignissen, welches dem im mechanischen Computer implementierten Programm formal ähnlich ist. Dieses Muster hat als solches aber keine eigenen kausalen Kräfte und erklärt daher nichts.

Zusammengefaßt: der Umstand, daß die Zuschreibung einer Syntax keine eigenen Kausalkräfte namhaft macht, wirkt sich fatal für die Behauptung aus, Programme lieferten kausale Erklärungen der Kognition. Um festzustellen, welche Konsequenzen daraus folgen, erinnern wir uns daran, wie kognitivistische Erklärungen tatsächlich aussehen. Erklärungen wie Chomskys Darstellung der Syntax natürlicher Sprachen oder Marrs Darstellung des Sehens gehen so vor, daß sie eine Reihe von Regeln angeben, gemäß derer ein symbolischer Input in einen symbolischen Output umgewandelt wird. Bei Chomsky wird beispielsweise ein einzelnes Input-Symbol, *S*, durch die wiederholte Anwendung einer syntaktischen Regelmenge in einen aus einer potentiell unendlichen Menge von Sätzen umgewandelt. Bei Marr werden Repräsentationen eines zweidimensionalen visuellen Musters entsprechend bestimmter

23 [Die vorangegangene, im Original fehlerhafte Passage wurde gemäß der entsprechenden Stelle in Searles jüngstem Buch, *The Rediscovery of the Mind*, korrigiert (Anm. d. Ü.).]

Algorithmen in dreidimensionale “Beschreibungen” der Welt umgewandelt. Marrs dreifache Unterscheidung zwischen der computationalen Aufgabe, der algorithmischen Lösung der Aufgabe und der Hardware-Implementierung des Algorithmus ist (wie Newells Unterscheidungen) berühmt geworden als eine Darstellung des generellen Erklärungsmusters.

Faßt man diese Erklärungen in naiver Weise auf, wie ich es tue, so vergleicht man sie am besten mit der Behauptung, daß ein Mensch allein in einem Zimmer eine Serie von Regelbefolgungsschritten abarbeitet, um etwa englische Sätze oder 3D-Beschreibungen zu generieren. Doch fragen wir uns nun, welche Tatsachen der wirklichen Welt diesen Erklärungen, auf das Gehirn angewandt, entsprechen sollen. Was Chomsky betrifft, sollen wir beispielsweise nicht denken, daß der Handelnde bewußt eine Reihe wiederholter Anwendungen der Regeln vollführt, noch sollen wir denken, daß er sich unbewußt seinen Denkweg durch die Regeln bahnt. Vielmehr seien die Regeln “computational”, und das Gehirn führe die Berechnungen aus. Aber was soll das heißen? Nun, wir sollen annehmen, daß das Gehirn genau wie ein kommerzieller Computer arbeitet. Die Art von Dingen, die der Zuschreibung der Regelmenge zu einem kommerziellen Computer entspricht, soll auch der Zuschreibung dieser Regeln zum Gehirn entsprechen. Wir haben aber gesehen, daß die Zuschreibung beim kommerziellen Computer immer relativ zu einem Beobachter ist, sie wird immer nur relativ zu einem homunculus vollzogen, der Hardware-Zuständen computationale Interpretationen beilegt. Ohne den homunculus gibt es keine Berechnung, nur einen elektronischen Schaltkreis. Wie bekommen wir also die Berechnung ohne einen homunculus ins Gehirn? Soweit ich sehe, haben sich weder Chomsky noch Marr jemals dieser Frage zugewandt oder sie auch nur wahrgenommen. Doch ohne einen homunculus hat die Postulierung von Programmzuständen keine Erklärungskraft. Da ist bloß ein physischer Mechanismus, das Gehirn, mit seinen verschiedenen kausalen Beschreibungsebenen, genuin physischen und physisch-mentalen.

7 Vierte Schwierigkeit: Im Gehirn findet keine Informationsverarbeitung statt

In diesem Abschnitt komme ich schließlich zu dem, was in meinen Augen der zentrale Punkt bei der ganzen Sache ist, zur Frage der Informationsverarbeitung. Viele Leute innerhalb des wissenschaftlichen Paradigmas der “Kognitionswissenschaft” werden den Eindruck haben, das Gesagte sei zum größten Teil einfach irrelevant, und sie werden folgendermaßen dagegen argumentieren:

> Es gibt einen Unterschied zwischen dem Gehirn und all den anderen Systemen, die Sie beschrieben haben, und dieser Unterschied erklärt, warum eine Compu-

tersimulation in diesen anderen Fällen bloße Simulation ist, während sie im Falle des Gehirns dessen funktionale Eigenschaften tatsächlich dupliziert und nicht bloß modelliert. Der Grund ist, daß das Gehirn im Unterschied zu den anderen Systemen ein *informationsverarbeitendes* System ist. Und diese Tatsache über das Gehirn ist, in Ihren Worten, eine “intrinsische”. Es ist einfach eine biologische Tatsache, daß das Gehirn funktioniert, indem es Informationen verarbeitet, und da wir dieselbe Information auch computational verarbeiten können, spielen Computermodelle des Gehirns eine völlig andere Rolle als beispielsweise Computermodelle des Wetters. Es gibt daher eine wohldefinierte Frage für die Forschung: “Sind die computationalen Prozesse, mithilfe derer das Gehirn Informationen verarbeitet, die gleichen wie die Prozesse, mit denen Computer dieselben Informationen verarbeiten?”

Was ich eben einen fiktiven Opponenten sagen ließ, enthält einen der schlimmsten Fehler der Kognitionswissenschaft. Der Fehler besteht in der Annahme, daß Gehirne in dem Sinne Informationen verarbeiten, wie man es Computer tun läßt. Um diesen Fehler einzusehen, stelle man gegenüber, was in einem Computer und was in einem Gehirn vor sich geht. Im Falle des Computers kodiert ein äußerer Akteur eine Information in einer Form, die von den Schaltkreisen des Computers prozessiert werden kann. Das heißt, er oder sie stellt eine syntaktische Realisierung der Information zur Verfügung, die der Computer beispielsweise in Form verschiedener Spannungsstärken implementieren kann. Der Computer durchläuft dann eine Reihe elektrischer Zustände, die der äußere Akteur sowohl syntaktisch als auch semantisch interpretieren kann, obgleich die Hardware natürlich keine intrinsische Syntax oder Semantik besitzt: dies alles ist im Auge des Betrachters. Und die physische Struktur spielt keine Rolle, wenn sie es nur erlaubt, den Algorithmus zu implementieren. Schließlich wird ein Output in Form physischer Phänomene erzeugt, die ein Beobachter als Symbole mit einer Syntax und einer Semantik interpretieren kann.

Doch dies vergleiche man nun mit dem Gehirn. Im Falle des Gehirns ist keiner der relevanten neurobiologischen Prozesse beobachterabhängig (obwohl sie natürlich, wie alles, von einem beobachterrelativen Standpunkt beschrieben werden können), und die Beschaffenheit der Neurophysiologie spielt eine eminente Rolle. Gehen wir ein Beispiel durch, um diesen Unterschied zu verdeutlichen. Angenommen, ich sehe ein Auto auf mich zukommen. Ein Standard-Computermodell des Sehens würde die Information über das optische Muster auf meiner Netzhaut aufnehmen und schließlich den Satz ausgeben, “Da kommt ein Auto auf mich zu”. Aber nichts davon passiert in der wirklichen Biologie. In der Biologie wird durch den Aufprall der Photonen auf die Photorezeptorzellen meiner Netzhaut eine konkrete und spezifische Reihe von elektrochemischen Reaktionen ausgelöst, und dieser gesamte Vorgang resultiert in einer konkreten visuellen Erfahrung. Die biologische Wirklichkeit besteht nicht darin, daß im visuellen System eine Menge von Wörtern oder

Symbolen produziert würde, hier liegt vielmehr ein konkretes, spezifisches, bewußtes visuelles Ereignis vor: eben diese bestimmte visuelle Wahrnehmung. Dieses visuelle Ereignis ist so spezifisch und so konkret wie ein Hurrikan oder die Verdauung einer Mahlzeit. Mit einem Computer können wir ein Informationsverarbeitungsmodell dieses Ereignisses oder seiner Genese produzieren, wie wir ein Informationsverarbeitungsmodell des Wetters, der Verdauung oder jedes anderen Phänomens erstellen können. Die Phänomene selbst sind dadurch aber nicht informationsverarbeitende Systeme.

Kurz: Informationsverarbeitung in dem Sinne, wie der Begriff in der Kognitionswissenschaft verwendet wird, ist auf einer viel zu hohen Abstraktionsebene angesiedelt, um die konkrete biologische Realität intrinsischer Intentionalität zu erfassen. Die "Information" des Gehirns bezieht sich immer auf einen bestimmten Modus. Sie bezieht sich etwa auf das Denken, das Sehen, das Hören oder das Fühlen. Dagegen geht es auf der Ebene der Informationsverarbeitung, die in den kognitionswissenschaftlichen Computermodellen der Kognition beschrieben wird, einfach darum, daß man in Reaktion auf eine Reihe von Inputsymbolen eine Reihe von Outputsymbolen erhält.

Was uns für diesen Unterschied blind macht, ist der Umstand, daß derselbe Satz, "Ich sehe ein Auto auf mich zukommen", zur Beschreibung sowohl der Intentionalität des Sehens als auch des Outputs eines Computermodells des Sehens benutzt werden kann. Aber dies sollte uns nicht den Blick dafür verstellen, daß die visuelle Erfahrung ein konkretes Ereignis ist, das im Gehirn durch bestimmte elektrochemische biologische Prozesse hervorgebracht wird. Diese Ereignisse und Prozesse mit formaler Symbolmanipulation zu verwechseln heißt, die Wirklichkeit mit dem Modell zu verwechseln. Im Sinne des in der Kognitionswissenschaft verwendeten Informationsbegriffs, so das Ergebnis dieses Diskussionsteils, ist es schlicht falsch zu sagen, daß das Gehirn ein informationsverarbeitendes System ist.

8 Zusammenfassung des Arguments

Diese knappe Argumentation hat eine einfache logische Struktur, die ich hier offenlege:

1. Der Standard-Lehrbuchdefinition zufolge ist Berechnung syntaktisch in Begriffen der Symbolmanipulation definiert.
2. Doch Syntax und Symbole sind nicht in physikalischen Begriffen definiert. Obwohl Vorkommnisse von Symbolen immer physische Vorkommnisse sind, sind "Symbol" und "dasselbe Symbol" nicht in Begriffen physischer Merkmale definiert. Kurz, Syntax ist der physischen Ebene nicht intrinsisch.

3. Dies hat zur Konsequenz, daß Berechnung nicht auf der physischen Ebene entdeckt, sondern ihr zugeschrieben wird. Bestimmte physische Phänomene werden als syntaktische definiert, benutzt, programmiert oder interpretiert. Syntax und Symbole sind immer relativ zu einem Beobachter.
4. Daraus folgt, daß man nicht *entdecken* könnte, daß das Gehirn oder irgendetwas anderes intrinsischerweise ein Digitalcomputer ist – obgleich man ihm, wie allem anderen auch, eine Computerinterpretation beilegen kann. Der Punkt ist nicht, daß die Behauptung "Das Gehirn ist ein Digitalcomputer" falsch wäre. Sie erreicht vielmehr die Ebene des Falschseins gar nicht erst. Sie hat keinen klaren Sinn. Man hat meine Darstellung mißverstanden, wenn man sie als ein Argument dafür ansieht, daß es einfach falsch sei, daß das Gehirn ein Digitalcomputer ist. Die Frage "Ist das Gehirn ein Digitalcomputer?" ist so schlecht definiert wie die Frage "Ist es ein Abakus?", "Ist es ein Buch?", "Ist es eine Symbolmenge?", "Ist es eine Menge mathematischer Formeln?"
5. Einige physische Systeme erleichtern den computationalen Einsatz mehr als andere. Aus diesem Grunde bauen, programmieren und benutzen wir sie. In diesen Fällen sind wir der homunculus im System, der die physische Struktur zugleich syntaktisch und semantisch interpretiert.
6. Aber die kausalen Erklärungen, die wir geben, bringen keine anderen kausalen Eigenschaften ins Spiel als diejenigen der physischen Implementierung und der Intentionalität des homunculus.
7. Die übliche, allerdings stillschweigend vollzogene Ausflucht ist der homunculus-Fehlschluß. Der homunculus-Fehlschluß ist Computermodellen der Kognition endemisch und kann durch die Standardargumente der rekursiven Dekomposition nicht beseitigt werden. Diese betreffen eine andere Frage.
8. Wir können die obigen Ergebnisse nicht durch die Annahme vermeiden, das Gehirn betreibe "Informationsverarbeitung". Soweit es um seine intrinsischen Operationen geht, betreibt das Gehirn keine Informationsverarbeitung. Es ist ein bestimmtes biologisches Organ, und seine spezifischen neurobiologischen Prozesse verursachen spezifische Formen der Intentionalität. Intrinsischerweise gibt es im Gehirn neurobiologische Prozesse und manchmal verursachen sie Bewußtsein. Doch dies ist die ganze Geschichte.[24]

Übersetzt von Geert Keil

24 Ich bin außerordentlich vielen Personen, die mit mir über diesen Aufsatz betreffende Fragen diskutiert haben, zu Dank verpflichtet. Ich kann nicht allen von ihnen danken, möchte aber besonders herausheben John Batali, Vinod Goel, Ivan Havel, Kirk Ludwig, Dagmar Searle und Klaus Strelau.

Informatik und Kultur

Künstliche Intelligenz und Menschenbilder*

Margaret A. Boden

Künstliche Intelligenz wird nun endlich als Wissenschaft anerkannt, statt für Science Fiction gehalten zu werden. Vor nicht allzu langer Zeit hatte fast niemand von der KI gehört. Nun spielt sie in den Medien eine prominente Rolle. Daß sie in den frühen 80er Jahren plötzlich sichtbar wurde, lag in erster Linie an der ökonomischen und politischen Herausforderung des japanischen Projekts der Fünften Rechnergeneration. Seitdem wurde über die KI vielfach in unseren Zeitungen und im Fernsehen berichtet. Den meisten Menschen erscheint die KI in ihrer wissenschaftlichen Gestalt nicht weniger bedrohlich als in ihrer fiktionalen Form. Viele befürchten, daß menschliche Werte zurückgedrängt oder überhaupt negiert werden, wenn diese neue Wissenschaft und die sie begleitende Technologie das Bild vom Menschen an ihre Standards angleichen werden.

Angst vor Tigern oder vor dem Fliegen mag konkreter und leichter nachvollziehbar sein. Doch die Angst, daß eine neue Wissenschaft oder Technologie in gravierender Weise dehumanisierend sei, ist eine reale. Humanistische Philosophen und Psychologen sind gegenüber der Wissenschaft generell mißtrauisch – oder zumindest gegenüber der Naturwissenschaft. Max Weber, Wilhelm Dilthey und Jürgen Habermas sind nur einige der Denker, die zwischen dem interpretativen *Verstehen*, welches sie für unabdingbar in den hermeneutischen und den Sozialwissenschaften halten, und der objektiven Beobachterperspektive der Naturwissenschaften streng unterschieden haben.

In der Psychologie wurden diese Auffassungen keinesfalls allgemein akzeptiert. Je "seriöser" oder "wissenschaftlicher" ein Psychologe ist, desto eher wird er solchen Auffassungen eine Abfuhr erteilen. Selbst Freud, der zweifellos einer interpretativen Sichtweise verpflichtet war, war der Überzeugung, daß auf der fundamentalsten philosophischen Ebene solche geradezu peinlich menschlichen Konzepte wie "Absicht" und "Wahl" auf in neutraler Weise neurowissenschaftlich beschriebene Gehirnereignisse reduziert werden könnten.

Doch es gab immer einige Psychologen, die aufgrund humanistischer Neigungen den wachsenden Einfluß von Wissenschaft und Technik in der modernen Welt beklagten. Viele von ihnen haben darauf bestanden, daß dies eine

* Dieser Artikel ist ursprünglich unter dem Titel "Artificial Intelligence and Images of Man" in *Michigan Quarterly Review*, (Special Issue on "Science and the Human Image"), 1985, 186-196 erschienen.

praktisch höchst bedeutsame Angelegenheit sei und nicht bloß eine philosophische Feinheit, die man guten Gewissens ignorieren könnte. Unsere Auffassungen davon, was der Mensch ist und was er sein könnte, bleiben oft unausgesprochen, sind größtenteils sogar unbewußt. Aber in ihrer Verwobenheit mit unseren Moralvorstellungen beeinflussen sie unser tägliches Leben.

Lange bevor die KI öffentlich wahrgenommen wurde, hat beispielsweise der praktizierende Psychologe Rollo May auf die nachteiligen moralischen Auswirkungen des Mensch-Maschinen-Vergleichs hingewiesen. Er berichtete, daß die Probleme seiner Patienten zu einem großen Teil auf deren Unfähigkeit zurückgingen, sich selbst als entscheidungsfähige und zielgerichtet handelnde Wesen zu begreifen. Verantwortlich machte er dafür "the dehumanizing dangers in our tendency in modern science to make man over into the image of the machine, into the image of the techniques by which we study him".[1]

Der Vergleich zwischen Mensch und Maschine muß nicht explizit ausgeführt werden – obwohl dies natürlich oft geschieht. Die implizite Botschaft der Naturwissenschaften ist deutlich genug. Da die Naturwissenschaften keinen Raum haben für Begriffe wie *Absicht*, *Wahl*, *Überzeugung*, *Handlung*, *Kreativität* und, vor allem, *Subjektivität*, befördern sie indirekt ein Verständnis der Welt und des Menschen, das dafür ebenfalls keinen Platz hat.

Als May auf die Tendenz der Wissenschaft hinwies "to undermine man's experience of himself as responsible, to sap his willing and decision",[2] machte er nicht bloß eine theoretische Bemerkung. Er berichtete über weitverbreitete Effekte, die er an seinen Patienten beobachtet hatte. Sie suchten bei ihm nach praktischer Hilfe, und dies zum Teil deshalb, weil die Wissenschaft ihrer Zeit sie heimtückischerweise ermutigt hatte, sich selbst als schwach und hilflos anzusehen.

Wir müssen nicht heimlich hinter der Couch des Psychotherapeuten lauschen, um die menschlichen (bzw. inhumanen) Auswirkungen eines übertrieben rationalistischen, eines verengt szientistischen Weltverständnisses wahrzunehmen. Wir können diese Auswirkungen in bestimmten politischen Institutionen und in Büros oder Fabriken wahrnehmen. Wir wissen, daß die Bereitschaft der Menschen zur Übernahme von Verantwortung untergraben wird, wenn man ihnen niemals Entscheidungsmöglichkeiten gibt, wenn man ihnen das Gefühl vermittelt, sie seien dazu nicht fähig, oder wenn sie denken, daß ihre Entscheidungen ohne Einfluß bleiben. Wir wissen auch, wieviel Verdrossenheit entstehen kann, wenn Menschen merken, daß sie wie Maschinen behandelt werden, oder daß ihr menschliches Potential weder erkannt noch geschätzt wird.

Selbst die "primitiven" Techniken des Fließbands und der einfachen Automation haben solche Auswirkungen gehabt. Es kann daher nicht überraschen,

1 R. May (Hrsg.), *Existential Psychology*, New York 1961, 20.
2 R. May (Hrsg.), *Existential Psychology*, New York 1961, 41.

wenn viele Menschen Angst vor dem Heraufziehen einer neuen Technik haben.

Der Mann auf der Straße wird zunehmend mit Technik einer offensichtlich "intelligenteren" Form in Berührung kommen. In Japan und im Westen fließen Regierungs- und Industriegelder in die KI-Forschung. Seit einigen Jahren zieht die *Joint International Conference on Artificial Intelligence* viele Geschäftsleute an, die darauf hoffen, daß die sich auf dem Markt ausbreitenden KI-Unternehmen ihnen Expertensysteme zur Lösung ihrer Geschäftsprobleme programmieren könnten. Im Jahre 1983, kurz nach der Ankündigung der japanischen Initiative, fand sich unter den Konferenzteilnehmern eine Reihe von Wall Street-Kapitalisten mit riesigen Geldern zur Unterstützung neuer Ideen auf diesem Gebiet. Aufgrund der enttäuschenden Leistungen vieler der frühen KI-Unternehmen waren es gegen Ende der 80er Jahre schon weniger Kapitalgeber, die bereitwillig auf diesem Gebiet investieren wollten. Einige dieser Unternehmen haben dennoch überlebt; und viele Firmen haben KI-Forscher eingestellt, entweder fest oder in Beraterfunktion, um auf ihre besonderen Zwecke zugeschnittene Programme zu entwickeln.

Die ehrgeizigsten Ziele der KI-Enthusiasten werden möglicherweise auch auf lange Sicht nicht realisiert werden. Aber ihre bescheideneren Ziele haben sie schon erreicht. In den frühen 90er Jahren benutzten oder entwickelten bereits viele Industrie- und Finanzunternehmen und einige Regierungsbehörden spezialisierte Expertensysteme. Diese Systeme verbessern oft die Dienstleistungen für die Kunden und sparen den jeweiligen Trägern beträchtliche Mengen Geld.[3] In den meisten kommerziellen Systemen werden regelbasierte Programmiertechniken verwendet, doch in manchen werden auch (aus vielen einfachen Bausteinen verbundene) "neuronale Netze" benutzt, die für den Umgang mit unvollkommenen Informationsquellen noch besser geeignet sind. Offensichtlich müssen wir also nicht allzu tief in unsere Kristallkugel starren, um die weite Verbreitung von KI-Programmen in der industrialisierten Welt (und ebenso in den Entwicklungsländern) vorauszusagen.

Unsere Hauptfrage lautet daher, ob die KI mit ihrer zunehmenden öffentlichen Verbreitung unser Bild des Menschen ärmer machen wird. Wird sie unsere Selbstachtung schwächen und unser Gefühl der Hilflosigkeit angesichts der Herausforderungen des Lebens vergrößern? Kurz, wird sie die Art verändern, in der wir über uns selbst als menschliche Wesen nachdenken, so daß unsere Menschlichkeit entwertet oder gar abgeschafft wird?

Die Antwort scheint offensichtlich zu sein – und bestürzend. Die meisten Menschen gehen davon aus, daß diese neue Technologie zweierlei bedrohliche Auswirkungen hat. Erstens, daß wir nicht so intelligent sind wie wir dachten: diese tollen Maschinen sind *viel* intelligenter als wir. Und zweitens, daß wir selbst "nichts als Maschinen" sind: von individuellen Überzeugungen, Werten und Entscheidungen könne keine Rede sein. In beiden Fällen würde folgen,

3 Vgl. E. A. Feigenbaum et al., *The Rise of the Expert Company*, London 1988.

daß wir weder so einzigartig noch so würdig sind wie wir dachten. Philosophische Positionen, die die spezifisch humanen Qualitäten des Menschen hoch einschätzen, mögen daher sentimental und verfehlt scheinen.

Diese Antwort, so sehr sie auch auf der Hand liegen mag, ist falsch. Die philosophische Botschaft der KI ist das genaue *Gegenteil* von der üblicherweise angenommenen. Erstens macht die KI uns klar, daß der menschliche Geist viel reicher und subtiler ist als wir normalerweise denken – und *viel* leistungsfähiger als sogar die Computer von morgen, von den gegenwärtigen gar nicht zu reden. Und zweitens bestätigt sie, was Humanisten immer betont haben: daß subjektive Überzeugungen und Werte eine Rolle spielen, und daß man sie kritisch prüfen kann und sollte, da von ihnen alle Urteile und Entscheidungen abhängen.

Was den ersten Punkt betrifft, so sind die Denk- und Intelligenzleistungen von KI-Programmen im Vergleich zu den unsrigen armselig. Obgleich Computer *im Prinzip* alles können, was wir können, ist die tatsächliche Maschinenintelligenz heute und in vorhersehbarer Zukunft von der unsrigen weit entfernt.

Dies wird deshalb oft übersehen, weil wir so schlecht in dem sind, was Programme gut können. Computer sind besser in Mathematik und in genau spezifizierbaren wissenschaftlichen Denkleistungen als viele oder gar die meisten menschlichen Spezialisten. Aus diesem Grund kann es Expertensysteme geben, die Probleme in eng begrenzten Gebieten der Stereochemie, in der geologischen Exploration von Ölvorkommen oder in der medizinischen Diagnose lösen.

Was jedoch meistens vergessen wird, ist der Umstand, daß Computer nahezu vollständig an Dingen scheitern, die *wir alle* gut beherrschen. Wir verstehen alle unsere Muttersprache und die meisten von uns können lesen. Wir können Gegenstände erkennen, die im Schatten liegen oder teilweise von anderen Objekten verdeckt sind. Wir können mit common sense ein Problem angehen oder zwischen den Zeilen einer Rede, eines Briefes, einer Zeitung lesen. Und nahezu jeder kann auf geschickte Weise mit seinen Fingern eine Vielzahl von manuellen Tätigkeiten ausführen. KI-Systeme können diese Dinge nur in sehr beschränkter Weise.

Menschen, die sich minderwertig fühlen, weil sie im Unterschied zu Computerprogrammen nicht in Sekundenbruchteilen mathematische Gleichungen lösen können, sollten sich vor Augen halten, daß sie andere Dinge können, die kein Computer beherrscht – nicht heute und auch nicht morgen. Entsprechend sollte die Bedrohung für ihr Selbstbewußtsein und ihr Selbstbild abnehmen.

So wichtig unser Selbstbewußtsein auch ist, es ist nicht der einzige Grund, aus dem wir uns vor Augen führen sollten, daß die KI den menschlichen Geist noch bewundernswürdiger macht als er uns bisher erschien. Es gibt noch einen anderen, pragmatischeren Grund.

Menschen, die mit KI-Programmen arbeiten, brauchen einen zuverlässigen Sensus dafür, mit welchen Fragen diese Technik fertigwerden kann und mit welchen nicht. "Dumme" Programme sind offenkundig weniger gefährlich als "intelligente", weil es grundsätzlich weniger gefährlich ist, sich auf die Erklärungen eines Programms nicht zu verlassen, als ihnen zu enthusiastisch zu vertrauen. Dabei könnte es zur Irreführung beitragen, Programme *nur etwas* intelligenter zu machen.

Ein Programm mit einem leisen Anschein von common sense könnte beispielsweise gefährlicher sein als eines, dem dieser völlig fehlt. Denn man würde dem Programm höchstwahrscheinlich mehr Denkfähigkeiten zuschreiben als es tatsächlich besitzt.

Common sense ist nötig, um mit einem Problem unter Bedingungen unvollständigen Wissens zu Rande zu kommen, denn in diesem Falle ist man bezüglich der relevanten Fakten auf Vermutungen angewiesen. Wenn sich später herausstellen sollte, daß eine dieser Vermutungen falsch war, kann ein Mensch diese neue Information von nun an benutzen. Menschen können also mit dem Umstand umgehen, daß ein vernünftigerweise für wahr gehaltener Satz sich später als falsch herausstellen mag.

In der herkömmlichen Logik, in der Wahrheiten ein für allemal bewiesen werden, ist dies unmöglich. Gegenwärtige Computerverfahren der Problemlösung basieren auf herkömmlicher Logik. Konsequenterweise arbeiten einige KI-Forscher am nicht-monotonen Schließen, das eine Änderung von Wahrheitswerten zuläßt, wenn das System entsprechende Informationen erhält. Einige der relevanten Punkte sind von John McCarthy aufgezeigt worden, einer der wichtigsten Figuren in der Geschichte der KI.[4]

McCarthy, so konstruiert er den Fall, bittet einen Freund, das "Missionare und Kannibalen"-Rätsel zu lösen, welches so geht: Drei Missionare und drei Kannibalen wollen einen Fluß überqueren; es gibt ein kleines Ruderboot, das jeder rudern kann, doch aus naheliegenden Gründen dürfen zu keiner Zeit mehr Kannibalen als Missionare im Boot oder an einem der beiden Ufer sein.

Statt nun von Flußüberquerungen hin und zurück mit ein oder zwei Personen anzufangen, sagt der gedachte Freund, "Sie gehen alle über die Brücke". McCarthy verzieht das Gesicht und sagt ihm, daß es keine Brücke gibt. Nun meint sein Freund, "Sie bauen ein Floß, das für sechs Personen ausreicht". McCarthy erläutert, mit leichter Ungeduld: "Kein Holz verfügbar". Die Antwort des Freundes: "Ein großes Krokodil kommt angeschwommen, alle sechs stellen sich auf seinen Rücken und lassen sich ans andere Ufer bringen". McCarthy, matt: "Keine Krokodile!" Der nächste Vorschlag lautet, daß sie zur nächsten Telefonzelle laufen und einen Hubschrauber anfordern... Es ist klar, daß dieser Dialog endlos weitergehen kann.

Es ist der common sense des Freundes, der es ihm ermöglicht, McCarthy so zu ärgern. Eine Denksportaufgabe ist eine spezielle Problemsorte, bei der

4 J. McCarthy, "Circumscription: A Form of Non-Monotonic Reasoning", *Artificial Intelligence* , 13, 1980, 27-40; J. McCarthy, "Applications of Circumscription to Formalizing Common-Sense Knowledge", *Artificial Intelligence* , 28, 1986, 89-116.

davon ausgegangen wird, daß man nicht seinen common sense zu benutzen versucht. Die Aufgabe in dem Sinn zu akzeptieren, wie sie gestellt war, hätte daher die Bereitschaft erfordert, keine solch externen Faktoren einzuführen – *obgleich* sie nicht ausdrücklich ausgeschlossen waren.

Ein gewöhnliches problemlösendes Computerprogramm würde sie ebenfalls nicht berücksichtigen – es weiß ja nicht einmal etwas von Brücken, Flößen, Krokodilen oder Hubschraubern. Wenn es von diesen Dingen wüßte, müßte man ihm zuvor mitteilen, daß sie nicht relevant sind. Andernfalls würde es sie ganz ernsthaft in Betracht ziehen.

Völlig falsch wäre es zu sagen, "Kein Anlaß zur Beunruhigung – es ist offensichtlich unnötig, einem System, das das *Missionare und Kannibalen*-Problem lösen soll, Wissen über Krokodile einzugeben". Wenn das fragliche System ein Mensch ist, versteht sich dies von selbst. Wenn sich im wirklichen Leben sechs Menschen im Urwald verlaufen haben, *könnte* es passieren, daß das entsprechende Problem in dieser unerwarteten Weise gelöst wird. Selbst ein Krokodil könnte sich als nützlich erweisen, sollte einer der Menschen fähig sein, Tiere zu hypnotisieren, so daß sie seinem Willen folgen würden. Darüberhinaus würde man aus *einem* Vorschlag des common sense folgern, daß der Sprecher einen *anderen* ausschließt. Wenn etwa einer der Verirrten vorschlüge, ein Krokodil zu benutzen, würden die anderen automatisch davon ausgehen, daß er von keiner nahegelegenen Brücke weiß. Denn wenn er eine kennen würde, hätte er sicherlich genügend Verstand, diese zuerst ins Spiel zu bringen.

Nun sehen wir, warum es gefährlich wäre, wenn ein Programm etwas common sense hätte. Angenommen, ein Expertensystem der Zukunft machte einen scheinbar ganz vernünftigen Vorschlag. Der unbesonnene menschliche Benutzer könnte annehmen, daß das Programm auf andere vielleicht relevante Möglichkeiten ebenfalls zurückgreifen kann (wohingegen es tatsächlich nicht die leiseste Ahnung von ihnen hat). Wenn sie nicht erwähnt werden, so nimmt der Benutzer an, muß dies daran liegen, daß das Programm sie erwogen und als im vorliegenden Fall nutzlos erkannt hat. Das Vertrauen des Benutzers in das Urteil des Programms könnte so zur *Nichtberücksichtigung* alternativer Lösungen führen. Diese übertrieben großzügige, anthropomorphe Auffassung von der Vernünftigkeit des Programmes könnte somit fatale Folgen haben.

Ähnliche Bemerkungen treffen auf alle sprachbenutzenden Programme zu. Von einem Sprecher seiner Muttersprache wird normalerweise angenommen, daß er ein Wort *in Präferenz gegenüber allen Alternativen* gewählt hat. Wenn etwa jemand sagt, etwas sei "möglich", wird man ihm nicht die Überzeugung zuschreiben, daß es "wahrscheinlich" sei. Bescheidet ein KI-Programm, daß ein Ergebnis "möglich" sei, könnten Benutzer annehmen, daß es es für unwahrscheinlich hält, wo es tatsächlich niemals erwogen hat, das eine Wort anstelle des anderen zu verwenden.

Common sense und Sprachverstehen sind bloß zwei Beispiele, die zeigen, daß der menschliche Geist – sogar der gewöhnliche menschliche Geist – viel leistungsfähiger und viel intelligenter ist als jedes KI-Programm. Der Raumfahrtcomputer HAL (in *2001 – Odyssee im Weltraum*) ist ein menschliches Hirngespinst und wird es bleiben. In dem Maße, in dem Menschen dies einsehen, wird ihre Selbstachtung durch das Aufkommen von KI-Programmen nicht vermindert. Sie mag sogar größer werden: was den menschlichen Geist betrifft, ist das Gewöhnliche tatsächlich außergewöhnlich.

Die zweite der oben erwähnten philosophischen Implikationen der KI war deren Akzeptanz menschlicher Begriffe wie Überzeugung, Absicht, Wert, Kreativität und Entscheidung. Dies deutet auf eine Art Paradox hin: daß die KI nicht nur nicht dehumanisierend ist, sondern daß sie gar in positiver Weise *rehumanisierend* sein könnte.

In der Tat hatte die KI in der theoretischen Psychologie einige rehumanisierende Wirkungen, insofern sie eine mentalistische Alternative zum Behaviorismus anbot. Die Rede vom *Geist* und von *mentalen* Prozessen ist in der Psychologie wieder respektabel. Und viele Psychologen sagen, daß ihre Einsicht in die Raffiniertheit und Komplexität des Geistes dadurch befördert wurde, daß sie über ihn in Begriffen des Computermodells nachdachten. Wie das?

Um zu verstehen, wie die KI ein mehr humanistisches als mechanistisches Menschenbild unterstützen kann, muß man sich daran erinnern, daß ihr zentraler Begriff der der *Repräsentation* ist.

Ein KI-Programm beinhaltet eine interne Repräsentation der Welt (seines Problembereiches), die all seine Entscheidungen und Aktivitäten vermittelt. Es ist diese Repräsentation, ob starr oder modifizierbar, die seine Leistung bestimmt. Etwa ein Expertensystem zur Diagnose von Meningitis funktioniert allein auf der Basis seines gespeicherten Wissens über deren verschiedene Formen. Wenn eine bestimmte Art dieser Krankheit in keiner der Musterabgleich- oder Folgerungsregeln repräsentiert ist, *kann* das Programm sie schlicht nicht erkennen oder eine Behandlung dafür vorschlagen. Ebenso müssen Programme zur Erkennung von fehlerhaften Chinatassen oder von Raketenbasen irgendeine Vorstellung davon haben (eine Repräsentation), wie diese Dinge aussehen könnten.

Eben weil die Naturwissenschaften keinen Platz für das Konzept der *Repräsentation* haben, können sie grundsätzlich nichts über unser Handeln und Erfahren sagen. Überzeugungen, Absichten und Entscheidungen können sie nicht Rechnung tragen – und nicht menschlichen Eigenheiten. Es fehlen ihnen die Möglichkeiten, auszudrücken, daß individuelle Personen die Welt verschieden sehen, daß Handlungen verschiedener Menschen sich deshalb voneinander unterscheiden, weil sie andere politische Ansichten haben, andere persönliche Vorlieben oder einfach einen anderen kulturellen Hintergrund.

Fragen, die solche menschlichen Angelegenheiten betreffen, *können* daher nicht in Begriffen der Naturwissenschaft gestellt oder beantwortet werden.

Das hat zur Folge, daß Menschen, die sich zu einem wissenschaftlichen Weltbild bekennen, sie oft ignorieren oder sie als wolkig und sentimental abtun. Im besten Falle werden diese Fragen in die Sphäre der Literatur oder Dichtung zurückverwiesen: schön und gut für einen verregneten Sonntagnachmittag, aber ohne die geringste Verbindung zum ernsthaften Geschäft der Wissenschaft.

Wo es sich um Computerwissenschaft oder KI handelt, ergeben sich diese dehumanisierenden Konsequenzen nicht. Denn der Umstand, daß Programme notwendigerweise über Repräsentationen verfügen, hat eine philosophische Konsequenz von größter praktischer Bedeutung. Im Gegensatz dazu, was die meisten Leute glauben, sind Computer *nicht* "objektive" Systeme, die garantiert die Wahrheit erreichen. Sie sind in gewissem Sinne "subjektive" Systeme – genau wie wir.

Ein Programm funktioniert, indem es sein internes Modell der Welt sowie der besten Art, über diese Welt nachzudenken, benutzt. Aber Modelle sind nicht notwendigerweise akkurat. Man kann grundsätzlich jederzeit in Frage stellen, ob ein Modell die Wirklichkeit angemessen wiedergibt. Außerdem werden zu unterschiedlichen Zwecken entworfene Programme unterschiedliche Antworten geben, wenn sie andere Modelle der Welt benutzen (und andere Arten, über die Welt nachzudenken). Diese Repräsentationen können – wie diejenigen in menschlichen Köpfen – mehr oder weniger Wahrheitsgehalt haben, mehr oder weniger vernünftig sein. Philosophisch ausgedrückt sind sie subjektiv und fallibel statt objektiv und infallibel.

Daraus ergibt sich, daß die Folgerungen eines Computerprogramms ebenso angreifbar sind wie die einer Person. Allgemein gibt es drei Haupttypen von Fragen oder epistemologischen Herausforderungen, die man an jeden Wissensbenutzer anlegen kann. Diese betreffen die benutzten "Fakten" sowie die Arten und Zwecke, in und zu denen diese Fakten verwendet werden.

Jedes KI-Programm stützt sich auf *Daten*, die teilweise falsch und/oder unvollständig sein können. Es ist höchst unwahrscheinlich, im Besitz der "Wahrheit, der ganzen Wahrheit und nichts als der Wahrheit" zu sein. Daneben benutzt das Programm Folgerungsregeln, die in verschiedener Weise fehlerhaft sein können. Viele werden Intuitionen sein, die nur unter bestimmten Umständen vernünftig sind oder bloß im Rahmen bestimmter kulturrelativer Annahmen oder Praktiken. Und schließlich benutzt es Entscheidungskriterien (eine bestimmte Vorgehensweise statt einer anderen zu wählen), die ihrem Wesen nach problematisch sind. Es hätten andere Entscheidungskriterien angewandt werden können: warum wurden sie nicht angewandt? Kurz: die Daten, Folgerungsregeln und Entscheidungskriterien lassen sich immer grundsätzlich in Frage stellen.

In bezug auf den menschlichen Geist stimmen wir dieser philosophischen Einsicht bereitwillig zu. Wenn eine Person uns etwas erzählt oder uns einen

Rat gibt, sind wir uns wohl bewußt, daß dies in allen drei Hinsichten angreifbar ist.

Erstens könnte die Person sich mit einigen der Fakten vertan haben, oder sie mag einige relevante Fakten nicht kennen. Außerdem mag sie beim Ableiten weiterer Fakten wenig verläßliche Folgerungsmethoden benutzen. (Ein Detektiv könnte Zigarrenasche als Beweis anführen, daß der Beschuldigte keine Frau ist: ganz abgesehen von der Möglichkeit, daß jemand die Asche fallengelassen haben könnte, um die Polizei irrezuführen, rauchen manche Frauen Zigarren). Und schließlich mag die Person bei der Wahl zwischen alternativen Lösungen von Prioritäten oder Werten ausgehen, die wir selbst nicht akzeptieren würden: selbst *wenn* über die Fakten und Folgerungsregeln Einigkeit besteht, kann eine Person etwas "am besten" finden, was jemand anders nicht wählen würde.

Genauso ist ein Programm in dreierlei Form angreifbar bezüglich seiner Fakten, seiner Schlüsse und seiner Präferenzen. Sein Modell der Welt könnte in einer oder in jeder der drei Hinsichten unakzeptierbar sein. Wir haben immer das Recht, diese Fragen zu stellen, ebenso wie wir es tun, wenn es um Menschen geht.

Ein eng damit zusammenhängender Punkt ist, daß intelligente Programme, wie wir selbst, *ihrem Wesen nach* fehlbar sind. Diese Fallibilität hat weder etwas mit dem Umstand zu tun, daß Computer manchmal abstürzen, noch damit, daß sie manchmal unzulänglich programmiert werden. Diese gewöhnlichen Fehlerquellen sind zumindest im Prinzip vermeidbar. Programme jedoch, denen bei der Problemlösung nicht alle relevanten Informationen zur Verfügung stehen, sind *zwangsläufig* fehlbar. Fehler mögen minimierbar sein, aber man kann sie nicht völlig ausschließen.

Es gibt nämlich bei *keinem* intelligenten System eine Garantie dafür, daß es unter Bedingungen unvollständiger Information die richtige Antwort liefert. Denn wenn einige relevante Fakten fehlen (wie bei den meisten Problemen, die irgendwie interessant oder für Menschen von Bedeutung sind), muß das System *Vermutungen* anstellen. Wenn es keine Vermutungen anstellen kann, ist es nicht intelligent, sondern dumm. Schließlich besteht Intelligenz zum großen Teil darin, vernünftige Entscheidungen *ohne* vollständige Evidenz zu treffen. Dies geht nur auf der Basis von Erwartungen oder Vorwissen – die sich manchmal als unzulänglich erweisen werden. Ein Expertensystem wird (wie ein menschlicher Spezialist) vernünftige Vermutungen anstellen und dabei von vernünftigen Intuitionen ausgehen, statt im Geiste eine Münze zu werfen. Doch ein Vermuten ist ein Vermuten und kann definitionsgemäß nicht garantiert richtig sein.

Manche menschliche Vermutungen sind besonders wenig verläßlich, obgleich sie dabei besonders wertvoll sein können. Dies sind die Vermutungen, mit denen Menschen aufwarten, wenn sie kreativ denken. Kreativität umfaßt die Erkundung und Transformation strukturierter begrifflicher Räume im

Geist.[5] Dieses exploratorisch-transformatorische Denken kann zu nutzlosen wie zu nützlichen Einfällen führen. Wir müssen die neuen Ideen (in Chemie, Musik, Malerei...) evaluieren, um die Spreu vom Weizen zu trennen.

Dasselbe gilt für "kreative" Computerprogramme. Auch diese müssen ihre begrifflichen Räume erkunden und umgestalten und die Ergebnisse anhand bereichsrelevanter Kriterien evaluieren.[6] Manche von Programmen entwickelte neue Ideen sind interessant und sogar von praktischem Nutzen. (Einige wenige haben ein Patent erhalten, das bloß Ideen verliehen wird, die sich nicht jedem "practitioner skilled in the art" aufdrängen.) Doch andere sind völlig uninteressant – wie auch manche Ideen von originellen menschlichen Denkern. Kurz: intelligentes, riskantes Denken, ob beim Menschen oder bei der Maschine, wird nicht immer die angemessene Lösung liefern.

Je mehr Menschen dies erkennen, desto weniger werden sie an einem falschverstandenen Respekt vor der sogenannten Objektivität von Programmen leiden. Sie werden erkennen, daß man etwas nicht schon deshalb akzeptieren muß, weil ein Programm es sagt.

Freilich werden Menschen nur zu leicht dazu verleitet, das, was ein Programm verkündet, guten Glaubens zu akzeptieren, wo sie es besser in Frage stellen sollten. Wie kann jemand, der nicht mit Computern und dem Programmieren vertraut ist, davor bewahrt werden? Und woher sollen seine Kollegen sicher sein, daß er beim Fällen von Entscheidungen, von denen sie betroffen sind, nicht gedankenlos KI-Programmen vertraut?

In gewissem Maße können Laien geschützt werden, wenn die Programme, die sie benutzen, in bestimmter Weise geschrieben sind. Beispielsweise könnte ein Programm den Benutzer von Zeit zu Zeit daran erinnern, daß er oder sie es mit einem *Programm* zu tun hat, das nicht all die Überlegungen anstellen kann, die eine Person anstellen könnte. Programmierer sollten die Benutzung oberflächlicher "Plausibilitätstricks" vermeiden; etwa Benutzer mit ihrem Namen anzusprechen oder sie freundlich mit "Hallo" zu begrüßen. Außerdem könnte der Name des Programmierers und des finanzierenden Unternehmens angezeigt werden, um den Benutzer daran zu erinnern, daß das Programm ursprünglich von einem menschlichen Wesen (zu einem menschlichen Zweck) geschrieben wurde.

Aber diese Arten von Schutz werden nicht ausreichen. Ein KI-Programm, so könnte man sagen, beruht nämlich notwendig auf einigen *tief*sitzenden Plausibilitätstricks. Aus diesem Grunde können sie auf den nicht fachkundigen Benutzer so überzeugend wirken.

5 Vgl. M. Boden, *The Creative Mind. Myths and Mechanisms*, London 1992 [dt. *Die Flügel des Geistes. Kreativität und Künstliche Intelligenz*, Zürich 1992].

6 Vgl. M. Boden, *The Creative Mind. Myths and Mechanisms*, London 1992 [dt. *Die Flügel des Geistes. Kreativität und Künstliche Intelligenz*, Zürich 1992], "Vorwort" und Kap. 6-8.

Dieser Tendenz kann man nur dadurch entgegenwirken, daß man Computerbildung in großem Stile unter das Volk bringt. Die hier erforderliche Art von Computerbildung hat nichts damit zu tun, daß man jedermann beibrächte, wie man feine Programme schreibt. Das wäre weder möglich noch wünschenswert. Die meisten von uns werden ihre Programme lieber "von der Stange" kaufen, statt Zeit darauf zu verwenden, selbst zu programmieren. Vielmehr muß man dem durchschnittlichen Benutzer dazu verhelfen, das Potential wie auch die wesentlichen *Beschränkungen* von Programmen zu erkennen. Insbesondere muß man Benutzer auf das oben erwähnte Faktum aufmerksam machen: daß jedes Programm grundsätzlich in Frage gestellt werden kann.

Es ist bereits einige Arbeit zur Entwicklung von Programmierumgebungen geleistet worden, die diese Art Computerbildung fördern können. Eine ist das POPLOG-System, ursprünglich (an der Universität Sussex) entwickelt, um Studenten der Geisteswissenschaften in die Grundlagen der KI-Programmierung einzuführen. (Es ist außerdem ein leistungsfähiges Forschungswerkzeug, da es dem Benutzer erlaubt, KI-Programme in einer Mixtur aus LISP, PROLOG und POP-11 zu schreiben; es wird inzwischen von Forschungsinstituten, Unternehmen und Regierungsinstitutionen auf der ganzen Welt verwendet.)

Mithilfe dieses benutzerfreundlichen Systems können sich unerfahrene Benutzer klarmachen, daß ein anscheinend intelligentes Programm weder unveränderbar noch so intelligent ist wie es scheint.

Man betrachte beispielsweise ELIZA, ein Programm, das mit seinem Benutzer mithilfe englischer Sätze kommuniziert. Es ähnelt dem Psychotherapeuten, der nie etwas Substantielles sagt, sondern nur die Gefühle und Besorgnisse des Patienten zurückspiegelt. Wenn man den Satz "I mistrust you" eingibt, antwortet das Programm mit "Why do you mistrust me?". Dies ist zunächst eindrucksvoll. Aber ebenso würde "I dolphin you" ihm entlocken "Why do you dolphin me?" Das Programm hat kein Verständnis des Englischen. Es verfügt bloß über einige einfache Regeln, um bestimmte "Schlüsselwörter" zu erkennen und auf diese blind und in stereotyper Weise zu antworten.

Es wird für jeden, der anfänglich von ELIZA beeindruckt ist (wie die meisten naiven Benutzer es sind), eine heilsame Erfahrung sein, die Grenzen des Programms zu entdecken. POPLOG macht dies möglich, da es die Studenten nicht nur befähigt, mit einer Version von ELIZA zu spielen, sondern auch dazu, dem Programm seine Maske herunterzureißen und seine Funktionsweise zu durchschauen. Studenten können sogar versuchen, das Programm zu verbesseren oder zu verändern (Schulkinder haben großen Spaß daran, ein Programm BESCHIMPFUNG zu schreiben).

Niemand, der diese Erfahrung gemacht hat, würde in seinem späteren Leben je mit einem sprachbenutzenden Programm umgehen, ohne zu fragen, wo dessen Grenzen liegen. Die Antwort mag nicht leicht zu haben sein, aber zumindest wäre dem Benutzer die Frage jederzeit gegenwärtig.

Diese Art Computerbildung, und nicht die Programmierfähigkeit, ist notwendig, um in der Öffentlichkeit das falsche und belastende Gefühl der Objektivität von Programmen zu zerstreuen. Die Gefahren einer solchen psychischen Belastung lassen sich durch eine Werbung illustrieren, die vor einigen Jahren im englischen Fernsehen zu sehen war. Sie zeigte sechs Menschen, die an sechs Computern sitzen. Die Stimme aus dem Off sagte: "Wir gaben Leistungsdaten und Kosten sechs verschiedener Computer den Computern selbst ein, und verlangten von ihnen, den besten auszuwählen. Der *X* wählte *X*, und die anderen wählten ihn ebenfalls. Dies sollte Ihnen zu denken geben, ob ein Mensch nicht ebenfalls *X* wählen sollte". Diese Werbung verschleiert mit Bedacht den Umstand, daß auf jeder Maschine dasselbe Auswahlprogramm lief, das zunächst einmal jemand geschrieben haben mußte (wobei dieser Jemand natürlich ein Mitarbeiter der Firma *X* war). Solch eine absichtliche Mystifikation ist nur möglich, weil der durchschnittliche Benutzer nicht weiß, welche Art Wissenschaft die KI ist und welche philosophischen Beziehungen zwischen der KI und unserem Selbstverständnis bestehen.

Wir sollten uns darüber klar sein, daß es in der Tat etwas ausmacht, was wir über uns selbst denken, und daß auch Wissenschaft und Technik nicht bloß Brücken und Kochtöpfe entwickeln, sondern darüberhinaus unser Bild des Menschen beeinflussen. Vor langer Zeit sah William Blake voraus, daß eine Wissenschaft, die für Konzepte der Subjektivität keinen Raum bietet, zwangsläufig dehumanisierend ist. Die gegenkulturelle Jugendbewegung der 60er Jahre erinnerte uns an Blakes Prognose – obwohl sie so gut wie nichts über intelligente Maschinen sagte. Man wußte kaum von ihrer Existenz und gar nichts über ihre Möglichkeiten.

Heute wird Künstliche Intelligenz allgemein als ein Schreckgespenst gesehen, als etwas, das unsere Selbstachtung und unsere Autonomie zerstören wird, selbst wenn wir alle unsere Jobs behalten. Aber diese Angst beruht auf einem philosophischen Mißverständnis der KI und auf einer falschen Auffassung davon, was ein Programm ist. Die KI unterstützt philosophische Auffassungen des Menschen, die Humanisten billigen können.[7] Was KI-Programme betrifft, so sind sie uns ähnlicher als wir dachten, denn sie sind wie wir fehlbar. Auf der anderen Seite sind sie uns unähnlicher als wir dachten, denn sie sind viel weniger intelligent (viel weniger "vernünftig") als wir.

Weit davon entfernt, uns weiter uns selbst zu entfremden, kann diese neue Technologie (und die von ihr inspirierten psychologischen Theorien) dabei helfen, uns mit unserem wissenschaftlichen Selbstverständnis zu versöhnen.

Übersetzt von Geert Keil

7 Vgl. M. A. Arbib, *In Search of the Person. Philosophical Explorations in Cognitive Science*, Amherst, Mass. 1985.

Technisch-wissenschaftliche Kultur und das Beispiel der Informatik

Godela Unseld

Kurzfassung

In der Informatik konzentrieren sich grundlegende Strukturen unserer kulturellen Ordnung. Das macht die *Informatik* einerseits *zu einem stellvertretenden Teil,* in dem sich diese Ordnung reflektiert. Andererseits bedingt es, daß wir die Bedeutung von Informatik erst in den Blick bekommen, wenn wir *die gesamte Ordnung, von der Informatik ein Teil* ist, analysieren. *Am Beispiel der Informatik* lassen sich so Strukturen und Ambivalenzen unserer Kultur aufzeigen.

1 Explizite Prozesse: Grundlage und Grenze von Wissenschaft und Technik

Informatik – so eine Standarddefinition – produziert formale Handlungssysteme, die extensionsgleich mit mechanisierten Handlungssystemen sind. In Begriffe übersetzt, die die menschliche und soziale Dimension dieser Tätigkeit beschreiben, heißt das: Informatik rekonstruiert Akte menschlicher Tätigkeit so, daß sie, als explizite beschrieben, vom Ausführenden getrennt und – im Endziel – mechanisiert werden können.

Wenn wir unsere Kultur und unsere Gesellschaft unter diesem Aspekt betrachten, können wir feststellen, daß dieses Muster und Ziel nicht nur für die Informatik zentral ist. Es ist auch bestimmend für unser Handeln in der Wirklichkeit und für unsere Erkenntnisform, für die Art und Weise, wie wir bestimmen, was Wirklichkeit ist:

Technikentwicklung im modernen Sinne wird dort erst möglich, wo eine Handlung als explizite – als eine Menge expliziter Regeln über wohldefinierten Einheiten – konstruiert werden kann. Und das Erkenntnisziel von Wissenschaft ist es eben, Wirklichkeit als eine Menge expliziter Regeln über einer Menge wohldefinierter Einheiten zu rekonstruieren. In der Technikentwicklung nehmen wir also das, was Wissenschaft als eine Wirklichkeit an sich entziffert, und wandeln es in eine Wirksamkeit für uns um.

Informatik ist ein folgerichtiges Produkt dieser Strukturen. Und zugleich ergänzt Informatik dieses Muster um eine neue Möglichkeit: Hier werden zum ersten Mal die sozialen Akte der sprachlichen Reflexion auf dieses soziale Tun ebenfalls als explizite konstruiert und mechanisiert:

Das Fach Informatik steht für die gesellschaftliche Möglichkeit, alle zentralen Bereiche der menschlichen Existenz – Erkenntnis der Welt, Handeln in der Welt und symbolische Beschreibung dieses sozialen Handelns – nach der Ratio unseres dominanten kulturellen Musters durchzuformen.

Informatik, das muß betont werden, kann diese Chance zur Stringenz nur bieten, weil wir in der Technik- und Wissenschaftsentwicklung schon so viel Vorarbeit geleistet haben. Nur weil wir unser gesellschaftliches Tun schon weitgehend so gestaltet haben, daß es entweder ganz oder ungefähr als Anwendung von allgemeinen Regeln auf vorgefertigte Einheiten abläuft, kann es auch so beschrieben und über diese Beschreibung gesteuert werden – als eine Menge von Daten und Regeln über diesen Daten. Der sog. Informationsverarbeitungsengpaß, auf den die Informatik die nachfragegerechte Antwort bietet, ist ein Problem, das sich erst bei entwickelten expliziten Strukturen stellt.

Um es an einem Beispiel zu verdeutlichen: Zwischen einem Handwerker und seinem Werkzeug, oder zwischen 2 Menschen, die ein Kanu paddeln, werden keine Informationen derart ausgetauscht, die Informatik handhaben könnte. Aber in einer Organisation, in der ein Produkt von 7 Managern, dem Materialbeschaffungslager, den Konstrukteuren und der halbautomatischen Fabrikationsabteilung hergestellt wird, da ist Informatik gefragt: Informatik soll die Steuerung der expliziten Prozesse durch eine explizite Modellierung der Steuerungsinformationsverarbeitung beschleunigen. Und es ist nun eine Standarderfahrung der Praxis, daß diese Aufgabe nur zu erfüllen ist, wenn der Gesamtablauf im Sinne größerer Explizitheit durchstrukturiert wird. Zusammenfassend bedeutet das:

Die Anwendung von Informatik setzt nicht nur voraus, daß viele Prozesse schon als explizite organisiert worden sind, und sie erweitert nicht nur die Menge der expliziten Prozesse, sondern sie erzwingt insgesamt eine größere Stringenz der expliziten Organisation.

In diesem Vorhaben ist die Informatik natürlich darauf angewiesen, daß die schon vorhandenen expliziten Strukturen valide im Sinne ihrer Zielsetzung sind, und daß die Zielsetzung überhaupt sinnvoll ist und uns nicht in Schwierigkeiten bringt. Erfolg oder Unheil der Informatik hängen vom Stellenwert des ganzen Systems ab, und der wiederum steht und fällt mit dem Stellenwert der Idee von expliziten Prozessen, formalen Handlungssystemen und Beschreibungen überhaupt:

Ist es sinnvoll, von der Annahme auszugehen, daß sich die Wirklichkeit oder Teile der Wirklichkeit vollständig als Menge expliziter Regeln über wohldefinierte Einheiten beschreiben und – folgerichtig – mechanisieren lassen?

Nun gründet unsere ganze Technik- und Wissenschaftsentwicklung in eben dieser Überzeugung. Die Autorität der Wissenschaft und ihr Anspruch, die Methode zum objektiv wahren und alleingültigen Wissen zu sein, leitet sich aus dieser Überzeugung ab. Und unser Vertrauen auf den grenzenlosen Einsatz von technischer Macht wurzelt in diesem Vertrauen auf die grenzenlose Erkenntniskraft der Wissenschaft. Nachdem wir jedoch ca. 400 Jahre unsere gesellschaftliche Anstrengung darauf konzentriert haben, die Welt im Sinne dieses Paradigmas zu erforschen und zu behandeln, müssen wir heute feststellen, daß eines der validesten Ergebnisse dieser Anstrengung eben die Aussage ist, daß dieses Paradigma im Lichte unserer Erkenntnisse nicht aufrechterhalten werden kann.

Es ist vor allem deswegen nicht zu halten, weil das Paradigma seinerseits auf einer Annahme beruht: Nur wenn wir voraussetzen, daß die Welt in Teile aufgeteilt ist, die wir eindeutig isolieren und vollständig erklären können, ohne daß wir vom "Rest der Welt" etwas wissen müssen, greift unsere Erkenntnismethode. Und es hat sich nun auf den verschiedensten Ebenen – von Bells Theorem in der Quantentheorie bis hin zu zentralen Aussagen der Wissenschaftstheorie – immer wieder gezeigt, daß diese Voraussetzung falsch oder nicht einzulösen ist. Teil und Rest der Welt, Beobachtungssprache und Theorie, Subjekt und Objekt stehen offensichtlich in unauflösbarem Zusammenhang. Und das heißt zugleich: wir sind gar nicht in der Lage, unsere expliziten Regeln auf eine Menge wohldefinierter Teile zu beziehen, ohne daß wir in der Definition dieser Teile von diesem Zusammenhang *abstrahieren* und so tun, als ob er nicht gegeben wäre.

Ohne diese Annahme wohldefinierter und wohlisolierter Teile aber ist uns die Formulierung expliziter Regeln gar nicht möglich, und ohne die Annahme wohldefinierter und wohlisolierter Teile, auf die sich unsere Symbole beziehen, macht mechanische Symbolverarbeitung keinen Sinn. Die Teile also, auf die wir so unsere explizite symbolische Beschreibung der Wirklichkeit gründen, sind gar nicht Teile der Wirklichkeit, sondern gedankliche Modelle, die es so in der Wirklichkeit genau genommen gar nicht gibt.

Sieht man die Tätigkeit *Experiment und Technik* in dieser Interpretation, so erscheinen sie in einem neuen, ambivalenten Licht: Nämlich nicht nur als grandiose Bestätigung unserer Theorien, sondern ebensogut als mühevolle Zurichtung der Wirklichkeit so lange, bis sie unseren Modellen – wenigstens annähernd und temporär – entspricht. Und es erstaunt in diesem Zusammenhang nicht mehr, daß wir de facto bei jedem Experiment und jeder technischen Anwendung immer mehr Einwirkungen haben, als wir vorausgesetzt haben, und immer mehr Auswirkungen, als wir prognostiziert haben. Und daß es darüberhinaus so ist, daß die Auswirkungen dieses Zusammenwirkens umso deutlicher werden, je machtvoller und komplexer die technische Anwendung ist und je länger sie mit dem Rest der Welt zusammenwirkt.

Anstatt aber das als deutliche Hinweise auf den prinzipiellen Modellcharakter unserer wissenschaftlichen Erkenntnis und auf die bloß begrenzte Gültigkeit unserer technischen Zurichtung zu sehen, haben wir für dieses nicht ausschließbare Zusammenwirken beschönigende Namen gefunden. Wir haben es "Verschmutzungseffekt" genannt, "Verschleißeffekt", "Nebenwirkung" oder "notwendiges Restrisiko komplexer technischer Systeme". Durchweg also haben wir unsere Modelle von Teilen der Wirklichkeit für die Wirklichkeit dieser Teile selbst gehalten. Und durchweg haben wir bei allen Problemen immer so reagiert, daß wir nun eben noch mehr Teile der Wirklichkeit im Sinne dieses Modells behandeln müssen: nicht nur das, was wir schon zu beherrschen meinten, sondern eben auch das, was sich unserer Beherrschung noch entzieht – Nebenwirkungen und den Rest der Welt miteingeschlossen. Je mehr Gültigkeit und je mehr Macht wir jedoch auf diese Weise unseren Erklärungen in der Welt verschaffen, desto mächtiger wirken in der Welt auch jene Prozesse, die die Grenzen unseres Wissens und unserer Macht demonstrieren. Und inzwischen haben wir es in diesem Wettlauf so weit gebracht, daß die Summe der Nebenwirkungen schneller wächst als die Summe der intendierten Wirkungen, und wir uns heute nicht mehr sicher sein können, ob nicht die Nebenwirkungen in einer globalen Katastrophe die eigentlich intendierten Wirkungen in toto zunichte machen werden.

Gerade weil eine formale Beschreibung der Wirklichkeit nicht nur wahr oder falsch, sondern *wahr und falsch zugleich* ist, ist die Lage offensichtlich so, daß es hier das Wachsen unserer eigenen Macht ist, das unsere Macht untergräbt.

Sieht man Informatik in diesem Zusammenhang, so ändert sich zunächst an dem ihr eigenen Potential der mechanischen Symbolverarbeitung wenig. Aber die Wirklichkeit, auf die sich die Symbole beziehen, die sieht jetzt ganz anders aus. Und das bedeutet wiederum für die Informatik, daß sie vor einer Reihe von Alternativen steht, die alle auf ihre Weise ihrem ursprünglichen Ziel zuwiderlaufen.

Entweder sie will nach wie vor in der Wirklichkeit wirksam werden und Prozesse in der Wirklichkeit symbolisch beschreiben, verarbeiten und über diese Verarbeitung steuern. Dann muß sie jene Zurichtung der Wirklichkeit, mit der wir eben in solche Schwierigkeiten geraten, nicht nur voraussetzen, sondern sie verschärft auch noch die Anforderung an die Lückenlosigkeit dieser Zurichtung. Und damit verschärft sie auch mit Sicherheit unsere Schwierigkeiten.

Verzichtet sie aber auf diese Zurichtung der Wirklichkeit, dann muß sie feststellen, daß ihr ihre ganze wunderbare Fähigkeit zur mechanischen Symbolverarbeitung in der Wirklichkeit wenig nützt, weil es eben in der nichtzugerichteten Wirklichkeit jene wohlisolierten Teile gar nicht gibt, auf die sich sinnvollerweise ihre Symbole beziehen könnten.

Und wenn sie sich an dem beteiligen will, was der Sachlage nach vernünftig wäre, nämlich an der *praktischen Umsetzung der Einsicht in die prinzipielle Begrenztheit von wissenschaftlichem Wissen und technischer Macht*, so betrifft das Sinn und Zweck der Informatik nachhaltig. Denn unter diesen Voraussetzungen ist nicht – wie jetzt – der unbegrenzte Ausbau technischer

Macht primär. Hier ist umgekehrt die systematische Begrenzung technischer Macht und ihr Umbau in einer Art und Weise, die dem Prinzip der begrenzten Gültigkeit Rechnung trägt, das wichtigste. Und es fragt sich natürlich, was Informatik zu einer solchen Begrenzung positiv beitragen könnte. Oder ob ihr Beitrag nicht vor allem negativ in einer Selbstbegrenzung bestünde, darin, daß auf den Ausbau von Informatik, auf den Ausbau komplexer informationstechnischer Systeme und Vernetzungen verzichtet wird.

2 Zur Konstruktion menschlicher Wirklichkeit

In unserer Kultur heute die Forderung nach einer solchen freiwilligen konsequenten Begrenzung und Einschränkung unserer technischen Macht zu stellen, das ist freilich ein sehr irreales, nicht konsensfähiges Ansinnen. Wer es also stellt, der muß auch darüber reden, wieso bei uns die Einsicht in diese Begrenzung auf so große Abwehr stößt. Und das wiederum führt uns dazu, daß wir die Bedeutung überdenken müssen, die Wissen für uns Menschen hat, und fragen müssen, wieso wir manches nicht wissen wollen – oder nicht wissen wollen können.

Einfach ist das nämlich nur, wenn es objektives Wissen gibt. Dann ist eine Aussage entweder wahr oder falsch, und wer nicht danach handelt ist ir-rational. Wenn aber unser objektives Wissen uns bloß ein *Modell* liefert, eine Ansicht der Realität, die *wahr und falsch zugleich* ist – was ist dann die Realität, was ist Wissen und was ist rational? Offensichtlich löst sich mit dem Glauben an objektiv wahres Wissen eine ganze Welt auf – oder vielmehr: die Welt sieht dann ganz anders aus:

Allen voran gibt es in dieser Welt nicht nur eine wahre, sondern viele mögliche Ansichten der Welt. Aber zwischen diesen Ansichten lebt es sich nicht so, daß wir einfach beliebig wählen könnten. Um das überhaupt tun zu können, müssen wir ja schon eine Ansicht auf diese Ansichten haben, und es ist im Rahmen dieser unserer Ansicht auf die Ansichten, daß wir andere Ansichten beurteilen. Wir stecken also schon immer in unserem spezifischen Ansichts-Wissen auf die Welt. Und dieses "darinstecken" ist ganz wörtlich und körperlich zu nehmen: Faßt man Ergebnisse der Wahrnehmungspsychologie zusammen, so läßt sich sagen, daß jede auch scheinbar einfach-sinnliche Wahrnehmung als Resultat von komplexen Interpretationsprozessen entsteht, die tendenziell das gesamte Wissen des Wahrnehmenden integrieren – mag man sich dieses Wissen nun in Genen vererbt oder als körperliche Erfahrung erlernt vorstellen.

Wissen von der Welt wird in diesem Kontext vor allem zu dem *Ergebnis einer konstruktiven Interaktion*: Zwischen dem, der die Welt mittels spezifischer Erkenntnismethoden und Sinnesorgane wahrnimmt, und der Welt selbst. Und umgekehrt wird uns Lebewesen in dieser Welt Wirklichkeit überhaupt nur zugänglich, wenn wir uns auf einen solchen je spezifischen Interaktionsprozeß einlassen. In diesem Sinne gibt es hier nicht eine Realität, sondern so viele verschiedene Wirklichkeiten, wie es Lebewesen mit verschiedenen Arten gibt, die Welt wahrzunehmen.

Oder wieder umgekehrt ausgedrückt: Was Wirklichkeit sein kann, das ist ein offener Prozeß, der sich durch den Aufbau von divergenten Wahrnehmungssystemen, durch den Aufbau von Diversität erschließt.

Menschliche Wahrnehmungsorganisationen freilich nehmen in diesem vernetzten Aufbau von Wirklichkeit eine Sonderstellung ein. Ihre Struktur wird von dem genetischen Erbe hauptsächlich negativ, als einschränkende Randbedingung des möglichen Entwicklungsraumes determiniert. Die positive Entwicklung je spezifischer Wahrnehmungsorganisationen hingegen ist bei Menschen Aufgabe der menschlichen Kultur. Und das heißt im Lichte der menschlichen Geschichte:

Die Entwicklung menschlicher Wirklichkeitskonstruktionen ist selber ein offener Prozeß in der offenen Entwicklung von Leben überhaupt, und in diesem Prozeß lassen sich spezifische Kulturen charakterisieren als je spezifische Wirklichkeitskonstruktionen.

All das sind Begriffe, die ihrem Bedeutungshof nach auf objektive Strukturen verweisen. Die Geschichte (und die Begriffe) aber werden von Menschen gemacht, und das bedeutet: jede Erkenntnismethode stellt zugleich eine ganz besondere Art und Weise dar, wie wir uns als Menschen zur Welt verhalten und wie wir als Menschen in dieser Welt leben.

Wenn in einer Kultur also eine ganz bestimmte Erkenntnismethode zur dominanten wird, dann deswegen, weil die Mitglieder dieser Kultur sich mit dieser spezifischen Relation zur Welt, mit dieser spezifischen Art, als Mensch zu leben, und diesem spezifischen Weltbild identifizieren:

Unser Selbst, unsere Identität als Mensch bildet sich in eben jenem Prozeß, in dem der Einzelne sich die je kulturell gültige Wirklichkeitskonstruktion aneignet und in ihr heimisch wird.

3 Welt- und Menschenbild unserer Kultur

Sieht man Wissenschaft und Technik in diesem Zusammenhang, so ändert sich unsere Sicht auf die Sache:

Sie sind nicht mehr einfach “Mittel zu”, sondern Teil eines zusammenhängenden, verwobenen Musters von Wirklichkeit und Subjektivität. Die objektive Konstruktion der Welt und das subjektive Erleben der Welt, die psychischen, epistemischen und sozialen Aspekte ergänzen einander, sie sind Teile einer sich selbst organisierenden Ordnung, die sich gegenseitig in ihrer Gültigkeit verstärken.

In der wissenschaftlichen Erkenntnismethode ist *die Trennung zwischen Teil und Ganzem*, zwischen Beobachter und Beobachtetem, zwischen Subjekt und Objekt die *eine zentrale* Grundannahme, auf der das ganze Gebäude ruht.

Was das Psychische betrifft, so steigert sich diese Trennung zu einer Dichotomie in den Personen selbst: Der wissenschaftlichen Definition gemäß setzt wahres Wissen voraus, daß wir uns von unseren eigenen Gefühlen radikal distanzieren. Wahrheit, Wirklichkeit wird allein zugänglich durch die Anwendung von reiner, abstrakter Vernunft, den Verhaltensregeln des kontrollierten Experiments und der präzisen Messung. Unsere subjektive Erfahrung der Welt hingegen ist dementsprechend eher Projektion und Illusion, sie ist auf jeden Fall nichts, was die Welt erklärt, sondern etwas, das seinerseits erklärt werden muß.

Wenn wir uns denn in unserer Kultur auf die Welt beziehen, so vertrauen wir nicht unserer subjektiven Erfahrungsfähigkeit. Im Gegenteil, wo immer das möglich ist, ersetzen wir sie durch unsere Fähigkeit, die Welt als eine Menge expliziter Regeln wissenschaftlich zu erkennen und sie aufgrund dieser Erkenntnis in der Technik gemäß unseren Wünschen zu manipulieren. Diese explizite Konstruktion der Wirklichkeit eröffnet uns *Herrschaft* als eine grundlegende, allumfassende Beziehung zur Welt. Und nicht rohe Gewalt setzt hier Herrschaft durch, sondern die Struktur des Wissens selbst ist so geartet, daß wir vom anderen nur wissen können, insofern es als beherrschbares Objekt – als eine Menge expliziter Regeln und wohldefinierter Grundeinheiten – beschrieben werden kann.

Konsequenterweise bestimmt sich in unserer Kultur das Subjektverständnis denn auch im Gegensatz zu diesem Objektbegriff: Negativ schränkt der Subjektstatus die Menge der manipulierenden Eingriffe ein, und positiv sind wir in unserer Kultur traditionell Subjekte, insofern wir das Vermögen der Ratio haben – jener rechnenden Vernunft, die das andere als beherrschbares Objekt konstruieren und tatsächlich beherrschen kann.

Im Rahmen dieser Logik ist es nicht verwunderlich, daß das, was anders, was noch nicht beherrscht ist, als Gegner und Feind erlebt wird: Für uns gilt, daß Zivilisation und Wildnis als gegensätzliche Einheiten konzipiert werden. Die wilde Natur ist für uns typischerweise die "wilde, feindliche, bedrohliche Natur" – egal, ob das die äußere Natur ist, die unsere zivilisatorischen Artefakte zu zerstören droht, oder ob das die innere Natur ist, das, was wir "Gefühle" und "Körper" nennen, und die als etwas erlebt wird, das unsere Vernunft überrennt und unsere Identität überwältigt.

Angst vor dem anderen und Herrschaft über das andere sind zwei Seiten ein und desselben Bezugs zur Welt, und Entfremdung und Einsamkeit vervollständigen die psychische Dimension dieser Struktur. Der Mensch erlebt sich selbst als grundlegend getrennt von der Natur und den anderen Menschen, und in dieser Isoliertheit und Fremdheit sind es dann wieder nur die allgemeingültigen expliziten Regeln der Wissenschaft und die technische Herrschaft, die sie versprechen, die die Ordnung der Welt garantieren – in der äußeren Natur, gegenüber der inneren Natur und in der sozialen Welt selbst:

Für uns, in diesem Weltbild, ist diese Ordnung zur einzig gültigen geworden, weil sie die *Voraussetzung* unserer Subjektivität ist. Wenn wir hier Wissenschaft und Technik (und Informatik) entwickeln, dann machen wir nicht nur diese Ordnung, in der unser Selbst wurzelt, für uns wirklich, sondern dann verwirklichen wir die einzige Ordnung, die es in dieser Sichtweise objektiv gibt.

In Zusammenhang dieser Weltsicht ist es tatsächlich irreal, die Einsicht in die Begrenztheit wissenschaftlichen Wissens und technischer Macht zu fordern, weil ein solches Tun das auflöst, auf dem unser Leben – im Subjektiven und Objektiven – beruht. Solange wir in der vollen Identifizierung mit unserer kulturellen Wirklichkeitskonstruktion leben, können wir um diese Begrenztheit nicht wissen wollen.

Und das heißt wieder umgekehrt: wenn wir diese Einsicht für uns zulassen können und nachvollziehen wollen, dann haben wir uns selbst schon ein Stück weit aus dieser Identifizierung gelöst. Und wenn wir unser Leben und unsere technische und wissenschaftliche Arbeit nach dieser Einsicht gestalten, dann verändern wir in diesen kleinen Teilen nicht nur diese, sondern dann fangen wir an, das grundlegende Muster unserer Kultur zu verändern.

Und das bedeutet wieder umgekehrt: Eben weil in diesem Muster jeder Teil die Gültigkeit der anderen voraussetzt und bestätigt, ist es so ungeheuer schwer, auch nur *eine* Sache zu ändern – z.B. kleine Systeme anstatt große durchzusetzen, wenig oder nur lose Vernetzung zu bauen oder Systementwicklung partizipativ zu gestalten: letztlich geht es bei jedem Teil um *das Ganze in dem Teil.*

Und das macht wiederum umgekehrt verständlicher, wieso die Kritik an der Etablierung einer weiteren expliziten Struktur oft so heftig ist und – ganz richtig – außer Proportion zu diesem einen neuen Teil steht: es geht nicht darum, was Informatik *allein*, sondern was Informatik *in Zusammenhang mit dem Ganzen* bewirkt. Und gerade deswegen, weil Informatik ja eigentlich gar nichts anderes macht als das, was Wissenschaft und Technik bisher immer auch schon gemacht haben, kann dieses eine Teil so umfassende Wirkung haben – im positiven wie im negativen, im aufbauenden wie im vernichtenden Sinn.

4 Explizite Prozesse und ihre Ambivalenz

Ganz unabhängig von der Gültigkeitsfrage ist der Aufbau expliziter Prozesse in unserer Kultur inhärent ambivalent. Diese inhärente Ambivalenz gründet sich nicht in dem, was explizite Prozesse sind, sondern in dem, was sie nicht sind: Explizite Prozesse sind nicht identisch mit den impliziten Prozessen, an deren Stelle sie treten. Exakt an dieser Verschiedenheit liegt es, daß wir uns eine solche Mühe machen, explizite Prozesse zu erfinden und sozial zu etablieren.

Das gilt schon so für die Schrift, – die explizite Rekonstruktion des impliziten Tuns Sprechen. Diese schätzen wir nicht deswegen so, weil sie genau wie das Sprechen ist – nämlich personengebunden und flüchtig –, sondern weil sie gegenteilige Qualitäten hat. Das gilt so für die ganze Erfolgsgeschichte der Mechanisierung, die von Anfang an und auch heute noch unfähig ist, Handwerkskunst im Prozeß und Produkt nachzuahmen. Und das gilt auch für die mechanische Symbolverarbeitung, die nicht deswegen so große Profite verspricht, weil sie genau wie die menschliche ist – nämlich fehlerhaft und variabel, individuell und langsam – sondern eben ungleich schneller, standardisiert und invariant.

Umgekehrt impliziert diese Verschiedenheit natürlich auch, daß dem expliziten Prozeß oft positive Potentiale des impliziten Prozesses fehlen:

Schrift ist z.B. arm gegenüber den vielfältigen Ausdrucksmöglichkeiten des Sprechens, und darüberhinaus ist es genau ihr Vorteil – daß sie eben kontext- und personenunabhängig Inhalte übermittelt –, der sie als Medium der Verständigung zwischen Personen so arm macht. Und wir sprechen bezeichnenderweise von Handwerks*kunst* und Selbstverwirklichung in der *Kunst*, aber von Massenprodukten, von psychischer und physischer Verelendung in der Fabrikarbeit und von Entfremdung und Entmündigung des Einzelnen gegenüber großen komplexen technischen Organisationen. Und der mechanischen Symbolverarbeitung fehlt jene Dimension, die der menschlichen das Schöpferische gibt und in der die Fähigkeit zur Kritik begründet ist – der dauernde Rückbezug auf die offene menschliche Erfahrung der Wirklichkeit. Hingegen kann mechanische Symbolverarbeitung gerade wegen ihres technischen Potentials als Mittel zur Kontrolle und Herrschaft eingesetzt werden.

Und vollends mustergültig läßt sich diese Verschiedenheit an der expliziten Konstruktion impliziter Prozesse durch die Wissenschaft aufzeigen: eine Beschreibung des Fahrradfahrens in physikalischen Begriffen und das implizite Wissen und Können "Fahrradfahren" sind zwei Strukturen, die nicht miteinander vertauscht werden können, ohne daß ihr je spezifischer Wert sinnlos würde.

Weil explizite Prozesse eine *andere* Struktur haben als implizite Prozesse, sind auch die menschlichen Entwicklungsmöglichkeiten, die mit beiden Gestaltungsformen menschlichen Tuns verbunden sind, *verschiedene*. Und eine Kultur, die wie die unsere sich dem Expliziten verschrieben hat, eröffnet damit nicht nur systematisch bestimmte Entwicklungsmöglichkeiten des Menschen, sondern schließt damit zugleich systematisch bestimmte andere Entwicklungsmöglichkeiten aus den uns zugänglichen aus.

5 Implizite Prozesse als Grundlage von Kulturen

Wenn wir diese negative, depravierende Seite unserer Kultur besser begreifen wollen, dann müssen wir nach Kulturen suchen, die sich *im Gegensatz* zu unserer auf die Entwicklung impliziter Prozesse konzentrieren. Denn was wir uns an Entwicklungsmöglichkeiten nehmen, das läßt sich ja nur feststellen in Vergleich zu anderen Menschen, die das entwickelt haben, was wir vernachlässigen.

Auf dieser Suche fällt zunächst auf, daß die Höherbewertung und Bevorzugung expliziter Prozesse eine lange Tradition hat. Die Geschichte des Abendlandes läßt sich – rückblickend – als dieser Versuch beschreiben, das Potential, das abstrakten Denkprozessen innewohnt, zu erforschen und zu verwirklichen. Wenn wir weiter und jenseits unserer Tradition suchen, dann stoßen wir auf das Phänomen der "Entdeckung primitiver Kulturen": diese anderen Kulturen sind offensichtlich so verschieden von der unsrigen, daß wir sie zunächst nur als eine phylogenetisch überwundene Stufe der Menschheit begreifen konnten. Nicht nur haben sie keine Technik, Mathematik und Wissenschaft in unserem Sinne, sondern ihre Wirklichkeitskonstruktion, ihre Erkenntnisweise und ihre Konzeption von Mensch und Natur stehen quer zu den Kategorien unserer Ordnung.

Was wir heute im Rahmen *unseres* Ordnungssystems als implizite Prozesse bezeichnen, das entpuppt sich, wenn es als Weltbezug ernst genommen wird, als eine menschliche Welt von ganz eigener Art.

Warum diese Welt so anders ist, dafür bekommen wir ein erstes Verständnis, wenn wir uns klar machen, daß die jeweils benützten Erkenntnisweisen komplementär sind:

Im Gegensatz zu unserem Konzept wissenschaftlichen Erkennens ist es in dieser anderen Welt nicht die Fähigkeit zur Abstraktion von der bloß subjektiven Erfahrung der Welt, die wahre Erkenntnis möglich macht. Sondern umgekehrt ist es hier gerade die Fähigkeit, sich auf subjektive Erfahrung als Medium des Weltbezugs voll und ganz einzulassen, die uns einem Wissen um die Welt näherbringt.

Und diese Entscheidung ist auf ihre Weise genauso verwoben mit objektiven und subjektiven Strukturen der gesamten Ordnung, wie bei uns die Entscheidung, mit der wissenschaftlichen Erkenntnismethode nach objektiver Wahrheit zu suchen.

Ganz gleich, was wir erfahren wollen, so wird uns die volle Erfahrung von etwas nur zugänglich, wenn wir fähig sind, loszulassen, wenn wir fähig sind, uns selbst, unsere Erwartungen, Wünsche und Ängste über dem Prozeß der Erfahrung zu vergessen. Kleine Kinder leben das oft ganz spontan vor: vollkommen versunken in diesem neuen, wunderbaren Etwas draußen vergessen sie alles andere – ihre eigenen Wünsche und Ängste und natürlich auch sämtliche Ermahnungen. Und in hochentwickelten Formen dieser Erkenntnismethode, wie z.B. dem Buddhismus, dem Tao oder dem sogenannten animistischen Denken wird dieses Sich-Selbst-Vergessen-Können zu einer notwendigen und bewußten Kunst entwickelt: die Auflösung des Ego, die Verminderung des Wissens als Voraussetzung von Wissen, die Auflösung aller bisher erworbenen Wahrnehmungsstrukturen gehören hier zu den Standardprozeduren.

Im Erfahrungsprozeß wird uns also die Struktur des anderen nur zugänglich, wenn wir unsere eigene aufgeben. Und das wiederum ist so, weil wir dieses Wissen um den anderen nur dadurch gewinnen, daß wir – temporär und im Geiste – wie der andere werden. Wo Erfahrungsfähigkeit zur Erkenntnismethode entwickelt wird, können wir sie also als Erkenntnis durch Verwandlung, durch Identifikation oder Partizipation beschreiben:

Voraussetzung von Erkenntnis ist hier nicht unser Ideal der Trennung von Erkenntnissubjekt und Erkenntnisobjekt, sondern die Fähigkeit, diese Trennung zu transzendieren.

Wahres Wissen ist in diesem Rahmen notwendig konkret und situativ, an die Individualität des Erkannten sowie an die Person des Erkennenden gebunden. Es läßt sich nicht ablösen und in Regeln verallgemeinern, es ist kein Wissen-Über, das Herrschaft möglich macht, sondern primär ein Wissen der Teilnahme und Beteiligung. Und es ist immer eine Teilnahme und Beteiligung, die den ganzen Menschen, Körper und Geist und Sinne umfaßt und verwandelt. Es ist ein Wissen, dessen Erwerb unmittelbar identisch ist mit der reichen Entwicklung der ganzen Persönlichkeit des Lernenden. Wenn wir dieses Wissen implizit nennen, so ist das ein ungeschickt negativer Ausdruck für etwas, worin dieses Wissen seine eigenste Qualität sieht: daß es ein Wissen jenseits der Grenzen des explizit Darstellbaren ist. Was wesentlich an ihm ist, das ist nicht in Sprache übersetzbar, sondern nur je durch eigene Erfahrung erlernbar.

In dieser Fähigkeit zum Erfahrungslernen siedelt zugleich eine spezifische menschliche Identität, die sich darin entwickeln kann. Der eigentliche Kern des Selbst besteht hier nicht darin, daß man ein Selbst *hat*, sondern umgekehrt in der Fähigkeit, sich selbst, die eigenen Strukturen immer wieder aufzulösen und zu überwinden in immer neuen und weiteren Identifikationsprozessen. Es ist diese Beziehung zu einer unbegrenzten Vielfalt von anderen, die als das eigentlich grundlegende Bedürfnis empfunden und als Erfüllung erfahren wird. Konsequenterweise wird alles, was diese Beziehung möglich macht, und alles, was sie so reich als möglich werden läßt, so wertgeschätzt wie das eigene Selbst; die Welt ist hier in mehr als einem Sinn Teil des eigenen Selbst, und der Mensch ist teilnehmender Teil in diesem Ganzen.

Erst in diesem Zusammenhang wird für uns erfaßbar, daß es keine bloße Unfähigkeit zur Natur*beherrschung* war, die machte, daß sogenante primitive Kulturen zu ökologisch stabilen Wirtschaftsweisen gefunden haben, sondern daß umgekehrt der Mangel an Herrschaftswissen Teil einer positiven Absicht ist. Das angestrebte Ideal war die Kunst der minimalen Einwirkung auf die freie Gemeinschaft aller Lebewesen, und erst nach und nach beginnen wir zu entdecken, daß ein Großteil von dem, was wir als Mythen, Riten und Aberglauben abgetan haben, ein reiches biologisches, pharmakologisches, psychologisches Wissen beinhaltet, das zu diesem Zweck entwickelt wurde: angewandtes Beziehungs- und Verständigungswissen zwischen Mensch und Mensch und zwischen Mensch und Natur.

6 Einsicht in unsere Begrenztheit

Vor diesem Hintergrund der Hochschätzung und Entwicklung subjektiver Erfahrungsfähigkeit entziffert sich die Entwicklung unserer Kultur des Expliziten *zugleich* als kontinuierliche Abwertung und Vernichtung jener anderen Zugangsweise zur Welt:

Mit der Entdeckung abstrakten Denkens und logischer Beweisverfahren haben wir subjektive Erfahrungsfähigkeit als minderwertig deklassiert; die Entwicklung der wissenschaftlichen Erkenntnismethode hat sie als bloß subjektiven Schein in den Bereich des Irrtums, des Irrationalen und des Gefühls verwiesen; unsere Identifizierung mit der Ratio hat sie zum Feind gemacht, der unser Ich überrennt; im Aufbau unserer Nische haben wir sie nur dort zugelassen, wo wir sie noch nicht durch explizite Verfahren ersetzen konnten; und wenn wir jetzt mit der Informatik die symbolische Beschreibung dieses sozialen Tun ebenfalls als explizite organisieren wollen, dann kann das deshalb so nachhaltig depravierend wirken, weil Informatik in dieser Wirkungskette nichts anderes macht, als alles andere auch: Mit der Informatik erledigen wir – zugespitzt ausgedrückt – "den Rest".

In diesem Zusammenhang gesehen sind wir alle Primitive – jene anderen, weil sie die Kultur des Expliziten *noch nicht* entwickelt hatten, und wir, weil wir über der Entwicklung der Kultur des Expliziten *das schon entwickelte Potential* subjektiver Erfahrungsfähigkeit vergessen und zerstören – *wieder auf einen primitiven Stand zurückbringen.*

Im Unterschied zu jenen Primitiven jedoch bringen wir uns durch diese Einseitigkeit immer mehr in eine absurde Situation. Denn das ganze komplexe Wunderwerk aus Mechanik und aus expliziten Regeln macht ja nur Sinn, insofern es eine Erklärung der Welt für uns ist, insofern es Produkte für uns produziert, so wie wir sind, Menschen aus Fleisch und Blut und Sinnen. Auf dieser subjektiven Erfahrungsbasis müssen wir die Entscheidung treffen, was sinnvoll ist und was nicht. Und weil formale Regeln in der konkreten Wirklichkeit immer falsch und richtig zugleich sind, müssen wir bei der Anwendung dieser Regeln letztlich auf eben das vertrauen, was in unserem System eigentlich nichts gilt: subjektives Erfahrungswissen. Aber eben diese Basis des subjektiven Erfahrungswissens, die das alles tragen soll, machen wir in unserer Kultur immer schmaler und brüchiger und primitiver.

Und so scheint es, daß wir nicht nur in der äußeren Wirklichkeit die ökologische Basis zerstören und vernichten, die unser Leben trägt, sondern daß wir auch im Inneren nach einem analogen Muster verfahren, daß es außen wie innen gerade der zunehmende Erfolg unserer Wirklichkeitskonstruktion ist, der die Schwierigkeiten bewirkt, die ihren Erfolg gefährden.

Und außen wie innen ist der erste Schritt zur Umkehr aus dieser zerstörerischen Dynamik eben jener, den wir nicht gehen können, ohne die Grenzen unserer Kultur zu überschreiten: die Einsicht in unsere Begrenztheit.

So gesehen ist der zentrale Fehler unserer Kultur eben das, worauf sie ihren ganzen Stolz gegründet hat: Die Überzeugung, die Methode zum objektiv wahren, grenzenlos gültigen Wissen zu haben, "der Glaube", wie die Amant'as aus Bolivien das ausgedrückt haben, "daß wir Weißen den Schlüssel zur kulturellen Entwicklung haben",[1] der Umstand, daß es uns gelungen ist, unsere Kultur zum Monopol auf dieser Erde zu machen.

Was wir über diesen Fehler hinaus zur positiven Entwicklung der Menschen beigetragen haben, werden wir herausfinden, wenn wir den Weg der Begrenzung gehen: im globalen Bereich, indem wir den Raum einschränken, den unsere Kultur einnimmt – im persönlichen Bereich, indem wir der Bedeutung nachforschen, die die Begrenzung von Wissenschaft und Technik für uns hat, und fragen, was jenseits dieser Grenzen liegen könnte – im Bereich unserer Arbeit, indem wir die Grenzen von Wissenschaft und Technik konkretisieren – und im Allgemeinen, indem wir in einer multi-dimensionalen Aufklärung unsere Sicht mit anderen Ansichten der Welt zusammenbringen und so *in einem* diese Sicht begrenzen, ihrer Besonderheit gewahr werden und uns den Reichtum verschiedener Sichtweisen zugänglich machen.

1 J. Burger, *Die Wächter der Erde. Gaia Atlas*, Hamburg 1988, 123.

Geschlecht und Wissenschaft

oder die endliche Geschichte der Zweigeschlechtlichkeit

Ulrike Teubner

Erneutes Nachdenken über die Bedeutung der Kategorie Geschlecht für die Wissenschaften und die Professionen ist nötig, seit Frauen durch ihre Qualifikationserfolge in der Praxis herkömmliche Theorien der Geschlechterdifferenzen widerlegen und damit zugleich auch Erklärungen zur Geschlechtersegregation innerhalb der Berufsarbeit in Frage stellen. Gerade weil auf der Qualifikationsebene eine weitgehende Angleichung zwischen den Geschlechtern eingetreten ist, stellt sich die Frage nach den Ursachen von geschlechtsspezifischen Abschottungsmustern in und außerhalb der Erwerbsarbeit. Dabei ist der Zusammenhang von Ausgrenzungsmechanismen, Diskriminierungsfaktoren und den Handlungspotentialen von Frauen zu berücksichtigen, was bereits deutlich macht, daß Geschlecht nicht definiert werden kann als Summe typischer Eigenschaften.

Ich nehme in meinem Beitrag zentrale Fäden der feministischen Theoriebildung und der Frauenforschung zur Konzeptualisierung der Kategorie Geschlecht auf. Ich will begründen, warum es sich bei der Kategorie Geschlecht um keine Inhaltskategorie handelt und werde diese These am Beispiel des Fachs Informatik verdeutlichen. Dazu seien zunächst einmal die äußerlichen Daten des Geschlechterverhältnisses in der Informatik zusammmengestellt. Die Informatik als relativ junge Disziplin hat sich nicht zu einem Fach entwickelt, in dem beide Geschlechter annähernd gleich vertreten sind. Zwar ist der Frauenanteil unter den Studierenden höher als in den sog. harten Männerfächern Elektrotechnik und Maschinenbau, jedoch niedriger als im Fach Mathematik und in den Sozialwissenschaften.

Obwohl die Informatik als akademische Disziplin erst in den 70er Jahren etabliert wurde, zu einem Zeitpunkt, als die Qualifikationsoffensive der Frauen bereits eingesetzt hatte, und obwohl sie häufig als Fach bezeichnet wird, das keine eindeutige geschlechtsspezifische Tradition aufweist, finden wir im Professionalisierungsprozeß doch bereits eine bekannte Tradition: die Leugnung des Anteils der Frauen an der Entwicklung der Informatik.[1]

Ein Überblick über die Entwicklung des Studienfachs Informatik in der Bundesrepublik zeigt, daß die Zahl der weiblichen Studierenden zunächst bis zu Beginn der 80er Jahre auf fast 18% stieg und seitdem leicht rückläufig ist.

1 Vgl. U. Hoffmann, *Computerfrauen*, München 1987; C. Roloff, *Von der Schmiegsamkeit zur Einmischung*, Pfaffenweiler 1989.

Frauen stellen heute 15% der Studierenden und 15% derjenigen, die erfolgreich ein Informatikstudium beenden. Deutlich gestiegen ist der Anteil der Frauen unter den Promovierenden; 1989 wurden fast 14% der Doktorarbeiten von Frauen erstellt.[2]

Wie kaum anders zu erwarten, sind Frauen unter dem hauptamtlichen wissenschaftlichen Lehrpersonal an den Universitäten kaum vertreten. Im Fach Informatik stellen sie weniger als 2% der Professorenschaft.

Die Analyse des Berufsfeldes Informatik jenseits der Hochschule erweist sich als nicht ganz einfach, da die offizielle Berufsstatistik eine doppelte Zuordnung der Informatiker und Informatikerinnen vornimmt, sowohl zur Gruppe der Physiker, Physikingenieure und Mathematiker (612) als auch zur Gruppe der Datenverarbeitungsfachleute (774). Die Statistik dokumentiert eine deutliche Diskrepanz zwischen dem Anteil der Frauen mit Hochschulabschluß in der letzten Berufsgruppe und ihrer Präsenz in den entsprechenden Gehaltsgruppen. Die Tatsache, daß Frauen trotz vorhandener Qualifikation nicht annähernd in den adäquaten Gehaltsgruppen eingestuft sind, kann nicht damit erklärt werden, daß sie überwiegend teilzeitarbeiten. Die Berufsstatistik läßt erkennen, daß Qualifikation und Geschlecht in ein Spannungsverhältnis treten, wenn die erforderlichen Qualifikationen von Frauen erworben werden. Somit ergänzt die Statistik eine Reihe von Untersuchungen, die nachgewiesen haben, daß es Frauen nur bedingt gelingt, erworbene Qualifikationen umzusetzen in den Zugang zu qualifizierter Berufsarbeit.[3]

Dies wird auch durch die letzte Umfrage innerhalb der Gesellschaft für Informatik bestätigt. Unabhängig von der Qualifikation, unabhängig von beruflicher Praxis und betrieblichen Einsatzfeldern werden Frauen über die Entlohnung von Arbeit benachteiligt. Die Autoren der Umfrage fassen den Zusammenhang von Geschlecht und Einkommen folgendermaßen zusammen:

> "In finanzieller Hinsicht ist es ein Nachteil, eine Frau zu sein. [...] Weitergehende Recherchen (insbesondere hinsichtlich der Qualifikation) ergaben keine besonderen Konstellationen, die die schlechtere Bezahlung erklärt hätten (z.B. Frauen vorwiegend im Bereich Forschung/Lehre/Ausbildung)."[4]

Frauen verdienen danach bereits beim Berufsstart deutlich weniger als ihre männlichen Kollegen und es gelingt ihnen auch nicht mit zunehmender Berufspraxis, die Unterschiede in der Bezahlung auszugleichen. Da in diese Aus-

2 Vgl. Statistisches Bundesamt (Hrsg.), *Bildung im Zahlenspiegel 1991*, Wiesbaden 1992.

3 Vgl. U. Teubner, *Neue Berufe für Frauen*, Frankfurt/M 1989; U. Rabe-Kleberg (Hrsg.), *Besser gebildet und doch nicht gleich!*, Bielefeld 1990; A. Schlüter, "Der Kampf um die Berufsausbildung von Arbeitertöchtern", in: U. Rabe-Kleberg (Hrsg.), *Besser gebildet und doch nicht gleich!*, Bielefeld 1990.

4 R. L. Baber et al., "Zur Berufssituation der Informatiker 1991", *Informatik-Spektrum* , 15, 1992, 346.

wertung nur sog. Vollzeitarbeitsverhältnisse einbezogen waren, können – wie bereits angedeutet – keine äußeren Faktoren für die Asymmetrien zwischen den Geschlechtern verantwortlich gemacht werden, sondern es muß davon ausgegangen werden, daß Geschlecht selbst eine Strukturkategorie ist. Mit Hilfe der unterschiedlichen Einkommen werden deutliche Grenzlinien zwischen den Geschlechtern gezogen, es wird ein Abstand zwischen den Geschlechtern hergestellt, selbst bei äußerlich gleichen Rahmenbedingungen.[5]

So offensichtlich dies Gestaltungsmuster des Geschlechterverhältnisses ist, so wenig umreißt es schon das Gesamte dieses Verhältnisses. Aus der Sicht der Frauen stellt sich die Frage nach ihren Interessen, Einstellungen gegenüber der Informatik sowie nach ihren Handlungspotentialen und ihrem Widerstand gegenüber Formen der Geschlechterdiskriminierung. Gerade weil Geschlecht nicht nur als Kategorie der Diskriminierung gefaßt werden soll, nimmt in der Frauenforschung die Konzeptualisierung des Anderen der Frauen einen großen Raum ein. Damit soll die übliche Eindimensionalität innerhalb der Kategorie Geschlecht überwunden werden. Es geht nicht nur darum zu fragen, was die Frauen nicht dürfen und können, sondern was sie nicht wollen. Frauen sind danach zugleich das diskriminierte wie auch das andere Geschlecht. In der Bestimmung des Anderen der Frauen wird auch eine positive Qualität gesehen.[6]

Geschlechterunterschiede werden als existent vorausgesetzt und in einem theoretischen Bezugsrahmen entfaltet, der sich der herkömmlichen Entwertung von Weiblichkeit widersetzt, indem Potentiale von Frauen positiviert werden. Zugleich wird auch die geschlechtliche Arbeitsteilung jenseits der Nachrangigkeit von Frauenarbeit gedeutet. Geschlecht als Kategorie bleibt innerhalb dieses Ansatzes dem System der Zweigeschlechtlichkeit verortet.

Welche Chancen bietet dieser Ansatz zur Erfassung des Geschlechterverhältnisses in der Informatik und zur Analyse der beruflichen Situation von Frauen innerhalb dieser Disziplin?

Ist es gerechtfertigt, die Informatik als Männerdisziplin zu charakterisieren und Frauen ein fachlich anders akzentuiertes Interesse zuzuschreiben?

Ich konstatiere zunächst einen Widerspruch. Einerseits stellt die Forschung in den vergangenen Jahre immer weniger Geschlechterdifferenzen als gesichert fest. Sie weist nach, daß methodische Unzulänglichkeiten zum überwiegenden Teil für die Dokumentation von Unterschieden zwischen den Geschlechtern verantwortlich sind.[7] Andererseits nimmt die feministische Wissenschaftskritik einen ihrer Ausgangspunkte innerhalb der Theorien der

5 Vgl. K. U. Mayer et al., *Vom Regen in die Traufe*, Frankfurt/M 1991; U. Teubner, "Geschlecht und Hierarchie", in: A. Wetterer (Hrsg.), *Profession und Geschlecht*, Frankfurt/M 1992.

6 Vgl. D. Janshen, H. Rudolph, *Ingenieurinnen*, Berlin 1987.

7 C. Hagemann-White, *Sozialisation:Weiblich-männlich?*, Opladen 1984; D. Bierhoff-Alfermann, *Androgynie*, Opladen 1989; J. Butler, *Das Unbehagen der Geschlechter*,

Geschlechterdifferenzen. Dies gilt auch für ihre Kritik an Technik und Naturwissenschaften und zwar nicht nur an den Geschlechterideologien, die innerhalb der Wissenschaftskonzepte transportiert werden, sondern auch für die Kritik an methodischen Postulaten von Wissenschaft.

Um diesen Widerspruch einzuordnen, gehe ich auf einige Forschungsergebnisse ein.

Für die Sozialisationsforschung läßt sich feststellen, daß "die empirische Forschung insgesamt keine Belege für eindeutige, klar ausgeprägte Unterschiede zwischen den Geschlechtern liefert."[8]

Dies gilt für die Dimension der kognitiven Fähigkeiten sowie für Aussagen, die im Rahmen der Eigenschaftspsychologie gemacht worden sind. Ohne hier Methodenkritik üben zu können, sei erwähnt, daß Messungen in der Regel mit Hilfe von Ein-Faktor-Modellen, die die Bipolarität der Geschlechter zugrundelegen, durchgeführt wurden.[9] Wenn überhaupt Unterschiede zwischen den Geschlechtern nachweisbar sind, dann beziehen sie sich auf das Sozialverhalten und zeigen sich im Bereich von Herrschaft und Dominanz.

Was die Sozialisationsforschung an der Schnittstelle zwischen Handlungs- und Gesellschaftstheorie aber liefert, sind Befunde dafür, wie die Kategorie Geschlecht und damit auch jede Form der Geschlechterdifferenz sozial konstruiert wird. Attributionsprozesse sorgen dafür, daß die Geschlechterordnung erhalten bleibt, indem beiden Geschlechtern unterschiedliche Fähigkeiten und Verhaltensweisen zugeschrieben werden bzw. indem für gleiche Leistungen unterschiedliche Faktoren verantwortlich gemacht werden. In die jeweiligen Zuschreibungsprozesse gehen Inhalte von Geschlechternormen ein, die selbst der Geschlechterdualität unterworfen sind. Sie sorgen dafür, daß die Differenz zwischen den Geschlechtern erfahrbar und sichtbar wird. So werden auch gleiche Leistungen bei beiden Geschlechtern auf unterschiedliche Ursachen zurückgeführt;Begabung und Fleiß werden häufig geschlechtlich so codiert, daß gute Leistungen von Jungen mit Begabung erklärt werden, während die guten Leistungen bei Mädchen häufig auf Fleiß zurückgeführt werden.[10]

Die Geschlechterdifferenz ist angeordnet in den Gegensätzen von sprachlichen und mathematischen Kompetenzen und Präferenzen; sie verpflichtet Frauen und Mädchen auf das Soziale, auf geringe Konkurrenz- und Durchsetzungsbereitschaft. Geschlechterstereotype prägen Wahrnehmung und steuern Interaktionsprozesse im Unterricht, so daß im Ergebnis die Differenz zur Normalität wird und die Gleichsetzung von Sollen und Wollen gerechtfertigt

Frankfurt/M 1991; S. Metz-Göckel, "Von der Technikdistanz zur Technikkompetenz", in: S. Metz-Göckel, E. Nyssen, *Frauen leben Widersprüche*, Weinheim 1990.

8 C. Hagemann-White, *Sozialisation:Weiblich-männlich?*, Opladen 1984, 42.

9 Vgl. D. Bierhoff-Alfermann, *Androgynie*, Opladen 1989.

10 Vgl. aus der Schulforschung u.a. S. Metz-Göckel, E. Nyssen, *Frauen leben Widersprüche*, Weinheim 1990.

erscheint.[11] Mädchen heißt es lapidar, interessieren sich eben weniger für ..., sie wählen eher ....

Nehmen wir die neueren Ergebnisse der Sozialisationsforschung auf, die kaum Unterschiede zwischen den Geschlechtern feststellen können, dann folgt daraus, daß Geschlecht gefaßt als Subjekt- oder Eigenschaftskategorie nur bedingt in Zusammenhang steht mit allen Formen der geschlechtlichen sozialen Differenzierung innerhalb der Geselllschaft. Ganz offensichtlich ist das Können und Wollen der Frauen, wie wenig eigenbestimmt es sich auch entfalten läßt, nicht gleichzusetzen mit den Formen der Geschlechtertrennung in allen Lebens- und Arbeitsbereichen. Insofern drängt sich die Frage danach auf, über welche Prozesse und Mechanismen das System der Zweigeschlechtlichkeit seine gestaltende Kraft entfaltet, so daß uns als Ergebnis die Geschlechterdifferenz selbstverständlich oder natürlich erscheint.

S. Metz-Göckel hat unter Bezug auf die Ergebnisse der Sozialisationsforschung eine Latenzhypothese entwickelt.[12] Sie geht davon aus, daß die Fähigkeiten und Zugänge zur Naturwissenschaft und Technik für beide Geschlechter grundsätzlich gleich sind, so daß folglich der Blick zu lenken ist auf die Bedingungen, die die Entfaltung der Potentiale fördern oder hemmen. Dieser Sichtweise zufolge wird die Differenz zwischen den Geschlechtern hergestellt, sie kann nicht als gegeben betrachtet werden. Die Analyse der Herstellung der Geschlechterdifferenzen sollte danach die Doppelstruktur der sozialen Segregationsprozesse von Gleichheit und Ungleichheit ins Zentrum rücken.

Im Gegensatz dazu steht eine andere Position innerhalb der Frauenforschung, die die Differenz von Frauen voraussetzt und zur allgemeinen Grundlage für einen anderen Typus von Orientierung und Kompetenzentfaltung gegenüber Technik und Naturwissenschaften macht. Die Argumentation geht von der Polarität von Männlichkeit und Weiblichkeit sowie von der Dualität von Männern und Frauen aus und bezieht sich auf konträre Interessen, Wertsetzungen und intellektuelle Stile. Frauen präsentieren danach soziale Werte ebenso wie ein kritisches Potential gegenüber den Erfordernissen der Berufsarbeit. Sie erscheinen angesichts der vollzogenen Polarisierung von Natur und Kultur aufgrund ihres Ausschlusses aus den Wissenschaften als Vertreterinnen der Natur bzw. eines anderen Umgangs mit Natur. Dies schließt z.B. eine eher ganzheitliche Sichtweise auf Probleme ein und führt beim Einsatz von Untersuchungsmethoden zu einer Bevorzugung eher qualitativer Methoden.

Wenn Frauen als Erfinderinnen von Technik genannt werden, dann wird ihnen ein Interesse an einer lebenserhaltenden Technik zugeschrieben. Frau-

11 Vgl. u.a. H. Faulstich-Wieland, "Koedukation und Mathematik/Naturwissenschaften/Technik", in: G. Pfister (Hrsg.), *Zurück zur Mädchenschule*, Pfaffenweiler 1988.

12 S. Metz-Göckel, "Von der Technikdistanz zur Technikkompetenz", in: S. Metz-Göckel, E. Nyssen, *Frauen leben Widersprüche*, Weinheim 1990.

en wird somit ein anderes produktives, wissenschaftliches Potential zugeordnet.[13]

Theoretischer Bezugspunkt dieser Konzepte ist die Analyse der geschlechtlichen Arbeitsteilung, wobei hier wiederum die These des weiblichen Arbeitsvermögens zu unterscheiden ist von einer Theorie der Vergesellschaftung von Frauen, die Frauenarbeit als Zwangsarbeit faßt.[14] Entscheidend ist in diesem Zusammenhang, daß von einer grundlegenden Differenz zwischen den Geschlechtern ausgegangen wird, wobei die Differenz unterschiedliche Arbeits- und Lebenserfahrungen der Geschlechter spiegelt. Während einerseits ein kritisches Potential gegenüber den Herrschaftsansprüchen von Technik und Naturwissenschaft formuliert wird, wird andererseits der primäre Arbeitsbereich der Frauen zum Gegenstand von sinnhaften und sinnstiftenden Arbeitserfahrungen erklärt.

Wenn auch beide Theorien die Art der geschlechtlichen Arbeitsteilung unterschiedlich deuten, so ergeben sich auf der Ebene der Beschreibung von Inhalten von Weiblichkeit große Ähnlichkeiten. Vor allem der Bezug zum Leben und die Vorrangigkeit des Lebendigen sind hier zu nennen.

Keine Übereinstimmung zwischen beiden Erklärungsansätzen besteht dagegen in der Beschreibung der gesamten Bedingungen von Frauenarbeit. Während die These des weiblichen Arbeitsvermögens einen inhaltlichen Zusammenhang von privater und beruflicher Frauenarbeit herausarbeitet und deutlich macht, daß dieser Zusammenhang sowohl die Handlungsweise der Frauen wie auch die der Unternehmen bestimmt, betont die These der Frauenarbeit als Zwangsarbeit vor allem die Funktionalität der Geringschätzung und -bewertung weiblicher Arbeit.

Wenn auch feministische Wissenschaftskritik sich aus unterschiedlichen theoretischen Quellen speist, wenn auch zwischen den Aussagen Widersprüche bestehen, so zeigt sich die Übereinstimmung im Festhalten an der Geschlechterdifferenz als Grundtatbestand. So werden teilweise bestehende Polarisierungen als gegeben aufgegriffen und zum Teil mit einer neuen Bewertung versehen. Das gilt für die Konstruktion des Gegensatzes von Rationalität und Emotionalität und die entsprechende geschlechtstypische Codierung. Weil die Arbeit mit Menschen ein höheres Maß an Emotionalität erfordere, Frauen diese Arbeit in der Regel leisten, kann Emotionalität weiblich codiert werden und in einen Gegensatz zu Rationalität gebracht werden.

13 Vgl. C. v. Werlhof et al., *Frauen, die letzte Kolonie*, Reinbek 1983.

14 Vgl. E. Beck-Gernsheim, *Der geschlechtsspezifische Arbeitsmarkt*, Frankfurt/M 1981; E. Beck-Gernsheim, I. Ostner, "Frauen verändern-Berufe nicht?" *Soziale Welt*, Jg. 29, 1978; M. Mies, "Gesellschaftliche Ursprünge der geschlechtlichen Arbeitsteilung", in: C. v. Werlhof et al., *Frauen, die letzte Kolonie*, Reinbek 1983; V. Bennholdt-Thomsen, "Zur Bestimmung der geschlechtlichen Arbeitsteilung im Kapitalismus", in: C. v. Werlhof et al., *Frauen, die letzte Kolonie*, Reinbek 1983.

Zur Ergänzung vorhandener Theorien, die von der Geschlechterdifferenzierung ausgehen, sei auf die Aussagen innerhalb der Objekttheorie verwiesen. Danach ist der männliche Sozialisationsmodus bestimmt durch die Notwendigkeit, sich klar und eindeutig von der Mutter abzugrenzen. E. F. Keller sieht große Parallelen zwischen dem Prozeß der männlichen Individuation und den wissenschaftlichen Standards, die von Männern entwickelt worden sind.[15] Hier dominiert eine Sichtweise, die das Verhältnis von Untersuchungssubjekt und Untersuchungsgegenstand als getrennt imaginiert.

Da die primäre Bezugsperson des Kindes in der Regel die Mutter ist, verläuft die weibliche Individuation gänzlich anders; hier bleibt die Verbindung zur Mutter prägend, wenn auch mit der Schwierigkeit, die Mutter als gleich und dennoch getrennt zu begreifen. Die den Frauen immer wieder attestierte Orientierung an sozialen Bezügen wird auf die Sozialisationsstrukturen von Frauen zurückgeführt.

Auch innerhalb der Informatik spielen diese Überlegungen eine große Rolle, sei es, daß ein besonderer Zugang von Frauen zur Informatik behauptet wird, sei es, daß ein Spannnungsverhältnis von frauenspezifischen Potentialen und den Anforderungen innerhalb der Informatik aufgezeigt wird.

Ausgelöst durch Sherry Turkles Untersuchung *Die Wunschmaschine*[16] sind auch im deutschsprachigen Raum eine Reihe von Untersuchungen durchgeführt worden, die der Geschlechtsspezifik in der Informatik nachgehen.

Während Turkle eine Klassifikation von zwei Programmierstilen vornimmt, die sie als harte und sanfte Form der Beherrschung beschreibt, konstatiert C. Schiersmann zwei deutlich zu unterscheidende Stile des Denkens für die Geschlechter.[17]

Nach Turkle ist der harte Programmierstil durch ein hohes Maß an Planmäßigkeit, Abstraktion und den Wunsch bestimmt, den eigenen Willen durchzusetzen. Der sanfte Stil ist dagegen in höherem Maß interaktiv; ihm werden künstlerische Attribute zugeschrieben.

Nach Turkle ist die Ausprägung dieser geschlechtsspezifisch unterschiedlichen Stile quasi selbstevident. Die Herausbildung eines sanften Programmierstils bei Mädchen ist für sie Bestandteil der normalen weiblichen Sozialisation. Sie erwähnt dennoch eine zahlenmäßig kleine Abweichung bei Jungen und Mädchen vom jeweiligen Typ. Das gängige Zuordnungsmuster ist dadurch etwas aufgelockert.

Dies gilt nicht für die Konstruktion unterschiedlicher geschlechtsspezifischer Denkstile bei Schiersmann. In diesem Fall ist die Zuordnung der Geschlechter zu einem jeweils als männlich oder weiblich bezeichneten Denkstil hermetisch geschlossen.

15 E. F. Keller, *Liebe, Macht und Erkenntnis*, München 1986.

16 S. Turkle, *Die Wunschmaschine*, Frankfurt/M 1986.

17 C. Schiersmann, “Zugangsweisen von Mädchen und Frauen zu den neuen Technologien”, *IFG* , 1+2, 1987.

"Frauen denken eher assoziativ, praxisabhängig, kontextgebunden."[18] So lautet das Ergebnis einer Ableitungskette, die in der Tradition des weiblichen Arbeitsvermögens steht.

Männliches Denken wird im Gegenzug als analytisch bezeichnet, wobei hier besonders auf die Prozesse des Segmentierens hingewiesen wird. In der Klassifikation bilden Analyse und Synthese Gegensatzpaare. In einem weiteren Schritt wird analytisches Denken bezogen auf die Funktionsweise binärer Logik, um somit einen Zusammenhang zwischen Männlichkeit und "dem Computer" herzustellen und zugleich Frauen auf eine andere Umgangsweise mit dem Computer oder Herangehensweise an den Computer zu verpflichten.

Unberücksichtigt bleibt dabei, ob sich Analyse und Synthese als Prozesse des Denkens wie auch als Prinzipien der ideellen Funktionsweise des Computers derart trennen lassen. Die schematische Gegenüberstellung von Analyse und Synthese mitsamt ihrer geschlechtlichen Codierung erscheint mir mehr ein Ausdruck der "Mythologisierung des Männlichen im Fachlichen"[19] zu sein, als daß damit das Anforderungsprofil der Informatik abgebildet würde.

Völlig übersehen wird in der Gegenüberstellung der beiden Denkstile auch, daß sich Geschlechterunterschiede zum Teil erst unter Bezug auf die jeweiligen Gegenstandsbereiche von Analyse und Synthese zeigen. Ebenso wie Emotionalität und Rationalität in der Praxis der Geschlechter nicht eindeutig geschlechtlich codiert sind, sondern Ausdrucksformen und Referenzobjekte von Emotionalität und Rationalität geschlechtsspezifisch unterschiedlich besetzt sind, lassen sich die Verfahren der Analyse und Synthese nicht eindeutig aufspalten und auf die Geschlechter verteilen. Wie schon mehrmals in meinen Ausführungen muß ich auch an dieser Stelle auf die Zwangsoption der Differenz als selektiven Filter hinweisen. Gerade weil die Differenz nicht in Frage gestellt wird, läßt sie sich beliebig konstruieren, wird Realität wahrgenommen nur unter dem Blickwinkel der Differenz.

Innerhalb der Frauenforschung ist der methodische Ansatz, Geschlechterdifferenzen zu postulieren und zur Grundlage zur Bestimmung der positiven Qualitäten von Weiblichkeit zu machen, umstritten.

Die Kritik an der These des weiblichen Arbeitsvermögens bezieht sich auf die unzureichende Analyse der Arbeitsbedingungen in der Hausarbeit wie auch auf die Verkennung des Zusammenhangs von Haus- und Erwerbsarbeit. Es wird darauf verwiesen, daß Frauen seit langem bereits in einem hohen Maß erwerbstätig sind, daß sie schon immer in Bereichen erwerbstätig sind, die nicht als haushaltsnah zu bezeichnen sind.

Zudem sind die Arbeitsanforderungen in der Hausarbeit weder technikfern, noch lassen sie die Entfaltung von Flexibilität, Kommunikativität und Bedürfnisbezogenheit ungebrochen zu. Nach dieser Kritik läßt sich der Zusammen-

18 C. Schiersmann, "Zugangsweisen von Mädchen und Frauen zu den neuen Technologien", *IFG*, 1+2, 1987, 13.

19 C. Roloff, *Von der Schmiegsamkeit zur Einmischung*, Pfaffenweiler 1989.

hang der geschlechtlichen Arbeitsteilung nicht auflösen in eine Gegenüberstellung von zwei unterschiedlich strukturierten Bereichen.[20]

Die Gleichsetzung von Verhältnissen und Verhaltenspotentialen wird auch deshalb kritisiert, weil in ihr Widersprüche innerhalb der Verfaßtheit von Hausarbeit ausgeblendet werden.

G. A. Knapp hat die Problematik jedes methodischen Ansatzes kritisiert, ausgehend vom Konzept der Geschlechterdualität Weiblichkeit als eine identitätslogische Kategorie zu fassen.[21] Ich knüpfe daran an, indem ich auf eine Reihe von Untersuchungen hinweise, denen zufolge Typisierungen und Kategorisierungen von Weiblichkeit und Männlichkeit innerhalb der Informatik in deutlichem Widerspruch zu den Konstruktionen des weiblichen Arbeitsvermögens stehen.

Folge ich J. Weizenbaum,[22] dann zeigt der Prototyp des männlichen Hakkers in seiner Arbeitsweise sowohl Komponenten des weiblichen wie männlichen Stils. Seine Arbeitsweise ist in hohem Maße interaktiv, wenig planmäßig und dennoch darauf gerichtet, seine Macht zu demonstrieren.

Pflüger und Schurz befragten in ihrer Untersuchung "Der maschinelle Charakter"[23] Studierende des Fachs Informatik zu Studieninteressen und -motivationen. Die Informatikstudentinnen gaben an, das Studium überwiegend aus Interesse an Mathematik und theoretischer Informatik begonnen zu haben. Beide Schwerpunkte wurden von ihnen seltener als Problemfächer genannt.

Die Autoren folgern aus ihrer Befragung, daß Frauen vor allem Interesse an den theoretischen Fragestellungen und Inhalten des Fachs haben und weniger an den sog. technischen.

Äußerst aufschlußreich sind in diesem Kontext auch die Ergebnisse einer Studie zum Thema Geschlechterunterschiede im Informatikunterricht.[24] Die Untersuchungsgruppe setzte sich aus Mädchen aus reinen Mädchenschulen sowie aus Jungen und Mädchen aus gemischten Schulen zusammen, es konn-

20 H. Krüger, "Gehören technische Fähigkeiten vielleicht auch zum 'weiblichen Arbeitsvermögen'? " in: U. Rabe-Kleberg (Hrsg.), *Besser gebildet und doch nicht gleich!*, Bielefeld 1990; C. Thürmer-Rohr, "Feminisierung der Gesellschaft", *Beiträge zur feministischen Theorie und Praxis* , 18, 1986; R. Becker-Schmidt, "Frauen und Deklassierung", in: U. Beer (Hrsg.), *Klasse Geschlecht*, Bielefeld 1987; G. A. Knapp, "Arbeitsteilung und Sozialisation", in: U. Beer (Hrsg.), *Klasse Geschlecht*, Bielefeld 1987; U. Teubner, *Neue Berufe für Frauen*, Frankfurt/M 1989; E. Scheich, "Denkverbote über Frau und Natur", in: C. Kulke (Hrsg.), *Rationalität und Sinnlichkeit*, Berlin 1985.

21 G. A. Knapp, "Arbeitsteilung und Sozialisation", in: U. Beer (Hrsg.), *Klasse Geschlecht*, Bielefeld 1987.

22 J. Weizenbaum, *Die Macht der Computer und die Ohnmacht der Vernunft*, Frankfurt/M 1978.

23 J. Pflüger, R. Schurz, *Der maschinelle Charakter*, Opladen 1987.

24 C. Funken, "Geschlechtsunterschiede im Informatikunterricht", in: A. Grabosch, A. Zwölfer (Hrsg.), *Frauen und Mathematik*, Tübingen 1992.

ten somit drei unterschiedliche Gruppen gebildet werden, die Kategorie Geschlecht also selbst variiert werden.

Die Ergebnisse zeigen an mehreren Punkten, daß große Gemeinsamkeiten zwischen den Jungen und den Mädchen, die eine Mädchenschule besuchen, bestehen und große Differenzen zwischen den beiden Mädchengruppen.

So stufen Jungen und Mädchen aus Mädchenschulen das Fach Informatik ähnlich ein, nämlich als eher leicht. Mädchen aus gemischten Schulen ordnen den Informatikunterricht eher in die Reihe der schweren Fächer ein. Deutlich mehr Mädchen aus Mädchenschulen wählen den Informatikunterricht im Verhältnis zu Mädchen aus gemischten Schulen. Jungen und Mädchen aus Mädchenschulen bewerten ihre Leistungen im Informatikunterricht nahezu gleich. Bei dieser Gruppe von Mädchen findet die häufig zu beobachtende Abwertung von Leistungen nicht statt, im Gegenteil entwickeln Mädchen aus homogenen Gruppen großen Ehrgeiz in der Bewältigung von Aufgaben.

Mädchen gehören dieser Studie zufolge zu dem Typus der systematischen Programmiererin; sie entwickeln ihr Konzept zunächst auf dem Papier, bevor sie ans Programmieren gehen. Im Gegensatz zu ihrer eigenen Praxis und den Erfahrungen im Unterricht sind allerdings sowohl die Schülerinnen wie auch die Schüler der Meinung, daß die Jungen die nötige Theoriearbeit vorab leisten, während die Mädchen spontan und unstrukturiert arbeiten.[25]

Der nach Geschlechtern getrennte Unterricht führt z.T. dazu, daß Mädchen Interessen entwickeln, die im Gegensatz zu herkömmlichen Geschlechterkonzepten stehen. Zugleich bleiben bestimmte Geschlechterstereotype dominant und werden auch entgegen der eigenen Praxis aufrechterhalten mit der Konsequenz, daß sie die Tatsache der Geschlechterdifferenz akzeptieren. Mädchen leben damit in dem Paradox, die eigenen Kompetenzen der Norm der Überlegenheit des Männlichen unterzuordnen und entsprechend zu verleugnen. Auffallend ist an dieser Studie ja gerade, daß die Typisierung einer Arbeitsweise als männlich-überlegene durch die Praxis nicht in Frage gestellt wird.

Ina Wagner hat in einem anderen Zusammenhang die beruflichen Erfahrungen von Naturwissenschaftlerinnen unter das Stichwort der Ambivalenz gestellt,[26] um mögliche inhaltliche Vereinseitigungen in der Bestimmung des Verhältnisses von Frauen zu Technik und Naturwissenschaften auszuschließen. Meiner Meinung nach fehlen uns Untersuchungen, die mögliche Geschlechterdifferenzen nicht im Sinne sich ausschließender Geschlechterkonzepte erfassen. Als Anforderung an zukünftige Untersuchungen würde ich formulieren, Geschlecht als Inhaltskategorie offen zu formulieren, um die Variationen innerhalb der Kategorie sichtbar werden zu lassen. Zugleich muß jedoch Geschlecht als Status- und Strukturkategorie konzipiert werden, um

25 C. Funken, "Geschlechtsunterschiede im Informatikunterricht", in: A. Grabosch, A. Zwölfer (Hrsg.), *Frauen und Mathematik*, Tübingen 1992, 143.

26 I. Wagner, "Das Erfolgsmodell der Naturwissenschaften", in: K. Hausen, H. Nowotny (Hrsg.), *Wie männlich ist die Wissenschaft?*, Frankfurt/M 1986.

Geschlecht als Ordnungskategorie im Sinne der Hierarchie begreifen zu können. Das würde allerdings bedeuten, Geschlecht als eine Relationskategorie zu konzeptualisieren und nicht als eine Inhaltskategorie.

Ich ziehe aus den aufgezeigten gegensätzlichen Untersuchungsergebnissen den vorläufigen Schluß, daß eine Analyse des Geschlechterverhältnisses und folglich auch die Konzeptualisierung der Kategorie Geschlecht innerhalb eines theoretischen Rahmen geleistet werden muß, der die verschiedenen Ebenen des Geschlechterverhältnisses sichtbar macht. Zu unterscheiden sind danach die Strukturen der geschlechtlichen Arbeitsteilung insgesamt, die Formen der Symbolisierung von Geschlecht z.B. in Geschlechtsrollenkonzepten und Geschlechterstereotypen sowie die Praxis individueller Geschlechteridentitäten.[27]

Einerseits ist es erforderlich, einen Zusammenhang zwischen diesen verschiedenen Ebenen zu entwickeln, andererseits kann dieser Zusammenhang nicht in einem einfachen Ableitungs- oder Gleichsetzungsverhältnis bestehen. Das Auseinanderklaffen von Normativität und Realität des Konstrukts Geschlechterdifferenz auf den Ebenen der individuellen Praxis wie auch innerhalb der Formen der geschlechtlichen Arbeitsteilung macht dies deutlich. Ich konstatiere insofern ein Paradox, als auch die strukturierende Bedeutung der Kategorie Geschlecht auch ohne eine entsprechende inhaltliche Basis ungebrochen existiert. Zur Verdeutlichung verweise ich auf einige Studien zur Berufswahl von Frauen.

Während lange Zeit die Konzentration von Frauen auf Frauenberufe mit den – sozialisationsbedingt verengten – Berufswünschen von Frauen erklärt wurde, zeigt sich seit Beginn der Modellversuche zur Integration von Frauen in technisch-gewerbliche Berufe, daß das Spektrum der beruflichen Interessen von Frauen breiter ist als angenommen. Das deutliche Auseinanderklaffen von Berufswunsch und -wahl bei Frauen in den Frauenberufen muß vor dem Hintergrund gedeutet werden, daß das vorhandene Arbeitsplatzangebot auch die Entwicklung von beruflichen Interessen steuert. Insofern gehört zur Komplexität des Sozialisationsprozesses auch die Anpassung an das vorhandene Angebot. Die Modellversuche zeigen ebenfalls, daß die Bereitschaft zur Öffnung von Berufen nicht besonders hoch ist. Und entgegen allen Beteuerungen finden Frauen, die in einem zukunftsträchtigen Männerberuf ausgebildet worden sind, nicht ohne weiteres auch einen adäquaten Arbeitsplatz in diesem Beruf.[28]

Besser gebildet, und doch nicht gleich – so faßt U. Rabe-Kleberg den Sachverhalt zusammen, der auch für die Berufe mit einem akademischen Abschluß nachgewiesen ist.[29] In den Dokumentationen der Jahrestreffen der Naturwissenschaftlerinnnen und Technikerinnen wird dies anschaulich belegt.

27 Vgl. S. Harding, *Feministische Wissenschaftstheorie*, Hamburg 1990.

28 H. Stegmann, H. Kraft, "Knapp 10 Jahre nach dem Abitur", in: Mitt/AB 4/1987; U. Teubner, *Neue Berufe für Frauen*, Frankfurt/M 1989.

29 U. Rabe-Kleberg (Hrsg.), *Besser gebildet und doch nicht gleich!*, Bielefeld 1990.

Die Arbeitsmarktforschung steht insofern heute vor einem Rätsel, als sie die Formen der geschlechtsspezifischen Segregation mit ihren traditionellen Theorien nicht erklären kann.[30] Die Irritationen rühren auch daher, daß Qualifikationserfolge und berufliche Ambitionen von Frauen inzwischen gut dokumentiert sind und jede Form der geschlechtsspezifisch inhaltlichen Begründung für die Benachteiligung von Frauen nur eine geringe Stimmigkeit hat. Das gilt auch für die Aussagen über das angeblich geringere Karrierestreben von Frauen, für ihr vermeintlich taktisches Unvermögen, sich um die richtigen Posten zu bewerben.

Auch gegenüber dieser Argumentation zeigt sich, daß selbst ein Mehr von Qualifikation den Nachteil Frau nicht aufwiegt. Frauen in Führungspositionen verdienen in allen Bereichen und auf allen Ebenen weniger als ihre männlichen Kollegen.[31]

Vor diesem Hintergrund erscheint mir auch die Hoffnung, daß Frauen als Repräsentantinnen eines anderen Führungsstils von den Konzernspitzen in Zukunft vermehrt eingestellt werden, illusorisch. Studien aus den USA über die Möglichkeiten von Frauenförderung berichten, daß männlicher Widerstand gegenüber dieser Praxis sichtbar zunimmt, sobald Frauen die kritische Grenze von 15-20 % innerhalb eines Feldes überschreiten.[32]

Selbst da, wo Frauen bisher bereits sinnvolle und gesellschaftlich notwendige Arbeiten verrichtet haben, war dies durchaus mit einer Geschlechterordnung vereinbar, die das Männliche als dominant setzt.

Dabei kommt der Geschlechtersymbolik eine besondere Rolle zu, ist doch über die Symbolik definiert, was den Geschlechtern jeweils angemessen ist.

Das Fach Mathematik eignet sich gut zur Illustration von Geschlechtersymbolik. Die im Stereotyp vollzogene Gleichsetzung von Männlichkeit und Mathematik führt in der Regel dazu, daß ein Frauenanteil von über 30% unter den Studierenden häufig nicht einmal zur Kenntnis genommen wird. Wie stark auch immer geschlechtsspezifische Zuschreibungsmuster die Entfaltungsmöglichkeiten von Mädchen im Mathematikunterricht einschränken, so wenig führen sie dazu, daß Frauen sich von der Mathematik abwenden. Dieser Topos wird zwar in vielen bildungspolitischen Schriften gepflegt, er entspricht mehr der Symbolik als der Realität. Zur Realität gehört allerdings, daß wir kaum Mathematikerinnen auf dem Arbeitsmarkt finden.

Ähnlich der Situation der Biologinnen und Chemikerinnen ist der Zugang zum qualifikationsadäquaten Arbeitsplatz für Frauen in der Mathematik schwierig. Ähnlich ist in allen drei Berufen die Akzeptanz von Frauen im Bereich der Assistentinnentätigkeiten.

30 K. U. Mayer et al., *Vom Regen in die Traufe*, Frankfurt/M 1991.
31 S. Bischoff, *Frauen zwischen Macht und Mann*, Reinbek 1990.
32 V. Werner, C. Benardoni, *Die Bedeutung des beruflichen Aufstiegs von Frauen für den gesellschaftlichen Wandel am Ende des 20. Jahrhunderts*, Bonn 1985.

Das Verhältnis von Frauen zu den Naturwissenschaften erweist sich dann als unproblematisch, wenn Frauen die Hierarchie zwischen den Geschlechtern nicht in Frage stellen, wenn sie nicht mit männlichen Kollegen um die gleiche Arbeit konkurrieren.

Die geschlechtstypische Symbolisierung von Mathematik – die ich nur beispielhaft nenne – ersetzt die Konkurrenz, indem sie die Geschlechter von vornherein auf unterschiedliche Bereiche verpflichtet. Das Erstaunliche ist ihre Zähigkeit gegenüber der Realität. Schließlich liegt der Studienanteil der Frauen im Fach Mathematik nicht erst seit kurzem bei über 30%, was angesichts der nachgewiesenen Wirkung von Selbst- und Fremdkategorisierung im Unterricht schon allein Anlaß zum Staunen ist.[33]

Normen von Männlichkeit und Weiblichkeit stehen nicht nur in einem Inhaltsverhältnis – in der Regel gefaßt als Geschlechterdualität –, sondern auch in einem positionalen Verhältnis der Höherrangigkeit des Männlichen gegenüber dem Weiblichen. Geschlechtstypische Codierungen von Fähigkeiten und Tätigkeiten unterliegen dem Muster der Geschlechterhierarchie.

Während die Forschung nachgewiesen hat, daß Weiblichkeit und Männlichkeit als Inhaltskategorien historisch variabel sind, erweist sich die Hierarchie zwischen den Geschlechtern als Grundkonstante des Geschlechterverhältnisses. Sie übersteht selbst die Veränderungen innerhalb der Typisierung von Arbeit, so z.B. wenn aus einem ehemaligen Männerberuf ein Frauenberuf wird. Unabhängig von der arbeitsinhaltlichen Entwicklung eines Berufs ist der Grad der Feminisierung bestimmend für den sozialen Status.

Entgegen der These vom weiblichen Arbeitsvermögen existieren seit je eine Reihe von hausarbeitsnahen Berufen als Männerberufe, so z.B. Bäcker, Konditor und Koch. Allein die Besetzung dieser Berufe durch Männer hat verhindert, daß Hausarbeitsnähe als Negativkriterium zum Tragen kommt.

Nicht die vermeintliche Haushaltsnähe von Frauenarbeit führt zu deren Entwertung, obwohl sie zur Geringschätzung beitragen kann, sondern die geschlechtliche Besetzung eines Berufes. Ähnliches läßt sich im Bereich der Reinigungsberufe an der Aufspaltung in Gebäudereiniger und Putzfrau nachweisen.

Zu allen Zeiten fanden Frauen Zugang zu Männerarbeit, wenn für diese Arbeiten nicht (mehr) genügend männliche Arbeitskräfte zur Verfügung standen. *Dies* Muster der Integration von Frauen in die Erwerbsarbeit findet sich sowohl im 19. wie im 20. Jahrhundert. Es macht deutlich, daß auch in diesen Fällen die Geschlechterordnung die beruflichen Chancen von Frauen dominiert. Historische Studien zeigen auch das Nebeneinander von Schutzvorschriften für Frauen, die zu ihrem Ausschluß aus bestimmten Berufen führten und dem Einsatz von Frauen in Bereichen, die den Schutzbestimmungen zuwiderliefen.

33 D. Spender, *Frauen kommen nicht vor*, Frankfurt/M 1985; G. Pfister (Hrsg.), *Zurück zur Mädchenschule?*, Pfaffenweiler 1988.

Weder sind die Strukturen der Frauenerwerbsarbeit, noch die Bewertungen von Arbeitsinhalten und Qualifikationen aus der inhaltlichen Nähe zur Hausarbeit zu erklären, noch sind sie auf die Interessen und Ziele von Frauen zurückzuführen.

Über die vergangen Jahrzehnte zeichnet sich keine Öffnung von Berufen ab in dem Sinne, daß eine den Qualifikationen der Geschlechter entsprechende Verteilung über Berufe und berufliche Positionen erfolgt. Nicht die Auflösung der geschlechtlichen Typisierung von Arbeit läßt sich nachweisen, sondern Wechsel in der Codierung, wobei Berufsbild und geschlechtliche Codierung einander angepaßt werden. Robak hat diesen Prozeß für das Frauenbild in der Schriftsetzerei nachgezeichnet.[34]

Selbst in den heute so bezeichneten Mischberufen, die nicht eindeutig geschlechtlich besetzt sind, kommen geschlechtshierarchische Grenzziehungen und Zuweisungsprozesse zum Tragen. Insofern kann auch hier nicht von einem Mehr an Gerechtigkeit für die Frauen ausgegangen werden. Vielmehr zeigt sich auch in den sog. Mischberufen, daß Formen der Geschlechtertrennung praktiziert werden und im Sinne der Geschlechterhierarchie gesetzt werden.

Sehr gut läßt sich dies am Beispiel des Berufs der Bankkaufleute nachweisen. Aufgrund eines Nachwuchsmangels wurden seit Ende der 60er Jahre verstärkt Frauen in diesem Beruf ausgebildet, so daß das Verhältnis der Geschlechter heute ausgewogen ist. Die Ausgewogenheit endet allerdings nicht erst an der ungleichen Verteilung der Geschlechter über die hierarchischen Positionen innerhalb des Berufsfeldes, sondern schon früher. Mit der zunehmenden Integration von Frauen in den Beruf bildeten sich auch geschlechtshomogene Segmente heraus und diese feminisierten Bereiche gelten als solche mit geringerem Anforderungsprofil.

In einer Studie wird das Gestaltungsmuster folgendermaßen beschrieben:

> "In unseren Untersuchungen konnten wir darüberhinaus feststellen, daß in den eher "durchschnittlichen" bzw. "anspruchslosen" Einsatzfeldern des Bankgeschäfts wie im Privatkundengeschäft oder auch im Betriebsbereich fast ausschließlich Frauen Verwendung finden, während Männer insbesondere in den Fachabteilungen [...] sowie in leitenden Positionen [...] vertreten waren.[35]

Die Hierarchie zwischen den Geschlechtern als Gestaltungs- und Wertungsprinzip bestimmt das Geschlechterverhältnis in allen gesellschaftlichen Bereichen.

34 B. Robak, "Schriftsetzerinnen und Maschineneinführungsstrategien im 19. Jahrhundert, in: A. Wetterer (Hrsg.), *Profession und Geschlecht*, Frankfurt/M 1992. Vgl. ausführlich A. Willms-Herget, *Frauenarbeit*, Frankfurt/M 1985.

35 E. Fricke et al., "Berufe im Wandel der Arbeitsgesellschaft", *Jahrbuch Arbeit und Technik in NRW 1986*, Bonn 1986, 173f.

Eine drastische Auswirkung zeigt sich in der geringeren Bezahlung, die Frauen im gleichen Beruf bei gleicher Ausbildung bereits ein Jahr nach Ausbildungsabschluß erhalten.[36] Insofern stellt das Ergebnis der Umfrage innerhalb der Gesellschaft für Informatik keinen Sonderfall dar. Ich werte diese Ergebnisse als Beleg für meine These, daß Geschlecht in erster Linie eine Kategorie des Status ist.

Innerhalb der Kategorie Geschlecht fallen Inhalt und Struktur insofern auseinander, als Geschlecht strukturierende Bedeutung hat, unabhängig von allen möglichen und nachweisbaren Unterschieden zwischen den Geschlechtern. Selbst dort, wo kaum Unterschiede zwischen den Geschlechtern feststellbar sind, existieren Formen der Geschlechtertrennung, selbst dort kommen im Verhalten der Individuen die Ideen der Geschlechterdifferenzen zum Ausdruck.

Rollenstereotype als eine Form der Geschlechtersymbolik prägen die Wahrnehmung der Praxis der Geschlechter und führen zur Konstruktion von Geschlechterdifferenz im Rahmen dualer Konzepte. Weder die Qualifikationserfolge der Frauen noch die Auflösung traditioneller Lebensformen und die vielfach beschworene Individualisierung haben bisher zu einer Auflösung von Geschlechterbarrieren geführt.

Formen der geschlechtlichen Codierung von Tätigkeiten führen insofern ein Eigenleben als sie die reale Praxis dem Schema der Zweigeschlechtlichkeit unterordnen. Zweigeschlechtlichkeit als natürlicher oder sozialer Grundtatbestand menschlicher Gesellschaften erscheint in Alltag wie in den Wissenschaften derart selbstverständlich, daß willkürliche und beliebige Deutungen der Geschlechterdifferenzen als Ursache sozialer Differenzierungen akzeptiert werden bzw. legitimatorische Funktion erhalten.

Die Sozial- und die Naturwissenschaften haben eifrig dazu beigetragen, das Geschlechterverhältnis ideologisch zu umkleiden bzw. es aus der Sicht männlicher Normalbiographien zu deuten.

Frauen waren daher schon immer in der Position, sowohl ideologische Fragmente der Geschlechterdualität zu kritisieren als auch die normative Gleichsetzung von Männlichkeit mit Menschlichkeit infrage zu stellen. Die Kritik an Geschlechterideologien, die Auseinandersetzung mit den jeweils herrschenden Konzepten von Weiblichkeit und Männlichkeit ist allerdings überwiegend im Rahmen der Theorie der Zweigeschlechtlichkeit geführt worden.[37]

Die Konzeptualisierung von Geschlecht erfolgt auch in den bisher zitierten und kritisierten Ansätzen der Frauenforschung innerhalb des Bezugssystems von Zweigeschlechtlichkeit. Dabei wird als Grundgedanke die Dualität oder

36 G. Engelbrech, "Berufsausbildung, Berufseinstieg und Berufsverlauf von Frauen", in: Mitt/AB 3/1991.

37 Vgl. E. Scheich, "Die zwei Geschlechter in der Naturwissenschaft", *Wechselwirkung*, 58, 1992.

Polarität der Geschlechtstypik angenommen. Männlichkeit und Weiblichkeit bildeten Gegensatzpaare unabhängig davon, ob sie den logischen Implikationen der Dichotomie folgen oder nicht.

Die jeweiligen Inhaltssysteme von Weiblichkeit und Männlichkeit sind in einem Entweder-Oder-Schema angeordnet. Sie erfordern klare Abgrenzungen. Zum Ordnungssystem der Zweigeschlechtlichkeit gehört auch, daß eine Seite positiv gesetzt wird; in allen uns bekannten Systemen ist das die Position der Männlichkeit.[38]

Das Ordnungssystem der Zweigeschlechtlichkeit beruht nicht auf Komplementarität, sondern auf der Dominanz des Männlichen. Insofern stützen sich Ordnungs- und Wertungskriterien gegenseitig, Bewertung folgt der Präsenz. Die Präsenz von Männern bedeutet auch die Chance, die entsprechende Anerkennung zu erhalten, sobald der Prozeß der Vergeschlechtlichung einsetzt.

Die Frauenforschung hat sich lange darum bemüht nachzuweisen, daß Geschlechterunterschiede nicht biologisch determiniert sind. Die im amerikanischen Sprachgebrauch vorgenommene Unterscheidung von sex (biologisches Geschlecht) und gender (soziales Geschlecht) macht dies deutlich. In diesen Diskussion wurde das System der Zweigeschlechtlichkeit nicht in Frage gestellt.

Dies ist verständlich auch vor dem Hintergrund, daß der Blick zunächst auf dem Nachweis lag, daß Frauen weder das rückständige noch defizitäre Geschlecht sind. Seit auch die Naturwissenschaft immer weniger Kriterien für eine eindeutige Geschlechtsbestimmung angeben kann und zugleich die Kategorie Geschlecht sich als größeres Ärgernis entpuppt als vielfach angenommen, wird in Teilen der Frauenforschung eine grundsätzliche Aufhebung von Geschlecht als Inhaltskategorie thematisiert.[39]

Die seltsame Paradoxie des Zugleich der Nivellierung der Geschlechterunterschiede bei unverändert wirksamer Hierarchie im Geschlechterverhältnis wird z.T. erklärbar unter Rückgriff auf die Funktionsweise des Systems der Zweigeschlechtlichkeit.

Zur Aufrechterhaltung der hierarchischen Geschlechterordnung mittels dual oder polar strukturierender Segregations- und Differenzierungsprozesse bedarf es der Geschlechterunterscheidung. In ein hierarchisches Verhältnis – so eine zentrale Aussage der Kolleginnen Gildemeister und Wetterer läßt sich nur setzen, was zuvor deutlich unterschieden und getrennt wurde.[40] Sie be-

38 N. Jay, "Geschlechterdifferenzierung und dichotomes Denken", in: B. Schaeffer-Hegel, B. Watson-Franke (Hrsg.), *Männer Mythos Wissenschaft*, Pfaffenweiler 1989; J. Butler, *Das Unbehagen der Geschlechter*, Frankfurt/M 1991.

39 C. Hagemann-White, *Sozialisation:Weiblich-männlich?*, Opladen 1984; J. Butler, *Das Unbehagen der Geschlechter*, Frankfurt/M 1991; R. Gildemeister, A. Wetterer, "Wie Geschlechter gemacht werden", in: G.-A. Knapp, A. Wetterer (Hrsg.), *Traditionen*, Freiburg 1992.

40 R. Gildemeister, A. Wetterer, "Wie Geschlechter gemacht werden", in: G.-A. Knapp, A. Wetterer (Hrsg.), *Traditionen*, Freiburg 1992.

gründen mit dieser Aussage einen theoretischen Ansatz, der zur inhaltlichen Dekonstruktion der Kategorie Geschlecht führt.

Gerade weil Männlichkeit und Weiblichkeit als Inhaltskonstrukte in mehrfacher Hinsicht nicht konsistent sind, müssen sie als Ergebnis sozialer Definitions- und Klassifikationsprozesse begriffen werden, mit deren Hilfe Einigkeit über das Konstrukt Geschlecht hergestellt wird.

Die Geschlechterhierarchie als Organisationsprinzip ist auf die Formen der Trennung und Abgrenzung zwischen den Geschlechtern angewiesen. Die Idee der Differenz, nicht der Inhalt des Geschlechterunterschieds ist dabei entscheidend, denn Differenz begründet auch den Unterschied. Die Unterscheidung nach Geschlecht und die geschlechtsspezifische Codierung von Tätigkeiten und Inhalten ist Voraussetzung für die Etablierung einer Geschlechterordnung, die aus der Sicht des Systems die Klärung von Machtverhältnissen erübrigt. Insofern ist die Geschlechterhierarchie Komponente eines Macht-Codes, zu dessen Funktionsweise auch die Verfügung über Definitionsmacht gehört.[41] Wie bereits ausgeführt, zeigt sich Definitionsmacht auch darin, Zustimmung für eine Aussage zu erhalten. Die Realität der Geschlechter ist immer auch auf die Explikation über sich selbst verwiesen.

Nach wie vor bestehen in unserer Gesellschaft Formen der Grenzziehung zwischen den Geschlechtern, die verhindern, daß Geschlecht zu einer sekundären Kategorie wird. Das System der Zweigeschlechtlichkeit enthält ein wirksames Entgrenzungstabu und ein Vermischungstabu für beide Geschlechter. Die Macht der Idee von Zweigeschlechtlichkeit liegt auch darin, Geschlechterdifferenzen in der Schwebe von Realität und Konstruktion aufrecht zu erhalten.

Eine feministische Theorie zur Aufhebung der Geschlechterhierarchie könnte darin bestehen, jede Konstruktion von Geschlecht auf der Grundlage der Dualität zu verwerfen und folglich von einer Null-Hypothese oder aber von der Realität mehrerer Geschlechter auszugehen.[42]

Was hieße das für eine Perspektive von Frauen in der Informatik?

Es bedeutet nicht, daß Frauen kritische Fragestellungen gegenüber der Entwicklung des Fachs aufgeben sollten, noch daß sie auf erkenntnistheoretische Fragen verzichten. Es heißt lediglich, daß Fragen und Kritik nicht mit dem Etikett weiblich versehen werden müssen. Meiner Meinung nach folgt daraus in jedem Fall, daß der Rückgriff auf die Zuordnung von Frauen zum Bereich der familialen Arbeiten nicht den theoretischen Hintergrund zur Entfaltung von Kritik bilden kann.

Aus meiner These folgt auch nicht, daß Frauen sich in ihrem theoretischen und kreativen Potential einschränken sollten; sie sollten sich allerdings Klarheit über die Funktionsweise der Geschlechterhierarchie verschaffen. Dazu

41 N. Luhmann, *Macht*, Stuttgart 1988.

42 C. Hagemann-White, *Sozialisation:Weiblich-männlich?*, Opladen 1984; A. Wetterer (Hrsg.), *Profession und Geschlecht*, Frankfurt/M 1992.

gehört auch, daß Frauen sich Strategien ausdenken gegen alle Formen der Suprematie des Männlichen.

Letzen Endes würde ich mir wünschen, daß Frauen sich entgegen herrschender Definitionsmacht eigensinnig und eigenwillig in Fragestellungen und Bereiche einmischen, die ihnen nicht zugestanden werden und die sie sich selber häufig auch nicht zugestehen. Vielleicht wird es so möglich, die Grenzen und die Grenzsetzungen der Kategorie Geschlecht aufzuheben.

Die Frage nach der Informatik als Männerwissenschaft reduziert sich dann auf den Beitrag zur Aufrechterhaltung der Geschlechterordnung und der Geschlechterideologien in ihrem Feld.

Metaphern in der Fachkommunikation und Modellbildung der Informatik

Rüdiger Weingarten

Kurzfassung

Es gibt eine Reihe von Eigenschaften der Semantik natürlicher Sprachen, die als die harten Probleme der Theoriebildung angesehen werden. Dazu gehören u.a. Metaphern. Auch die Informatik setzt sich in verschiedenen Bereichen zunehmend mit Metaphern auseinander. An zwei Beispielen, der Entwicklung natürlichsprachlicher Systeme und der Planung der informatischen Fachkommunikation, soll diese Auseinandersetzung der Informatik mit Metaphern und ihr Verhältnis zu sprachwissenschaftlichen Ansätzen analysiert werden. Dabei wird die These vertreten, daß die Sprachgestaltung durch die Informatik einen Beitrag zur historischen Sprachentwicklung leistet, indem sie eine bestimmte sprachliche Varietät hervorbringt.

1 Einleitung

Allgemeine Aussagen über das Verhältnis *der* Sprachwissenschaft zur Informatik können nur schwer getroffen werden. Dies liegt nicht an der Informatik, die mit dem Computer einen konstitutiven und eindeutigen Bezugsrahmen besitzt, sondern an der Sprachwissenschaft, die eine Vielzahl konkurrierender Leitmodelle aufweist. Darin liegt kein Mangel der Sprachwissenschaft, vielmehr zeigen sich hier die Andersartigkeit ihres Gegenstandes und die Vielfalt der Interessen an diesem Gegenstand. Eine Ausnahme bildet die Computerlinguistik, die sich in vielen Bereichen auch als *angewandte Informatik* verstehen könnte und damit ein klar beschreibbares Verhältnis zur Informatik aufweist.

Über unterschiedliche theoretische Prämissen hinweg gibt es jedoch unter Sprachwissenschaftlern einen weitgehenden Konsens über konstitutive Eigenschaften der Sprache, die gleichzeitig die *harten Probleme* der Theoriebildung darstellen. Dazu gehören: Ambiguität, Vagheit, Ellipsen, sprachliche Variationen, Korrekturen, Diskursdynamik, Kontextualität, semantische Offenheit, Metaphern. Häufig werden solche Merkmale in einer phänomenorientierten Sprachbeschreibung herausgearbeitet, die oft außerhalb der "normalen" wissenschaftlichen Beschäftigung des Linguisten steht. Sie bilden sozusagen den Hintergrund ab, vor dem sich die verschiedenen Ansätze der Sprachwissenschaft definieren. Es stellt sich ihnen dabei die Frage: Klammert man diese

Eigenschaften aus strategischen Gründen aus und sieht sie z.B. als Performanzprobleme an, oder läßt man sie als Untersuchungsgegenstand zu?

Wenn ich nun im folgenden etwas über das Verhältnis von Sprachwissenschaft und Informatik sage, so beziehe ich mich auf der einen Seite nicht auf einen *bestimmten Ansatz* in der Sprachwissenschaft oder gar auf *die* Sprachwissenschaft insgesamt, sondern auf den mehr oder weniger gesicherten Konsens, daß Sprache bestimmte Merkmale aufweist. Auf der anderen Seite steht der Versuch der systematischen Rekonstruktion von Sprache mit dem Computer als Modellvorstellung, wie er die Arbeit der Computerlinguistik sowie verwandter Bereiche der KI und der angewandten Informatik kennzeichnet. Hier werde ich mich dann auf Ansätze konzentrieren, die die genannten sprachlichen Merkmale berücksichtigen und sie nicht aus ihrer Betrachtung ausblenden. Als Ergebnis der Analyse, wie die Informatik sprachliche Phänomene behandelt, soll dann eine Hypothese zum Verhältnis von Sprachwissenschaft und Informatik formuliert werden.

Als exemplarischer Untersuchungsgegenstand zum Sprachbegriff der Informatik sollen die Metaphern genommen werden. Zum einen stellen gerade sie eines der schwierigsten Probleme der sprachwissenschaftlichen Theoriebildung dar, bei gleichzeitig großer Bedeutung innerhalb des Sprachgebrauchs. Zum anderen hat ihre Diskussion in vielen Disziplinen seit einiger Zeit eine beachtliche Konjunktur erfahren; auch die Informatik hat in der letzten Zeit ihren Sprachbegriff um die Metapher erweitert.[1] Nachdem der Versuch, Metaphern in der sprachorientierten Informatik zu ignorieren, gescheitert ist, ist man nun bestrebt, sie systematisch zu rekonstruieren und damit technisch beherrschbar zu machen. Das Verhältnis des Versuchs der systematischen Sprachrekonstruktion zu den Metaphern läßt sich gegenwärtig also so beschreiben,

- daß erstens die Unvermeidlichkeit der Metaphern anerkannt wird und
- daß man zweitens glaubt, über die Möglichkeit zu verfügen, sie in das eigene Sprachmodell zu integrieren.

2 Zum Metaphernbegriff

Ich möchte meinen Überlegungen keine ausgearbeitete Metapherndefinition vorausschicken; dies wär ein eigenes, unzweifelhaft kontrovers zu diskutierendes Thema. Bei aller Komplexität der Metapherntheorien kann man aber doch einige weitgehend akzeptierte Kennzeichnungen dieses Phänomens, das in allen Sprachverwendungssituationen vorkommt, angeben.

Generell herrscht die Auffassung vor, daß bei dem Verstehen eines sprachlichen Ausdrucks als Metapher zwei Entitäten aufeinander bezogen werden.

1 Für eine neuere Übersicht siehe C. Kemke, "Metaphern und analogisches Schließen. Ein Überblick", *KI*, 1992/2, 28-36.

Als Ergebnis dieses Prozesses soll eine dritte Entität entstehen. Die erste Entität ist ein sprachlicher Ausdruck. Ist die zweite Entität auch ein sprachlicher Ausdruck, der mit der ersten in einer bestimmten Weise syntaktisch verknüpft ist, so spricht man von einem *Simile*:

> Beispiel 1:
> Was einen beschäftigte, war in zwei Stunden wie in einem alchimistischen Prozeß transformiert worden: es schien reiner und klarer, aber nicht weniger dringlich.[2]

Der Ausdruck *in einem alchimistischen Prozeß* wird hier durch den Vergleichsoperator *wie* auf *transformiert* als die zweite Entität der semantischen Operation bezogen. Wird die zweite Entität nicht durch einen sprachlichen Ausdruck realisiert, so wird der sprachliche Ausdruck, der die erste Entität repräsentiert, *Metapher* genannt:

> Beispiel 2:
> ..., sie (die Figur eines Mannequins) war so hoch und schlank, daß man mit den Augen an ihr auf und ab klettern konnte, ohne irgendwo Halt zu finden.[3]

Die Metapher lautet hier zunächst *auf und ab klettern*. Dieser Ausdruck wird als Metapher erkennbar, weil er mindestens in zweifacher Hinsicht aus der semantischen Normalform bzw. dem Kasusrahmen von *klettern* herausfällt: *mit den Augen* als Instrumental und *an ihr* (i.e. einer Person) als Lokativ dieses Verbs sind nicht erwartbar. Mit dieser Tatsache verknüpft sich eine erste Kennzeichnung des metaphorischen Prozesses:

a.) Metaphern bilden einen weitgehend nicht regelgeleiteten Bereich der Sprachverwendung.[4]

Dies bedeutet, daß Akzeptabilitätsurteile über metaphorische Sprachverwendung nur bedingt möglich sind. Alle weiteren Prozesse des Metaphernverstehens, die über die Identifizierung der Metapher hinausgehen, sind auf die kreativen Leistungen der Sprecher verwiesen. Daraus ergibt sich eine zweite Kennzeichnung dieses Prozesses, die sich auch auf die dritte Entität bezieht:

2 E. Canetti, *Die Fackel im Ohr*, München 1980, 177.
3 E. Canetti, *Die Fackel im Ohr*, München 1980, 11.
4 So auch Davidson: "Es gibt keine Vorschriften für das Bilden von Metaphern; es gibt kein Handbuch zur Bestimmung dessen, was eine Metapher »bedeutet« oder »besagt«; es gibt keine Metaphernprobe, die nicht Geschmack verlangt." (D. Davidson, "Was Metaphern bedeuten", in: D. Davidson, *Wahrheit und Interpretation*, Frankfurt/M 1986, 343). Oder kürzer: "Ein Metaphernlexikon kann es nicht geben." (S. Krämer, "Die Suspendierung des Buchstäblichen. Über die Entstehung metaphorischer Bedeutung", *Allgemeine Zeitschrift für Philosophie*, 15, 1990/2, 61-68).

b.) Aussagen über Metaphern sind Ergebnisse eines *reflexiven Aktes*. Sie werden sprachlich als Metakommunikation realisiert.

Diese reflexiven Aussagen, insbesondere solche über die dritte Entität, die Bedeutung der Metapher, *fügen* der ursprünglichen Aussage etwas *hinzu* und sind damit nicht in einer einfachen Weise ihr Inhalt.[5] Auch lassen sie sich nicht, etwa im fregeschen Sinne, aus den Teilbedeutungen "errechnen". Die Hinzufügungen *können* u.U. als Paraphrasen der Metapher bezeichnet werden. Ob eine solche Paraphrase aber als *die* Bedeutung der Metapher anerkannt wird, läßt sich vorab nicht sagen: Dies muß sich in einem Aushandlungsprozeß zwischen den Kommunikationsbeteiligten zeigen.[6] Die Kennzeichnung der Reflexivität impliziert bereits die nächste Charakterisierung, die, bezogen auf den vorliegenden Zusammenhang, hervorgehoben werden soll:

c.) Die reflexiven Akte des Metaphernverstehens verweisen auf deren *personale Urheber*.[7]

Metakommunikative Aussagen über die Bedeutung eines metaphorisch aufgefaßten Ausdrucks basieren auf der sprachlichen Phantasie der Meinenden und Verstehenden, sowie ihrer Kenntnis der Kommunikationssituation. Damit gehören Metaphern zu den hochgradig *kontextabhängigen* sprachlichen Formen. Die vierte und für den vorliegenden Zusammenhang letzte Kennzeichnung lautet:

d.) Die reflexiven Akte des Metaphernverstehens sind *nicht systematisch eingrenzbar und abschließbar*.

5 Nur in der Unterscheidung zwischen Objekt- und Metaebene kann ich der Auffassung von Davidson folgen, "daß die Metaphern eben das bedeuten, was die betreffenden Wörter in ihrer buchstäblichsten Interpretation bedeuten, und sonst nichts". Daß sie etwas anderes bedeuten, ist eine Aussage, die erst durch den reflexiven Akt hinzugefügt wird. Davidsons eigene Unterscheidung zwischen metaphorischer Wort*verwendung* und Wort*bedeutung* halte ich für ein Artefakt: *Die* Wortbedeutung ist selbst ein Ergebnis eines reflexiven, hier: abstrahierenden Aktes. (vgl. D. Davidson, "Was Metaphern bedeuten" in: D. Davidson, *Wahrheit und Interpretation*, Frankfurt/M 1986, 343).

6 Damit sehe ich die in der Metaphernliteratur immer wieder diskutierte Frage, ob eine Metapher paraphrasierbar sei oder nicht, als in der Theorie nicht entscheidbar an. Dies kann sich nur in dem jeweiligen Kontext ergeben. Üblicherweise ist es dort so, daß eine Metapher *nicht paraphrasiert wird*.

7 Mit dieser Formulierung möchte ich mich gegen die immer wieder vorgetragene Überlegung wenden, in den "Kernbedeutungen" oder in einer Art Abgleich von Teilbedeutungen der aufeinander bezogenen Entitäten ließe sich ein tertium comparationis finden, das die Bedeutung der Metapher unmittelbar hervorbringen würde. So *gibt* es in dem zitierten Beispiel keinen unmittelbaren Zusammenhang zwischen *klettern* und *Augenbewegung*, dieser wird in einem reflexiven Akt von einer Person erst *hergestellt*.

Hierfür möchte ich einen indirekten Beleg bringen und dazu noch einmal auf die beiden Beispiele verweisen: Eine Analyse des semantischen Umfeldes der Metapher bzw. des Simile zeigt, daß die durch sie aufgebauten Bedeutungen sehr fragile, temporäre und unscharf abgegrenzte Gebilde sind.

In dem ersten Beispiel wird die Veränderung eines Gedankenprozesses mit einem *alchimistischen Prozeß* in Beziehung gesetzt. Man könnte nun die sprachliche Phantasie in vielerlei Richtungen spielen lassen und nach Beziehungen zwischen Gedanken und alchimistischen Prozessen suchen. Nur in einem willkürlichen Akt gelänge es, eine konvergierende Kernbedeutung herauszuarbeiten. Halten wir uns an den Autor, so können wir vermuten, daß *reiner* in dem erläuternden Nachsatz ein Bindeglied zwischen *Alchimie* und *was einen beschäftigt* bildet: Auch die Alchimie wollte Reines aus Unreinem erzeugen. *Klarer* geht möglicherweise schon in ein visuelles Modell über; gänzlich verlassen wird die Alchimie wohl durch *nicht weniger dringlich*. Wenn diese Interpretation richtig ist, verläßt der erläuternde Nachsatz allmählich das Simile – in seinen selbstgesetzten Schritten. Der Autor gibt damit einen Hinweis über die Reichweite des Simile, sein allmählicher Wechsel wird von dem Leser nicht als ein Kohärenzproblem angesehen.

Im zweiten Beispiel wird die Metapher des Kletterns durch *hoch und schlank* vorbereitet und dann im Folgekontext elaboriert, indem, wiederum metaphorisch, Haltepunkte erwartet und nicht gefunden werden: *ohne irgendwo Halt zu finden*. Ein Bild, das scheinbar nicht paßt oder nach seiner Einführung sofort wieder zusammenbricht: Zunächst scheint das Klettern zu gelingen, dann fehlt im Folgekontext der wohl unverzichtbare Halt. Hier liegt zwar eindeutig ein Bruch metaphorischer Kohärenz und sogar Konsistenz vor; der Autor, von dem wir annehmen, daß er kein schlechter ist, verläßt und zerstört das Bild aber so mühelos wie wir als Leser. Unsere Phantasie könnte auf eine besonders schlanke Figur der Dame kommen, die das Klettern und die Suche nach einem Halt verbindet.

Das semantische Umfeld der Metapher und ihre Reichweite bleiben offen. In welcher Weise und bis zu welchem Punkt der reflexive Akt des Metaphernverstehens erfolgt, wird durch den Text angedeutet, aber nicht determiniert. Der Sprecher gibt im Kontext seiner Rede nur Hinweise über die Reichweite seiner Metapher, der Rest bleibt dem sprachlichen Reflexionsprozeß des Hörers überlassen. Metaphern *zeigen* somit auf einen mental je nach Bedarf erst noch zu konstruierenden Zusammenhang. Sie enthalten kein Abbruchkriterium einer gelungenen Interpretation.

Metaphern wurden soweit also durch die Merkmale der Nicht-Regelgeleitetheit, Reflexivität, Personalität und Offenheit gekennzeichnet. Sie verweisen auf Zusammenhänge, auf an Personen gebundene, kognitive Prozesse. Ihr spezifisches Potential liegt darin, etwas nicht begrifflich-propositional Analysiertes kommunizierbar zu machen.

3 Metaphern in der Informatik

An verschiedenen Stellen ihres sprachlichen Handelns muß die Informatik mit Metaphern rechnen:

a.) Die Fachkommunikation der Informatik

Die technische Fachkommunikation war schon immer durch einen extensiven Metapherngebrauch geprägt. Dies hängt mit dem begrifflichen Notstand zusammen, in dem sich Disziplinen befinden, die beständig neue Produkte hervorbringen, die sprachlich erfaßt werden müssen. Die Metaphorisierung erweist sich dabei als ein äußerst produktives Verfahren der Spracherweiterung, das sich verschiedener Quellen bedient. So stellten etwa in den vorindustriellen Fachsprachen die *Organmetaphern* fast ein Viertel der technischen Metaphern.[8] Im Verlauf der Technikgeschichte unterscheiden sich dabei lediglich die Quellen, aus denen die Metaphorisierungen schöpfen, nicht aber der Rückgriff auf Metaphern an sich.

Ein besonderes Problem für die Informatik stellt die sprachliche Gestaltung der informatischen Produkte dar. Hier befindet sie sich in einer permanenten Herausforderung ihrer sprachlichen Kreativität. Ständig müssen neue Produktbezeichnungen entwickelt werden, die einem überkomplexen Kriterienbündel zu gehorchen haben: technische Angemessenheit, Einprägsamkeit, Anschluß an vorhandene Terminologie, Regeln der deutschen Sprache, benutzerdidaktische Überlegungen etc. Die Informatik hat hier unterschiedliche Strategien entwickelt. An allererster Stelle, noch vor den beliebten Akronymen, steht dabei zweifellos die Metapher. Der Wortschatz der modernen Computerfachsprache wird zu etwa einem Fünftel aus der *Sprachmetapher* gebildet, also mit Ausdrüken, die aus der Beschreibung sprachlicher Einheiten, Strukturen und Prozesse stammen.[9] Andere Quellen sind die *Warenverkehrsmetapher*, die *Maschinenmetapher* oder die *Kognitionsmetapher*.

Analysen dieser Art zeigen, daß sich der Rückgriff auf Metaphorisierungen auch über einen historischen Prozeß hinweg erhält, der gemeinhin *Verwissenschaftlichung der Technik* genannt wird.[10] Der allmähliche Übergang von einer rein traditionsbasierten zu einer partiell wissenschaftsbasierten Technik insbesondere seit dem 19. Jahrhundert führte, trotz der Einführung von begrifflichen Industrienormen, nicht zu einem technischen Sprachgebrauch, der die Systematizität der Technik selber einfach abbilden würde. Der technikbezogene Sprachgebrauch transportiert auch nach der sog. Verwissen-

8 Vgl. K. Jakob, *Maschine, Mentales Modell, Metapher. Studien zur Semantik und Geschichte der Techniksprache*, Tübingen 1991, 24.

9 Vgl. R. Weingarten, *Die Konstruktion von Sprache im technischen Medium*, Bielefeld 1991, Habilitationsschrift.

10 Eine kritische Analyse dieses Konzeptes findet sich in J. Radkau, *Technik in Deutschland. Vom 18.Jahrhundert bis zur Gegenwart*, Frankfurt/M 1989, 40ff.

schaftlichung der Technik einen erheblichen Sinnüberschuß, konstruiert ein Netz von Analogien, operiert mit Vagheit und Kontextabhängigkeit, spezifischen Relevantsetzungen und Ausblendungen.

Es zeigt sich hier, daß auch gänzlich andere Faktoren als Systematizität in diesem Sprachgebrauch eine Rolle spielen: Komplexitätsreduktion, Sicherung kognitiver Anschlußfähigkeit, kreative Offenheit, Angstverminderung durch Subsumtion unter Vertrautes. Systematische Ordnung des Sprachgebrauchs und das Prinzip der Vermeidung bildhafter Rede wirken eher als kontrafaktisches Leitbild und beschreiben weniger die empirisch beobachtbaren Verhältnisse. Leider wirken sie gelegentlich auch als selbsttäuschendes Differenzmerkmal gegenüber anderen Kommunikationsformen.

b.) Die sprachliche Erschließung der informatischen Produkte durch die Benutzer

Die Kommunikation der Benutzer informatischer Produkte orientiert sich keineswegs in einer einfach kontrollierbaren Weise an der durch die Systementwickler vorgegebenen Fachbegrifflichkeit. Vielmehr entwickeln die Benutzer häufig eigene Hilfsvorstellungen von technischen Funktionen und Komponenten, die sprachlich insbesondere als Metaphern ausgedrückt werden.[11] Es zeigt sich immer wieder, daß die Computerbenutzer keineswegs optimal mit systematischen, technischen Erklärungen und Beschreibungen arbeiten, sondern mit Hilfsvorstellungen bzw. Metaphern, die alte und neue Wissensstrukturen miteinander verknüpfen können. Auch dieses Phänomen, das in der analogiebildenden Leistung der Metapher begründet liegt, läßt sich auf die Suche nach kognitiver Anschließbarkeit zurückführen.

c.) Die Entwicklung von Wissensrepräsentationssystemen

Die Darstellung von Wissen in Informationssystemen, die sog. Wissensrepräsentation, geht von der Annahme aus, daß sich die hier entwickelten Strukturen des Wissens aus einer Logik der Sache ergäben und sich in formalen Relationsbegriffen abbilden ließen. Dabei wird in der Regel vergessen, daß die Systematik unseres Wissens aus sehr unterschiedlichen Quellen gespeist wird. In der bis zum Beginn der Neuzeit verbreiteten Mnemonik bzw. Mnemotechnik[12] wurde ein ausgefeiltes System entwickelt, mit dem eine große Zahl einzelner Sachverhalte durch ihr mentales "Ablegen" in vorgestellten Orten und Bildern (*loci et imagines*) erinnert werden konnte. Der Abruf erfolgte dann, indem man im Geiste den Ort durchwanderte.

Unser heutiges Wissen ist sicherlich nicht in dieser hochgradig metaphorischen Weise strukturiert. Dennoch werden auch in der Gegenwart in sämtli-

11 Vgl. z.B. R. Weingarten, "Typisierungen technisierter Kommunikation" in: R. Weingarten, R. Fiehler (Hrsg.), *Technisierte Kommunikation*, Opladen 1988.

12 Vgl. hierzu F. A. Yates, *Gedächtnis und Erinnern. Mnemonik von Aristoteles bis Shakespeare*, Weinheim 1990.

chen Bereichen der Systematisierung von Wissen bildliche Hilfsvorstellungen verwendet. Beispiele sind etwa die *Gebäude-* und *Pfadmetaphern* zu Beschreibung wissenschaftlicher Theorien. Die Verfahren der Wissensrepräsentation müssen also damit rechnen, daß ihr Gegenstand auch nach anderen Prinzipien strukturiert ist als solchen der Logik und Mengenlehre.

d.) Die Entwicklung natürlichsprachlicher Systeme

Der größten Herausforderung durch Metaphern sieht sich die Informatik im Bereich der Entwicklung sog. natürlichsprachlicher Systeme gegenüber. Trotz aller Versuche, Metaphern in einen defizitären und damit zu ignorierenden Bereich der Sprachverwendung abzudrängen, zeigt ein ungetrübter Blick, daß jedes Gebiet unserer Sprache tiefgehend metaphorisch durchsetzt ist. Also müssen sich natürlichsprachliche Systeme diesem Problem stellen, zumindest in ihrer "starken" Version der Simulation *des* menschlichen Sprachverstehens.

Ich möchte nun kurz zwei Projekte aus den Computerwissenschaften kommentieren, die erkannt haben, daß es sich bei den Metaphern nicht um ein peripheres Phänomen der Sprache handelt und daß auch die sprachorientierte Informatik an ihnen nicht vorbeikommt. Diese Auffassung ist keineswegs selbstverständlich, vielmehr gingen ihr lange Jahre der Ignoranz voraus.

3.1 Die systematische Rekonstruktion des Metaphernverstehens

Der theoretisch wichtigste Bereich der systematischen Sprachrekonstruktion in den Computerwissenschaften ist die Entwicklung sog. *natürlichsprachlicher Systeme*. Darunter versteht man den Versuch, Computersysteme zu entwickeln, die das menschliche Sprachverstehen und die Sprachproduktion simulieren. Phänomene wie Metaphern wurden zunächst aus einschlägigen Projekten vollständig ausgeklammert. Erst in jüngster Zeit gibt es einige Modelle, die das Verstehen von Metaphern in natürlichsprachliche Systeme zu integrieren versuchen. Ein Beispiel aus einer 1991 veröffentlichten Arbeit von J. H. Martin[13] sei hier kurz analysiert, um die Rolle von Metaphern als Rekonstruktionsgegenstand der Computerwissenschaften zu kennzeichnen.

Das Ziel der Arbeit besteht in der Entwicklung eines Hilfesystems für UNIX-Benutzer, das UNIX-consultant-system, das natürlichsprachlich bedient werden soll. Für dieses System soll ein Modul mit dem Namem MIDAS (Metaphor Interpretation, Denotation, and Acquisition System) entwickelt werden, das Metaphern, die sich auf die UNIX-Bedienung beziehen, interpretieren und neue Metaphern lernen kann.

13 J. H. Martin, *A computational model of metaphor interpretation*, Boston etc. 1991.

Die Arbeit beginnt mit einer Einschränkung des Metaphernverständnisses, die, so viel sei vorweg gesagt, den Kern des Problems bereits ausmacht. Zunächst wird eine überzeichnete Gegenposition aufgebaut: ein Metaphernbegriff, der davon ausgeht, daß Metaphern zu einer "fundamentally new way of viewing the world"[14] führen würden. Diese Metaphern werden dann von dem Autor als peripheres Problem der Sprachverwendung angesehen. Er setzt anschließend ein Modell von "conventional metaphors", die er für ein zentrales Problem der Sprachverwendung hält, diesem ersten Metaphernbegriff entgegen.

Bevor ich einige Beispiele für conventional metaphors im Verständnis des Autors und die Art, wie er mit ihnen umgeht, bringe, sei kurz seine Strategie erläutert. Rhetorisch geschickt konstruiert er eine Gegenposition, die in dieser Weise ("fundamentally new ways") wohl kaum jemand vertritt. Er sondert wiederum einen Bereich der Sprachverwendung durch seine Überzeichnung als peripher aus, ähnlich wie die von ihm selbst kritisierten älteren Ansätze natürlichsprachlicher Systeme. Neu ist lediglich, daß er den Metaphernbegriff für seinen Modellierungsgegenstand reklamiert.

Was ist nun unter "conventional metaphors" zu verstehen, und wie werden sie interpretiert? Gegenstand der Untersuchung sind "Anfragen" des Benutzers an das natürlichsprachliche UNIX-consultant-system wie die folgende:

Beispiel 3:
How can I get into LISP?

get into wird dabei als conventional metaphor angesehen. Die Interpretation der Anfrage geschieht in einem zweistufigen Prozeß:

a.) Syntaktisches Parsen und vorläufige semantische Interpretation. Diese Analyse ist von dem Lexikon und der Grammatik des Parsers determiniert.
b.) Überprüfung, ob die Interpretation in den UNIX-Kontext paßt und ggfs. Ersetzen der vorläufigen Repräsentation durch eine in dem Kontext angemessene Interpretation auf der Basis einer conventional metaphor, die das Lexikon kennt.

Für die räumliche Interpretation von *get into*, die in dem ersten Schritt generiert wird, findet das System keine angemessene UNIX-Funktion, so daß im zweiten Schritt das metaphorische Analysesystem MIDAS aktiviert wird. Dieses sucht nach einem anderen Konzept, das mit *get into* in dem Lexikon assoziiert ist. Es landet schließlich bei der als metaphorisch für *get into* angesehenen Bedeutung *enter* mit der internen Repräsentation *invoke LISP*. Damit ist eine UNIX-Funktion gefunden und das System antwortet:

14 J. H. Martin, *A computational model of metaphor interpretation*, Boston etc. 1991, xxi.

Beispiel 4:
UC: You can get into LISP by typing LISP to the shell.

Die nicht-räumlichen Bedeutungen von *get into* und *enter* sind nach dieser Konzeption im strengen Sinne synonym mit *invoke LISP*; *get into* ist polysem. Es wird mehrfach in der Arbeit betont,[15] daß im Rahmen des Lexikons die sog. metaphorischen und die sog. wörtlichen Bedeutungen den gleichen Status besitzen, so daß der interne Aufbau des Lexikons mit semantischen Strukturbegriffen wie Synonymie und Polysemie beschreibbar ist.

Ein zweites Beispiel soll den Umgang des Systems mit sog. neuen Metaphern, das *Metaphor Extension System*, verdeutlichen. Der Benutzer stellt die Anfrage:

Beispiel 5:
How can I kill a process?

Das System findet keine Interpretation für *kill a computer process* und aktiviert daher das Metaphor Extension System. Dieses sucht nach allen sog. metaphorischen Bedeutungen, die das Lexikon enthält. Dabei findet es z.B.:

Beispiel 6:
killing as *kill-sports-defeat*;
killing as *kill-conversation*.

Die Einträge werden bewertet, dabei findet das System unter *kill-conversation* die Bedeutung *terminate*. Dies wird als passende Interpretation angesehen, aus dem vorhanden Lexikoneintrag kopiert und einem neuen Eintrag

Beispiel 7:
killing a computer process as *terminate a computer-process*

hinzugefügt. Dieser wird dann als Erweiterung in das Lexikon aufgenommen und das UC-System gibt die Antwort aus:

Beispiel 8:
UC: You can kill a process by typing ^c to the shell.

Soviel zur Darstellung des MIDAS-Systems. Wie ist es nun zu bewerten? Zweifellos handelt es sich um geschickte Programmierung, insbesondere bei dem nur in groben Umrissen dargestellten System zur Erweiterung des Lexikons. Ob es im Rahmen natürlichsprachlicher Benutzeroberflächen sinnvoll ist, gegenüber dem Benutzer den Eindruck zu erwecken, er müsse sich keinerlei

15 Z.B. J. H. Martin, *A computational model of metaphor interpretation*, Boston etc. 1991, 8.

sprachlichen Restriktionen unterziehen, sei dahingestellt. Diese Frage muß im Rahmen der Softwareergonomie beantwortet werden. Es läßt sich jedoch vermuten, daß auch auf seiten des Benutzers ein mehr oder weniger klares Modell über die "Sprachfähigkeit" des Computers entstehen muß.

Die an dieser Stelle interessante Frage lautet nun, was das MIDAS-System mit Metaphern zu tun hat. Meine Antwort darauf lautet ohne Einschränkung: überhaupt nichts. Es geht hier um strukturell semantische Phänomene wie Polysemie und Homonymie sowie um die maschinelle Lexikonerweiterung. Wie gesagt: Diese Probleme werden geschickt behandelt. Für den unmittelbaren Kontext der UNIX-Benutzung mag es auch sinnvoll sein, zwischen *to kill a computer process* und *terminate a computer process* keinen Unterschied zu sehen. Die Eigenart von Metaphern wird hierdurch jedoch vollständig eliminiert.

Vereinfacht gesagt käme es einer sprachwissenschaftlichen Metaphernanalyse gerade darauf an, den *Unterschied* zwischen beiden Redeweisen herauszuarbeiten. Es wäre zunächst die Systematik sprachlicher Verwendungsweisen herauszuarbeiten, die die Maschinenbedienung z.B. im räumlichen Bild des *Hineingehens*, der Suche nach einem *Pfad* oder, wie im vorliegenden Beispiel, eines *Lebewesens* darstellen. Über ein sprachwissenschaftliches Interesse hinaus wäre schließlich nach der praktischen, sozialen oder kognitiven Logik solcher Konzeptualisierungen zu fragen.

Anlaß zu solchen Überlegungen bieten natürlich auch Metaphern wie *to kill*. Eine Analyse der Sprache der Computerbenutzer kann eine ganze Reihe von Archaismen im Umgang mit der komplexen Maschine aufweisen.[16] Daran knüpfen sich dann letztlich Überlegungen, vor welchem psychosozialen Hintergrund welche symbolischen Welten um die Maschine herum kreiert werden.

3.2 Systematische Verwendung von Metaphern in der Fachkommunikation der Informatik

Die Informatik sieht sich nicht nur im Bereich der sogenannten natürlichsprachlichen Systeme mit Metaphern konfrontiert, sondern auch in der Kommunikation über ihr eigenes Handeln und ihre Produkte. Es handelt sich dabei um die interne und externe Fachkommunikation der Informatik. Nachdem die Forschung zur Technikgeschichte gezeigt hatte, daß technische Entwicklungen nur selten in das Modell rationalistischer Erklärungen (z.B. Erhöhung des Wirkungsgrades) passen,[17] sondern häufig diffusen *Leitbildern* fol-

16 Vgl. R. Weingarten, "Typisierungen technisierter Kommunikation" in: R. Weingarten, R. Fiehler (Hrsg.), *Technisierte Kommunikation*, Opladen 1988.

17 S. z.B. J. Radkau, *Technik in Deutschland. Vom 18. Jahrhundert bis zur Gegenwart* Frankfurt/M 1989.

gen,[18] die ihre sprachliche Realisierung zumeist in Metaphern finden, entstand auch hier ein Systematisierungsinteresse: Die Metapher erschien als sprachlicher Wildwuchs, den es zu bändigen gilt. Dies betrifft die Gestaltung von Benutzeroberflächen, die Bezeichnung von Computerfunktionen und die Leitbilder der Softwareentwicklung.

Im Mittelpunkt der Sprachplanung steht hier zum einen das Bemühen, metaphorische Kohärenz zu erzielen: Die Vielfalt konkurrierender Metaphern für ähnliche Funktionen sollte zugunsten einer systematischeren Gestaltung reduziert werden; die Bezeichnungen sollten im einmal verwendeten "Bild bleiben". Zum anderen sollten die Metaphern aus heuristisch-lernpsychologisch fruchtbaren Quellen stammen.

In einem Projekt von Klaus Mambrey und August Tepper von der Gesellschaft für Mathematik und Datenverarbeitung mit dem Titel "Leitbilder in der Informatik" wird gegenwärtig die Rolle von Leitbildern, die sprachlich als Metaphern erscheinen können, für die Technikentwicklung untersucht. Insbesondere wird die Möglichkeit eines gezielten Einsatzes von "Metaphern als Werkzeug" bei der Koordination informatischer Projekte und der sprachlichen Gestaltung der Produkte untersucht.[19] Das metaphorisch formulierte Leitbild ist hier das des *Assistenz-Computers*.

Bei diesem Versuch handelt es sich nicht, wie im obigen Falle, um eine notwendigerweise zum Scheitern verurteilte Rekonstruktion metaphorischer Prozesse in einem Maschinenmodell, sondern um die Planung eines sozialen Systems. Dieser Versuch, den Metapherngebrauch in einem Bereich sozialen Handelns zu systematisieren, ermöglicht gerade dort einen wichtigen Perspektivenwechsel: Die Anerkennung der Bedeutung von Metaphern für die Fachkommunikation führt zu einer Abkehr von rationalistischen Modellen der Technikentwicklung und -planung:

> "Die Zuwendung zur Metapher bei der Technikentwicklung und bei Erkenntnisprozessen ist die Abwendung von der Idee der vollständigen empirischen Deskription, der Idee der präzisen Zielbaumvorgabe und dem Entschlüsseln durch Analogie und Deduktion."[20]

Ob der systematische Einsatz von Metaphern für die Gestaltung von Technisierungsprozessen und Produktbezeichnungen oder Benutzeroberflächen gelingen wird, muß sich natürlich noch in der konkreten Praxis erweisen. Zwei

18 S. z.B. M. Dierkes, "Organisationskultur und Leitbilder als Einflußfaktoren der Technikgenese – Thesen zur Strukturierung eines Forschungsfeldes" in: *Mitt. d. Verb. Sozialwiss. Technikforschung*, 1988/3, 49-62.

19 Vgl. P. Mambrey, A. Tepper, "Metaphern und Leitbilder als Instrument", *Arbeitspapiere der GMD*, 651, Sankt Augustin 1992; G. Helm, "Metaphern in der Informatik. Begriffe, Theorien, Prozesse", *Arbeitspapiere der GMD*, 652, Sankt Augustin 1992.

20 P. Mambrey, A. Tepper, "Metaphern und Leitbilder als Instrument", *Arbeitspapiere der GMD*, 651, Sankt Augustin 1992, 8f.

Anmerkungen seien an dieser Stelle dennoch formuliert. Die erste betrifft die Wahl der Metaphern und die zweite den Widerspruch zwischen Metaphorik und Systematizität.

In vielerlei Hinsicht hängt der Erfolg der geplanten Metapher natürlich von ihrer Wahl ab. Die Metaphernforschung hat einige Prinzipien formuliert, nach denen Metaphorisierungen historisch verlaufen sind: vom Bekannten zum Neuen, vom Einfachen zum Komplexen, vom Konkreten zum Abstrakten, vom sinnlich Wahrnehmbaren zum theoretischen Modell etc. Hinter dieser Richtung von Metaphorisierungsprozessen stehen letztlich lernpsychologische Strategien. Lange Zeit vollzog sich die begriffliche Aneignung der Natur oder des Menschen (als dem Komplexeren) nach diesen Prinzipien über technische Modelle (als dem Einfacheren): etwa in der Psychodynamik, wenn von *Überdruck* oder *Gefühlsstau* die Rede ist. Gegenwärtig scheint die Metaphorik umzukippen und der Mensch erscheint als das Vertrautere, mit dem das Unbekannte, die Maschine, erfaßt werden soll. Die Ambivalenz wird am deutlichsten in der Künstlichen Intelligenz, die den Menschen im Maschinenmodell beschreibt und die Maschine in anthropomorphisierender Begrifflichkeit: eine Gleichung mit zwei Unbekannten. Die Rede von dem *Assistenz-Computer* bewegt sich in dem anthropomorphisierenden Modell. Ich halte diesen Weg, wie die gesamte Metaphorik der KI, für außerordentlich kontraproduktiv. Diese Metaphern produzieren einen Sinnüberschuß, der von den eigentlichen Problemen ablenkt, der bei den Nutzern überzogene Erwartungen weckt bzw. zu deren und der Informatiker Infantilisierung beiträgt. Eine sinnvollere Alternative wäre etwa die Medienmetapher.

Zur Systematizität der Metapher: Metaphern treten in der Sprachverwendung an Stellen auf, an denen die Sprecher entweder bewußt von den systematischen Mitteln der Sprache abweichen wollen oder wo sie es tun müssen, etwa weil ihnen keine geeigneten Begriffe zur Verfügung stehen. Es ist daher eine trügerische Hoffnung, man könne sie als "Gestaltungswerkzeuge" beherrschen und damit die Gefahr der unkontrollierten Analogie eindämmen. Die Funktion und die besondere Leistungsfähigkeit der Metaphern liegt gerade in der Systemüberschreitung. Dennoch halte ich es für ein sprachplanerisch wichtiges Ziel, metaphorische Kohärenz und kognitive Effizienz anzustreben, wenn man sich der Grenzen dieses Unternehmens bewußt ist.

4 Folgerungen

Was zeigen die Versuche einer systematischen Rekonstruktion des Verstehens von Metaphern? Ich möchte zwei Antworten auf diese Frage geben, die ich beide für sinnvoll halte; die letztere eröffnet aber für den Linguisten interessantere Perspektiven.

a.) Systematische Sprachrekonstruktion und metaphorischer Sprachgebrauch sind miteinander unvereinbar.

Als ein Vertreter dieser Auffassung sei Richard Rorty mit der Unterscheidung zwischen systematischer und bildender Philosophie erwähnt. Die systematische Philosophie geht von der Möglichkeit objektiver und abschließbarer Beschreibungen, letztlich von einer Kommensurabilität der Welt aus. Die bildende Philosophie hingegen versucht zu zeigen, daß jede Beschreibung immer nur eine unter mehreren Beschreibungs*möglichkeiten* darstellt und es keine unmittelbare Verknüpfung oder Korrespondenz zwischen Sätzen und der Welt gibt. Ihr Bestreben richtet sich gegen die immer wieder vorgetragene Überzeugung, nun sei ein Konsens, der Abschluß eines Diskurses oder Gewißheit erreicht.

Die sprachlichen Formen, mit denen dies geschieht, sind nicht nur die konstruktiven Argumentationen der systematischen Philosophie, sondern auch Satiren, Parodien, Aphorismen, *Metaphern* und Paradoxien. Rorty spricht von dem *inkommensurablen, nichtnormalen Diskurs* der bildenden Philosophie. Nach Rorty handelt es sich hierbei um einen sekundären, er nennt ihn auch *parasitären* Diskurs, der das systematische Paradigma zum Gesprächsanlaß nimmt.

Die Sprachtheoretiker der bildenden Philosophie skizziert er in folgender Weise:

> "Sie machen sich eher lustig über das die systematische Philosophie, die Suche nach universaler Kommensuration in einer endgültigen Sprache, enthaltende klassische Menschenbild. Sie spielen uns Varianten des holistischen Themas vor, daß Wörter nicht kraft ihres Darstellungscharakters, sondern kraft ihrer Beziehung zu anderen Wörtern Bedeutung haben, daß bestimmte Vokabulare ihren privilegierten Status folglich den Personen verdanken, die sie verwenden, nicht ihrer Durchlässigkeit gegenüber der Wirklichkeit."[21]

Die innersprachlichen Beziehungen und die Art, wie diese sozial durchgesetzt werden, erhalten hier eine größere Bedeutung als die referentielle Beziehung, die üblicherweise mit dem Wahrheitsanspruch verknüpft wird. Metaphorische Übertragungen gehören zu diesen innersprachlichen Beziehungen. So kommt Rorty dann auch zu der Diagnose:

> "Nicht Sätze, sondern Bilder, nicht Aussagen, sondern Metaphern dominieren den größten Teil unserer philosophischen Überzeugungen."[22]

Metaphern werden also zunächst einer anderen Diskurssphäre zugeordnet als der systematischen Philosophie. Dennoch ist die bildende Philosophie auf das

21 R. Rorty, *Der Spiegel der Natur. Eine Kritik der Philosophie*, Frankfurt/M 1987, 399.
22 R. Rorty, *Der Spiegel der Natur. Eine Kritik der Philosophie*, Frankfurt/M 1987, 22.

systematische Bemühen, letztlich also auch auf die Informatik angewiesen. Sie bezieht ihre Funktion aus der Kritik.

b.)
Als Sprachwissenschaftler möchte ich einen etwas anderen Akzent setzen. Dazu möchte ich vorausschicken, daß ich eine Sprachwissenschaft interessant finde, die Phänomene wie Metaphern, Vagheit, Unbestimmtheit oder Bedeutungsdynamik als Untersuchungsgegenstand zuläßt, auch wenn dies gewisse Kosten mit sich bringt.

Die *These*, die ich an dieser Stelle vertreten möchte, lautet:

> Die systematische Sprachrekonstruktion, etwa die Entwicklung sog. natürlichsprachlicher Systeme und die Planung einer Fachkommunikation, bildet einen bedeutenden Faktor der historischen Sprachveränderung. Sie konstituiert ein System sprachlicher Prozesse und Strukturen, das nicht oder nur an wohldefinierten Stellen auf verstehende, handelnde Personen verweist. Linguistisch gesprochen handelt es sich dabei um die Herausbildung *einer sprachlichen Varietät*, *nicht* aber um eine Rekonstruktion *des Sprachverstehens*.

Der Sprachhistoriker sieht in diesem Prozeß der Sprachveränderung keinen Anlaß zu Bedrohungsszenarios. Im Zuge der Medienentwicklung wurden schon immer sprachliche Funktionen und Mittel aus dem Bereich des kreativen, kontextabhängigen, analogisierenden Sprachgebrauchs herausgelöst und in regelfixierte, kontextstabile Bereiche überführt. Die Kreativität der Sprache erleidet dadurch keinen Verlust; nicht zuletzt die Informatik wurde zu einer der bedeutendsten Quellen der Metaphernbildung. Die entscheidende *politische* Frage sehe ich darin, welche gesellschaftlichen Aufgaben man welcher Diskursform oder sprachlichen Varietät überantwortet: derjenigen, die in ihrem Vollzug auf Personen verweist oder derjenigen, die auf sie verzichten kann. Dazu kann an dieser Stelle nichts gesagt werden.

Die Auseinandersetzung mit Metaphern und ähnlichen Phänomenen stellt offensichtlich eine Art Motor für die systematische Sprachrekonstruktion und damit auch für die historische Sprachentwicklung dar. Sie treibt das Systematisierungsbemühen in immer neue Bereiche vor und schafft damit neue Sprachvarietäten. Allerdings läßt sich das metaphorische Sprachverstehen nicht systematisch rekonstruieren, ohne die Metapher als Metapher aufzulösen.

Informatik und Ästhetik

Florian Rötzer

"Wir haben viel damit experimentiert, um Kunstwerke, die mit Computern hergestellt wurden, in ihrem ästhetischen Wert schätzen zu können. Das ist für mich jetzt nicht mehr von Interesse." (Abraham Moles 1990)

Jedem wird klar sein, daß eine Behandlung der Ästhetik im Kontext der Computerwissenschaft vor das Problem gestellt ist, wo sie überhaupt einsetzen soll, denn Ästhetik ist keine wohldefinierte Disziplin, sondern ein ziemlich schwammiges Ding, das sich mit vielen Intentionen füllen läßt. Allein schon die Versuche, eine Ästhetik in normativer Hinsicht aus dem Geiste der prä-computerisierten Mathematik zu bilden, sind mindestens so alt wie die europäische Philosophie und Kunst. Die Lehre von den Proportionen, Symmetrien und Harmonien führte schließlich in der Renaissance zu einer Kunst und Architektur als angewandter Mathematik. Expliziter Ursprung zumindest dieser mathematischen Ästhetik der Strukturen eines Werkes ist Pythagoras, der gefunden hatte, daß man Töne räumlich messen kann, wobei die Tonhöhen durch die Maßverhältnisse von kleinen ganzen Zahlen bestimmt werden können. Aber natürlich gehen diese Ansätze einer numerischen Ästhetik weiter zurück auf die überall in Religionen und Mythen anzutreffende Lehre der Ähnlichkeit zwischen Mikro- und Makrokosmos, beispielsweise auf das Gebot Moses, die Stiftshütte nach den Maßen der Welt zu bauen. Immer wenn Strukturen geschaffen werden oder vorliegen, die sich durch eine Regel erzeugen lassen, kann die Mathematik – und dann auch ein Programm auf dem Computer – solche Muster analysieren oder generieren. Mathematik hat einfach ebenso etwas mit Ordnung zu tun, wie das, worauf sie bezogen werden kann, wozu auch die Kunst gehören mag, die entweder aus einer Affinität zu ihr erzeugt wird oder in deren Werken man Ordnungsstrukturen entdecken kann.

Geht man davon aus, daß sich mit der Mathematik zwar nur syntaktische Strukturen aufschlüsseln lassen, daß aber unser Gehirn seine Informationen auch durch die rhythmische Einschwingung von Neuronenverbänden, deren Elemente im Prinzip Signale digital verarbeiten, zeitlich strukturiert, so könnte man zu einer neurowissenschaftlich fundierten Lehre der Ähnlichkeit von Mikro- und Makrokosmos kommen. Als ästhetisch empfunden werden könnten dann Maßverhältnisse von Farben, Formen, Klängen oder natürlich auch rhythmisch strukturierter Poesie, die das Gehirn in der Weise seiner eigenen

Rhythmen stimulieren oder es durch Symmetriebrüche herausfordern, neue Ordnungszustände zu finden. So schreiben etwa die Hersteller der Mindmachine Focus 101, daß sie die Strukturierung der optisch-akustischen Signale auf Zahl und Maß (Geometrie) sowie Ton und Intervall (Musik) durch harmonische Grundstrukturen ganzzahliger Verhältnisse deswegen vornehmen, weil die ganze Natur so geordnet sei: "Unsere Annahme ist, daß durch die Anwendung der Intervallgesetze ein Grundraster entsteht, welcher der inneren Struktur jedes Menschen entspricht. Daher erfolgte die Tongestaltung und die Festlegung der Ton- und Lichtspuren nach harmonikalen und mathematischen Regeln." Damit hat man freilich kein Kunstwerk, sondern bestenfalls eine sehr grobe Stimulation des Gehirns durch abstrakte Signale, die eine gewisse Befindlichkeit bewirken und vorwiegend, wie die Hersteller schreiben, als angenehm oder entspannend empfunden werden – sicher beides Empfindungen, die oft als ästhetische verbucht werden. Während herkömmliche Kunstwerke das mathematisch strukturierte, formale Raster dann etwa durch Zeichen oder Superzeichen überlagern und komplexer machen, sorgt die computergesteuerte Mindmachine dafür, daß das Gehirn durch diese einfachen vorsymbolischen Muster in die Phase der Simulation übergeht, also selber produktiv wird und das "sinnlose" Raster ausfüllt, wenn damit, wie man glaubt, eine Schwingungsresonanz getroffen wird.

So ähnlich stellten sich auch viele Abstrakte die Wirkung ihrer auf einfache Formen und Farben reduzierten Bilder vor, die dann natürlich in Analogie zur Musik gesetzt wurden. Musik ist in aller Regel ein nicht repräsentierender Stimulus, und besonders der Rhythmus und die Tempi, deren Veränderung offenbar sowohl in der europäischen wie in der außereuropäischen Musik durch kleine ganzzahlige Verhältnisse charakterisiert sind, lösen zahlreiche physiologische Wirkungen aus. Aus diesem Grund, also wenn solche basalen Rhythmen eine imaginative Grundschicht bilden und zugleich die Koordinationsweise des Gehirns als eines chaotischen Systems ausmachen, ließe sich vielleicht sogar die Ästhetik Schopenhauers aktualisieren. Letzten Endes liefe eine Ästhetik, wie sie mit der Mindmachine als Stimulation von Bewußtseinszuständen, Empfindungen und ergotropen Erregungen angezielt wird, die ähnlich wie bei Reizüberflutung oder sensorischer Deprivation auch die Simulationskompetenz des Gehirns ansprechen, möglicherweise darauf hinaus, daß nicht mehr umständlich materielle Objekte hergestellt werden, sondern direkt Bewußtseins-, Empfindungs- und schließlich Wahrnehmungszustände, wenn man die Symphonie des Gehirns so genau kennt, daß man gezielt einzelne Neuronenverbände zunächst durch sensorische Signale und dann durch elektrische und/oder chemische Manipulation stimulieren könnte. Durch Feedback ließen sich bestimmte Antworten zusätzlich verstärken. Die Tendenz, die Menschen in ein computergesteuertes, möglichst alle sensorischen Kanäle einbeziehendes künstliches Environment einzuschließen, das ihnen immer mehr auf die Haut und vielleicht bald darunter rückt, ließe sich auch an der Technik der

Virtuellen Realität sehen. Stanislaw Lem hatte diese Möglichkeiten schon zu Beginn der sechziger Jahre unter den Stichworten Phantomatik und Cerebromatik abgehandelt.[1]

Kunst hat sicher viel mit einer solchen Stimulation zu tun, aber wir würden Reizkonfigurationen, die sich darauf beschränken, eine bestimmte Wirkung auszulösen, wohl nicht als Kunstwerke bezeichnen, selbst wenn wir sie als schön empfinden. Dasselbe gilt mit Einschränkungen für Reizkonfigurationen, die lediglich einen bestimmten Effekt unseres Wahrnehmungsvermögens ausbeuten, die also etwa die Konstruktion von dreidimensionalen Räumen in die Irre führen, virtuelle Bewegungen auslösen oder wie Kippbilder ständig umklappen, obgleich dies z.B. eine wesentliche Dimension der Op-Art war. Bislang jedenfalls können wir mathematisch wohl nur die syntaktischen Eigenschaften von Mustern in Zeit und Raum erfassen, und bekanntlich sind für menschliche Gehirne auf höheren Ebenen die physikalisch meßbaren Zustände des Inputs nicht eindeutig mit dem Output verschaltet, zumal selbst auf äußerst primitive Signale Menschen verschieden reagieren. Zur Ästhetik gehört also auch die Bewertung oder die Interpretation von Signalen, die man als angenehm/unangenehm empfindet und dann mitunter der Kunst zuordnet, die in irgendeiner Weise einer Form Bedeutung verleiht. Ästhetik hat allerdings nicht nur etwas mit Kunst zu tun, sondern dem Namen und selbst der von Baumgarten geprägten Disziplin nach ganz allgemein mit der unspezifischen sinnlichen Wahrnehmung der Menschen, wozu als eine Dimension die Wahrnehmung von Schönheit sowie darüber hinaus das Begehren gehört, die Welt nach seinen Vorstellungen einzurichten, um sie ästhetisch zu erleben. Erst später, etwa bei Hegel, wurde der Begriff Ästhetik mit der Kunsttheorie identifiziert, wobei allerdings die sogenannte Naturschönheit, auf die man sich heute allerorten im Zeichen neuer bildgebender Verfahren und der Ökologie stürzt, immer am Rande mitgeschleppt wurde.

Die sogenannte Informationsästhetik hingegen als eine Form der mathematisch begründeten, empirisch vorgehenden und sich unter anderem des Computers bedienenden Ästhetik ist bekanntlich erst durch den amerikanischen Mathematiker George Birkhoff auf der Grundlage der Informationstheorie von Shannon und Weaver entstanden und nach den Ansätzen von Abraham Moles, Max Bense und dessen Schülern wieder, sieht man einmal vom Bereich der Musik ab, von der ich zuwenig verstehe, als hoffnungsloses und wenig ergiebiges Unternehmen eingeschlafen. Damals waren die künstlerischen Anwendungen des Computers noch äußerst beschränkt, etwa auf primitive Zeichenanlagen, während heute mit den Möglichkeiten von Multimedia, Interaktion, Hypermedia, Cyberspace etc. die künstlerischen oder vermeintlich künstlerischen Produktionen und die diesbezüglichen Veranstaltungen oder Ausstellun-

1 St. Lem, *Summa technologiae*, Frankfurt/M 1981.

gen enorm angestiegen sind, aber eigentlich die Theorie fehlt.[2] Hingegen erweitern sich die Erkenntnisse über die Prozessierung von Daten in der Wahrnehmung durch die Neuro- und Kognitionswissenschaften, zu denen natürlich auch die KI zählt. Als Außenstehender muß ich zugeben, daß mir überdies nicht so ganz klar ist, welchen Gegenstandsbereich und welche Methoden die Informatik als Disziplin eigentlich besitzt. Ist sie lediglich die Wissenschaft vom Computer, also vom Aufbau von elektronischen Rechnern und ihrer Programmierung? Gehören die Anwendungsbereiche und Einsatzmöglichkeiten von Computern mit ihrem Code, in den jedes Signal übersetzt werden kann, zu dieser noch nicht lange existierenden Wissenschaft, so daß sie eigentlich mittlerweile überall hineinreicht? Läßt sich aus dieser universellen Codierung von Signalen die Notwendigkeit einer digitalen Philosophie ableiten? Hat sie überhaupt etwas mit Information und Kommunikation zu tun, also nicht nur mit der Übermittlung, Codierung und Prozessierung von physikalischen Signalen, sondern auch mit deren Bewertung? Ich unterstelle im folgenden, daß neben der rein syntaktischen Dimension auch die semantische und dann eben sogar die ästhetische prinzipiell in den Bereich der Informatik fallen sollten, wenn man einmal annimmt, daß das menschliche Gehirn in irgendeiner äußerst komplexen Weise wie ein digitaler Computer arbeitet.

In einer weiteren Stufe der Verschachtelung müßte man, um der Triade Informatik, Philosophie und Ästhetik näherzukommen, auch noch klären, was denn den Ansatz einer philosophischen Ästhetik auszeichnen könnte, sofern es denn einen gibt. Erschwert wird dies Unternehmen nicht nur, weil Ästhetik im Sinne einer Kunsttheorie von der Philosophie vornehmlich als Bereich der Ethik diskutiert wurde, während die Erkenntnisfunktion von Kunst seit jeher umstritten war, sie allerdings seit der Romantik bis hin zu Adorno und Heidegger sukzessive als Kompensation und dann als Überstieg über die begriffliche Erkenntnis sowie deren Grenzen, also als ein adäquaterer Zugang zur Wahrheit verhandelt wurde: als eine Philosophie mit anderen und gewissermaßen besseren Mitteln. Und vorneweg sei noch darauf hingewiesen, daß aktuelle Kunst seit Duchamp sich mehr und mehr von der ästhetischen Ebene, also vom Schönen und dessen Derivaten, abgenabelt hat und in eine selbstreflexive Erkundung der Kunst, des Mediums, der Rezeption oder der Institution eingetreten ist, für die das Ästhetische sekundär, zum Träger der Reflexion wurde. Damit muß sich Kunsttheorie von der Bindung an Ästhetik, also an sinnlich wahrnehmbare Strukturen lösen. Auffällig ist allerdings, daß Wissenschaftler, wenn es nicht um den meist der Kunst exemplarisch zugeordneten Aspekt der Kreativität geht, in aller Regel auf das Ästhetische und noch dazu meist auf das Schöne rekurrieren, wenn sie von Kunst sprechen, also daß beispielsweise etwas dann schön ist, wenn wir Ordnung oder Struktur in einem

2 Exemplarisch dafür mögen die Ausführungen von Raymond Kurzweil über Kunst und Computer sein, der lediglich auflistet, was man machen kann (R. Kurzweil, *Das Zeitalter der Künstlichen Intelligenz*, München 1993).

komplexen Gebilde finden. Das betrifft auch viele der Computerkünstler, die versuchen, schöne Strukturen oder Animationen zu machen und dabei natürlich am Reflexionsgard aktueller Kunst abgleiten.[3] In solch einem Verständnis wird dann ästhetische Wahrnehmung zu einem Vorspiel von Erkenntnis, während Kunstproduktion als Erzeugung von komplexen Gebilden ausgehend von einer Art Algorithmus angesehen wird. Aber das ist ein Thema, das hier nicht weiter verfolgt werden kann.

Vom paradoxen Spiel der Kunst mit der Kunst

Gegenwärtig sind Paradoxien attraktiv, die von manchen sogar als Basis jeden Erkennens (Beobachtens) und zugleich als dessen prinzipielle Beschränkung betrachtet werden, nachdem man lange Zeit bekanntlich versucht hat, sie aus der Konstruktion formaler Systeme zu eliminieren. Sie treiben in bestimmte selbstbezügliche Schleifen hinein und sind nicht entscheidbar, also auch nicht berechenbar, weil sie einen unendlichen oder endlosen Informationsgehalt besitzen, sofern man die widersprechenden Aussagen nicht durch Zuweisung auf verschiedene Ebenen auflöst, sondern unendlich zwischen ihnen hin- und herspringt. Weil die Methoden der mathematischen Beweisführung letztlich auf denen der logischen Schlußfolgerung beruhen, sind Paradoxien für die Mathematik beunruhigend geworden, weswegen Hilbert bekanntlich dazu aufrief, einen Weg zu finden, der mathematische Wahrheiten so formalisiert, daß Paradoxien ausgeschlossen sind. Das Ergebnis war der Nachweis, daß es selbst in der Mathematik mathematische Wahrheiten gibt, die prinzipiell unberechenbar und unentscheidbar sind. Es gibt also einige Sätze der Metamathematik und der Computertheorie – Gödels Unvollständigkeitssatz, Turings Haltesatz, Chaitins Zufallstheorem –, die hinsichtlich von formalen, widerspruchsfreien Systemen zeigen, daß es unüberwindliche Grenzen gibt, Wahrheiten aus Regeln abzuleiten oder mit Programmen zu beweisen.[4]

Lassen sich diese Sätze auf andere Bereiche mehr denn als Metaphern für die Beschränktheit der Erkenntnis übertragen? Paradoxien stellen eine Grenze des Erkennens dar, aber offensichtlich sind sie auch kreativ, wenn sie neue Unterscheidungen erzeugen und über die Theorie der Entscheidbarkeit auch den Computer hervorbrachten. Logisch, d.h. unter dem Diktat des Identitätsprinzips, mündet zwar jede Art der Selbstbezüglichkeit in einer desaströsen Paradoxie, doch handelt es sich offenbar um weiche Paradoxien, die weder das Verhalten noch das Handeln lähmen. Dröselt man logische Paradoxien bei Systemen auf, indem man zeigt, daß es sich dabei um verschachtelte Hierar-

3 Vgl. J. Fol, "Fragen an den Benutzer von numerischen Technologien, die aktuelle Kunst schaffen oder an ihr teilnehmen wollen", in: F. Rötzer, *Digitaler Schein*, Frankfurt/M 1991.

4 Vgl. J. L. Casti, *Szenarien der Zukunft*, Stuttgart 1992.

chien oder um kausale Wechselwirkungen handelt, dann wird Selbstreferenz zu einer Organisationsform, die nicht mehr der paradoxalen Lähmung unterliegt, aber dann wohl auch nicht mehr unmittelbar mit einem formalen mathematischen System zu vergleichen wäre, das in sich widerspruchsfrei und in allen Hinsichten kohärent ist bzw. sein soll. Aber offenbar bringen sogar Selbstbezüglichkeiten in der Form von harten Paradoxien, wenn sie von Menschen in ein formales System eingebracht werden, neue Sätze oder Erkenntnisse über Erkenntnis hervor. Und offenbar führt Selbstbezüglichkeit auch zu neuen Kunstwerken, wenn man einmal unterstellt, daß der Bereich der Kunst zumindest partiell selbstrefentiell in dem Sinne geworden ist, daß nun Kunstwerke geschaffen oder Objekte präsentiert und dann auch von gewissen Kreisen als solche anerkannt werden, die gewissermaßen von sich behaupten, keine zu sein. Bei solchen sich selbst als Kunstwerk in Frage stellenden Werken läßt sich freilich die Paradoxie relativ einfach bändigen, was die meisten Künstler und das Heer der Kunstkommentatoren auch machen: Das Objekt fällt nicht unter die Klasse der bisher bekannten Kunstwerke, sondern erweitert diese, indem es Neues einführt, beispielsweise Gummibärchen, die auf ein Papier aufgeklebt sind. Man kann nun Gummibärchen oder irgendetwas, was einem gerade einfällt und was irgendwie eine Chance hat, öffentlich präsentiert zu werden, als ästhetisches Phänomen entdecken und tiefgründige Kommentare dazu abgeben, z.B. über die elitäre tradititionelle Kunst, die das Banale verleugnet hat, oder über die auf das Sensationelle fixierte Wahrnehmung, die das Gewöhnliche übersieht.[5] Dann handelt es sich um kein Paradox mehr, nur noch um die Entdeckung eines bislang in einem spezifischen Rahmen Unbeobachteten.[6]

Freilich verschiebt sich damit der Rahmen dessen, mit dem man bislang Objekte der Kunst zugeordnet und dementprechend mit kunstspezifischer Rezeption reagiert hat. Etwas, was bislang dem Bereich Nicht-Kunst angehörte, ist nun Kunstobjekt geworden. Wahrscheinlich hat sich seit Duchamp auch der Code der Kunst vom Ästhetischen (schön, häßlich, erhaben etc.) zur Prozessierung der Unterscheidung Kunst/Nicht-Kunst verschoben. Das System Kunst ist komplexer geworden.

Natürlich gehen aber Künstler meist anders vor. Sie behaupten wie etwa Manzoni, daß ihre Scheiße, abgefüllt in eine Dose, mit Datum und Unterschrift versehen und natürlich in limitierter Auflage, Kunst sei, was offensichtlich darauf zielt, das System Kunst zu provozieren. Das folgt vielleicht der Logik, Kunst sei, was ein Künstler macht, wobei man wiederum nachfragen könnte, was jemand machen muß, um Künstler zu werden. Sobald diese

5 Vgl. F. Rötzer, "Schwierigkeiten mit der Kunst", in: H. Bachmayer, D. Kamper, F. Rötzer, *Van Gogh, Malewitsch, Duchamp. Nach der Destruktion des ästhetischen Scheins*, München 1992.

6 Vgl. N. Luhmann, "Weltkunst", in: N. Luhmann, F. Bunsen, D. Baecker, *Unbeobachtbare Welt*, Bielefeld 1990.

von einem Künstler gefüllte und auratisierte Dose in einem Museum steht, hat aber ein Element des Kunstsystems diesen Angriff durch Einverleibung entkräftet und setzt die Attacke nun gegen die Besucher fort, bis sich eine neue Kategorie herausbildet: aktuelle oder avantgardistische Kunst setzt also die Regeln des traditonellen Kunstsystems und des ästhetischen Geschmacks lahm. Wenn schon irgendeine irgendwie abgespeicherte Geste eines Künstlers Kunst ist, warum sollte dann, wie ein Kommentator so schön schreibt, auch die abgepackte Scheiße "als natürliches Primärprodukt des kreativen Menschen" dies nicht sein. Originalität besteht hier also nicht in der Verwendung von Mitteln, um etwas darzustellen oder auszudrücken, sondern darin, etwas zu finden, was, wie nämlicher Kommentator hilfreich bemerkt, nicht in Schablonen paßt. Daraus ergeben sich neue Konventionen und Traditionen, die diese Spirale weitertreiben, vielleicht um den Punkt zu finden, wo sich das System kraft der endlos weiterlaufenden Paradoxie selbst zerstört, der Begriff Kunst und die Haltung ästhetischer Wahrnehmung nichtssagend wird und der Markt zusammenbricht oder man eben beginnt, neue Zuweisungen zu machen.

Diese Ausführungen haben nichts damit zu tun, ob sich etwa der erweiterte Gödelsatz so auf die Ästhetik im Sinne einer Kunsttheorie bezieht, daß man zu sagen berechtigt wäre, Kunst entziehe sich jeder Formalisierung. Die Analogie wollte lediglich den Umgang mit Selbstbezüglichkeit hervorheben. Beispielsweise hat Douglas Hofstadter in seinem bekannten Buch "Gödel, Escher, Bach" – Bestandteil einer Bibliothek der Informatik? – diese Selbstbezüglichkeit der Kunst mit ihren dekonstruktivistischen Zügen in den Kontext der Mathematik und der Computerwissenschaft als eine Form der "Verschmelzung von Subjekt und Objekt" gesetzt. Escher, der Vorzeigekünstler vieler Wissenschaftler, der die Wahrnehmungsgesetze ausbeutet, und Magritte, der Maler vieler Paradoxien, der mit der Dissonanz von Wortbedeutung und Bildreferenz spielt, sind hervorragende Gestalten der Künste in Hofstadters Werk, aber wir wollen sie hier nicht weiter beachten. Beide haben nämlich eine Schwäche: sie sind intellektuell, aber nicht malerisch oder zeichnerisch interessant, da sie lediglich die Konstruktion von Paradoxien mit jeweils herkömmlichen Mitteln in ein Werk umsetzen. Logische Probleme oder solche der Wahrnehmung werden also illustriert, weswegen beide gerne von Theoretikern beansprucht werden.

Natürlich erhebt Hofstadter mit seinen Ausführungen keinen Anspruch darauf, neben den Versuchen, 'Geist' auf der Basis von Mathematik und Computermodellen zu verstehen, eine Kunst- oder ästhetische Theorie zu erstellen. Künstler und Kunst sind nur Belege für die Existenz von allgegenwärtigen 'seltsamen Schleifen', die für ihn komplexe Systeme wie das Gehirn oder der Geist aufweisen. René Magrittes Bild mit dem Text: "Das ist keine Pfeife" ist ein Beispiel dafür, überboten durch eine Arbeit von Mike Bidlo, der das Bild Magrittes für ein Exempel der Kunst-über-Kunst benutzt, indem er ihm den

Titel: "This is not a Magritte" gibt. Diese Verschachtelung läßt sich endlos fortsetzen.

Abgesehen von Fällen, in denen es um ein System geht, das sich ausgehend von einer Struktur, Paradoxien eingeschlossen, entfaltet, die in irgendeiner Form wiederholt wird, d.h. von Bildern, die man etwa als Muster oder Ornamente charakterisieren könnte, scheint die Nähe von rekursiven Algorithmen zu Kunstobjekten lediglich auf einer entfernten Analogie zu beruhen, bezieht man nicht die Voraussetzung ein, daß etwa Bilder in einem komplexen, aber selbstreferentiell geschlossenen Kunstsystem oder durch komplexe Gehirne entstehen, die rekursiv arbeiten. Auf computergenerierte Bilder wie auf Fraktale oder auf mögliche Methoden der Bildkompression, die auf der Selbstähnlichkeit von Bildelementen beruhen,[7] ist dieser Ansatz hingegen anwendbar, wobei die Frage bleibt, ob z.B. die vielgepriesene "Schönheit der Fraktale" nun schon davon zeugt, solche Visualisierungen als ästhetische oder gar als Kunstwerke zu sehen. Die ästhetische Anmutung solcher Bilder liegt vermutlich weniger in dem, was sich sehen läßt, sondern eher darin, wie diese erzeugt wurden.

Hofstadter jedenfalls weist selbst auf den Unterschied zwischen hochkonstruierten selbstbezüglichen Kompositionen (Bach) oder Bildern (Escher) und einer nicht-codierten, aus Zufallselementen bestehenden Anti-Komposition (Cage) als Extremformen künstlerischer Gestaltung zwischen Ordnung und Chaos hin. Natürlich hat Hofstadter recht, wenn er sagt, daß Anti-Kompositionen oder Anti-Kunst überhaupt es keineswegs schaffen, "den Interpretationsschritt zu eliminieren und das nackte Objekt einfach sein zu lassen",[8] d.h. den Eintritt in die Schleifen zu vermeiden, sofern es den Künstlern überhaupt darum jemals gegangen ist. Im Gegenteil beuten die meisten Künstler in dieser oder jener Form solche Schleifen und Unbestimmtheiten aus, weil sie dem Bild Tiefe geben und es dadurch offen bleibt. Dadurch wahrt man einen gewissen Rätselgehalt, der offenbar zur Kunst gehört und diese vom Kitsch unterscheidet, sofern dieser durch die Strategie der "Verklärung des Gewöhnlichen" (Arthur Danto) nicht wieder in die Kunst eingeführt wird und so seinerseits ein Geheimnis zumindest für diejenigen birgt, die andere Erwartungen an Kunst hegen. Und ganz richtig deutet er wohl den Aufladungseffekt von allem, was als Kunst oder Anti-Kunst in den institutionellen Kontext Kunst gesetzt wird, als 'Rahmeneffekt', der den Betrachter in die Entzifferung einer "verwickelten Hierarchie von Botschaften" zwingt. Deren Voraussetzung besteht darin, daß die Institution für den Rezipienten eine Vorinterpretation: "Das ist Kunst!" mit sich bringt, die beispielsweise insofern gebrochen werden kann, als das präsentierte "Werk" sich nicht als Kunstwerk zu erkennen gibt. Das war etwa der Fall, als Warhol in einer Galerie Brillo-Schachteln aufstapelte,

7 Vgl. Y. Fisher, "Fraktale Bildkompression", in H.-O. Peitgen, H. Jürgens und D. Saupe, *Bausteine des Chaos. Fraktale*, Stuttgart 1992.

8 D. Hofstadter, *Gödel, Escher, Bach*, Stuttgart 1985, 750.

die sich in nichts von den gewöhnlichen unterschieden, aber gleichwohl als Kunstobjekte inszeniert wurden und dementsprechend auch kosteten. Man erinnere sich auch an jenen Fall, als eine Putzfrau zum Entsetzen der Museumsleute und mancher Kunstliebhaber Fett aus einer Ecke entfernte, das von Beuys stammte und daher den Integritätsschutz eines Kunstwerkes besaß.

Mit Thierry de Duve ließe sich eine der wesentlichen, von Duchamp herrührenden Strategien der Kunst als Aufforderung formulieren, irgendetwas X-Beliebiges so zu machen, daß es Kunst genannt werden wird.[9] Im Kontext einer solchen Praxis geht es also nicht mehr um die ästhetische Wertschätzung eines Objekts innerhalb einer Hierarchie: "Das ist ein gutes Kunstwerk", sondern um die performative Behauptung sowie deren im Prinzip empirisch nachprüfbare soziale Bejahung oder Verneinung: "Das ist (keine) Kunst". Die Bedeutung solcher paradoxen "Kunstwerke" liegt also nicht primär in dem, was sie zeigen oder sind, sondern im ambivalenten und letztlich unentscheidbaren Versuch, die Institution Kunst mitsamt der von ihr evozierten Wahrnehmungs- und Deutungsbereitschaft entweder zu erweitern oder zu zerstören. Solche Kunstwerke arbeiten also nicht in einem etablierten Rahmen der Kunst, indem andere Bilder, Skulpturen etc. mit neuem Inhalt oder neuen Darstellungsmitteln hergestellt werden, sie setzen sich vielmehr mit dem Rahmen selbst auseinander, stellen mithin so etwas wie eine Metakunst dar oder gehören, kulturkonservativ gesprochen, einer nihilistischen Destruktion der Werte an.

Man könnte die selbstreflexiv gewordene Kunst als eine Suchbewegung verstehen, etwa 'wahre' bildliche oder skulpturale Aussagen zu finden, die aus dem bestehenden System der Kunst weder abgeleitet noch in ihm bewiesen werden können. Das scheint zwar eine sehr bemühte Umsetzung des Gödelschen Theorems zu sein, weist aber darauf hin, daß wir keinen genau definierten Begriff von Kunst zu bilden vermögen, der in der Lage wäre, eine Menge an Objekten oder Ereignissen durch ein ihnen gemeinsames Bündel an Kriterien auszugrenzen, die nicht vom nächsten Coup eines Duchamp-Epigonen gleich außer Kraft gesetzt werden könnten, auch wenn die Akzeptanz eines x als Kunstwerk nur eine minoritäre Gruppe betrifft. Auch das Modell eines Standardbeobachters oder einer statistischen Mehrheit kann wohl hinsichtlich der Bewertung von etwas als Kunstwerk keine Rolle spielen. So kommt man auch hinsichtlich der Klassifizierung von etwas als Kunstwerk wieder in die Nähe des Geschmacksurteils, über das sich bekanntlich trotz Kant streiten, aber nicht hinsichtlich von Wahrheit entscheiden läßt.

Vergleichbar wären Anti- und Metakunstwerke wie Duchamps Fontaine vielleicht auf der Ebene der Wahrnehmung mit Kippfiguren, die zwei oder mehr zwingende, nicht auf einmal zu sehende Deutungen besitzen, zwischen denen man hin- und herspringt. Sieht man ein Urinoir in einem Klo und pin-

9 Th. de Duve, "Fais n'importe qoui", in: Th. de Duve, *Au nom de l'Art*, Paris 1989.

kelt hinein, so ist es zwar dasselbe Exemplar einer massenproduzierten Serie wie das, das Duchamp in einer Kunstausstellung, wenn auch verkehrt herum, präsentierte, doch erheischt es dort eine andere, also ästhetische Wahrnehmung als in dem hier verbotenen profanen Kontext. Denkbar wäre gleichwohl auch, die Besucher eines Museums in ein durchaus funktionierendes Klo zu leiten und dies als Rauminstallation vielleicht mit dem Titel: “Das ist kein Kunstwerk” als eben solches in paradoxer Weise auszuzeichnen. Fragen ließe sich jedenfalls von einem Informatiklaien, ob man ein Programm bauen könnte, das es schaffen würde, eine solche Schleife als Entscheidungsprozeß abzuarbeiten, an dessen Ende ein verallgemeinerbares, also nicht bestreitbares positives oder negatives Urteil stünde: “Das ist (k)ein Kunstwerk”. Eine solche fiktive Installation würde nicht nur das logische Problem der Entscheidung aufwerfen, sondern auch das des sozialen und kunstgeschichtlichen Kontextes, dessen Rahmen wesentlich flüssiger und instabiler sind als die von elementaren Wahrnehmungsvorgängen.

Vor den Entgrenzungs-, Entdeckungs- oder Expansionsgängen avantgardistischer Kunst ließ sich noch recht einfach feststellen, aus welchen Anzeichen man schließen konnte, daß ein Objekt oder ein Ereignis ein Kunstwerk sein könnte. Ein Bild etwa hätte sich dadurch definieren lassen, daß seine Leinwand in aller Regel von einem Rahmen umgeben ist, wobei auf diesem Träger mit einem Pinsel oder einem Stift eine illusionäre gegenständliche Szene dargestellt ist. Die erste Welle der Bilddekonstruktion zerstörte die (dreidimensionale) Illusion zunächst durch das Einbringen von abstrakten Objekten, die zweite dadurch, daß das Bild als zweidimensionale, farbig strukturierte Fläche (Verselbständigung der Farbe und ihrer emotionalen Ausdruckswerte) oder als Aufzeichnungsfläche von nicht-symbolisch codierten Gesten des Künstlers verstanden wurde. Ein Endpunkt ist das monochrome Bild, also die Identität von Farbe und Fläche. Der dritte Angriff aufs Bild ersetzte Leinwand, Farbe oder Instrumente wie Pinsel durch anderes, wodurch etwa die Abgrenzung von Skulptur und Bild eingezogen wird und das Materialbild entsteht.[10] Heute hängt beispielsweise ein Künstler den viereckigen Karton eines Kalenders vielleicht in Anspielung auf das seit der Moderne immer wiederkehrende Thema des letzten Bildes an die Wand, von dem die Bilder abgetrennt wurden. Ähnliche Entgrenzungen lassen sich in jeder traditionellen Kunstgattung zeigen. Das Ergebnis jedenfalls ist, daß es keinen zwingenden Hinweis und keinen Rahmen mehr gibt, wann es sich bei einem Objekt um ein Bild oder ein Kunstwerk handelt.

Wenn Galerien oder Museen etwa buchstäblich zu Supermärkten oder Antiquitätengeschäften (Guillaume Bijl) umgebaut oder Staubsauger auf einem Regal (Haim Steinbach) drapiert werden, dann entfiele etwa der empirische Test, den der Philosoph William Kennick seinerzeit vorschlug, um Kunst-

10 Vgl. W. Drechsler, P. Weibel (Hrsg.), *Bildlicht. Katalog Wiener Festwochen*, Wien 1991.

werke von anderen Objekten zu unterscheiden, indem man jemand in ein großes Warenhaus schickt, der ohne explizite Definition von Kunst Kunstwerke herausholen sollte.[11] Die von Kennick angenommene Intuition würde sicher fehlgehen, ebenso wie jedes mögliche Programm, das etwa durch Mustererkennung einen intelligenten Roboter dazu instande setzen wollte, diese Aufgabe zu bewältigen. Der Besucher oder intelligente Roboter könnte beispielsweise nicht ohne vorherige Kenntnis wissen, ob eine Ansammlung von Kühlschränken, eine Lampe, ein Haufen Abfall in einer Ecke oder eine monochrom bemalte Wand eben dies oder ein Kunstwerk ist. Er wüßte auch nicht, ob dieser oder jener Verkäufer oder Besucher gerade eine Performance aufführt oder nicht. Und vielleicht ist diese Videokamera, die den umherirrenden Besucher so aufzeichnet, daß er sich gleichzeitig auf einem Bildschirm sehen kann, eine Videoinstallation.

Noch einmal zu John Cage, der sich beeindruckt von Robert Rauschenbergs monochromen Bildern, den "White Paintings", zu einem Stück mit dem Titel "4'33" anregen ließ, in dem in jedem der einzelnen Sätze (33 sec, 2 min 40 sec, 1 min 20 sec) kein Geräusch absichtsvoll hervorgebracht wird. Die Länge der Einzelsätze wurden, so Cage, durch Zufall ausgewählt, man könnte daher auch andere nehmen. In der Erstaufführung 1962 setzte sich David Tudor vor das Klavier, schloß zu Beginn jedes Einsatzes den Deckel, öffnete ihn an dessen Ende und streckte pro Satz einmal die Hände aus. Das ist noch ganz schön viel Theater, doch wurde trotzdem das Publikum, das eine Musik-, zumindest eine Geräuschvorführung erwartete, durch die Stille seitens des 'Interpreten' auf der Bühne zum Zuhörer der Umweltgeräusche und jener Geräusche, die es selbst hervorbrachte: "Während des ersten Satzes", so Cage, "konnte man draußen den Wind heulen hören. Im zweiten Satz prasselte der Regen aufs Dach, und während des dritten machte das Publikum allerhand interessante Geräusche, indem sie sich unterhielten und hinausgingen". Solch ein Nicht-Werk, das lediglich die notwendigen Rahmen für ein gewöhnliches Klavierkonzert aufrechterhält: Konzertsaal, Pianist, Klavier, das Ritual der Armbewegung, die einzelnen Sätze, das Publikum, entspricht einem weißen, gerahmten Bild, auf dem nichts zu sehen ist. Solche Kunstwerke lassen sich natürlich so interpretieren, daß sie auf die Stille oder das Nichts aufmerksam machen, daß sie die drängende Frage aufwerfen, wann etwas geschieht, daß sie den Zufall in Form der Geräusche des Publikums oder möglicherweise in Form der Verschmierung der weißen Fläche durch das Publikum einbeziehen, aber sie sind auch ein Spiel mit den Erwartungen des Zuschauers, eine Art der soziologischen Kunst über Kunst, über die Rahmen, innerhalb derer Kunst rezipiert wird. Aus dieser Perspektive ist die Frage nach dem Informationsgehalt sinnlos, während die Innovation in der Verschiebung des Rahmens liegt. Die Rezipienten können also entweder die Stille oder die Möglichkeiten entdecken,

11 W. Kennick, "Does traditional Aesthetics rest on a mistake?", *Mind*, 57, 1958. Vgl. auch K. Lüdeking, *Analytische Philosophie der Kunst*, Frankfurt/M 1988.

selbst zum Künstler zu werden, indem sie zugleich Geräusche machen und sie ästhetisch rezipieren, oder aber sie sind enttäuscht bzw. gelangweilt. Das hängt in keiner Weise von dem 'Werk' ab, das sich als Projektionsfläche andient, sondern einzig von den Rezipienten, die sie ausfüllen. Das 'Werk' bleibt ähnlich unbestimmt wie das Rauschen auf einem Bildschirm, in das man möglicherweise etwas hineinprojiziert.

Trotz aller Versuche also, Kunstobjekte von anderen durch irgendwelche Kriterien unterscheiden oder identifizieren zu wollen, scheint es keinen mir bekannten Weg zu geben, dies mehr als nur partial zu verwirklichen. Rahmen lassen sich nur nachträglich bilden. Vorstellbar wäre freilich ein Szenario mit hinreichendem Komplexitätsgrad, mit dem man versuchen könnte, die Logik der künstlerischen Entdeckungsgänge zu beschreiben und wenigstens mögliche Attraktoren der Entwicklung festzustellen. Aber als Kunstwerke zirkulierende Objekte reichen von elementaren Wahrnehmungsstimulationen bis hin zu äußerst trickreichen semantischen und referentiellen Spielen, wobei durch die Möglichkeit des jederzeitigen Rückgriffs auf 'alte' Modelle und der beliebigen Vermischung der Gattungen auch ein evolutionärer Ansatz zur Erklärung der Dynamik in seinen Grundannahmen scheitert. Bauen wir hingegen, wie es Hofstadter vorschlägt, ein KI-System mit seltsamen Schleifen – wenn dies möglich ist –, das unserem 'Geist' in seinen Funktionsweisen und seinen Heterarchien ähnlich wäre, so hätten wir bestenfalls ein weiteres selbstorganisiertes kognitives System, das sich von den subjektiven Entscheidungsprozessen der Menschen hinsichtlich Kunst nicht unterscheiden würde. Es würde einfach auch dieses oder jenes x als Kunst im entsprechenden Kontext akzeptieren, unter der Voraussetzung, etwas überhaupt kognitiv identifizieren zu können.

Informationsästhetik

Aus der mißlichen Lage der ontologischen Vieldeutigkeit von Kunstwerken entsteht die bekannte Geschwätzigkeit des Kunstkommentars. Mit der Destruktion des herkömmlichen Kunstwerks wird es erklärungsbedürftig. Je ästhetisch leerer ein Werk wird, so etwa Arnold Gehlen, desto mehr muß mit Kommentaren dessen fehlende Sinnhaftigkeit für die Wahrnehmung und die Kunsterwartung kompensiert werden. Mit der Schablone Kunst/Nicht-Kunst verfahrend, erlaubt die Zuordnung von etwas zur Kunst einen ausufernden und durch fast nichts mehr beschränkten Diskurs über Bedeutungen, die sich aus Stimulationen durch Signale, Zeichen oder Symbole ergeben sollen. Die Informationsästhetik, wie sie Max Bense zu begründen suchte, wollte vornehmlich diesen Wildwuchs des Beliebigen eliminieren, indem sie zugleich das Subjekt aus der Ästhetik ausklammerte und es durch den wissenschaftlichen "Blick von Nirgendwo" (Nagel) auf mathematisch erfaßbare Muster ersetzte:

"Nur eine solche rational-empirische, objektiv-materiale Ästhetikkonzeption kann das allgemeine spekulative Kunstgeschwätz beseitigen und den pädagogischen Irrationalismus unserer Akademien zum Verschwinden bringen".[12] Man sieht natürlich sofort an der Emphase auf Objektivität und Rationalität, daß diese Informationsästhetik einer vergangenen Zeit angehört, die das Glück der Menschheit in der Utopie einer von unten bis oben verwissenschaftlichten Gesellschaft sah. Dabei spielt auch das Verständnis der Physik eine Rolle, das noch unberührt war von den zu dieser Zeit bereits aufkommenden Theorien der Selbstorganisation, der chaotischen komplexen Systeme oder der Synergetik, wenn Bense beispielsweise physikalische Zustände als stark, d.h. allgemein naturgesetzlich 'determinierte' von den ästhetischen Zuständen als schwach oder singulär determinierten derart abhob, daß letztere als "antiphysikalische Zustände" der physikalischen Tendenz zur Entropie entgegengesetzt sind. Vilem Flusser hat bekanntlich diese mit der Theorie nicht-linearer dynamischer Systeme nicht mehr allgemein gültige Unterscheidung beibehalten, auch wenn ihm an der Herausarbeitung einer exakten Ästhetik weniger lag.

Die Informationsästhetik in der Orientierung Benses wollte eine 'objektive Beschreibung' von 'ästhetischen Zuständen' diesseits der ästhetischen Empfindungen der Rezipienten geben, die in Form von statistisch erhobenen Verteilungen der Informationen der 'materialen Gegebenheiten' eines Textes, eines Bildes oder einer Komposition vorliegen. Ohne Umschweife werden ästhetische Zustände, die man ja doch von physikalischen Objekten ableiten muß, welche Menschen als solche empfinden, mit dem Bereich der Kunst identifiziert, was durch nichts gerechtfertigt wird. Bense unterscheidet also einfach die Welt der Physik als einer gegebenen von der Welt des Ästhetischen als einer gemachten. Die Unterscheidung ist somit kein Problem der Informationsästhetik, sie wird ihrerseits wohl aus dem Grund als gegebene vorausgesetzt, weil sonst schon die Definition ästhetischer Zustände eben jene Subjektivität der Bewertung und den Rattenschwanz von Rahmen sowie deren Kontextualität wieder ins Spiel brächte, die gerade vermieden werden sollten. Im Ansatz von Birkhoff wurde dies noch mitbedacht, was Bense vergeblich auszuklammern suchte, insofern die Bestimmung von Komplexität und Redundanz, auf der auch die Informationsästhetik beruht, natürlich abhängig vom rezipierenden System ist und nicht selbst objektiv vorliegt. Birkhoff stellte sich einen typisierten Empfänger von jenen ästhetischen Botschaften einfacher geometrischer Formen vor, der drei Phasen durchläuft: a) den Versuch, das Objekt zu erfassen (Dimension der Komplexität), b) das sich einstellende "Gefühl der Entzückung", das als Belohnung auftritt, wenn die Komplexität reduziert werden kann, so daß c) die Wahrnehmung zustandekommt, daß das Objekt eine

12 M. Bense, *Einführung in die informationstheoretische Ästhetik*, Reinbek bei Hamburg 1969, 8.

"gewisse, mehr oder weniger verborgene Harmonie, Symmetrie oder Ordnung" verkörpert (Dimension der Ordnung).[13]

Ästhetische Zustände werden also hinsichtlich der Schwierigkeit von Mustererkennung bewertet, die dem Allgemeinplatz folgt, daß sie zwischen aboluter Neuheit (Komplexität, Originalität oder auch Zufall) und Ordnung (Determiniertheit, Symmetrie oder auch Redundanz) liegen. Man darf also weder nur Rauschen wahrnehmen oder nichts verstehen noch nur Ordnung wahrnehmen oder Altbekanntes entdecken; beides ist uninteressant, führt zur Unter- bzw. Überforderung. Benses Vorschlag zur statistischen Analyse des ästhetischen Zustandes eines Bildes war es, über es ein Raster zu legen und etwa eine Zeichnung von Rembrandt anhand der Verteilung von Schwarz und Weiß zu messen, ohne auf höhere Ordnungen Rücksicht zu nehmen. Klarerweise aber gibt es statistisch identische Verteilungen, die keineswegs ästhetisch sind, auf der anderen Seite würde auch die Einführung von zwei verschiedenen Farben zu einer gleichen Verteilung, aber zu sehr verschiedenen Bildern für die Wahrnehmung führen.[14] Und was macht eine solche Informationsästhetik mit einem monochromen Bild, das offensichtlich ästhetisch arm und voller Redundanz ist? Sie müßte nicht nur die immanente Geschichte der Kunstentwicklung mit einbeziehen, zu der auch die Erfindung von neuen Medien wie der Fotografie und die Reaktionen auf diese gehören, sie müßte etwa auch berücksichtigen, daß das Aufmerksamkeitssystem in einer (Medien)Welt sich an die dauernde Darbietung von neuen Reizen adaptiert, so daß die Reizarmut, die Redundanz gerade zu einem neuen ästhetischen Stimulus werden kann, der aus dem Strom der Signale herausragt.[15] Überdies muß eine solche exakte Ästhetik voraussetzen, daß beispielsweise unser Gehirn mit seinen Sinnesorganen im wesentlichen über die Geschichte hinweg gleichbleibt. Das läßt sich schon neurowissenschaftlich wohl nicht halten, da die Architektur des Gehirns durch den Dialog mit der Umwelt erst eingestanzt wird, also von ihr abhängig ist, auch wenn der Organismus die Umwelt präzise befragt. Und zumindest mir nicht recht vorstellbar ist es, wie man auch mit einem

13 G. D. Birkhoff, zit. aus: W. Coy, "Dem Wahren, Schönen, Guten", *Kursbuch*, 98, Berlin 1989.

14 Vgl. E. Steller, *Computer und Kunst*, Mannheim, Leipzig, Zürich, Wien 1992.

15 Moles sieht dies gemäß einem Adapationsprozeß der Wahrnehmung durch die dauernde Präsenz mittels der Reproduktionstechnologien als Schicksal jeder Kunstform, die nicht jeweils neu in einer Aufführung interpretiert wird, sondern wie ein Bild starr ist: "Ein Kunstwerk ist ein Moment in der Entwicklung, in der eine Botschaft voll von Originalität ist. [...] Die 'Originalität' oder den Informationsgehalt eines Kunstwerks gibt es jetzt nur in einer bestimmten Situation, und er wird in gesellschaftlicher Hinsicht stetig durch die Multiplizität der Kopen verkleinert. Der Kitsch ist daher das Schicksal jedes Kunstwerks, das sich von seiner momentanen maximalen Originalität jeden Augenblick durch Popularisierung oder durch seine Variation in Richtung auf Banalität verändert". (aus einem Gespräch mit A. Moles, in: F. Rötzer (Hrsg.), *Philosophen. Gespräche zur Kunst*, München 1991, 130).

recht komplexen KI-System nicht nur die Unterscheidungen im sehr subtilen Spektrum von Wirklichkeitsbezügen und fiktiven Repräsentationen mitsamt dem Vergnügen abbilden könnte, mit diesen Ebenen zu spielen oder getäuscht zu werden. Dazu müßten Computer ein durch Erfahrung erworbenes und sehr flexibles Weltwissen besitzen, mit dem sie Muster durch Abgleich mit anderen Erfahrungen in Kohärenz bringen. Wenn ein Objekt im Museum steht, so kann man wohl annehmen, daß es dort als Kunst präsentiert wird, nicht aber, daß es als Kunstwerk geschaffen wurde. Oder wenn im Rahmen des Bildschirms realistische Szenen zu sehen sind, so läßt sich oft nicht sagen, ob diese als Dokument oder als Teil einer Fiktion zu verstehen sind. Wir mögen in einem fiktiven Film den Mord an einem Menschen als Element eines Kunstwerks akzeptieren und in ästhetischer Anschauung rezipieren, bei einem Dokument würde dies den meisten von uns doch schwerfallen.

Daß die Ausrichtung der 'objektiven Ästhetik' eine Sackgasse darstellt, haben Abraham Moles[16] sowie Wissenschaftler im Umkreis von Max Bense wie Helmar Frank[17] oder Herbert W. Franke[18] schon früh gesehen. Hier wird zwar am Begriff der Information und an der Skala Ordnung/Unordnung festgehalten,[19] doch das ästhetische Maß soll nicht aus den Objekten selbst, sondern aus den Wahrnehmungs- und Denkbedingungen des Menschen abgeleitet werden, dessen Kapazität der Informationsaufnahme beschränkt ist, dessen Wahrnehmung selektiv und konstruktiv vorgeht und deren Informationsverarbeitung nicht linear, sondern verteilt geschieht. Auch für die Informationsästhetik Moles' ist das Kunstwerk ein Objekt der Kommunikation, dessen Nachrichten materiell vorliegen und diskret in Atome zerlegt werden, deren Anordnung untersucht wird. Wichtig wird die Unterscheidung von verschiedenen Wahrnehmungs- und Bedeutungsebenen, die aus der ästhetischen Kommunikation einen komplexen Prozeß machen. Das schließt einfach die Tatsache ein, daß wir allein schon durch die Richtung unserer Aufmerksamkeit ein Objekt hinsichtlich verschiedener Ebenen von elementaren sensorischen Mustern bis hin zu Superzeichen oder Symbolen wahrnehmen können. Moderne Kunst (z.B. Konstruktivistische Kunst oder Op-Art) hat im Zuge der Reduktion versucht, die jeweils einzelnen Ebenen möglichst gesondert herauszuar-

16 A. Moles, *Informationstheorie und ästhetische Wahrnehmung*, Köln 1971; A. Moles, *Kunst und Computer*, Köln 1973.

17 H. Frank, *Grundlagenprobleme der Informationsästhetik*, Stuttgart 1959.

18 H. W. Franke, *Phänomen Kunst*, Köln 1974.

19 Eine chaostheoretisch begründete Version des Verhältnisses von Ordnung und Komplexität gibt etwa Friedrich Cramer, wenn er die Chaos-Ordnungs-Grenze, wie sie etwa im Goldenen Schnitt als Ausdruck eines Wachstumsgesetzes vorliegt, zum ästhetischen Maß erhebt. Wo ein Prozeß oder eine Struktur diese Chaos-Ordnungs-Grenze beinhaltet, wird dies vom Gehirn als schön empfunden, weil es genauso strukturiert sei. Vgl. F. Cramer, W. Kaempfer, *Die Natur der Schönheit*, Frankfurt/M 1992; Gespräch mit F. Cramer, *Frankfurter Rundschau* , 24.10.1992.

beiten, also etwa Bilder gewissermaßen zu filtern oder einzelne Systeme etwa der visuellen Verarbeitung anzusprechen, beispielsweise Kanten und Farbkontrast, die Erzeugung von Scheinbewegung etc., was sich auch anhand von Filtern simulieren läßt, durch die Muster von physikalischen Bildern am Computer erzeugt werden können.[20] In den Anfängen der Computerkunst konnte man so eine Anlehnung an konstruktivistische Bilder feststellen, die manchmal auch mathematisch beschreibbar sind, wenn sie sich auf ein kleines Repertoire beschränken, das nach Regeln der Wiederholung oder der Reihung als Muster generiert wird. Natürlich können Computer dann solche Bilder viel komplexer machen, als dies mit Hand und Kopf allein möglich wäre. Doch wir haben schon gesehen, daß das Verhältnis von Komplexität und Redundanz auf der ästhetischen, also sensorischen Ebene allein keinen Maßstab für die Akzeptanz als Kunstwerk oder für ästhetische Anschauung darstellen kann.

Trotz aller Revisionen scheint auch der Ansatz Frankes zu keinem Ergebnis zu führen, ästhetische Information dadurch von anderen zu unterscheiden, daß "das Kunstwerk eine lang andauernde, bereichernde Wirkung auf den Beschauer, Zuhörer, Leser usw."[21] ausüben soll. Das Kunstwerk muß also so komplex sein, daß es immer wieder Neues zu entdecken gibt, und andererseits so redundant, daß man in der Suche nach Ordnung nicht gleich scheitert. Dann wäre das ästhetische Maß nicht nur für überwältigend viele Phänomene in der Welt zuständig, was es auch sein muß, weil man so keine Differenz zwischen einer Natur-, Design- und Kunstästhetik ausbilden kann, sondern auch für das wissenschaftliche Vorgehen. Bei einem Bild könnte man mittels dieses Modells beispielsweise die elementaren Ebenen Linien, Helligkeit, Orientierung und Kontrast unterscheiden, die jeweils durch Superzeichen verbunden sind: "Diese Aufgliederung", so Moles, "liefert eine Art informationeller Architekturzeichnung, die die Nachricht auf jeder Ebene in eine Reihe von numerischen Zeichen faßt". Franke sieht jedenfalls auch in solch einem 'Mehrebenenmodell der Ästhetik' einen zwar nicht hinreichenden, doch aber sinnvollen Zugang, auch wenn dies zur Folgerung führt, daß die Hoffnung auf ein quantitatives Maß für den künstlerischen Wert damit immer geringer wird. "Jede Ebene", so wieder Moles, "besitzt eine Originalitäts- oder Informationsmenge, und die Redundanz kommt dem erwarteten Optimum mehr oder weniger nahe, je nach dem kulturellen Gepäck des Empfängers".[22]

Ob allerdings mit dem Instrumentarium der Informationstheorie überhaupt die visuelle Wahrnehmung sinnvoll zugänglich ist, bezweifeln Ingo Rentschler und seine Coautoren, da über ganz elementare Signale hinaus kein 'expliziter Gehirncode' zur Verarbeitung von Bildinformation nachweisbar ist und überdies, weil es keinen endlichen Set von Bildsymbolen wie in der Spra-

20 I. Rentschler, T. Caelli, L. Maffei, "Focusing in on Art", in: I. Rentschler, B. Herzberger, D. Epstein, *Beauty and the Brain*, Basel/Boston/Berlin 1988.

21 H. W. Franke, *Leonardo 2000*, Frankfurt/M 1987, S.40.

22 A. Moles, *Kunst und Computer*, Köln 1973, 23.

che gibt: "The problem of applying communication theory to painting or to images in general is the fact that it is impossible to determine such parts by merely considering the physical properties of an image".[23] Entscheidend neben dieser Heterarchie von Ebenen, die vom Betrachter durch die Wahl der Aufmerksamkeit jeweils herausgehoben werden können, wird hier der menschliche Empfänger der ästhetischen Nachricht hinsichtlich des Maximums an Einfluß, den die Stimulation auf ihn ausübt, soweit er diese "verstehen", d.h. "Formen auf die empfangene Nachricht projizieren" kann, wobei behauptet wird, daß die Wahrnehmung von Formen 'Vergnügen' bereitet und es besonders schön ist, wenn eine große Zahl dieser 'Informationsebenen' aufeinander bezogen werden kann. Aus der Analyse solcher vielschichtiger Muster lassen sich auch neue Muster mit dem Computer generieren, so kann man beispielsweise mit genetischen oder kombinatorischen Algorithmen ein Möglichkeitsfeld systematisch erforschen. Das 'Optimum' könnte man zwar vielleicht quantitativ vorgeben, doch ließen sich so nur 'schöne' Muster herausgreifen, die trotz der Vorliebe der Informationsästhetiker für Ordnung nur einen Teilbereich ästhetischer Zustände ausmachen.

Will man mit einem solchen Mehrebenenmodell exakt vorgehen, so müssen die vom Gehirn und den Sinnesorganen rezipierbaren Signale und deren Verarbeitung zu Mustern ebenfalls in ihrer Komplexität etwa als Bit pro Zeiteinheit erfaßt werden. Schwierig daran ist wiederum, welche physikalischen Signale man überhaupt als relevant für Wahrnehmung und dann noch für ästhetische Wahrnehmung heranziehen will, da die Informationsmenge auf dem Weg von den Sinnesorganen zum Bewußtsein nicht nur erheblich reduziert wird, sondern etwa auch mit den im Gedächtnis gespeicherten Erinnerungen und bewährten Schemata abgeglichen, mit dem Aufmerksamkeitssystem selektiv bewertet und dann von höheren Zentren miteinander in Beziehung gesetzt sowie erst zu Zeichen synthetisiert wird.[24] Von der einfachen Vorstellung, daß Information nur von unten nach oben fließt, muß man sich wohl endgültig verabschieden.[25] Bilder beispielsweise werden nicht wie von Computern Zeile für Zeile abgetastet. So ist der Bereich des Gesichtsfeldes mit maximaler Sehschärfe sehr klein, weswegen unsere Augen drei- oder viermal in der

23 I. Rentschler, T. Caelli, L. Maffei, "Focusing in on Art", in: I. Rentschler, B. Herzberger, D. Epstein, *Beauty and the Brain*, Basel/Boston/Berlin 1988, 190.

24 Auf dem Hintergrund des Konzepts der Selbstorganisation im Modell der Synergetik sprechen etwa Stadler und Kruse davon, daß nicht nur jeder "deterministische Reduktionismus zur Analyse kognitiver Funktionen", also wohl auch der ästhetischen Wahrnehmung, ungeeignet sei, sondern daß "jede Wahrnehmung als multistabil" betrachtet werden kann (M. Stadler, P. Kruse, "Zur Emergenz psychischer Qualitäten", in: W. Krohn, G. Küppers (Hrsg.), *Die Entstehung von Ordnung, Organisation und Bedeutung*, Frankfurt/M 1992, 154.

25 H. Haken, *Erfolgsgeheimnisse der Wahrnehmung*, Stuttgart 1992; S. M. Zeki, "Das geistige Abbild der Welt", *Spektrum der Wissenschaft*, 11/92; F. Crick, Ch. Koch, "Das Problem des Bewußtseins", *Spektrum der Wissenschaft*, 11/92; M. Livingstone,

Sekunde auf Bilddetails ruckartig sowie unwillkürlich bewegt werden und überdies ebenso ruckartig das Bild von einem Punkt zum anderen durchwandern, wobei die 'Leserichtung' zwar abhängig ist vom Muster, aber nicht durch es zwingend vorgeschrieben wird. Wahrnehmung ist nicht nur ein konstruktiver Prozeß, der sich zwischen konkurrierenden Interpretationen von immer vieldeutigen sensorischen Daten entscheiden muß, sie ist stets bewertend, was durch den Rückgriff auf Erfahrung und den in den Genen niedergelegten Schemata geschieht.[26]

Mathematisch betrachtet reichen beispielsweise die zweidimensionalen Netzhautbilder nicht aus, um daraus eindeutig eine dreidimensionale Szene zu konstruieren. Auf der Ebene der Retina, wo beispielsweise Benses Informationsästhetik einsetzen müßte, gibt es zwar Rezeptoren für Helligkeit, Bewegung, Wellenlänge des Lichts und Kontrast, aber noch nicht das, "was man gewöhnlich als 'einfache' Wahrnehmung ansieht, d.h. Linien, Kanten, und erst recht nicht Gestalten und Figuren. Die Antworteigenschaften der Retinaganglienzellen sind in weitem Maß uneindeutig. Sie müssen in nachgeschalteten visuellen Zentren weiter vereindeutigt werden".[27] Wenn man auch weiß, welche Merkmale im visuellen System aus den Lichtmustern herausgeholt und in verschiedenen Systemen zunächst unabhängig voneinander verarbeitet werden, so ist noch in keiner Weise klar, wie daraus Gegenstände und ihre Umgebungen oder der Eindruck eines ganzen Bildes entstehen kann, geschweige denn wie die visuelle Wahrnehmung mit anderen Informationen abgeglichen wird und welche Rolle dabei die hochgradig mit sich selbst vernetzte Großhirnrinde spielt. Gleichwohl werden aus den Neurowissenschaften wenn auch kein ästhetisches Maß, so doch die Randbedingungen für ästhetische Wahrnehmungen immer besser erforscht werden, was möglicherweise dazu führt, dies auch auf dem Computer etwa mit der Hilfe von neuronalen Netzen zu simulieren. Zur Simulation ästhetischer Wahrnehmung aber wäre es wohl notwendig, wie auch für die Erzeugung wirklicher künstlicher Intelligenz, daß die Welt von solch einem System aktiv erfahren werden kann, um überhaupt eine eigene kognitive Welt mit den entsprechenden seltsamen Schleifen aufbauen zu können: "Ein Ergebnis der Untersuchungen des Verhältnisses zwischen Gehirnforschung und KI ist, daß man Computer als sich

"Kunst, Schein und Wahrnehmung", in: *Gehirn und Kognition*, Heidelberg 1990; A. Treisman, "Merkmale und Gegenstände", in: *Gehirn und Kognition*, Heidelberg 1990.

26 G. Roth, "Die Entstehung von Bedeutung im Gehirn", in: W. Krohn, G. Küppers (Hrsg.), *Die Entstehung von Ordnung, Organisation und Bedeutung*, Frankfurt/M 1992.

27 G. Roth, "Das konstruktive Gehirn", in: S. J. Schmidt (Hrsg.), *Kognition und Gesellschaft*, Frankfurt/M 1992, 294.

sensomotorisch verhaltende Systeme bauen muß, wenn sie wirklich intelligent sein sollen".[28]

Für eine ästhetische Theorie mag dies in ihren Grundlagen Wesentliches beitragen, aber daß sich daraus wissenschaftliche Methoden ergeben könnten, allein nur die Empfindung "Schönheit" festzustellen, erscheint schon deswegen unwahrscheinlich, weil weder unser biologischer Wahrnehmungsapparat noch unsere Umwelt, in der er heranwächst, normiert oder durch starre Regeln beherrscht sind. Wenn schon verschiedene Menschen Verschiedenes schön empfinden und, zeitlich verschoben, oft auch derselbe Mensch dasselbe einmal etwa als schön und dann als langweilig empfinden kann, dann ist eine ästhetische Theorie, die mehr als recht allgemeine biologische Randbedingungen der Kognition und in vielen Hinsichten veränderbare Kriterien geben will, von vorneherein zum Scheitern verurteilt.

Wir als theoretische Ästhetiker und Kunstkommentoren werden also weiterhin auch ganz unabhängig von empirischen und exakten Theorien über das Schöne, sofern es nur einigermaßen komplex ist, wild auf der vieldeutigen symbolischen Ebene Erklärungen und Vermutungen anstellen dürfen. Schließlich gehört die relativ freie Projektion von Deutungen auch zu jenen Möglichkeiten, die das Gehirn, digitaler Computer hin oder her, uns erlaubt. Da die Ebene der Bedeutung und Bewertung von Wahrnehmungen sowohl in den Neurowissenschaften wie in der KI noch ziemlich im Dunklen liegt, man vermutlich sowieso nur Attraktoren, nicht aber Vorhersagen treffen kann, sofern das Gehirn tatsächlich ein instabiles System sein sollte, werden wir auch keine Programme haben, die im Sinne einer generativen oder künstlichen Kunst mehr als triviale Schönheiten und manchmal einen Zufallstreffer finden werden. Selbst wenn ästhetische Programme, aus der Analyse vieler Kunstwerke oder anderer ästhetischer Phänomene gewonnen, den Möglichkeitsraum von bestimmten mathematisch angebbaren Strukturen erkunden können, so fällt die Entscheidung, die Auswahl noch immer der Subjektivität des Menschen anheim. Er mag zwar anfällig für bestimmte Strukturen und diesseits der biologischen Randbedingungen der Informationsaufnahme ohne technische Verstärker unfähig dazu sein, überhaupt etwas wahrzunehmen, aber offenbar sorgen die Instabilität und der Adapationsmechanismus unseres Gehirns dafür, nicht von einem Programm auf einer Endlosschleife mit Variationen eingefangen zu werden. Interessanter wäre da schon, nach der Drift ästhetischer Wahrnehmung zu fragen, die sich fortwährend auch durch die Aussetzung an neue Medien und immer neue Symmetrie- und Ordnungsbrüche verschiebt.

28 Gespräch mit Gerhard Roth, zit. aus *Frankfurter Rundschau*, 12.9.1992.

Die Technisierung der Lebenswelt

Simone Dietz

Grelles Lichtstakkato zerreißt das Halbdunkel in eine endlose Folge einzelner Fotografien, die Bewegungen der Tänzer erstarren zu Momentaufnahmen, während monotone Klangwellen mit erbarmungsloser Lautstärke durch ihre Körper getrieben werden. Wie von unsichtbaren Schlägen getroffen taumeln die Tanzenden hin und her, schweißnaß von der stundenlangen Anstrengung. Der Kulturkritiker verläßt verstört diesen Ort, den engagierte Zeitgenossen ihm als "Techno-Disco" gepriesen hatten, und erholt sich von dem Schock der Befremdlichkeit in der gedämpften Atmosphäre einer Bar, bei vertrauten Klängen ruhiger Jazzmusik. Im Werk eines Klassikers der Kulturphilosophie sucht er nach einer Erklärung für diesen seltsamen Trend zur Technik-Ekstase. Handelt es sich um einen Kult der Maschinisierung, dessen "alles Zeitgefühl neutralisierender, alle Zeit zerstampfender Wiederholungsfuror der Furor der immer gleich laufenden Maschine" ist, dessen Tänze weit entfernt von Selbstentfaltung und Vergnügen nur noch "eine Abdankungs- und Gleichschaltungsfeier" darstellen, "eine enthusiastische Pantomime der eigenen totalen Niederlage [...] dem Baal der Maschine zu Ehren"?[1] So könnte unser Kulturkritiker sein Befremden gegenüber der "Techno-Generation" bei Günther Anders treffend formuliert finden – wäre dessen Text nicht bereits gegen ihn selbst verfaßt worden, den Liebhaber des Jazz, denn was hier beschrieben wird, ist nicht "Techno", sondern "der Jazz als industrieller Dionysos-Kult". Verwundert blickt der Kulturkritiker auf sich zurück: Umhüllen die Schalen der Technisierung wie eine russische Puppe die Lebenswelt, und sein eigener kritischer Standpunkt befindet sich schon längst nicht mehr im Kern des Prozesses, sondern bestenfalls im Mittelfeld, zwischen großer und noch größerer Entfremdung?

Die Lebenswelt – das ist der Ort des Ursprünglichen, unmittelbar Vertrauten, der unbezweifelte Grund unserer Erfahrung, das Unverfügbare. Ein überholter Begriff also, Ausdruck spießigen Sicherheitsstrebens und naiver Sehnsucht nach dem Unverbrüchlichen, ein Begriff, den die Umwälzungen des technischen Zeitalters längst entwertet haben? Oder der utopische Ort eines anderen Lebens, jenseits instrumenteller Beherrschung und künstlicher Machbarkeit,

1 G. Anders, *Die Antiquiertheit des Menschen – Über die Seele im Zeitalter der zweiten industriellen Revolution* (Bd. 1), 5. Aufl. München 1980, 83ff (§14).

dessen Kategorien des Glücks von uns erst entwickelt werden müßten? Ob rückwärts oder vorwärts – in beide Richtungen scheint die Lebenswelt eine konkrete historische Lebensform zu bezeichnen, die vom Zeitalter des Technischen abgegrenzt wird. Eine eher systematische als historische Bedeutung gewinnen die Begriffe hingegen, wenn Lebenswelt und Technik als zwar gegensätzliche, aber gleichermaßen gegenwärtige Formen des Weltverhältnisses bzw. der Rationaliät aufgefaßt werden, die eher in einem Ergänzungs- als in einem Konkurrenzbezug stehen.

Im folgenden werde ich zunächst vier kulturkritische Positionen zur "Technisierung der Lebenswelt" vorstellen, die sich nicht nur in ihrer Einschätzung der Technik voneinander unterscheiden, sondern auch darin, welche Bedeutung der Lebenswelt als kritischem Kontrastbegriff jeweils zugeordnet wird. Dabei lassen sich zwei grundsätzlich verschiedene Ebenen der Argumentation ausmachen: Unter praktisch-politischen Aspekten wird der Technisierungsprozeß als Autonomieverlust der Gesellschaft kritisiert, unter erkenntnistheoretischen Aspekten als individuell erfahrener Sinnverlust. Im Anschluß an die Darstellung der vier Versionen der Technisierungsthese will ich mich auf den zweiten Aspekt konzentrieren, und die Reibungspunkte markieren, die zwischen Lebenswelt und Technik als zwei unterschiedlichen Formen unseres kognitiven Weltverhältnisses entstehen können.

1 Die Technisierung der Lebenswelt als Leitmotiv der Kulturkritik

Als Bezeichnung für das Feld des Organischen und Ganzheitlichen wird die 'Lebenswelt' zu Beginn des 20. Jahrhunderts zunächst zum Topos einer "antipositivistischen" und "antirationalistischen", "konservativ orientierten [...] Kulturphilosophie".[2] Hier steht sie für das Natürliche, das Eigentliche des Lebens, für das unmittelbar Sinnhafte, das sich vom Künstlichen und willkürlich Gesetzten abgrenzt. In der Phänomenologie von Edmund Husserl bekommt der Begriff dann eine philosophisch-systematische Bedeutung, die an die Stelle des Antirationalismus die Idee einer umfassenden Vernunft setzt, an die Stelle der konservativen Rückwendung die emanzipatorische Orientierung an der Idee der Selbstverantwortung. Doch mit diesen weit greifenden Intentionen gibt Husserl dem Lebenswelt-Begriff auch einen mehrdeutigen Facettenschliff, den er bis heute nicht verloren hat.

Die grundlegende Bedeutung liegt im Modus der Selbstverständlichkeit und intuitiven Sinnhaftigkeit, darüber hinaus changiert die Lebenswelt jedoch zwischen einem Wissens- und einem Weltbegriff, sowie zwischen einem Begriff der vorwissenschaftlichen Erfahrung und der philosophischen Reflexion. Unter den Titel 'Lebenswelt' stellt Husserl sowohl die anschaulich-wirkliche Welt

2 F. Fellmann, *Gelebte Philosophie in Deutschland. Denkformen der Lebenswelt-Phänomenologie und der Kritischen Theorie*, Freiburg/München 1983, 73 und 120ff.

im Unterschied zur wissenschaftlichen Welt idealer Gegenstände, die natürlich-naive Einstellung im Unterschied zur interessegebundenen wissenschaftlichen Einstellung, als auch die Struktur intentionaler Leistungen und subjektiver Sinnkonstitution überhaupt.

Das Problem einer "Technisierung der Lebenswelt" thematisiert Husserl in seinen Abhandlungen aus den 30er Jahren über "Die Krisis der europäischen Wissenschaften".[3] Seine erkenntniskritischen Untersuchungen setzen zunächst beim Prozeß der "Verwissenschaftlichung" an: Die ursprüngliche Anschauung, die unbezweifelte diffuse Gewißheit des Seins der Welt wird durch abstrakte Formeln und Konstruktionen der Idee exakter Bestimmbarkeit unterworfen. Die Natur wird mathematisiert, das Anschaulich-Konkrete wird idealisiert. Diesen Vorgang verfolgt Husserl zurück bis in die Zeit der antiken Philosophie, des Beginns der formalen Logik und der Naturwissenschaften, und würdigt ihn als eine Leistung, durch die unsere induktive Voraussicht in die Weltgeschehnisse unendlich erweitert werde.

Zur "Technisierung" steigert sich dieses Verfahren mit der Ablösung von seinem ursprünglich gemeinten Sinn, der es als eine bloße Methode gekennzeichnet hatte. Die mathematisch-naturwissenschaftlichen Konstruktionen werden nun nicht mehr als mögliche Problemlösungen und Entwürfe auf ihren lebensweltlichen Frage- und Sinnhorizont zurückbezogen, sondern verselbständigen sich zum "wahren Sein". Die mathematisch-technische Einstellung zur Welt entfremdet sich von ihrem "Lebenssinn" und reduziert die Lebenswelt auf eine bloße Formelwelt. Die "Kunst, durch eine rechnerische Technik nach technischen Regeln Ergebnisse zu gewinnen", hält sich selbst schon für das Ganze und verstellt sich den Blick auf den Sinnzusammenhang der außerwissenschaftlichen Erfahrung, obwohl ihr "wirklicher Wahrheitssinn nur in einem an den Themen selbst und wirklich geübten sachlich-einsichtigen Denken zu gewinnen ist". Ein "Ideenkleid" verhüllt die anschauliche Lebenswelt.[4]

Den Beginn dieses Prozesses, den er als Ursache einer allgemeinen Sinnkrise begreift, datiert Husserl in die zweite Hälfte des 19. Jahrhunderts: Mit dem Ende der großen Systemphilosophien sei die Idee einer umfassenden absoluten Vernunft verloren gegangen, "aus der die Welt ihren Sinn hat, der Glaube an den Sinn der Geschichte, den Sinn des Menschentums, an seine Freiheit [...], seinem individuellen und allgemeinen Dasein vernünftigen Sinn zu verschaffen".[5] Zurückgeblieben ist nach Husserls Ansicht eine unphilosophische positivistische Wissenschaft, die uns "in unserer Lebensnot" nichts zu

3 E. Husserl, *Die Krisis der europäischen Wissenschaften und die transzendentale Phänomenologie*, Den Haag 1954.

4 E. Husserl, *Die Krisis der europäischen Wissenschaften und die transzendentale Phänomenologie*, Den Haag 1954, 40 und 46.

5 E. Husserl, *Die Krisis der europäischen Wissenschaften und die transzendentale Phänomenologie*, Den Haag 1954, 11.

sagen hat. Nur die Philosophie wäre in der Lage, die Einheit des Wissens wiederherzustellen, und die technischen Abstraktionen mit der vorwissenschaftlichen Evidenz in einer "Idee absoluter Selbstverantwortung" zu verbinden.

Mit seinem Versuch, das wissenschaftlich-technische Weltverhältnis durch Neubegründung einer universalen Philosophie wieder in einen allgemeingültigen sinnstiftenden Horizont einzubinden, beantwortet Husserl die kritisierte Wissenschaftsgläubigkeit des Positivismus mit der Philosophiegläubigkeit seiner transzendentalen Phänomenologie. Ein teleologischer Vernunftbegriff, der das vorwissenschaftliche Meinen (doxa) mit dem wissenschaftlichen Wissen (episteme) verbindet, soll die Orientierungsleistungen zurückgewinnen, die mit den Systemphilosophien des 19. Jahrhunderts verlorengegangen sind, und die Philosophie wieder zur "Führerin der Menschheit" machen. Einem solchen Glauben an die Orientierungskraft der Philosophie allein stehen diejenigen Theorien skeptisch gegenüber, die nicht nur bei der Bewältigung der Folgen, sondern auch schon bei der Beschreibung des Technisierungsprozesses selbst stärker an der gesellschaftlich-praktischen Dimension orientiert sind.

In seiner Untersuchung über "Die Antiquiertheit des Menschen" analysiert Günther Anders den Technisierungsprozeß nicht wissenschaftskritisch wie Husserl, sondern pragmatisch am Umgang mit den technischen Geräten. Technik als bloßes Mittel betrachten zu wollen, über das wir frei verfügen könnten, hält Anders für eine Illusion. Vielmehr handele es sich um Gegenstände, deren Verwendung uns eine festliegende Struktur und Funktion aufzwingt und unser Weltverhältnis entscheidend prägt.

Orientiert am Technisierungsstand der fünfziger Jahre konzentriert Anders seine Analyse auf den Umgang mit Rundfunk und Fernsehen: Ereignisse werden zu ins Haus gelieferten Massenprodukten, über die wir mit der Omnipotenz des Ein- und Ausschaltens verfügen, und die als allgemein zugängliche Informationen keine unmittelbare Gemeinsamkeit mehr erfordern. So werden wir zu "Masseneremiten" und die Welt zu einem ortlosen Phantom reproduzierbarer Bilder. Das Resultat dieser Form der Kommunikation ist, neben der Verkümmerung unserer Deutungs- und Sprachfähigkeit, ein allgemeiner Weltverlust.[6] An die Stelle der Lebenswelt des Menschen tritt nun die Gerätewelt der technischen Produkte. Aber nicht der Stolz der Produzenten bestimmt unser Verhältnis zu dieser Welt, sondern die Scham über die eigene Unvollkommenheit im Vergleich mit der Perfektion der Technik. Diese Perfektion, die in der totalen Vernichtungskapazität der Atombombe ihren grausamsten Ausdruck gefunden hat, überfordert die Vorstellungs- und Verantwortungsfähigkeit des Menschen und degradiert ihn zum antiquierten Sicherheitsrisiko. In der technisierten Welt liegt das Problem nicht mehr in der be-

6 G. Anders, *Die Antiquiertheit des Menschen – Über die Seele im Zeitalter der zweiten industriellen Revolution* (Bd. 1), 5. Aufl. München 1980, 99ff ("Die Welt als Phantom und Matrize").

grenzten Funktionsfähigkeit der Geräte, sondern im "menschlichen Versagen" ihrer Bediener.

Aus diesem apokalyptischen Szenario gibt es kaum noch einen Ausweg – weder die Rückkehr in eine untechnisierte Lebenswelt noch die bindende Kraft einer philosophischen Einheitswissenschaft. Die einzige Hoffnung, die Günther Anders übrig läßt, besteht in der "willentlichen Erweiterung des Fassungs-Volumens unseres Fühlens", in der Ausbildung einer "moralischen Phantasie", die die Wirkungsfähigkeit der Technik einholen könnte.[7] Gegenüber seiner pessimistischen Bilanz eines universalen Verlustes erscheint dieser Weg jedoch eher als hilfloser Anpassungsversuch denn als Möglichkeit einer Versöhnung mit der technischen Welt.

Die Utopie eines besseren Lebens, in der der Mensch nicht Opfer, sondern autonomes Subjekt seiner Gestaltungskraft ist, prägt Herbert Marcuses Entwurf einer Befreiung von den Zwängen der technischen Herrschaft.[8] Bei ihm verbindet sich das wissenschaftskritische Motiv Husserls mit der praktischen Kritik an den gesellschaftlichen Bedingungen technischen Handelns. Die technische Rationalität der Formalisierung und Funktionalisierung ist für Marcuse ebensowenig wie für Günther Anders eine "unschuldige" Methode, die es nur humanen Zwecken zuzuführen gelte, sondern Ausdruck konkreter Herrschaftsverhältnisse. Das naturwissenschaftlich-technische Denken erscheint ihm nicht als alternativloses Faktum, dessen Verselbständigungstendenzen bestenfalls lebensweltlich eingeholt werden könnten, sondern als Ergebnis nur eines bestimmten geschichtlich-gesellschaftlichen Entwurfs, der durchaus noch andere Wege offen lasse: Eine befreite Gesellschaft ohne Unterdrückung und Zerstörung könnte nach seiner Überzeugung auch eine andere Wissenschaft und Technik hervorbringen.

Die Kehrseite dieser utopischen Hoffnung Marcuses auf eine andere, mit Natur versöhnte Technik in einer herrschaftsfreien Welt ist die radikale Ablehnung des Bestehenden als Ausdruck einer "falschen" Rationalität. Diese Ablehnung beschränkt sich nicht allein auf den außer Kontrolle geratenen Technisierungsprozeß, sondern zieht auch das scheinbar Unproblematische und Selbstverständliche in den Strudel der Kritik. Wie in dem anfangs geschilderten Beispiel des Kulturkritikers, der auf der Suche nach Argumenten gegen neue Tendenzen der Technisierung sich unvermutet selbst im Bannstrahl der Kritik begegnet, steht für den radikalen Vernunftkritiker grundsätzlich alles unter Ideologieverdacht. Erst die praktische Umwälzung der

7 G. Anders, *Die Antiquiertheit des Menschen – Über die Seele im Zeitalter der zweiten industriellen Revolution* (Bd. 1), 5. Aufl. München 1980, 273f und 313.

8 H. Marcuse, *Der eindimensionale Mensch*, 21. Aufl. Darmstadt/Neuwied 1987. Die folgenden Ausführungen stützen sich insbesondere auf Kapitel 6, "Vom negativen zum positiven Denken: technologische Rationalität und die Logik der Herrschaft", 159ff.

Verhältnisse könnte die Voraussetzungen für eine wahrhaft emanzipatorische Technik schaffen.

Eine vierte Deutung des Technisierungsprozesses schließlich liefert Jürgen Habermas. In seiner Analyse liegt das Problem nicht in einer "falschen" Rationalität, sondern im Auseinanderfallen der einzelnen Rationalitätsdimensionen, die nur zusammen wirklich "vernünftig" sein können. Die instrumentelltechnische Vernunft der effektiven Mittelverwendung muß zur moralisch-praktischen Vernunft der gemeinwohlorientierten Zweckbestimmung ins Verhältnis gesetzt werden, um selbstbestimmtes Handeln zu ermöglichen.

Wie Husserl erklärt auch Habermas die Krise der Moderne aus einer Vereinseitigung der Vernunft, und orientiert seine Kritik nicht an einem anderen, sondern an einem unverkürzten, umfassenden Rationalitätsbegriff. Und wie bei Husserl übernimmt auch in Habermas' Theorie die Lebenswelt eine mehrdeutige Rolle als Wissens- und Weltbegriff. In der "Theorie des kommunikativen Handelns" tritt sie einerseits als intersubjektives Hintergrundwissen auf, das den unthematischen Sinnhorizont jeder Kommunikation bildet, andererseits als objektive Welt symbolischer Gegenstände, deren Traditionen und Institutionen durch kommunikative Handlungen produziert und reproduziert werden. In dieser Bedeutung ist sie ein spezifischer Handlungsbereich der Gesellschaft, der als Sphäre der Verständigungsorientierung von den durch Geld und Macht gesteuerten, technisierten Subsystemen abgegrenzt wird.[9]

Die technisierten Subsysteme – Ökonomie und Verwaltung – bedrohen die Autonomie der Gesellschaft, indem sie mit ihrer funktionalen Logik einer technischen Selbststeuerung das kommunikative Handeln mehr und mehr aushöhlen und verdrängen. Die "Technisierung der Lebenswelt" erscheint als Ergebnis einer Konkurrenz verschiedener Handlungsbereiche, von denen nur einer – die Lebenswelt – vernünftige Selbstbestimmung gewährleisten kann, während der andere seine Berechtigung allein in einer partiellen Entlastung dieser aufwendigen Form der gesellschaftlichen Verständigung findet.

Obwohl die 'Lebenswelt' bei ihm auch eine bestimmte Form des Wissens und der subjektiven Welterschließung bezeichnet, konzentriert Habermas seine Analyse des Technisierungsprozesses allein auf die gesellschaftstheoretische Dimension. Der alltägliche Umgang mit Technik bleibt, sofern er sich nicht auf die Steuerungsmedien Geld und Macht zurückführen läßt, in seinen Auswirkungen unterbelichtet.[10]

9 J. Habermas, *Theorie des kommunikativen Handelns*, Frankfurt/M 1981. Die Mehrdeutigkeit des Lebenswelt-Begriffs bei Husserl und Habermas und seine Konsequenzen für Habermas' kritische Theorie der Moderne habe ich ausführlicher erörtert in: S. Dietz, *Lebenswelt und System. Widerstreitende Ansätze in der Gesellschaftstheorie von Jürgen Habermas*, Würzburg 1993.

10 Dies wird besonders im folgenden Aufsatz deutlich: J. Habermas, "Edmund Husserl

2 Die Technisierung der Lebenswelt und die Verlebensweltlichung der Technik

Betrachten wir die Lebenswelt als Ergebnis einer bestimmten kognitiven Form des Weltverhältnisses, ist sie geprägt durch unseren intuitiven, vorreflexiven Zugang zur Welt, durch die narrative Form der Beschreibung und die assoziative, analoge Bedeutungserfassung von Vorgängen und Gegenständen, durch impliziten, nicht-propositionalen Sinn. Insofern es sich dabei gerade um eine Umgangsweise des nicht-Ausdrücklichen handelt, läßt sich die Lebenswelt selbst auch eher in Form einer "Negativbeschreibung" darstellen – als das, was sie nicht ist. Sie ist der Hintergrund unserer jeweiligen Aussagen und Handlungen, der unthematisierte Bedeutungszusammenhang, in dem sich der Sinn des Thematisierten erschließt, der unproblematisierte Kontext dessen, was sich uns als Problem darstellt.

In dieser Hinsicht steht sie in einem deutlichen Gegensatz zur Technik bzw. zum technischen Weltverhältnis: Dieses ist gekennzeichnet durch die Struktur des analytischen, hypothetischen Umgangs mit Tatsachen und Ereignissen, durch Zweck-Mittel-Kalküle, abstrakte standardisierte Beschreibungen und explizite eindeutige Aussagen, mit denen wir uns die Welt verfügbar machen. Trotz dieser gegensätzlichen Charakterisierung stehen Lebenswelt und Technik in einem unauflöslichen Zusammenhang, der als ständiger Umwälzungsprozeß nicht nur in eine, sondern in *beide* Richtungen wirkt: als "Technisierung der Lebenswelt" einerseits, aber auch als "Verlebensweltlichung der Technik" andererseits.

Jede Technik zerlegt das, was wir diffus und intuitiv wissen und können, in eine klare Abfolge einzelner Anweisungen. Worauf wir uns vorher einfach fraglos verlassen haben, wird zu einem nachvollziehbaren und vorhersehbaren Regelwissen. Damit machen wir uns nicht nur unsere Umgebung technisch verfügbar, wir machen auch unser Wissen erlernbar und verfügbar für andere. Allein dieser Vorgang der Technisierung von Wissen ist schon eine zweischneidige Angelegenheit: einerseits fördert das Regelhafte des technischen Wissens durch Nachvollziehbarkeit und Wiederholbarkeit ein selbstbestimmtes Weltverhältnis, andererseits kann gerade diese Form der Selbstbestimmung auch als Ausdruck eines totalen Machbarkeitswahns erlebt werden. Die technische Entscheidbarkeit aller Lebensumstände schlägt vom Autonomiegewinn in die Überforderung eines ständigen Entscheidungszwanges um. In Abgrenzung hiervon gewinnt der Lebenswelt-Begriff seine konservativ-religiösen Züge – er steht dann für das unmittelbar Sinnhafte, das der menschlichen Verfügung entzogen ist. Einen ähnlichen Kontrast bildet aber auch die postmodern-ästhetische Aufwertung des Zufälligen, nicht-Intendierten, das jenseits des Zwangs zum Zweckhaften steht.

über Lebenswelt, Philosophie und Wissenschaft", in: J. Habermas, *Texte und Kontexte*, Frankfurt/M 1991, 34ff.

Ein "Entlastungseffekt" der Technik, der sich über den physischen Bereich hinaus auf den Bereich des Mentalen auswirkt, entsteht durch Speicherbarkeit und Programmierbarkeit. Sobald das technische Wissen auf Apparate übertragen worden ist, mit denen ohne weiteres Zutun eine definierte Abfolge von Vorgängen ausgelöst werden kann, wird seine Kenntnis für uns wieder verzichtbar, obwohl wir die technische Verfügung über unsere Umwelt behalten. Auf diese Weise macht die Verwendung technischer Geräte uns "dümmer": je größer die Entscheidungskapazität der Maschinen ist, um so unwichtiger wird unsere Kenntnis der einzelnen Schritte. Der Umgang mit Technik wird wieder intuitiv, wir betätigen Schalter und Tasten und bewirken Zustände, ohne uns über den gesamten Ablauf im klaren zu sein.[11]

Zwischen dem vortechnischen intuitiven Weltverhältnis und dem intuitiven Verhältnis zur Technik besteht jedoch ein wichtiger Unterschied. Auch wenn wir die Funktionsweise der Geräte, die wir benutzen, im einzelnen selbst nicht kennen, vertrauen wir doch darauf, daß ein explizites Wissen davon existiert, das wir uns erforderlichenfalls zur Kenntnis bringen können. Die Verlebensweltlichung der Technik im alltäglichen Umgang mit Geräten basiert auf einer gesellschaftlichen Arbeitsteilung, die es uns erlaubt, bestimmte Wissensbereiche als Laien den jeweiligen Experten zu überlassen.

Damit die Rollenverteilung zwischen Laien und Experten tatsächlich nur eine Arbeitsteilung bleibt und sich nicht zur Expertokratie ausweitet, muß die Grenze zwischen den technisch-instrumentellen Fragen des Könnens und den moralisch-praktischen Fragen des Wollens, zwischen formalen Regeln und anwendungsbezogener Urteilskraft immer wieder neu bestimmt werden.[12] Dabei geht es nicht nur um generelle Anwendungsentscheidungen: Hypothetische Annahmen, die als formalisierte Daten bereits in die Funktion technischer Programme eingehen, dürfen nicht als allgemeingültige ausgegeben werden und über ihre begrenzte Anwendungsmöglichkeit hinwegtäuschen. Die Kontrollierbarkeit der Experten begrenzt daher die Effektivität der (kognitiven) Arbeitsteilung.

Bei dem intuitiven Umgang der Laien mit technischen Geräten handelt es sich jedoch nicht nur um die Verkürzung von individuell verfügbarem explizitem Wissen oder die subjektive Verarmung von sinnlicher Wahrnehmung zugunsten gesellschaftlicher Effektivität. Es gibt andererseits auch eine kreative Vereinnahmung der Technik durch das lebensweltliche Weltverhältnis. So sind wir durchaus in der Lage, unsere sinnliche Wahrnehmung auf technische Vorgänge neu einzustellen, beispielsweise indem wir im Umgang mit neuen

11 Zu diesem Aspekt vgl. H. Blumenberg, "Lebenswelt und Technisierung unter Aspekten der Phänomenologie", in: H. Blumenberg, *Wirklichkeiten in denen wir leben*, Stuttgart 1981, 7ff. Hier insbesondere 34ff.

12 J. Habermas, "Praktische Folgen des wissenschaftlich-technischen Fortschritts", in: J. Habermas, *Theorie und Praxis. Sozialphilosophische Studien*, 3. Aufl. Frankfurt/M 1982, 336ff.

Verkehrs- und Kommunikationstechnologien unser intuitives Gefühl für Entfernungen neu ausbilden. Auf diese Weise integrieren wir technische Geräte in unsere Lebenswelt, ohne damit notwendigerweise nur "ärmer" zu werden. Die Kritik, hier handele es sich bereits um ein entfremdetes Weltverhältnis, geht von der normativen Vorstellung einer "eigentlichen" Lebenswelt aus, in der sich häufig nur ein Ressentiment gegen das Neue ausdrückt, ohne angeben zu können, worin das Falsche dieses Umgangs mit der Technik besteht.

Allerdings gibt es auch eine Form der lebensweltlichen Vereinnahmung von Technik, die auf der intuitiven Anwendung falscher Kategorien basiert und damit unser Weltverhältnis eigentümlich verzerren kann. Ein solches Mißverhältnis liegt beispielsweise dann vor, wenn technische Geräte als Quasi-Akteure behandelt werden, denen eigene Intentionen zugeschrieben werden, die für uns richtungsweisend wären. Hier verkehrt sich das Mittel zum Zweck – aber genaugenommen nicht deshalb, weil unsere Lebenswelt technisiert würde, sondern umgekehrt, weil wir die Technik auf eine falsche Weise "verlebensweltlichen". Nicht das mathematisch-technische "Ideenkleid" verdeckt die Lebenswelt, wie Husserl meinte, sondern eine Lebenswelt-Verkleidung tarnt die Technik. Ein Beispiel für diese "Verlebensweltlichung" technischer Geräte führt Joseph Weizenbaum als das Schlüsselerlebnis an, das sein Mißtrauen gegen das "schleichende Gift" der Informatik begründet habe: Die Benutzung des Dialogprogramms ELIZA hätte bei einigen Personen offenbar zu einer emotionalen Bindung an den Computer geführt, obwohl es sich um nichts anderes als einen Algorithmus zur Datenverarbeitung handele.[13]

Wir alle kennen die vermenschlichende Ausdrucksweise im Umgang mit Computern, wenn man sich fragt, was "er" damit "sagen" will, ob "er" das "verstanden" habe, oder warum "er" das nicht "kann". Da wir nur über eine relativ kurze Erfahrung mit dieser Form der technischen Kommunikation verfügen und kaum eine eigene Sprache dafür ausdifferenziert haben, übertragen wir unwillkürlich unsere lebensweltlichen Kategorien auf den Bereich des Technischen. Diese Wahrnehmung eines funktionierenden Gegenstands als Quasi-Akteur kann durch das spezielle Design mancher Programme und Geräte noch besonders provoziert und als "benutzerfreundlich" sogar ausdrücklich angestrebt werden. Dabei ist aber durchaus noch offen, wie weit wir auf Dauer in der Lage sein werden, mit der "Zweisprachigkeit" unseres lebensweltlichen und unseres technischen Weltverhältnisses bewußt umzugehen. Sicher kann der lebensweltliche Umgang mit Technik zu pathologischen Effekten führen, bei denen zwischen Realität und Fiktion nicht mehr unterschieden wird. Die Behauptung aber, der lebensweltliche Umgang mit Technik habe bereits zu dem Massenphänomen eines kollektiven Realitätsverlustes geführt, ist kaum zu belegen. Eine solche Behauptung muß entweder, wenn sie kritisch sein will, mit der problematischen Differenzierung zwischen "aufgeklärtem Kritiker"

13 J. Weizenbaum, *Die Macht der Computer und die Ohnmacht der Vernunft*, 2. Aufl. Frankfurt/M 1980, 14ff.

und "verblendeten Massen" operieren; oder sie gibt die Kategorie der 'Realität' ganz auf, und damit auch die Möglichkeit, die Vertauschung von realer und fiktionaler Welt als Pathologie zu kritisieren.[14]

Kürzlich entdeckte unser Kulturkritiker auf dem Schreibtisch eines jungen Kollegen eine kleine goldgerahmte Fotografie, wie man sie auf Büroschreibtischen üblicherweise sieht – als sentimentales Signal des Privatmenschen in einer funktional reduzierten Arbeitswelt. Doch hier handelte es sich nicht um die Fotografie einer jungen Frau oder eines kleinen Kindes, sondern – eines Computers. Nach Größe und Form zu urteilen war es nicht gerade eines der neuesten Modelle. Der Kollege bemerkte das Interesse und erklärte ironisch: "Das ist mein Ältester"; die Anwesenden lachten. Irritiert überlegte der Kulturkritiker, ob er gerade einem extremen Beispiel für die pathologische Verlebensweltlichung der Technik begegnet war, bei der die emotionale Bindung an technische Quasi-Akteure die Stelle der Beziehung zu echten Akteuren einnimmt. Zeigte sich hier das falsche Leben einer technisierten Scheinwelt, in der man verlernt, was echte Kommunikation und echte Liebe ist, weil sich hinter dem lebensweltlich erfaßten Gegenüber nur ein technisches Programm ohne eigene Intentionen und eigenen Sinn verbirgt, das wirklichen Austausch gar nicht ermöglicht? Worüber aber hatten dann eigentlich alle gelacht? Mit der ironischen Inszenierung von "Vaterstolz" auf einen Computer als seinen "Ältesten" hatte der Kollege alle spontan zum Lachen gebracht – und damit bewiesen, daß wir nicht nur zwischen Lebenswelt und Technik klar unterscheiden, sondern darüber hinaus auch mit diesem Verhältnis spielerisch umgehen können.

14 Diesen zweiten Weg der Begründung der Diagnose eines allgemeinen "Weltverlustes" bzw. "Realitätsverlustes" schlägt Jean Baudrillard ein: J. Baudrillard, *Agonie des Realen*, Berlin 1978.

Autorinnen und Autoren

Margaret A. Boden
Professorin für Philosophie und Psychologie an der University of Sussex, England

Rafael Capurro
*1945
Professor für Informationswissenschaft an der Fachhochschule für Bibliothekswesen Stuttgart

Wolfgang Coy
*1947
Professor für Informatik an der Universität Bremen

Simone Dietz
*1959
Wissenschaftliche Assistentin am Institut für Philosophie der Universität Rostock

Yvonne Dittrich
*1964
Wissenschschaftliche Mitarbeiterin am Fachbereich Informatik der Universität Hamburg

Heiner Hastedt
*1958
Professor für Philosophie an der Universität Rostock

Michael Heidelberger
*1947
habilitierter Hochschuldozent für Philosophie, insbesondere Wissenschaftstheorie, an der Universität Freiburg

Peter Janich
*1942
Professor für Philosophie an der Universität Marburg

Geert Keil
*1963
Wissenschaftlicher Assistent am Institut für Philosophie der Berliner Humboldt-Universität

Sybille Krämer
*1951
Professorin für Philosophie an der Freien Universität Berlin

Ekkehard Martens
*1943
Professor für Didaktik der Philosophie und Alten Sprachen an der Universität Hamburg

Florian Rötzer
*1953
lebt als freier Autor und Journalist mit dem Schwerpunkt Philosophie, Kunst- und Medientheorie in München

Peter Schefe
*1937
Professor für Informatik an der Universität Hamburg

John Searle
*1932
Professor für Philosophie an der University of California in Berkeley, USA

Holm Tetens
*1948
Professor für Philosophie an der Gesamthochschule Paderborn

Ulrike Teubner
*1950
Professorin an der Fachhochschule Darmstadt mit dem Schwerpunkt Geschlechtersysteme in Gesellschaft, Wissenschaft und Politik

Godela Unseld
*1951
Habilitationsstipendiatin der DFG, Forschungsgebiete Wissenstechnik und Kultursoziologie, Hamburg

Rüdiger Weingarten
*1955
habilitierter Hochschuldozent für Linguistik an der Universität Bielefeld mit dem Schwerpunkten Medien- und Kommunikationstheorie, Schrift

Heinz Zemanek
*1920
Professor an der Technischen Universität Wien